O CORPO
DA NOVA REPÚBLICA

Funerais presidenciais, representação
histórica e imaginário político

O CORPO
DA NOVA REPÚBLICA

Funerais presidenciais, representação
histórica e imaginário político

DOUGLAS ATTILA MARCELINO

Copyright © 2015 Douglas Attila Marcelino

Direitos desta edição reservados à
Editora FGV
Rua Jornalista Orlando Dantas, 37
22231-010 | Rio de Janeiro, RJ | Brasil
Tels.: 0800-021-7777 | 21-3799-4427
Fax: 21-3799-4430
editora@fgv.br | pedidoseditora@fgv.br
www.fgv.br/editora

Impresso no Brasil | *Printed in Brazil*

Todos os direitos reservados. A reprodução não autorizada desta publicação, no todo ou em parte, constitui violação do copyright (Lei nº 9.610/98).

Os conceitos emitidos neste livro são de inteira responsabilidade do(s) autor(es).

1ª edição – 2015

Coordenação editorial e copidesque: Ronald Polito
Revisão: Marco Antonio Corrêa e Victor da Rosa
Capa, projeto gráfico de miolo e diagramação: Ilustrarte Design e Produção Editorial
Foto da capa: Cortejo fúnebre de Tancredo Neves em São Paulo (22/4/1985).
Fonte: Arquivo Tancredo Neves, CPDOC/FGV.

Ficha catalográfica elaborada pela
Biblioteca Mario Henrique Simonsen/FGV

Marcelino, Douglas Attila

    O corpo da Nova República: funerais presidenciais, representação histórica e imaginário político / Douglas Attila Marcelino. - Rio de Janeiro : FGV Editora, 2015.
488 p.

Originalmente apresentada como tese do autor (doutorado – Universidade Federal do Rio de Janeiro, 2011, com o título: O corpo da Nova República: funerais de presidentes e memória de Tancredo Neves)
Inclui bibliografia.
ISBN: 978-85-225-1826-5

1. História social. 2. Ritos e cerimônias fúnebres – Brasil. 4. Presidentes – Brasil. 5. Neves, Tancredo, 1910-1985 – Morte e funeral. I. Fundação Getulio Vargas. II. Título.

CDD – 306.09

Para clarear a relação da teoria, por um lado, com esses processos que a produzem e, por outro, com aqueles que lhe servem de objeto de estudo, o meio mais adaptado seria um *discurso que relata uma história* [...].

[CERTEAU, 2011:162]

[...] se poderia sustentar, não obstante, que a historiografia tem limites teóricos mais estritos que o romance enquanto possibilidade de experimentação narrativa (por exemplo, com respeito à invenção de acontecimentos, assim como em níveis mais estruturais, com o uso do estilo indireto livre), e que provavelmente não tem sido tão experimental como poderia ser.

[LACAPRA, 2005:84]

Sumário

Introdução   11

Parte I — Os funerais como liturgias cívicas   23

  Capítulo 1 Funerais nacionais e imaginário político   27
    A formação do imaginário nacional: diferentes perspectivas   32
    As formas de lidar com o tempo das liturgias cívicas   40
    Estudos de funerais cívicos da Primeira República   46
    Os antropólogos e a morfologia dos rituais   54

  Capítulo 2 Uma perspectiva interpretativa
                dos funerais presidenciais   63
    Funerais, representações do poder
      e cultura política republicana   64
    Sobre a "descrição densa" dos funerais de Tancredo Neves   73

Parte II — Os atos de uma tragédia:
entre a heroicidade e a santificação   81

  Capítulo 1 A "construção" do homem público   95
    1º ato: a antiga "raposa do PSD"   95
    2º ato: o homem das diretas e a campanha eleitoral   110
    3º ato: continuando a luta de Getúlio Vargas
      e outros heróis nacionais   118

Capítulo 2 O estadista e o homem comum
do interior de Minas Gerais 149
4º ato: intimidades de um presidente civil
e reconfiguração dos símbolos do poder 149

Capítulo 3 O herói se torna santo e familiar 189
5º ato: o período da doença: familiaridade e santificação 189
6º ato: a morte: a família do herói se estende à nação 218

Parte III — Ritualizações do poder e imaginário nacional:
os funerais de presidentes 243

Capítulo 1 Os funerais de presidentes do pós-1930 247
Os cortejos fúnebres de Getúlio Vargas
e a intimidade com o poder 248
Os funerais de Juscelino e João Goulart:
emotividade e tentativas de silenciamento 258
De faustosos funerais ao desejo de ser esquecido:
as exéquias de presidentes militares 268
Apoteose militar e público restrito:
os funerais de Castelo Branco e Costa e Silva 270
Símbolos do esquecimento e indiferença:
os funerais de Médici, Geisel e Figueiredo 285

Capítulo 2 O corpo da Nova República:
os funerais de Tancredo Neves 293
Os funerais de São Paulo e Brasília 295
Os funerais de Minas Gerais: Belo Horizonte e São João del-Rei 313
Uma interpretação histórica dos funerais de Tancredo Neves 327

Parte IV — O povo no lugar do corpo do morto:
narrativas sobre a nacionalidade 341

Capítulo 1 Um programa sintetizador:
O martírio do Dr. Tancredo 351
O programa sobre a morte do presidente 353

À semelhança do líder: as provas de fé
   de um povo ordeiro e cristão 362
Narrativa mítica e reconciliação nacional 376

Capítulo 2 A tragédia na poesia heroica:
                 Tancredo e a nação na literatura de cordel . . . 379
Os folhetos dentro da produção cordelista 383
Tiradentes, Getúlio, Juscelino:
   outros heróis comparáveis a Tancredo 386
A morte do herói e o sentido trágico da história do país . . . 400

Capítulo 3 O elogio do povo brasileiro:
                 a narrativa histórica como poética do luto . . . 415
O livro *Redescobrindo o Brasil: a festa na política* 416
O programa televisivo, a poética do cordel
   e a narrativa histórica: possíveis aproximações 425

Considerações finais 437

Agradecimentos 449

Referências 453

Introdução

A "teologia política" (para retornar ao termo de Kantorowicz) do século XX ainda não foi escrita, embora tenham havido, aqui e ali, algumas tentativas nesta direção. No entanto, ela existe — ou, mais precisamente, existem várias formas dela — e enquanto não a compreendermos, pelo menos tão bem como compreendemos a dos Tudor, dos Majapahits ou dos Alawites, uma grande parte da vida pública de nosso tempo vai permanecer obscura. O extraordinário não deixou a política moderna, por mais que a banalidade nela tenha entrado; o poder ainda inebria, mas também ainda dignifica. [Geertz, 2009:214-215]

Se alguma certeza podemos ter sobre a experiência humana passada, é que ela deve ser considerada em sua própria historicidade. E, se tal aspecto pode parecer evidente num certo sentido, nem sempre ele parece ter sido considerado pelos historiadores. A maioria deles, entretanto, hoje compreende que a história não se reduz a modelos teóricos preconcebidos. A experiência humana é sempre mais complexa, dinâmica, multifacetada, tornando condição de possibilidade para a abordagem histórica conferir alguma fixidez a esse amontoado de relações móveis a que chamamos com alguma simplificação de sociedade ou de processo histórico. Certamente, isso pode ser feito de modo mais ou menos reducionista, embora essa última condição não possa ser completamente apagada. Assim, perceber as peculiaridades de determinados acontecimentos históricos pode parecer uma condição inexorável dentro dos cânones de uma disciplina cuja principal vocação talvez seja apontar a fragilidade de certos modelos e formalizações, sempre insuficientes quando confrontados com os vestígios da experiência passada.

O estudo do passado recente remete a certos problemas não menos prementes aos historiadores. Algumas facilidades ocasionais podem obscurecer enormes dificuldades que, inclusive, não são menos consideráveis do que aquelas que acometem os estudos sobre períodos mais remotos da história humana. Estudar o passado recente demanda uma experiência interpretativa de natureza quase inversa àquilo que já foi identificado como fundamento do trabalho antropológico: ao esforço de transformar o exótico em familiar corresponde, por outro lado, a necessidade de não se aprisionar na comodidade do imediatismo ou da proximidade do objeto de estudo. Se não propriamente transformar o familiar em exótico, ao menos devemos procurar compreender o passado recente a partir dos horizontes de perspectivas e das possibilidades de escolhas significativos aos sujeitos históricos envolvidos nos acontecimentos estudados.[1] Portanto, as exigências não são menores em relação aos estudos de outros períodos passados. Somente uma perspectiva simplista emprestaria maior facilidade à história recente, atitude pouco condizente com a percepção da complexidade dos condicionantes e das operações envolvidas na criação de um maior ou menor estranhamento em relação ao passado.[2]

---

[1] Os antropólogos parecem mais atentos a esse tipo de dificuldade do que os historiadores, embora a natureza de sua disciplina os remeta mais para a dimensão espacial (do que temporal) do problema. Assim, para Marc Abélès (apud Mesquita, 1993:661), "a abordagem antropológica é tão operativa se aplicada ao nosso quotidiano político como ao dos Trobriandais, dos Nuer ou dos Swazi". Gilberto Velho, por outro lado, destacou a diferença ente conhecimento e familiaridade, ressaltando ainda o quanto a adoção da perspectiva geertziana da "descrição densa" poderia auxiliar na criação de um "distanciamento" no estudo de sociedades complexas. Ver Velho (2008:128).

[2] Cada vez mais, importantes historiadores têm destacado que a construção de um distanciamento em relação ao objeto de análise está relacionada com a operação narrativa produzida pelo próprio historiador, e não apenas com características inerentes à natureza daquilo que chamamos de "realidade". Mark Salber Phillips, por exemplo, defende essa posição, destacando o uso de diferentes escalas de observação (no sentido atribuído por Giovanni Levi, de um recurso que é experimental, já que as escalas não existem como dados da "realidade") como um bom exemplo da adoção de uma perspectiva etnográfica geradora de certo estranhamento em relação ao passado. Ver Phillips (2004). Uma concepção diferente, que parece atribuir maior facilidade aos historiadores do período recente, pode ser percebida em Chartier (2002a).

É nessa perspectiva que este estudo analisa a conjuntura do adoecimento e da morte de Tancredo Neves, particularmente os grandiosos funerais que se seguiram ao seu falecimento, no dia 21 de abril de 1985. Aquele foi um momento em que os fundamentos simbólicos da comunidade política como construção imaginária foram colocados em questão de forma muito particular, configurando elementos que foram depois dramatizados nos funerais de Tancredo, sem dúvida o maior cortejo fúnebre da história do país até então. Um dos objetivos das páginas seguintes, nesse sentido, é produzir uma análise com forte preocupação etnográfica que, mesmo que incompleta por natureza, permita reconstituir historicamente aspectos mais profundos sobre as formas de ritualização do poder e as disputas pelo imaginário político na conjuntura da morte de Tancredo Neves. Cruzando o estudo de fenômenos conjunturais com outros de mais longa duração, a pesquisa aposta tanto naquilo que fornece uma singular potencialidade à abordagem histórica (a percepção da historicidade de certos eventos), quanto naquilo que permite torná-la algo mais do que uma despreocupada atenção à irredutível imprevisibilidade do passado (suas relações com elementos mais duradouros da história do país).

Ao analisar os eventos políticos que marcaram os primeiros meses de 1985, é quase impossível não se impressionar com a sucessão de acontecimentos inesperados, com as coincidências aparentemente incompreensíveis, que pareciam predizer algo de imperioso aos contemporâneos. Depois de eleito presidente pelo Colégio Eleitoral, Tancredo foi internado na madrugada anterior à cerimônia de empossamento, quando ninguém, a não ser ele e parte de seu ciclo de familiares, imaginava que estivesse doente. Mais do que isso, sua posse não se restringiria à aparição solene de um político importante ou aos exageros de um evento meramente espetaculoso. E não somente pelo tom festivo ou porque estava sendo preparada com bastante antecedência, mas justamente por aquilo que explica ambos os aspectos: ela daria forma e expressividade ao sentimento de contentamento pelo suposto fim de um ciclo histórico, pelo surgimento de um "novo tempo" na história do país.

Num momento extremamente frágil do ponto de vista político-institucional, em que ameaças de retorno à ditadura pareciam dar sinais constantemente, o adoecimento de Tancredo Neves podia parecer inacreditável. Afinal, com frequência, os principais meios de comunicação o representavam como o único responsável pela conciliação nacional, como o construtor de uma "nova era" (a Nova República), que em pouco tempo se iniciaria. Seguem-se ao acontecimento inesperado uma internação que se prolongou por quase 40 dias, marcada por sete cirurgias, reações imponderáveis do seu organismo em momentos simbólicos, como a Semana Santa, e comportamentos bastante surpreendentes (senão excepcionais) daqueles que o circundavam. Como desfecho de uma sucessão de eventos atípicos, sua morte se efetivaria no mesmo dia daquela que vitimou o principal herói da história nacional, o Tiradentes. Aspecto por si só surpreendente, ele torna-se realmente significativo pela indiscutível admiração e constante homenagem que Tancredo Neves prestava àquele que (além de tudo) foi seu conterrâneo. Desconsiderar esse acúmulo de eventos imprevisíveis, em boa parte não plenamente dependentes dos esforços dos sujeitos históricos envolvidos, seria pouco compreender dos acontecimentos daqueles meses de março e abril de 1985.

Constituir o passado em história, entretanto, não é apenas perceber as peculiaridades de eventos inesperados, sua historicidade, aprisionando a análise nos condicionantes advindos de movimentações pouco controladas pelos sujeitos históricos. Essa é uma dimensão inexorável, impossível de ser desconsiderada. Mas reduzir a abordagem histórica a ela impediria qualquer esforço de explicação do passado. A condição do conhecimento histórico é apostar que nem tudo se reduz ao episódico e ao acaso, ainda que essa seja realmente uma aposta. Por outro lado, tais acontecimentos não podem ser desprendidos das interpretações que os contemporâneos davam a eles. Vários cientistas sociais têm ressaltado a indispensabilidade de considerar qualquer ação como simbólica ou, mesmo, que um acontecimento tem sua existência como um evento somente quando é mediado pela cultura. Como destacou Marshall Sahlins (2003b:144), "aquilo que é contingente só se torna plenamente histórico quando é significativo". Portanto, superar a dicotomia entre comportamento e significado ou entre evento e estrutura pressupõe compreender a dialética entre essas duas dimensões, muitas vezes percebidas de modo simplificado como pares de opostos.

Introdução

Nesse sentido, uma pesquisa voltada para o período correspondente à morte de Tancredo Neves não poderia se reduzir à consideração dos elementos atípicos mencionados. Do mesmo modo, ela não deveria se resumir aos atos de consciência dos indivíduos mais próximos das constelações de poder. Aqui, novamente, o episódico tem que ser compreendido dentro de um plano mais geral que, por outro lado, não desconsidere algumas de suas implicações de natureza estrutural. E, de fato, muito já se discutiu sobre os motivos da morte do presidente, na maioria das vezes atribuída às ações indevidas deste ou daqueles agentes históricos.[3] Logo depois do acontecimento, por exemplo, os mistérios da prática médica e os desacertos dos especialistas renderam páginas e mais páginas na imprensa e alhures, como se a responsabilização de determinados personagens permitisse compreender o fundamento do ocorrido. Se o paradoxo da disciplina histórica está na impossibilidade de desconsiderar determinadas ações e sua intencionalidade, elas não devem abarcar todo o conteúdo da análise, porquanto mais frutífero é o esforço de compreensão do modo como os significados a elas atribuídos permitem pensar formas específicas de expressão simbólica do lugar do poder como construção imaginária, redimensionando tais comportamentos dentro de um quadro mais complexo de mudanças históricas. Somente assim se pode compreender de forma menos simplificada por que certas discussões ou ações foram tão valorizadas e quais os sentidos que adquiriram num momento muito específico do ponto de vista histórico.

O estudo da conjuntura que antecedeu à morte de Tancredo Neves visa apenas fornecer elementos à reflexão sobre as reelaborações por que passava sua memória e, assim, abrir caminho ao estudo do objeto principal desta pesquisa: seus funerais, que serão analisados dentro do amplo quadro das homenagens fúnebres prestadas aos presidentes brasileiros do pós-1930. Na verdade, funerais como os de Tancredo Neves são entendi-

---

[3] Embora Tancredo não tenha chegado a assumir o cargo, utilizaremos a palavra presidente (e não a expressão presidente eleito) para referir-se à sua situação após a eleição pelo Colégio Eleitoral. Tal opção se justifica apenas por maior comodidade da narrativa e poderá ser percebida ao longo de todo o trabalho — ela não exclui, inclusive, a percepção do significado simbólico que teve sua incorporação à memória da Presidência da República, como se tivesse de fato sido um dos ocupantes do cargo. Discutiremos este último ponto no momento oportuno.

dos aqui como eventos que permitem refletir sobre mudanças mais profundas nas formas de ritualização e incorporação do poder que conferem sentido à comunidade política, inclusive no que diz respeito às alterações no significado simbólico da figura presidencial no pós-1930 da história brasileira, tendo em vista que a figura de Getúlio Vargas (não pelo personagem em si, mas por aquilo que ele passou a representar) pode ser tomada como indicativa do surgimento de novos modos de compreensão e representação do significado do chefe do Executivo.[4] Tais transformações, em certa medida, podem ser interpretadas como redefinições sofridas pela cultura política republicana, desde que o conceito seja entendido numa perspectiva atenta às ações dos sujeitos históricos nas constantes disputas e reinvenções das tradições e símbolos que permitem dar significado às instituições e coletivos imaginários pelos quais se manifestam os fundamentos subjetivos da política.[5]

Uma preocupação igualmente relevante desta pesquisa se relaciona ao modo como os eventos e o tempo podem ser considerados objetos de experimentação da narrativa histórica. A experiência, o vivido, o acaso constituem elementos que, durante longo período, foram praticamente ignorados por um modelo de macro-história muito praticado no século XX. Além de tentar revalorizá-los, fundamentamos a parte central da pesquisa no estudo de eventos que duraram apenas três dias: as intensas homenagens que compuseram os funerais de Tancredo Neves, interpretados numa perspectiva que tentou se aproximar daquilo que Clifford Geertz

---

[4] Angela de Castro Gomes possui reflexões importantes sobre o assunto, que discutiremos na parte I deste livro.

[5] Evitaremos fazer aqui uma grande discussão conceitual sobre a categoria cultura política, mas vale destacar a importância das formulações de Daniel Cefaï em dois sentidos: num primeiro, por apontar a necessidade de considerar uma cultura política como algo que existe apenas na prática efetiva dos sujeitos históricos, e não como um conjunto de valores preexistentes que determinariam a ação dos atores sociais (perspectiva que advém de seu diálogo com a noção de cultura da antropologia interpretativa de Clifford Geertz, ainda que de forma bastante crítica, e de seu afastamento dos usos da categoria feitos pela chamada "escola da cultura e da personalidade" da ciência política dos anos 1960); num segundo, por seu diálogo com a micro-história, que permite enfatizar as margens para as ações estratégicas dos indivíduos que existem em quaisquer culturas políticas, já que elas não conformam sistemas simbólicos isentos de contradições. Ver Cefaï (2001), Dutra (2002).

chamou de "descrição densa" para caracterizar o trabalho antropológico.[6] A ideia, nesse caso, foi pensar tais eventos, cada vez mais, dentro de uma temporalidade subjetiva, naquilo que o culto do corpo do presidente significou em termos de uma expectativa de refundação da República e de um novo sentido projetado para a história nacional.[7]

Um único acontecimento (a morte de Tancredo Neves), portanto, é compreendido aqui como elemento que articula todas as principais interrogações que atravessam a pesquisa. Resgatados daquilo que os condenava como objetos de uma história "historicizante", os eventos têm sido revalorizados nos últimos anos, podendo ser pensados como elementos-chave à compreensão de fenômenos históricos que os ultrapassam, desde que abordados numa perspectiva diferenciada. Ou seja, mais do que os eventos em si, a análise recai sobre o modo como eles colocam em jogo elementos estruturais, sobre o significado histórico que adquirem quando apropriados por meio de sistemas culturais.[8] Até porque, é bom destacar, a revalorização dos eventos como objeto de investigação está longe de permear os estudos de certos universos temáticos para os quais os historiadores têm se voltado com mais afinco recentemente.

Um bom exemplo é o já vasto campo de análise sobre as reformulações por que passa a memória nacional: não parecem muitas as pesquisas centradas no modo como um determinado acontecimento da história recente

---

[6] Geertz (1973c). Muitas críticas têm sido formuladas à noção geertziana de "descrição densa", sendo a mais importante aquela que aponta para o risco da homogeneização dos significados produzidos pelos sujeitos históricos constante da identificação da cultura como um texto. Acreditamos que elas não invalidam o potencial analítico da sua proposta, inclusive porque Clifford Geertz sempre enfatizou a importância de considerar as próprias ações sociais como ações simbólicas, ressaltando a historicidade dos significados produzidos. Ver Revel (2009:97-137). Vale ressaltar que a noção de "descrição densa" é apropriada aqui de forma bastante singular e alguns aspectos relativos ao seu uso são ressaltados no capítulo 3 da parte IV do livro.
[7] Uma interessante reflexão sobre o uso de diferentes temporalidades dentro de uma mesma narrativa histórica, inclusive no que diz respeito à dilatação do tempo narrativo para a formulação de uma análise mais profunda de acontecimentos que duraram apenas dias ou horas, pode ser vista em Ginzburg (1989).
[8] A aproximação de uma perspectiva etnográfica tem levado muitos historiadores ao estudo não somente das trajetórias individuais, como é marcante na micro-história e no "ressurgimento" da biografia histórica, mas também de um acontecimento em particular, aspecto tão condenado em relação à historiografia do século XIX. Um bom exemplo, nesse caso, é o estudo de Georges Duby (1993) sobre a batalha de Bouvines.

(que não seja um evento comemorativo) pode estimular a retomada de mitos fundadores da nacionalidade ou a construção de diferentes versões sobre a história do país. Nesse plano, de modo geral, os historiadores têm se preocupado mais com a produção dos próprios historiadores, com a consolidação de determinadas explicações da trajetória nacional formuladas em obras já consagradas dentro do universo letrado, sobretudo do século XIX. Essas interrogações são fundamentais, mas podem ser também redirecionadas à reflexão sobre outros problemas conexos e menos estudados: como um evento da história recente pode estimular a retomada, ou mesmo a reformulação, dessas diferentes versões sobre a história do país? O que um evento como a morte de um presidente pode colocar em jogo em termos daquilo que já parece relativamente consolidado no imaginário sobre a nação? Essas interrogações são importantes, pois remetem ao problema sobejamente mais amplo das relações entre mitos e eventos, para o qual os historiadores talvez devessem se voltar de forma mais recorrente.[9]

De fato, é no plano das relações entre evento, tempo, memória e mito que esta pesquisa se articula. No que se refere ao acontecimento e seus significados, por outro lado, ela permitirá também colocar em questão as próprias formas da representação histórica, somando-se ao esforço de problematizar os procedimentos narrativos aqui utilizados na "descrição densa" dos funerais presidenciais. Isso porque, logo após a morte de Tancredo Neves, foi elaborada uma narrativa histórica sobre os eventos que, juntamente com outras formas de representação do passado recente, disputava a figuração do "povo brasileiro" como personagem central de uma história que foi imediatamente colocada em questão pelo trágico acontecimento político ocorrido. Trata-se de um momento em que as fronteiras entre o público e o privado pareciam mais do que nunca passíveis de reinvenções, tendo em vista que as disputas em torno do corpo presidencial simbolizavam a abertura de espaço para um imprevisível aparecimento da política como lugar

---

[9] Pesquisas como as de José Murilo de Carvalho (1998a:246), que tem apontado a importância da guerra contra o Paraguai (um evento político) no fortalecimento do sentimento de identificação nacional, são indicativas da relevância que uma análise das diferentes representações da nação formuladas na conjuntura do próprio acontecimento poderia possuir à reflexão mais geral sobre a relação entre eventos e mitos fundadores da nacionalidade.

de manifestação do dissenso, de modo semelhante ao que categorizaram alguns autores preocupados com as peculiaridades da época democrática (Lefort, 1991a). Tal como certas práticas culturais de ritualização do luto, aquela narrativa histórica parecia tentar amenizar a dor da perda por meio de uma encenação narrativa que, conferindo um lugar ao morto, conformava um sentido para a vida dos vivos, num momento em que a tragicidade dos acontecimentos experimentados tornava particularmente urgente a necessidade de assegurar o futuro das instituições republicanas.[10]

Nessa inesperada manifestação da política, por outro lado, o surgimento do novo e a imprevisibilidade do passado ganham espaço na própria narrativa aqui produzida, permitindo relativizar o estudo apenas das condições de possibilidade dos eventos em favor de um olhar atento tanto às incertezas daqueles que vivenciaram as experiências aqui reconstituídas quanto àquilo que, tomando o passado como lugar de manifestação da diferença, impede que a história se transforme numa contínua repetição do mesmo.[11] Nessa perspectiva, a conjuntura da morte de Tancredo Neves não configurou apenas um momento propício à acentuação de uma tendência à privatização do poder que a ultrapassava, mas parece ter flexibilizado de forma radical e dramática o espaço de disputa pelas estruturas formais da política, manifestando, num curtíssimo espaço de tempo (da morte e dos funerais presidenciais), algo semelhante àquilo que autores célebres acabaram projetando para uma mais larga duração ao buscar pelas especificidades das democracias modernas.

Nesse tipo de perspectiva, a análise dos funerais de Tancredo Neves remete não apenas para os discursos sobre a nacionalidade que fizeram parte daquele ritual, mas para as formas de representação do poder que, reconfigurando um imaginário político, se expressavam tanto nas disputas pelo corpo do presidente morto como símbolo do corpo político da nação quanto nos ingredientes narrativos que, funcionando igualmente como práticas

---

[10] Indicamos aqui, de forma bastante alusiva, a aproximação feita por Michel de Certeau entre certas práticas culturais de luto e a escrita da história, sem, com isso, pretendermos anular outros condicionantes que conferem singularidades à historiografia como forma de conhecimento (Certeau, 2002).

[11] Sobre o assunto, ver Rancière (1995:227-252). É importante ter cautela para que esse tipo de perspectiva não conduza a uma supervalorização das intenções dos agentes históricos. Uma leitura interessante sobre a possibilidade de ultrapassar o plano das condições de possibilidade por meio das obras de Cornelius Castoriadis pode ser encontrada em Pastor (1997).

de luto, permitiam a figuração poética do "povo brasileiro" em diferentes formas de representação do passado. Assim, a preocupação com a natureza simbólica do poder e suas fundamentações antropológicas, que se manifestavam no novo sentido conferido à figura presidencial, pode ser aproximada do que já foi chamado de uma poética do saber, já que os modos de incorporação do poder estão relacionados com formas específicas de subjetivação política, enraizando os próprios discursos que figuram ou colocam em questão entidades que conferem significado à vida coletiva.[12]

De modo geral, estão aqui delineadas as principais preocupações que atravessam esta pesquisa. Vale a pena, portanto, fazer uma breve apresentação do modo como o texto foi estruturado, dividindo-se em quatro partes. A primeira delas praticamente dá continuidade a esta introdução, sendo importante para uma compreensão mais profunda dos objetivos do trabalho, já que poderemos destacar os fundamentos que amparam o estudo dos funerais de Tancredo Neves e outros importantes personagens políticos. Seus capítulos permitirão historicizar a transformação de determinados tipos de cerimônias fúnebres em eventos de celebração nacional, focando desde aquilo que tornou possível sua ritualização numa "chave de leitura" historicista durante o século XIX até as mudanças que caracterizaram os funerais de certos presidentes brasileiros do século seguinte. Paralelamente, poder-se-á realizar uma análise da historiografia já produzida sobre os funerais de outros personagens do período republicano brasileiro, assim como determinados estudos antropológicos, situando esta pesquisa num quadro mais amplo de discussões.

Na segunda parte, faremos um estudo das reconstruções da memória de Tancredo Neves no período que antecedeu aos seus funerais. Atravessada por uma preocupação de natureza fortemente etnográfica, seu objetivo é mapear um conjunto de ocorrências históricas que permitirão com-

---

[12] Rancière (1993). Como se pode notar, o livro aqui apresentado tem alguma pretensão de se constituir como uma escrita que se autoanalisa, buscando indicar elementos referentes ao seu próprio lugar de construção discursiva a partir de uma leitura propositiva sobre o uso da narrativa histórica (o que não pressupõe a existência de um sujeito absoluto, controlador da linguagem). Nesse sentido, considerar a dimensão poética indicada por Rancière não visa desconsiderar outros condicionantes da "operação historiográfica", que ultrapassam a dimensão da escrita (retomo o assunto no capítulo 3 da parte IV).

preender os sentidos singulares que a morte do presidente podia assumir naquela conjuntura específica da história do país. Ela também se fundamenta, portanto, nas potencialidades que a noção de "descrição densa" pode apresentar para uma análise que se pretende fortemente histórica e antropológica.

Na terceira parte, a mais importante, analisaremos os funerais de Tancredo Neves. Sua abordagem poderá se beneficiar dos capítulos anteriores, com vistas a fundamentar uma interpretação centrada naquilo que uma experiência ritual particular pode dramatizar de certos condicionantes históricos de maior e menor duração dentro da história brasileira. Antes disso, um primeiro capítulo abordará os funerais de presidentes brasileiros do pós-1930, permitindo compreender melhor as mudanças que atravessaram tais eventos-rituais após a morte de Getúlio Vargas e, assim, abrindo caminho ao estudo do caso de Tancredo Neves (que é de fato aquele no qual se poderá perceber as preocupações teóricas que permeiam a pesquisa).

Já na quarta e última parte analisaremos três diferentes formas de narrativa que, ao tematizarem a morte de Tancredo Neves, conferiam um sentido determinado à história nacional, permitindo colocar em questão as próprias formas da representação histórica. No texto introdutório de cada uma das quatro partes do livro, por fim, o leitor poderá encontrar uma apresentação mais pormenorizada dos problemas ali enfrentados. Embora aumente o risco de repetição, tal opção de estruturação pode facilitar a leitura como um todo, tendo em vista o grande número de questões levantadas ao longo da pesquisa.

PARTE I

Os funerais como liturgias cívicas

Promover faustosos funerais, enaltecer o morto com rituais que o destacam em relação aos demais, dramatizar numa cerimônia fúnebre as hierarquias que atravessam o corpo social: essas são experiências perceptíveis em muitas sociedades ao longo da história humana. Por sua vez, transformar tais eventos em momentos de celebração da nação e cultuar a memória de um personagem por suas ações em favor daquela coletividade, com todas as singularidades que a crença na efetiva existência desta última representa, constitui parte de uma experiência que deve ser compreendida como subproduto de uma historicidade própria, cujos contornos podem ser determinados de forma relativamente mais precisa. Afinal, fenômenos como esse, que hoje tendemos a naturalizar, formaram-se no bojo de um conjunto bastante complexo de mudanças e variáveis históricas, envolvidas em processos específicos de curta e longa duração.

É justamente pela complexidade de tais fenômenos, por outro lado, que o mapeamento de seus contornos envolve sempre intenso debate conceitual, sendo difícil definir, até mesmo, as divergentes correntes analíticas que vão se conformando em torno do tema. Ambos os esforços, de compreensão do próprio objeto e das disputas sobre ele, portanto, demandam grande investimento de análise, e somente poderiam ser devidamente aprofundados numa pesquisa específica. Não havendo dúvida da sua indispensabilidade à compreensão do objeto aqui estudado, entretanto, poderemos traçar alguns contornos de ambos os problemas, sem qualquer pretensão exaustiva. Enfatizando mais os pontos gerais de discussão, pretendemos deixar claro o modo como os compreendemos, situando nossa proposta de abordagem dentro de um plano mais amplo de pesquisas. É nessa perspectiva, portanto, que esta primeira parte foi elaborada, contando com dois capítulos que partem de discussões cujo teor é eminentemente introdutório.

A primeira parte do capítulo 1 trata justamente do problema anteriormente mencionado, procurando mapear alguns dos principais processos históricos que envolveram a transformação de determinados funerais em liturgias cívicas. Paralelamente, propõe elementos para uma compreensão mais ampla de algumas das principais formas de tratamento do nacionalismo, fenômeno fundamental ao entendimento dos funerais nacionais dos séculos XIX e XX. Na segunda parte do mesmo capítulo, analisaremos estudos sobre funerais de importantes personagens políticos do início do período republicano, ressaltando algumas das principais formas de abordagem que os historiadores têm dispensado a esses objetos e confrontando suas análises com as perspectivas de determinados antropólogos que estudaram práticas rituais da sociedade brasileira. A intenção é fazer sobressair os contornos da perspectiva que propomos em nossa análise. Essa será, finalmente, apresentada de modo mais pormenorizado no segundo capítulo, que indica uma forma peculiar de tratamento dos cerimoniais fúnebres, ressaltando as linhas mestras do estudo das exéquias de Tancredo Neves.

CAPÍTULO 1

Funerais nacionais e imaginário político

O estudo dos funerais como liturgias cívicas não pode desconsiderar o amplo e complexo quadro de mudanças históricas efetivadas a partir de fins do século XVIII, que permitiram o surgimento dos rituais fundamentados nas celebrações nacionais dos séculos seguintes.[13] Nesse sentido, num primeiro plano, é importante compreender que os rituais fúnebres de homenagens aos heróis nacionais, tão caros ao comemoracionismo dos séculos XIX e XX, assentaram suas bases no complexo processo de individualização moderno.[14] Tema bastante amplo por suas várias facetas, o processo de "transição" de uma concepção de mundo holística àquela centrada no papel do indivíduo é sabidamente um problema caro às ciências sociais, tendo sido tratado por uma grande quantidade de autores (e ocupando lugar importante nas pesquisas de pensadores clássicos, como Max Weber).[15] Bastante retomada na segunda metade do século XX, aque-

---

[13] Sobre a noção de liturgias cívicas, conferir Catroga (1998:221-361).
[14] Tomamos o conceito no sentido dado por Gilberto Velho (2003:99), para quem individualização corresponde ao processo pelo qual o indivíduo se torna o valor básico da cultura (em contraposição à individuação, como algo que existe em qualquer sociedade). Utilizamos a noção de "heróis nacionais" sem desconsiderar que a segunda metade do século XVIII é caracterizada por uma crescente valorização do ideário dos "grandes homens", expressando uma recomposição dos mecanismos de glorificação que acompanhou a difusão dos valores iluministas na sociedade francesa. No caso brasileiro, o assunto é complexo, tendo em vista a mais longa persistência de ideais consagratórios ligados ao antigo regime de heroicidade, conforme discutiremos adiante. No primeiro sentido, ver Bonnet (1986).
[15] Ver, entre outros, Weber (2004). O tema também fez parte das preocupações de Marcel Mauss, que destacou como a percepção do *eu* foi diversa ao longo da história humana. Sobre o assunto, ver Levi (2002:170).

la também foi uma preocupação marcante de intelectuais como Norbert Elias ainda antes dos anos 1940, conformando o centro das suas reflexões acerca da relação entre indivíduo e sociedade.

Assim, ainda em texto de fins dos anos 1930, Elias já se preocupava com o problema, apontando para a historicidade da percepção do indivíduo como algo exterior à sociedade e percebendo a crença de que ele poderia ser estudado a partir de suas propriedades psicológicas inatas como um fenômeno próprio às peculiaridades de um determinado momento do "processo civilizador" (e, portanto, das tensões psíquicas que agiriam sobre os sujeitos de um período de desenvolvimento histórico).[16] Nesse sentido, sua crítica à falsa dicotomia entre indivíduo e sociedade se amparava na concepção de que aquela era uma construção efetivamente histórica: foi somente a partir do momento em que o indivíduo se tornou um valor fundamental na sociedade que se pôde conformar a crença de que é possível compreender os sujeitos humanos isoladamente, sem considerar a tensa rede de relações móveis em que estavam inseridos. Nas décadas seguintes, o problema do processo de individualização moderno ganhou ainda mais espaço, preocupando autores cuja perspectiva teórica apontava para "diagnósticos" praticamente antagônicos àquele formulado por Norbert Elias. É o caso de Richard Sennett, por exemplo, que ressaltou como a crença na existência da personalidade e na singularidade do indivíduo foi algo que se consolidou apenas com a cultura burguesa no século XIX.[17] Esses, entretanto, são apenas dois exemplos entre diversos outros possíveis, haja vista a importância do tema e as inúmeras obras que procuraram abordá-lo no campo das ciências sociais.[18]

---

[16] Elias (1994a). Embora a obra tenha sido publicada posteriormente e contenha textos de vários períodos, o primeiro capítulo reproduz as ideias do autor como se apresentavam em 1939.

[17] Tais mudanças, para Sennett, estariam na base da desconstrução do espaço público conforme se verificaria nas sociedades ocidentais nos séculos XIX e XX, aspecto que contradita fortemente o diagnóstico de Norbert Elias sobre o aumento da repressão aos instintos naturais do homem que fundamentaria o processo de civilização. Ver Sennett (1988). A contradição entre as perspectivas de Elias e Sennett foi apontada por Renato Janine Ribeiro na apresentação de Elias (1994b).

[18] Ver, por exemplo, os estudos de Lionel Trilling (1972) sobre a constituição dos valores de sinceridade e autenticidade nos séculos XVIII e XIX e os trabalhos do já citado Gilberto Velho (2008) sobre o processo de individualização que marcou a modernidade.

Importante aqui, portanto, é apenas destacar como o estabelecimento de uma visão de mundo amparada no indivíduo foi fundamental à constituição da crença na unicidade de uma determinada trajetória. Esse tipo de concepção, por outro lado, acompanhou o maior distanciamento entre a historiografia e o processo de composição de biografias no século XIX, tendo em vista a crescente perda de vigor do sentido de exemplaridade atribuído à escrita da história, cujo caráter pedagógico foi sintetizado na antiga fórmula ciceroniana da *historia magistra vitae*. Embora nunca tenha se confundido com o gênero biográfico (Momigliano, 1986), o teor moralizante desfrutado por ambos os modos de composição narrativa se amparava numa mesma forma de experimentação do "tempo histórico", fundamentada na pressuposição de uma constância da natureza humana.[19] As novas demandas em torno dos critérios de produção de sentido característicos da "história filosófica" do Setecentos, cujas exigências dotariam de conteúdo épico as novas narrativas sobre o passado, ressignificaram o papel dos personagens históricos, cada vez mais entendidos como expressões daquilo que o pensamento historicista identificaria como "individualidades" (na verdade, singularidades que, como unidades fundadoras de sentido, representavam totalidades mais amplas, como os povos, nações e Estados que permearam as narrativas históricas do século XIX).[20] Assim, a valorização de determinados personagens como figuras-chave do processo de desenvolvimento das histórias nacionais esteve intimamente associada com o novo papel angariado pela memória a partir da modernidade, cada vez mais pensada como um fenômeno subjetivo, sendo possível indagar sobre até que ponto sua relação com a fundamentação da unicidade do *eu*, marcada pelo encadeamento cronológico da vida individual, foi uma conquista histórica relativamente recente.[21]

---

[19] Seguimos aqui a interpretação de Koselleck (2006b).
[20] Ibid. A pressuposição de uma continuidade entre os valores iluministas e o historicismo foi estabelecida em texto bem anterior, de Ernst Cassirer (1943).
[21] Jean-Pierre Vernant (1990: 160 e ss.), aludindo ao papel da memória como divindade cuja evocação, na Grécia arcaica, permitiria ver e declamar o passado (o canto poético de natureza épica do aedo inspirado por *Mnemosýne*, mãe das Musas), procurou relativizar seu papel como função psíquica voltada para a elaboração de uma história individual fincada na unicidade do *eu*, sugerindo que tal aspecto foi uma conquista histórica. Tal ideia, embora seja importante por acentuar a relação entre a memória e o longo e complexo processo de indi-

O processo no qual a memória se tornaria cada vez mais ligada a um sujeito, por outro lado, já foi compreendido como contrapartida ao arrefecimento do sentimento nacional. Essa é a perspectiva de Pierre Nora, por exemplo, que fez uma relação direta entre a perda daquela que apontou ser a última tradição de memória vivida de forma espontânea (a memória nacional) e o processo de "psicologização" da memória, crescentemente tornada um "dever" e um fenômeno individual.[22] Sem dúvida, o processo de individualização moderno tem como corolário a progressiva transformação da memória num fenômeno subjetivo (os "homens-memória" de Pierre Nora), que singulariza uma personalidade e, portanto, se relaciona às mudanças nas quais o valor básico de referência cultural deixa de ser as grandes unidades holísticas de outrora para acomodar-se à estreiteza de uma trajetória, tornando o problema da memória individual algo muito mais recente do que geralmente se acredita, próprio às sociedades modernas e contemporâneas.[23] Entretanto, o processo que transformaria o indivíduo no valor culturalmente mais significativo está intimamente relacionado à glorificação da nação como entidade encompassadora mais ampla.[24] Essa, aliás, é a perspectiva de Louis Dumont, importante estudioso da "ideologia moderna" a partir do seu cerne, o individualismo:

> Na realidade, a nação, no sentido preciso e moderno do termo, e o nacionalismo — distinto do simples patriotismo — estão historicamente vinculados ao individualismo como valor. Não só ela o acompanha historicamente, mas a interdependência entre ambos se impõe, de sorte que se

---

vidualização, talvez deva ser matizada, até porque tal forma de recurso ao passado, segundo Fernando Catroga, é constitutiva da própria memória. Consultar, nesse caso, Catroga (2003).

[22] Nora (1993). Para críticas à perspectiva de Pierre Nora por centrar-se excessivamente na realidade francesa, ver Hartog (1996).

[23] Consultar Velho (2003: especialmente o capítulo IX).

[24] A crescente importância conferida aos "grandes homens" a partir de meados do Setecentos forneceria bases fundamentais a esse processo, assim como a Revolução Francesa, não obstante esta última, ao recolocar em pauta representações de heroicidade que remetiam também para os antigos padrões de desumanização e sacralização de determinados pesonagens, sirva para indicar a não linearidade desse processo. O mesmo se poderia dizer em relação aos conhecidos escritos do historiador inglês Thomas Carlyle, no século XIX. Ver Dosse (2009:162-163), Catroga (1998).

pode dizer que a nação é a sociedade global composta de pessoas que se consideram como indivíduos. [Dumont, 1993:21]

Apontando a estreita relação entre o individualismo e o nacionalismo, Dumont também reconheceria a amplitude do problema, sinalizando para a necessidade de um estudo profundo das diversas experiências nacionais (os diferentes ensaios que compõem o livro se encaminham nesse sentido, ao mesmo tempo que pretendem conjugar elementos para uma visão global da ideologia moderna).[25] Mais importante, por outro lado, é pensar como o processo de individualização moderno se relaciona com as mudanças nas formas de comemorar os mortos que também caracterizaram o período. Na verdade, o tema das atitudes perante a morte somente se tornou mais caro às ciências sociais a partir dos anos 1950, sendo depois objeto dos conhecidos estudos de historiadores como Michel Vovelle e Philippe Ariès.[26] Algumas ideias deste último autor, inclusive, podem auxiliar na percepção do quadro complexo de mudanças que estiveram na base da constituição dos funerais em liturgias cívicas. Sua percepção de que a relação entre a morte e a biografia foi algo que se estabeleceu já no século XV, por exemplo, se encaminha nessa mesma direção: "acredita-se, a partir de então, que cada homem revê sua vida inteira no momento em que morre, de uma só vez. Acredita-se também que sua atitude nesse momento dará à sua biografia seu sentido definitivo, sua conclusão" (Ariès, 2003:53).

Para o mesmo autor, entretanto, somente a partir de fins do século XVIII teríamos tido uma mudança mais significativa nas formas de lidar com a morte, quando práticas até então inexistentes, como o culto de relíquias e a visita aos cemitérios, praticamente constituíram uma nova forma de religião. Desse modo, sua perspectiva aponta de fato para o caráter recente dessas práticas tidas como imemoriais: elas não se confundem, inclusive, com as preo-

---

[25] Gilberto Velho (2003:114 e ss.), de forma sem dúvida muito mais abrangente, procurou destacar a tensão entre "indivíduo/coletividade" como algo próprio da cultura ocidental, identificando ainda nos poemas homéricos uma representação de heroicidade semelhante àquela mais típica dos romances modernos. Tal observação, entretanto, não implicava desconsiderar as especificidades do processo moderno de individualização, ponto central das suas pesquisas antropológicas.

[26] A preocupação com o tema a partir dos anos 1950 foi destacada pelo próprio Philippe Ariès (2003). Entre os estudos de Michel Vovelle, ver Vovelle (1974, 1978, 2010).

cupações que caracterizaram determinadas sociedades antigas em relação aos mortos, pois toda a riqueza da epigrafia funerária da antiguidade se fundamentava na intenção de afastá-los do mundo dos vivos (de modo bastante diferenciado ao culto romântico deles no século XIX).[27] Do mesmo modo, entre a intensa utilização de obeliscos, estelas e outras formas de monumentos para a celebração dos mortos na antiguidade e o seu culto a partir do século XVIII, teríamos tido um período em que eles eram confiados à Igreja, prática comum na Idade Média e que se fundamentava na crença de que ali eles receberiam a proteção dos santos. Portanto, teria sido apenas a partir de fins do século XVIII que determinadas práticas comemorativas foram se estabelecendo, fundamentadas inclusive no fortalecimento do sentimento de família, que fez com que o lugar de sepultamento se tornasse cada vez mais um local privado e utilizado para visitas e homenagens de familiares.[28] Assim, o culto moderno dos mortos, associado com o processo que relacionava a morte à constituição de uma biografia, foi aspecto fundamental ao estabelecimento dos funerais como liturgias cívicas conforme conhecemos hoje: "O culto dos mortos é hoje uma das formas ou uma das expressões do patriotismo. Do mesmo modo, o aniversário da Grande Guerra, de sua conclusão vitoriosa, é considerado na França como a festa dos soldados mortos".[29]

A formação do imaginário nacional: diferentes perspectivas

Os processos de formação do individualismo moderno e de mudanças nas formas de comemoração dos mortos foram acompanhados de outro

---

[27] Sobre a epigrafia funerária na antiguidade, ver Le Goff (1994). Sobre o culto romântico dos mortos no século XIX português, ver Catroga (1999).
[28] Sobre a construção do sentimento de família, ver também Ariès (1978).
[29] Ibid., p. 77. Determinados acontecimentos são importantes para a compreensão do culto dos mortos como liturgias cívicas. Além da Revolução Francesa (cuja relevância teria sido superdimensionada nesse sentido, segundo Ariès), as construções dos túmulos do soldado desconhecido após a Primeira Guerra Mundial constituem aspecto importante, conforme se pode notar em Olick e Robbins (1998). Uma análise dos funerais dedicados aos mortos em batalhas na Atenas clássica foi feita por Nicole Loraux (1994), podendo servir para confrontar seu sentido holístico, em que não há lugar para a individualidade, com os modernos funerais nacionais.

elemento fundamental ao estabelecimento das liturgias cívicas: a configuração do sentimento de pertencimento a uma coletividade nacional, fruto das transformações que marcaram particularmente os séculos XVIII e XIX. O tema também já foi objeto de estudo de inúmeros trabalhos, sendo importante destacar apenas certos autores que tiveram uma forte influência sobre o campo historiográfico. Portanto, ressaltaremos somente algumas formas de compreender a constituição ou a perpetuação das tradições nacionais e de toda a ritualística que as acompanhou, sem qualquer pretensão à exaustividade. Sua análise permitirá uma visualização mais ampla do campo teórico no qual se inserem os estudos sobre rituais e liturgias cívicas.

Uma das principais formas de compreender o fenômeno aponta para as ações intencionais dos sujeitos históricos na constituição das tradições atravessadas pelo sentimento de pertencimento a uma coletividade nacional. Nesse sentido, o enfoque de muitos autores tem recaído sobre os usos políticos do passado, particularmente no que concerne aos setores institucionalizados ou mais próximos aos mecanismos de poder, cujos interesses em escamotear as raízes recentes de tradições tidas por imemoriais parecem mais evidentes. Entre as obras que remetem ao problema, uma delas que certamente teve uma influência considerável na historiografia foi a coletânea de textos *A invenção das tradições*, organizada por Eric Hobsbawm e Terence Ranger.[30] Após aquela publicação, muitas outras surgiram utilizando a noção de "invenção" e conformando uma verdadeira "invenção da invenção", nas palavras de Peter Burke (2009) (que também apontou para o fato de aquele não ter sido o primeiro uso do termo). Apesar das diferenças que caracterizam as abordagens dos autores cujos textos constituem a obra, a forma como Eric Hobsbawm procurou encaminhar o problema tornou-se a principal referência dos historiadores que empregaram o conceito de "tradições inventadas".[31]

---

[30] Hobsbawm e Ranger (1997). Do primeiro autor, ver também Hobsbawm (2002).
[31] A discussão seguinte se baseia nos dois textos da obra que são de autoria de Eric Hobsbawm, um de introdução e o outro de encerramento. Note-se, entretanto, que a noção de "invenção" pode ser utilizada com sentidos diversos, mesmo quando aparece em textos que dialogam com a proposta de Eric Hobsbawm. A análise aqui empreendida, portanto, jamais se pretenderia extensiva a todos os textos que utilizaram a noção, já que muitos deles partem de

De fato, procurando compreender a suposta produção em massa de tradições nacionais entre os anos 1870 e 1914, Hobsbawm elaborou uma análise que enfatizou a intencionalidade dos sujeitos históricos e o caráter extensamente maleável das tradições, como sugere a própria noção de "invenção". Em sua interpretação, a mobilização das tradições da Revolução Francesa durante a Terceira República aparece como fruto da consciência dos setores burgueses que, diante da expansão da democracia e dos regimes liberais, teriam percebido a importância de se utilizar dos elementos irracionais do campo político. São os interesses dos "homens de centro" (os burgueses) em mascarar sua condição de classe que fornecem as chaves explicativas para o fenômeno, haja vista a legitimação política, na era da política de massas que se iniciava, já não poder mais ser obtida por mecanismos de crenças como o direito divino dos reis.[32] A análise de Hobsbawm, dessa forma, apostou intensamente na racionalidade dos sujeitos históricos para explicar a constituição das tradições nacionais, assim como a ênfase no falseamento da realidade subjacente à noção de "invenção" pareceu transformar aqueles que mobilizavam tal arsenal simbólico em sujeitos plenamente conscientes, que não partilhavam da crença naquilo que ajudaram a conformar. Por outro lado, o enfoque somente na dimensão política dos usos do passado deixou de lado os mecanismos culturais que permitem compreender o surgimento do imaginário nacional, concebendo o campo da memória e das tradições como algo que pode ser manejado sem quaisquer constrangimentos da ordem do funcionamento do mundo simbólico.

Embora numa perspectiva teórica diferenciada, a concepção de Pierre Nora acerca dos "lugares de memória" guarda algumas semelhanças com aquela que caracteriza a noção de "invenção de tradições", apostando na intenção de memória como algo fundamental à compreensão dos "luga-

---

concepções mais complexas, que não explicam a conformação de tradições somente a partir da intencionalidade dos sujeitos históricos. O mesmo se pode dizer da expressão "usos políticos do passado", que também pode remeter a usos muito diversos e é aqui destacada apenas para facilitar a discussão em pauta. Temos consciência de que ela pode indicar uma gama grande e complexa de formas de abordagens, algumas delas bastante próximas daquilo que propomos nesta pesquisa.

[32] Sobre o assunto, ver particularmente o último capítulo da obra Hobsbawm e Ranger (1997:271 e ss.).

res" onde se cristalizou a memória nacional francesa.³³ A questão já foi destacada por outros autores, que contrapuseram o problema dos usos políticos da memória àquele dos mecanismos de homogeneização das representações partilhadas do passado, que ultrapassam a dimensão da intencionalidade dos atores sociais. Foi nesse sentido, por exemplo, que Marie--Claire Lavabre (2001) procurou ressaltar as fragilidades das pesquisas aprisionadas no estudo do "peso" ou da "escolha" do passado, descartando tanto as abordagens centradas apenas no modo como a memória coletiva é espontaneamente transmitida quanto aquelas fundamentadas nas formas institucionalizadas de lidar com a memória. Desse modo, a autora não somente se distanciava da abordagem de Pierre Nora, centrada no que ela chamava de "memória histórica", como procurava resgatar a noção de "memória coletiva" de Maurice Halbwachs, que parece ter ficado igualmente prisioneira dos processos de constituição das lembranças e conformação de identidades coletivas que se fazem sem os usos e manipulações da memória.

Uma perspectiva que mais nos interessa por centrar-se no problema do nacionalismo e que pode ser aproximada àquela de Marie-Claire Lavabre (por seu enfoque nos elementos culturais e nos condicionantes que não dependem somente da vontade dos sujeitos históricos) é a de Benedict Anderson (2008). Apostando numa explicação mais complexa para a conformação das "comunidades imaginadas" (portanto, acreditadas, e não apenas inventadas), Anderson procurou pensar o surgimento do nacionalismo como parte de um longo processo que conjugou elementos que remetem a mudanças profundas nas mentalidades, como a crise da cristandade e das monarquias divinas, com outras "fatalidades" mais conjunturais relacionadas ao capitalismo, como a expansão do mercado editorial. De um lado, portanto, a crise das dinastias, pensadas como co-

---

[33] Nora (1984:7-28). Vale notar, nesse caso, que tal perspectiva teórica não poderia ser estendida para a grande quantidade de artigos que compõem a monumental coleção organizada pelo autor (a obra *Les lieux de mémoire*, publicada em sete volumes ao longo dos anos 1980 e 1990). Do mesmo modo, o problema mencionado deve ser compreendido apenas nos marcos da abordagem proposta por Pierre Nora no texto de abertura da coleção (até porque esse mesmo texto toca em questões que ultrapassam em muito o problema mencionado, formulando um verdadeiro diagnóstico epistemológico sobre as mudanças que marcaram o campo da história e da memória nas sociedades moderno-contemporâneas).

munidades imaginadas (e não apenas como o fim do direito divino dos reis), forneceria um elemento fundamental à constituição do sentimento de pertença a uma coletividade nacional. De outro, se a crise da unidade religiosa já acarretava uma perda de importância do latim, também o estabelecimento do capitalismo editorial estaria na base da consolidação das línguas vernáculas, fundamentando a produção do imaginário nacional (pois a unidade linguística seria um pressuposto essencial à conformação das consciências nacionais).

Não é necessário retomar em pormenores, nem mesmo concordar com a complexa explicação elaborada por Benedict Anderson para o surgimento do nacionalismo (talvez por demais generalizante), sendo mais importante nos centrarmos em alguns elementos que fundamentam a ideia de pensar as nações como comunidades imaginadas. Assim, torna-se relevante perceber seu esforço de compreendê-lo como um sistema cultural, aproximando-o mais da religiosidade, por exemplo, do que das ideologias políticas racionalistas que frutificaram com o iluminismo. Ao contrário do "silêncio impaciente" com que o marxismo e o liberalismo lidariam com a morte e as contingências da vida humana, o nacionalismo asseguraria um sentido de continuidade e uma promessa de eternização, respondendo melhor a certos anseios existenciais e ao sofrimento humano: se a nação é eterna, também seus heróis o são. Este seria, por exemplo, o sentido simbólico dos cenotáfios e túmulos dos soldados desconhecidos, que confrontariam a perecibilidade humana com o sentimento da existência de uma coletividade que se acredita eterna e que garante a eternidade de seus "filhos mais ilustres" (imortalizados na memória nacional). Surgindo num momento de crise de outros sistemas de crenças (como a cristandade e as monarquias divinas, embora não simplesmente para substituí-las), a consciência nacional deveria ser compreendida, portanto, a partir de suas raízes culturais, devendo ser explicada mais pelos aspectos que permitiram que ela fosse efetivamente acreditada do que pela intenção maquiavélica de determinados sujeitos históricos em escamotear a realidade.

A explicação de Anderson parecia ter em vista a necessidade de suprir as deficiências daquelas que aproximavam o nacionalismo da noção de ideologia, marcadamente no caso do marxismo, cuja fragilidade em lidar com o tema foi apontada não somente por autores que foram formados e depois se afastaram daquela tradição intelectual, mas também por aqueles que procuraram elaborar reformulações ainda dentro dela (como o próprio Benedict Anderson ou Cornelius Castoriadis, no primeiro caso, e Fredric Jameson, no segundo). Com efeito, assim como Anderson, Castoriadis também construiu uma perspectiva bastante crítica àquela tradição que marcou sua trajetória, inclusive no que concerne à sua fragilidade para lidar com o nacionalismo. A tendência de aproximá-lo a uma mera mistificação (e, portanto, a algo irreal, como a "ideologia burguesa") foi acidamente ironizada pelo autor, que defendeu a tese de que os fenômenos imaginários não são menos reais do que aqueles que constituem as forças materiais da sociedade:

> Esse imaginário da nação se revela no entanto mais sólido do que todas as realidades, como o mostram duas guerras mundiais e a sobrevivência dos nacionalismos. Os "marxistas" atuais que acreditam eliminar tudo isso dizendo simplesmente: "o nacionalismo é uma mistificação", evidentemente se automistificam. [...] Dizer — "a prova de que o nacionalismo era uma simples mistificação, *por conseguinte alguma coisa de irreal*, é que ele se dissolverá no dia da revolução mundial", não é somente cantar vitória antes da hora, é dizer: "Vocês, homens que viveram de 1900 a 1965 e quem sabe até quando ainda, e vocês os milhões de mortos de duas guerras, e todos os outros que sofreram com isso e são solidários — todos vocês, vocês *in*-existem, vocês sempre inexistiram aos olhos da verdadeira história; tudo o que vocês viveram foram alucinações, pobres sonhos de sombras, não era a história. A verdadeira história era esse virtual invisível que *será* e que, traçoeiramente, preparava o fim de vossas ilusões". [Castoriadis, 1982:179; grifo do autor]

Também Fredric Jameson destacou que o nacionalismo foi sempre um objeto problemático dentro daquela tradição teórica, condescendendo assim com as críticas formuladas por Marshall Sahlins a respeito da "limitação autoimposta" ao pensamento marxista, de encarar a cultura sempre a partir de uma perspectiva instrumental.³⁴ Procurando uma alternativa dentro do próprio marxismo, Jameson destacou a necessidade de levar em consideração também aquilo que chamou da dimensão utópica do artefato cultural. Assim ele pretendia se posicionar contra a tendência durkheimiana de compreender a religião apenas como meio de integração nos valores coletivos, sem, entretanto, deixar de lado o papel utópico presente, por exemplo, na ideologia nazista. Ao mesmo tempo que suas ideias, ao não anularem a dimensão "instrumentalista" da cultura, demonstravam certa ambiguidade em relação à crítica de Sahlins (sobre o modo funcionalista como o marxismo sempre tendeu a compreender a cultura), elas apontavam para a possibilidade de uma análise que leve em consideração o caráter mais "espontâneo" da gestação de determinados construtos culturais, sem descurar dos usos políticos que o mundo simbólico pode sofrer.³⁵ Embora a preocupação fundamental de Jameson fosse com o campo da crítica literária, ele também destacava sua funcionalidade para pensar o nacionalismo que, conforme reconhecia, continuava sendo o grande impasse teórico do marxismo, justamente por não dar conta da sua dimensão utópica e tomar a "questão nacional" como "um mero epifenômeno do ideológico".

Sem dúvida, essa é apenas uma dimensão do extenso debate acerca do nacionalismo, cujo aprofundamento demandaria a análise de diversas outras perspectivas teóricas e ultrapassaria bastante os limites deste capítulo. O importante a destacar é que considerar as raízes culturais de fenômenos como o nacionalismo (aproximando-o da religiosidade, e não apenas de uma ideologia racionalista, como propôs Anderson, por exemplo) não exclui a percepção de que as tradições nacionais também são objetos de disputas e usos políticos no campo das lutas simbólicas. Tal opção, ao mesmo tempo que permite atentar para a complexidade do

---

³⁴ Jameson (1992). Marshall Sahlins (2003a) faz uma discussão pormenorizada do modo como a teoria marxista tenderia a tratar o fenômeno cultural.
³⁵ Vale destacar que este constitui um encaminhamento para o problema semelhante ao de muitos outros autores, que procuraram fugir dos impasses teóricos do marxismo sem desconsiderar complemente suas contribuições para a compreensão do funcionamento do mundo simbólico. Nesse sentido, a questão ultrapassa claramente o problema do nacionalismo. Para um exemplo, entre vários outros possíveis, ver Bourdieu (2002).

fenômeno, possibilitando uma melhor compreensão dos fundamentos da crença na existência de uma comunidade imaginada, não necessariamente deixa de lado os interesses e os usos sociais dos bens simbólicos disponíveis, resguardando largo espaço para a percepção dos conflitos próprios ao campo político. Como corolário, os setores dominantes não aparecem apenas como meros mistificadores, que não acreditam no arsenal simbólico que mobilizam, e a constituição do imaginário nacional não fica resumida a uma mera invenção completamente descolada da realidade.

Conforme já se observou muitas vezes, parecem bastante frágeis hoje em dia as perspectivas que continuam resguardando ao plano dos fenômenos imaginários um estatuto de irrealidade ou de subproduto das forças materiais, aspecto já discutido por um grande número de autores.[36] Contra uma concepção que percebe o nacionalismo como fruto apenas da instrumentalização ideológica, é importante destacar que os aspectos referentes ao imaginário e às representações fazem parte da realidade social, não podendo mais o campo da imaginação ser tido como restrito aos mecanismos de falseamento da realidade. Algo bastante semelhante, nesse sentido, pode ser observado nas discussões mais recentes acerca das conformações da memória coletiva em torno de um acontecimento ou indivíduo: a própria eficácia da construção imaginária ou memorialística sobre determinada figura histórica será tão mais natural quanto se ampare em aspectos da realidade, não havendo, portanto, um sentido apenas ilusório de mascaramento do real em fenômenos como mitos, representações ou memórias constituídos no campo das lutas simbólicas.[37] Na origem de discussões como essas, cabe notar, está provavelmente a inflexão gerada pela crítica às utilizações menos elaboradas de conceitos como "invenção"

---

[36] O tema é recorrente, não parecendo necessário qualquer levantamento. Para apenas um exemplo (além do mencionado livro de Castoriadis), consultar Baczko (1985).
[37] Analisando processos mitológicos de heroificação na história francesa contemporânea, Raoul Girardet (1987:81) chamou a atenção para o fato de que determinados heróis imaginários (como Édipo, Fausto e Don Juan) podem ser incessantemente reinventados, mas que "tal não pode ser o caso de um ser de carne e osso, historicamente definível, e cujo processo de heroificação não poderia fazer esquecer os traços particulares que são os de uma personalidade e de um destino".

ou "ideologia", os quais, dificilmente, poderiam ser tidos como os únicos vetores explicativos da realidade.[38]

As formas de lidar com o tempo das liturgias cívicas

O estudo dos funerais como liturgias cívicas remete também para outros problemas nem sempre levados em conta pelos historiadores, inclusive no que concerne à necessidade de uma abordagem mais propriamente antropológica do tema, que considere, por exemplo, sua relação com a elaboração de novas formas de experimentar o tempo. Aqui também, vale ressaltar, parece relevante atentar para algo além do estudo dos usos políticos e intencionais do passado, refletindo sobre possíveis pontos de encontro das perspectivas de autores que procuraram ultrapassar tais limitações. Em última instância, tais análises parecem indicar as potencialidades de um campo ainda pouquíssimo explorado, que pode envolver problemas fundamentais até mesmo para a reflexão epistemológica acerca do conhecimento histórico (constante das possíveis relações entre a escrita da história e os ritos de cunho cívico). Para delimitar o problema, por outro lado, podemos começar recorrendo novamente às teses de Benedict Anderson, já que sua análise da formação das consciências nacionais aponta para uma dimensão poucas vezes percebida: as formas de lidar com a temporalidade que estiveram na base da consolidação da crença na existência de uma coletividade que se desenvolve no tempo linear do calendário.

Ao relacionar o surgimento do imaginário nacional à expansão do capitalismo editorial, Anderson procurou chamar a atenção para o modo como a difusão do romance e do jornal representou alterações nas formas de vivenciar a temporalidade, que estiveram também na base da própria construção do nacionalismo. É bastante forte, nesse caso, seu diálogo com Walter Benjamin, não somente pelas críticas deste último à concepção

---

[38] Uma interessante problematização do conceito de ideologia, ainda dos anos 1960, pode ser obtida em Geertz (1973c) (embora o livro tenha sido publicado em 1973, o capítulo sobre ideologia é um texto dos anos 1960, como indica o próprio Geertz).

linear e teleológica da história presente no historicismo e na "história progressista" (expressão utilizada para designar a concepção da social-democracia alemã da época), mas por tais perspectivas serem compreendidas dentro de mudanças mais profundas na sensibilidade temporal, que acompanharam a perda da "experiência" advinda do processo de formação do capitalismo.[39] Assim como, para Benjamin, o romance e o jornal (no sentido da informação jornalística) são considerados indícios fundamentais das mudanças subjetivas que poriam fim à capacidade narrativa de transmissão da "experiência", em Anderson, ambos também estão na base da constituição da crença em uma coletividade que se desloca numa temporalidade "vazia e homogênea", onde passado e futuro não se encontram mais fundidos num determinado presente (como a temporalidade que fundamentava a narrativa épica, por exemplo).[40] O romance, nesse sentido, indicaria a representação de uma coletividade na qual as ações de diversos personagens ocorrem numa concepção "transversal" de "simultaneidade", marcada pela "coincidência temporal, e medida pelo relógio e pelo calendário" (e não na "concepção medieval" da "simultaneidade-ao-longo-do-tempo").[41] Ou seja, parece clara aqui a influência da crítica de Benjamin às filosofias da história, assim como sua percepção de que a consolidação do romance (como um gênero tipicamente burguês, re-

---

[39] Benjamin (1994). Ver especialmente os textos "Sobre o conceito da História" (p. 222-232) e "O narrador: considerações sobre a obra de Nicolai Leskov" (p. 197-221). Sobre a importância do conceito de "experiência" (*Erfahrung*) para Benjamin, ver o prefácio de Jeanne Marie Gagnebin na mesma obra.

[40] Sobre a temporalidade da poesia épica como uma "fuga do tempo dos homens", na qual o mito remete para o mundo eterno dos heróis e dos deuses (com seus segredos de natureza metafísica, sobre a origem do ser, como apontou Jean-Pierre Vernant), ver Finley (1989). Cabe salientar que foi a percepção do maior distanciamento entre essas duas dimensões do tempo na modernidade, passado e futuro (ou "espaço de experiência" e "horizonte de expectativa"), que fundamentou a tese de Reinhart Koselleck (2006b) sobre a constituição do moderno conceito de história. Do mesmo modo, o menor distanciamento entre experiência e expectativa na forma de lidar com o tempo dos antigos levou François Hartog (2003) a formular a noção de "regime de historicidade passadista", em contraposição ao "futurismo" dos tempos modernos e o suposto "presentismo" de nossa época contemporânea.

[41] Anderson (2008:54). A noção de "tempo vazio e homogêneo" antes mencionada, que aponta para a percepção teleológica da história como uma marcha progressiva onde o presente aparece descolado do passado e do futuro, está presente na própria obra de Walter Benjamin (consultar o capítulo "Sobre o conceito da história" do livro já mencionado, especialmente p. 229 e ss.).

lacionado à busca de sentido diante da desagregação social promovida pelo capitalismo) estaria ligada com o surgimento de uma nova sensibilidade temporal, aspectos que fundamentariam sua busca pela formulação de outra concepção de tempo dentro do materialismo (que não aquela da social-democracia alemã). O importante a destacar, por outro lado, é a percepção da relação entre a constituição do imaginário nacional e as formas de lidar com a temporalidade, aspecto relevante para pensarmos a possível relação das preocupações de Anderson com as de outros autores que consagraram estudos ao plano dos rituais e cerimônias cívicas.

Não parece forçoso, nesse sentido, relacionar sua perspectiva com a de Fernando Catroga, historiador que tem se voltado mais intensamente para o estudo das formas de ritualização do tempo, inclusive no que concerne aos funerais como liturgias cívicas. Aliás, a ênfase na proximidade do nacionalismo ao plano da religiosidade permite pensar sobre a própria noção de "religião civil" que, embora não tenha sido cunhada por Catroga, tem ocupado um lugar de destaque em suas análises dos diferentes processos de secularização e laicização de sociedades como a francesa e a norte-americana.[42] Manifestando-se não por meio de uma teologia, mas sobretudo por ritos e símbolos, a religião civil seria o cimento da nação, como no caso norte-americano:

> Concretamente, ela objetiva-se em discursos, inscrições em monumentos, em produções filatélicas e numismáticas, em frequentes citações religiosas (retiradas do seu contexto e utilizadas nas mais diversas sessões públicas), na veneração de heróis cívicos e no uso paradigmático de suas vidas, no culto sacrificial da Pátria (consubstanciado na veneração dos veteranos das guerras), na utilização de edifícios e lugares públicos como espaços de oração, na gestão qualitativa do calendário etc. Por outras palavras: ela traduz-se em símbolos (como os hinos e as bandeiras), em ritos (como as sessões solenes, os discursos inaugurais, as paradas), em múltiplas expressões iconográficas, em fortes investimentos comemorativos, bem como num intenso culto cívico dos mortos na guerra e na frequente sacraliza-

---

[42] A noção foi criada por Jean-Jacques Rousseau e, segundo o próprio Catroga (2006b:163-164), Robert Bellah foi pioneiro ao definir uma religião civil americana.

ção da linguagem político-ideológica, em particular quando se qualifica o sentido do destino histórico da América. [Catroga, 2006b:170-171]

Funcionando "como um complemento ou um sucedâneo das religiões tradicionais", a religiosidade cívica, nesse sentido, se expressaria nas formas diversas de ritualização da história, entre elas os grandes funerais nacionais, modalidade comemorativa privilegiada no século XIX como "rito de glorificação". Na perspectiva de Catroga, portanto, o ritual de enterramento, assim como os outros modos de manifestação da religiosidade cívica mencionados, representaria uma forma encontrada pelos homens para dissimular a corrupção do tempo, procurando fazer com que a memória coletiva funcionasse como um "segundo além". Em seu protesto de fundo existencial contra o esquecimento e a morte, o homem precisaria de formas de ritualizar o tempo, entre elas os ritos de recordação como as liturgias cívicas e também a prática historiográfica, sobretudo no modo como se manifestou no Oitocentos: "assim, mais do que em qualquer outra cerimônia necromântica, as comemorações cívicas apelavam explicitamente à mediação da memória, chamando-a a desempenhar a mesma função pedagógica que a atribuída a toda a literatura histórica" (Catroga, 1998:224). Acentuando o fundo ritual do ofício do historiador, Catroga procurou destacar a sintonia entre as práticas comemorativas e a historiografia do século XIX, não colocando a história e a memória em campos epistemológicos opostos e relacionando o estudo de liturgias cívicas como os funerais nacionais às formas de percepção do tempo e de ritualização da história.[43]

Num sentido semelhante, é interessante considerar as reflexões de Mona Ozouf a respeito das festas cívicas que envolveram a Revolução Francesa.[44] Sua perspectiva se voltava justamente contra o predomínio da interpretação política das festas revolucionárias que, centrada apenas na intencionalidade dos planejadores do cerimonial, deixava de lado as necessidades coletivas que ultrapassam a dimensão mais evidente das tentativas de usos políticos do passado. Diferentemente das concepções

---

[43] Ver também Catroga (2003).
[44] Ozouf (1976a). Ver também Ozouf (1976b).

focadas nas manipulações da memória que já discutimos (seja no que concerne às invenções de tradições ou aos mecanismos institucionais de construção de uma memória nacional), Ozouf procurou chamar a atenção para a necessidade de uma abordagem antropológica das festas, que não devem ser "abandonadas à história, que as depura inteiramente" (Ozouf, 1976a:220). Assim, pensar a relação entre as festas e a história não é procurar apenas compreender as tentativas de controle dessa última por parte dos seus organizadores, mas também se interrogar sobre o modo como as festas cívicas podem estar relacionadas às necessidades coletivas de romper com o transcurso do tempo, remetendo a uma luta inconsciente contra a mudança histórica.

Ao invés de um controle da história, a repetição ritual das festas revolucionárias poderia traduzir uma fuga da mesma, assim como as projeções de futuro que perpassam o cerimonial cívico poderiam remeter menos a uma antecipação da realidade do que a um desejo, a algo relacionado ao plano do imaginário. Desse modo, a experiência da festa deveria ser pensada a partir das angústias e necessidades existenciais que fazem com que o presente da festa possa ser estendido à eternidade e, assim, vivenciado em sua dissimulada ruptura com a vida cotidiana:

> Como não ver então que a repetição serve para corroer o choque perturbador, para apagar as ameaçadoras novidades do acontecimento, para dar-lhe, arrancando-o do tempo profano, todos os prestígios do reinício? [...] Bem longe de esclarecer a oposição entre a festa e a história, o caso particular da Revolução Francesa tende a agravá-la; a festa é um mundo temporário que nega sua temporaneidade; e como os futuros da festa devem ser eles mesmos uma festa, não se desliza, numa fuga da história, para a utopia da festa eterna? [Ozouf, 1976a:225]

Na perspectiva de Ozouf, portanto, caberia aos historiadores não se aprisionarem numa análise finalista das festas cívicas, presa aos sentidos pretendidos por seus organizadores, cujas intenções têm sido superestimadas e pouco problematizadas. A abundância de documentos que evidenciam seus projetos políticos não justificaria privilegiar apenas "o sentido que se pretendeu sobre o sentido que se viveu", conforme têm feito a maioria dos analistas (Ozouf, 1976a:223-224). Do mesmo modo, sua concepção também ajuda a problematizar a noção de religiosidade cívica que já destacamos. Se as religiões cívicas se utilizam de elementos das liturgias que caracterizam as religiões tradicionais, elas não podem ser compreendidas apenas como parte de um projeto intencional de substituição de um culto católico por um novo culto. Ou seja, elas também não podem ser compreendidas apenas a partir da ênfase na intenção dos sujeitos históricos: "a vontade de substituir não nasce inteiramente pronta no cérebro dos homens políticos, porém no espetáculo, ou na lembrança de uma substituição já encarnada, embora inconsciente de si mesma" (Ozouf, 1976a:222).

É nesse mesmo sentido também que a autora destacou a ingenuidade de prender-se apenas às frequentes repetições dos rituais, pois "é suficiente ter percorrido alguns autos de festas para saber a que se ater: a pirâmide, o simulacro do recinto público, a inscrição eternizante, são lugares e atos comuns do cerimonial revolucionário" (Ozouf, 1976a:221). Para além desses aspectos, é fundamental considerar as necessidades coletivas que caracterizariam tais celebrações, sua relação com as angústias e as tentativas de controle da história, dificilmente compreensíveis numa análise voltada apenas para a dimensão dos usos intencionais do passado. Com efeito, a perspectiva que Ozouf utilizou para pensar as festas cívicas acabou introduzindo elementos importantes de análise, geralmente desconsiderados pela maioria dos historiadores que se debruçaram sobre o tema. Na verdade, ultrapassando o problema das festas da Revolução Francesa, suas ideias podem ser consideradas relevantes à compreensão das cerimônias e rituais cívicos de forma mais geral, muitas vezes abordados apenas pela dimensão da manipulação e da instrumentalização da memória. Retomaremos algumas das questões por ela levantadas em seguida, concentrando-nos mais especificamente nos estudos brasileiros sobre os funerais cívicos do início do período republicano.

Estudos de funerais cívicos da Primeira República

Ainda são poucos os trabalhos sobre fenômenos complexos como os funerais cívicos na historiografia brasileira. De modo geral, o campo privilegiado para esse tipo de análise tem sido a chamada Primeira República, período marcado por uma grande quantidade de "espetáculos fúnebres", encenados em meio a uma retórica tipicamente patriótica e republicana. A elaboração de grandes eventos-rituais, marcados pela meticulosa ordenação cerimonial que acompanhava a pomposidade e o simbolismo dos lugares destinados à celebração do morto ilustre, parece ter sugerido a relevância do tratamento do tema. A formação de amplos cortejos, a suntuosidade dos locais de velório, a preparação antecipada e as disputas pela memória são elementos recorrentes nesse tipo de cerimônias, sendo devidamente enfatizados. Embora pouco numerosos, esses trabalhos são fundamentais, inclusive por iniciarem o estudo de um tema praticamente ignorado na historiografia brasileira até recentemente.

Nesses estudos, os funerais estudados aparecem geralmente como manifestações particulares de um fenômeno cujo sentido principal é a celebração da nação e a construção de um imaginário republicano. O processo de construção memorialística, pela sofisticação teórica das análises, tende a ser compreendido de forma complexa, pois o estabelecimento da heroicidade envolve a existência de valores que façam com que os símbolos e imagens utilizados para consagrar um personagem tenham sentido para uma coletividade. Trata-se, portanto, de um fenômeno de difícil definição, cuja preocupação com sua abordagem já indica importantes renovações teóricas do campo historiográfico. Talvez seja possível, entretanto, apostar numa abordagem que ressalte elementos ainda pouco enfatizados, em que as intenções de memória dos planejadores do cerimonial, embora não desconsideradas, sejam estudadas juntamente com uma maior atenção dada à historicidade dos sentidos produzidos no ritual enquanto conjunto de ações de natureza simbólica, inclusive no que se refere à colocação em jogo das estruturas formais da política, tendo em vista as transformações nas formas de representação do poder que, num plano imaginário, conferem significado à comunidade política.

Uma das primeiras pesquisas sobre o tema na historiografia brasileira foi a de Luiz Simas (1994), que analisou os funerais cívicos de Floriano Peixoto. Parte de um estudo mais geral sobre as tentativas de transformar o marechal num herói republicano, a pesquisa de Simas procurou compreender o enterro como um momento deliberado de construção memorialística. Assim, "entendendo o momento do enterro, pois, como um espaço da afirmação que terceiros fazem do que em vida o morto representou", destacaria o autor, "veremos como os adeptos de Floriano Peixoto agem no sentido de tornar público que ali se sepultava um herói da nação brasileira, com o objetivo de fixá-lo na memória coletiva" (Simas, 1994:85). São as intenções de memória, portanto, seu principal objeto de análise, amparando a explicação de alguns elementos que compuseram as demoradas exéquias do marechal, que foi velado por 90 dias na capital federal:

> Em um caso até hoje único no País, o corpo de Floriano permaneceu exposto em câmara ardente durante três meses, sendo velado dia e noite por grupos que se revezavam e não deixavam em nenhum momento a capela vazia, até o dia 29 de setembro, um domingo, quando baixou à sepultura. É este um exemplo dos mais evidentes — pelo seu ineditismo ainda não igualado entre nós — da tentativa de transformar o funeral de Floriano em um acontecimento digno daquele que era considerado pelos seus adeptos o 'maior dos brasileiros', Salvador republicano. [Simas, 1994:93]

A formação de uma comissão encarregada de organizar as cerimônias fúnebres; a escolha da capital federal; o uso da bandeira do Brasil encobrindo o caixão; o roteiro traçado para o cortejo; os discursos enaltecedores; a marcha fúnebre da banda militar, entre outros: todos os elementos são descritos por Simas para acentuar a pedagogia cívica que perpassava o evento. Compreendendo os funerais do marechal como "uma dramatização" que buscava "sensibilizar" os que ainda não viviam a certeza do seu "heroísmo" (Simas, 1994:85), Simas propôs uma análise centrada nos usos e manipulações da memória, selecionando do cerimonial justamente os elementos que indicavam a tentativa de glorificação do personagem.

Preocupação semelhante fundamentou os importantes estudos de Luigi Bonafé (2008) e João Felipe Gonçalves (2000) sobre as tentativas de heroicização de Joaquim Nabuco e Rui Barbosa, respectivamente. Assim como no caso de Simas, os funerais de Nabuco ocuparam parte de uma pesquisa mais geral sobre a construção de sua imagem como herói republicano. Analisado em diferentes momentos, o processo de heroicização é compreendido como um fenômeno complexo por Bonafé, que não deixou de acentuar o caráter inconcluso das representações que ainda perduram sobre o personagem. Restringindo-nos à parte dedicada aos funerais, por outro lado, percebemos que o principal objetivo da pesquisa foi o de "procurar identificar alguns dos sentidos que os promotores do evento quiseram atribuir à consagração fúnebre de Nabuco no Rio de Janeiro. Uma consagração que, como se quer demonstrar, torna Nabuco — o abolicionista, o monarquista — um 'herói' da República" (Bonafé, 2008:82). Morto fora do país, em 1910, o "líder abolicionista" foi o primeiro estrangeiro em território norte-americano a ter um funeral com honras de chefe de Estado naquele país e, depois de seus despojos regressarem ao Brasil, foi homenageado na capital federal por quatro dias consecutivos. Para Bonafé, o próprio fato de seu corpo ter passado pelo Rio de Janeiro seria indicativo das intenções de transformá-lo num herói nacional, já que não seria preciso fazer escala na capital para enterrá-lo em Recife, sua cidade natal:

> O caminho de Washington a Recife não demandava uma escala no Rio de Janeiro. Se houve, portanto, este "desvio" de rota, é lícito considerar que haja aí um investimento simbólico deliberado do regime em conferir um caráter cívico à consagração de seu primeiro embaixador. Os indícios dessa intenção são confirmados, aliás, pelas fontes. Alguns dos jornais da época chamam as cerimônias em questão de "funerais cívicos". [Bonafé, 2008:81]

Sem deixar de destacar o caráter polifônico das festas cívicas, a análise de Bonafé também se voltou mais diretamente para as intenções de memória, para a tentativa deliberada de imortalizar o herói e construir uma galeria de vultos nacionais republicanos.[45] A festividade, que pôde contar com três meses de preparação, por conta da demora na trasladação dos despojos, acentuaria sobretudo a face "pan-americanista" de Joaquim Nabuco, como se poderia notar pela escolha do Palácio Monroe como lugar do velório — momento do funeral que, segundo João Gonçalves (2000), era o principal na consagração de um personagem, já que o local escolhido deveria possuir forte ligação com o homenageado. De fato, o trabalho de João Gonçalves é também perpassado pelas mesmas preocupações de Simas e Bonafé, mas se diferencia por ter sido o primeiro estudo totalmente centrado nos funerais cívicos de um personagem da história do país, aspecto que ocupou todo o empreendimento de análise. Além disso, sua abordagem das homenagens prestadas à figura de Rui Barbosa na capital federal, em 1923, merece uma atenção maior por seu caráter propositivo no sentido da constituição de uma forma específica de tratamento do tema.

Segundo Gonçalves, ao mesmo tempo que sua pesquisa sobre Rui Barbosa poderia ser compreendida como "uma contribuição para o estudo do processo de transformação desse indivíduo em herói nacional", ela pretenderia mais do que isso, revelando, de modo mais geral, os "traços importantes da consagração fúnebre de heróis nacionais, muito especialmente durante a Primeira República" (Gonçalves, 2000:148). A descrição etnográfica dos principais elementos que compuseram as honras fúnebres de Rui Barbosa, constantes da primeira parte do artigo, portanto, visavam colocar aquele acontecimento dentro de um quadro mais geral: funerais como os de Pinheiro Machado, Rodrigues Alves, Machado de Assis, Afonso Pena, Euclides da Cunha, Joaquim Nabuco, entre outros, são destacados pelo próprio autor como exemplos de fenômenos semelhantes. O caráter de celebração nacional, por outro lado, seria mesmo o elemento que aproximaria tais eventos:

---

[45] Segundo Bonafé (2006:1), numa passagem mais esclarecedora, sua pesquisa sobre os funerais do "líder abolicionista" teria por objetivo "situar a importância do investimento do regime na consagração fúnebre de Joaquim Nabuco em termos do esforço oficial para a constituição de um panteão cívico de heróis nacionais e de uma narrativa histórica de acordo com o projeto nacional republicano".

O mais notável, porém, é a recorrente associação de todos aqueles nomes com a Nação, com a Pátria. Os enterros estudados eram invariavelmente celebrações da Nação, e o Brasil era a referência mais presente. A retórica era toda cívica. Todos os falecidos eram descritos, no mínimo, como *grandes patriotas*, e seus trabalhos nas mais diversas áreas eram sempre remetidos ao engrandecimento da nação — ainda que de uma nação estrangeira, como no caso de Del Prete. Por isso chamo esses enterros de rituais cívicos. [Gonçalves, 2000:151]

Período que teria funcionado como um interregno entre a presença de duas figuras marcantes, que acabariam ofuscando quaisquer outros "vultos nacionais", como d. Pedro II e Getúlio Vargas, a chamada "República Velha" teria sido um momento extremamente propício à elaboração desse tipo de cerimonial consagrador. Assim, os elementos recorrentes nos diversos funerais mencionados poderiam ser explicados justamente no sentido da construção de uma galeria de grandes homens, cada um deles associado a um ideal nacional: "Pinheiro Machado era a Ordem; Rodrigues Alves, a Conciliação; Rui, a Liberdade e o Direito; Machado de Assis, a Literatura; Osvaldo Cruz, a Ciência; Rio Branco, o Território etc." (Gonçalves, 2000:152). É também essa perspectiva que explica o modo como Gonçalves caracterizou tais eventos, dialogando com a comparação que Roberto DaMatta já tinha feito entre os funerais e os Dias da Pátria, pensados como acontecimentos essencialmente acentuadores das hierarquias sociais ("verdadeiros dias da Pátria", tais enterros também poriam ênfase "na ordem, na hierarquia, na solenidade, no respeito", destacaria Gonçalves para apontar as semelhanças com a caracterização feita pelo autor de *Carnavais, malandros e heróis*). Justamente por isso, qualquer análise do fenômeno deveria privilegiar o estudo comparativo, abordando o conjunto dos cerimoniais e não os casos isolados, já que todos eles guardariam um sentido comum:

Essa análise deve valer como uma defesa da necessidade de se tomarem rituais de consagração (como os enterros cívicos) em seu conjunto, e não apenas interpretá-los caso a caso. Cada etnografia de enterro cívico vale, sem dúvida, para a compreensão da construção de um herói nacional em particular. Mas apenas tomando os rituais em conjunto, ou tomando cada um como exemplo de um fenômeno mais amplo, pode-se realmente compreender o sentido desses rituais. Não se deve isolar a interpretação de cada evento em si mesmo, como se não fizesse parte de uma prática costumeira que tem um sentido comum em suas várias manifestações. [Gonçalves, 2000:156]

O trecho transcrito e os elementos anteriormente mencionados conjugam questões importantes levantadas por Gonçalves, que poderão ser aqui desenvolvidas em duas direções: de um lado, pela inegável contribuição à compreensão do modo como os chamados funerais cívicos se conformavam na Primeira República. De outro, pela proposta de abordagem, que busca nos rituais fúnebres estudados um sentido comum e mais fundamental: a celebração da nação através da consagração de um corpo de heróis. É esse o aspecto que, por ora, mais nos interessa, já que ele coloca como fundamento da análise os usos políticos dos cerimoniais, expressos no conteúdo cívico dos elementos que compõem o ritual. Ou seja, segundo Gonçalves, há um sentido mais profundo e que é comum a essas cerimônias, particularmente no caso dos funerais de figuras ilustres da "República Velha", permeados todos por um conjunto de elementos recorrentes:

Várias características unem os diversos rituais fúnebres citados. Longos cortejos com uma rígida ordem hierárquica, a assistência de numerosos populares e a participação de autoridades e pessoas de destaque da mais elevada elite carioca são os traços mais evidentes. Com maior ou menor concorrência, mas sempre com grande pompa, repetiam-se em todos os casos os luxuosos carros fúnebres, os carros com figuras importantes, as bandas militares tocando marchas fúnebres, os tiros de canhão dos navios e fortalezas, os batalhões militares em roupa de honra, os postes cobertos de crepe negra e as ruas repletas de populares. [Gonçalves, 2000:149]

Com efeito, Mona Ozouf já havia nos alertado para a recorrência de certos elementos nas festas cívicas, particularmente naquelas da época da Revolução Francesa.[46] O problema, no caso em pauta, é que esses elementos seriam recorrentes não apenas nos funerais cívicos da Primeira República: não foi ali que se iniciou essa forma de celebração fúnebre e, certamente, também não seria naquele período que ela se encerraria.[47] O enfoque nos elementos recorrentes, na verdade, guarda forte relação com a perspectiva de análise, com aquilo que tem sido privilegiado nos estudos de rituais como esses: os sentidos pretendidos por seus organizadores, conforme indicou Mona Ozouf (1976a). Talvez se possa sugerir, entretanto, uma ênfase em outras dimensões desse tipo de fenômeno, que não se restrinja à pedagogia cívica que ordena as festividades e se manifesta numa estrutura comum de ocorrências cerimoniais (os demorados e rígidos cortejos, os carros fúnebres luxuosos e os batalhões militares continuariam existindo no pós-1930 da história brasileira).

Como já ressaltamos, é importante considerar que os rituais tendem a mudar muito mais lentamente do que os valores coletivos e a manutenção da mesma estrutura cerimonial pouco indica do sentido dado àquela experiência. Aliás, como indicou David Cannadine acerca dos rituais da monarquia britânica, a manutenção de uma mesma estrutura de cerimônias diante de grandes transformações sociais pode indicar justamente uma mudança no seu significado, fomentando certa segurança pautada na crença em uma tradição que nada tem de imemorial (Cannadine, 1997).[48] Portanto, os rituais podem manter uma mesma estrutura durante décadas, mas seus significados podem também ter se alterado radical-

---

[46] Discutimos a concepção da autora na primeira parte deste capítulo. Ozouf (1976a:221).

[47] Sem dúvida, muitos exemplos poderiam ser aqui citados apenas para o caso brasileiro. Para apenas dois deles, que servem para exemplificar a persistência de faustosos funerais relacionados a figuras políticas ou ilustres por outras atividades (como o esporte) em momentos bastante distintos, ver as análises de João José Reis (1991) sobre o grandioso funeral de d. João V na Bahia e de José Sérgio Lopes e Sylvain Maresca (1992) sobre as homenagens fúnebres ao jogador Garrincha.

[48] Contrariando a imagem corrente de um país que sempre foi rico em cerimoniais, marcados por sua perfeição e espetacularidade, Cannadine propôs uma interpretação da história dos dois últimos séculos de rituais da realeza britânica para apontar o caráter recente de tal representação, que ganhou corpo em fins do século XIX e pouco sentido fazia no início do Oitocentos.

mente. É nesse sentido, portanto, que se pode valorizar uma abordagem histórica e também densamente antropológica dos rituais, o que não corresponde a considerar apenas os discursos produzidos sobre eles.[49] Aliás, as narrativas produzidas sobre o evento-cerimonial, quando confrontadas com um ponto de vista mais antropológico acerca do conceito de ritual, podem ser vistas como parte indissociável do próprio fenômeno: afinal, qual seria a principal característica de um ritual senão a de ser um evento para o qual os contemporâneos dão importância para além daqueles da vida cotidiana?[50] Deixar ao que os antropólogos chamam de "nativos" os elementos principais de formulação conceitual parece, inclusive, uma opção mais afinada com a perspectiva que perpassa as ciências humanas atualmente, de valorização do próprio modo como os atores sociais compreendem o mundo.

Na perspectiva aqui apontada, a estrutura do cerimonial estará sempre sujeita aos condicionantes históricos, que tornam relevante um estudo de natureza interpretativa, centrado nas principais contribuições que a noção de "descrição densa" pode trazer para uma abordagem eminentemente histórica e antropológica.[51] Assim, torna-se possível atentar não somente para a pedagogia cívica dos rituais, mas também para os condicionantes históricos, conjunturais, que fazem com que um acontecimento que costuma ter sempre a mesma estrutura possa assumir significados distintos num determinado momento. O estudo monográfico centrado apenas no

---

[49] Ângela Miranda Cardoso (2003:549-602) ressaltou a necessidade de suspeitar do estabelecimento de relações diretas entre a forma e o sentido dos cerimoniais, não obstante sua opção por contrabalançar o risco desse tipo de análise propondo o estudo apenas dos discursos então produzidos possa inviabilizar uma interpretação dos rituais como ações de natureza simbólica. Sobre os elementos constantes e a possibilidade de pensar uma retórica dos rituais, ver também Connerton (1999).

[50] Sobre essa como uma das principais características a ser considerada na definição de ritual (embora não a única, é claro), ver Peirano (2002b:8 e ss.).

[51] Segundo David Cannadine, se os rituais, assim como as formas culturais, podem ser lidos como textos na perspectiva geertziana, esses textos não deveriam ser objetos de uma leitura descontextualizada, mas sim ter a ver com a vida de homens reais num determinado momento histórico. Em suas palavras: "Se, com efeito, as formas culturais devem ser tratadas como textos, como obras da imaginação construídas de elementos sociais, então é para uma investigação de tais elementos sociais e das pessoas que — consciente ou inconscientemente — participam dessa construção que precisamos dirigir nossa atenção, em vez de fazer uma análise intrincada e descontextualizada dos próprios textos" (Cannadine, 1997:171).

funeral de consagração de um determinado personagem, nesse caso, não deveria ser descartado, antes podendo ser feito em conjunto com a "descrição densa" da conjuntura em que o ritual foi encenado, sem desconsiderar também as mudanças que atravessam esses cerimoniais dentro de uma perspectiva histórica mais ampliada.[52]

Os antropólogos e a morfologia dos rituais

Não foram apenas os historiadores que se preocuparam com os rituais na sociedade brasileira. Também os antropólogos, amparados em toda a tradição daquele campo disciplinar, produziram abordagens específicas e, o que é mais importante, propostas acerca do melhor modo de tratamento do tema. Com enfoque diverso, geralmente mais preocupados com a forma com que tais eventos se apresentam, suas pesquisas configuram uma tendência diferenciada daquela dos historiadores. Apesar da enorme diversidade de propostas teóricas dentro da antropologia (que este capítulo jamais poderia detalhar), é possível perceber alguns traços que singularizam suas análises, seja pela maior preocupação com o "ritual em si" (sua morfologia), seja pelo papel relativamente secundário que as narrativas conflitantes produzidas sobre o evento parecem adquirir em algumas pesquisas.

Geralmente mais centrados nos valores coletivos construídos do que nos usos políticos dos rituais, os estudos antropológicos são não apenas peculiares, mas de fundamental importância para os historiadores, demonstrando a necessidade de um diálogo mais estreito entre os dois campos disciplinares. Discutiremos aqui apenas duas propostas de antropólogos que analisaram rituais da sociedade brasileira, tendo em vista as

---

[52] A análise de David Cannadine, por privilegiar o tratamento histórico dos rituais a partir da busca compreensiva do seu "significado" dentro de um "contexto histórico" determinado (fato que justifica sua menção à perspectiva geertziana de análise dos rituais como textos), certamente pode ser aproximada daquilo que propomos para analisar os funerais de Tancredo Neves, a não ser por seu enfoque mais panorâmico em quatro momentos da história dos rituais da realeza britânica. Não perderemos de foco uma análise panorâmica, mas privilegiaremos justamente a "descrição densa" da conjuntura em que se inseriam os rituais fúnebres de Tancredo Neves. Essa nos parece a principal contribuição de Clifford Geertz para o estudo dos rituais, justamente por seu enfoque eminentemente histórico.

limitações deste capítulo. A restrição a esses dois casos, por outro lado, se justifica pelo modo como o próprio tema tem se desenvolvido na antropologia: os rituais que permeiam a sociedade contemporânea parecem ter merecido maior atenção apenas recentemente. Se, durante algum tempo, houve certa dúvida sobre a utilidade dos estudos de rituais (desvalorizados em favor de outros fenômenos, como o mito na antropologia estruturalista), no caso daqueles que se manifestaram na história mais recente a suspeição tendeu a ser ainda maior. Esse tipo de restrição, entretanto, parece ter também sido fortemente descartado na antropologia.

Uma perspectiva importante no plano aqui discutido é a de Roberto DaMatta, autor que analisou o que considerou os três modos básicos mediante os quais se poderia *ritualizar* no caso brasileiro: o carnaval, a parada militar e a procissão.[53] Sua abordagem fundamenta-se na ideia de que esses três rituais constituiriam meios pelos quais "a sociedade brasileira desdobra-se diante de si mesma", formas de dramatizar os elementos presentes no próprio cotidiano das relações sociais (DaMatta, 1995:35). Assim, DaMatta não somente procurou compreender os rituais como discursos simbólicos sobre a estrutura social, mas também desconstruir a dicotomia entre o modo como as relações sociais se conformam na vida ordinária e sua dramatização nos rituais: representando, respectivamente, aspectos como a *inversão*, o *reforço* e a *neutralização*, cada um desses eventos remeteria para elementos presentes nas relações rotineiras da sociedade.

Em ambos os aspectos, Roberto DaMatta parece atento aos esforços de autores como Clifford Geertz, seja na demanda por uma antropologia próxima à vida real dos homens, seja na percepção das ações humanas como ações simbólicas, base sobre a qual Geertz (1973c) propôs o estudo da cultura como um texto. Parece pertinente, nesse sentido, destacar algumas características gerais da proposta geertzniana, particularmente naquilo que elas podem elucidar acerca do modo de tratamento dos rituais proposto por DaMatta (ainda que seja impossível fazer aqui uma análise mais pormenorizada do problema). Em seguida, poderemos apontar tam-

---

[53] A discussão seguinte está baseada em DaMatta (1995).

bém alguns riscos que tal tipo de abordagem pode correr, não obstante seja inegável a contribuição de ambos os autores para a reflexão sobre o campo de estudos dos rituais.[54]

Deslocando a discussão sobre o *status* ontológico da cultura como algo presente na mente dos indivíduos ou como um conjunto de comportamentos padronizados, Geertz chamou a atenção para a necessidade do estudo das ações humanas como ações simbólicas, conjugando o estudo dos significados dados pelos sujeitos sociais ao mundo com a prática efetiva dos indivíduos. Ou seja, só identificamos uma ação se conferimos a ela algum significado, assim como o significado só existe a partir das práticas dos sujeitos envolvidos. Logo, uma antropologia interpretativa deveria se concentrar nos significados, mas nos significados dados às ações dos homens, sem distanciar-se da própria vida cotidiana e dos comportamentos dos sujeitos históricos (diferentemente de uma antropologia estruturalista, preocupada com elementos que existiriam *a priori*, para além das ações e da consciência dos agentes históricos).[55]

Para Geertz, portanto, determinados rituais podem ser estudados como textos, como uma forma de discurso da sociedade sobre si mesma. O próprio Roberto DaMatta (1995:52) reconheceu sua dívida com a noção geertziana de "descrição densa": "o Dia da Pátria, o Carnaval e as festas religiosas são discursos diversos a respeito de uma mesma realidade, cada qual salientando certos aspectos críticos, essenciais dessa realidade — de acordo com uma perspectiva de dentro dessa realidade". Além de remeter ao famoso ensaio daquele antropólogo sobre a briga de galos em Bali, DaMatta parafraseou Geertz destacando que o carnaval (assim como a parada militar ou a procissão) "é uma história que eles contam a eles

---

[54] Não pretendemos desconsiderar as diferenças nas propostas de ambos os autores. Embora a concepção geertziana seja relevante para compreender a proposta de DaMatta, sem dúvida essa última apresenta particularidades importantes, conforme poderemos sugerir ao longo do capítulo.

[55] Não concordamos com a interpretação de Aletta Biersack (1992), que aproximou demasiadamente a antropologia interpretativa de Clifford Geertz da abordagem estruturalista, por seu enfoque supostamente a-histórico. Como ressaltou Jacques Revel, a ênfase de Geertz na dimensão pública dos significados produzidos dentro de uma cultura nunca implicou desconsiderar a historicidade dos contextos de referência a partir dos quais os símbolos são interpretados e dotados de sentido. Revel (2009:114).

próprios, sobre eles mesmos" (DaMatta, 1995:52). Ou seja, estudar tais rituais é estudar as ações dos sujeitos por aquilo que elas dizem, procurando compreendê-las dentro do universo imaginativo dos integrantes de uma cultura, como uma forma de discurso sobre aquela própria cultura.

Por outro lado, Roberto DaMatta mostrou-se mais preocupado com o problema das relações de poder na constituição desses rituais, ponto muitas vezes salientado pelos críticos de Geertz como uma ausência em suas pesquisas propriamente ditas. Para DaMatta, cada um dos rituais estudados guardaria relações com um grupo específico: o carnaval, com os segmentos populares; o Dia da Pátria, com a corporação militar; a procissão, com a Igreja Católica. Tal fato, de certo modo, justificaria concentrar-se nos três rituais de modo comparativo, para traçar um quadro mais complexo da sociedade brasileira, mas ainda assim não evita alguns problemas apontados pelos críticos de Geertz: apesar do destaque à relação do carnaval, do Dia da Pátria e da procissão com grupos específicos enfatizar mais as disputas de poder, sua análise acaba por desconsiderar a historicidade desses rituais. Ainda que os tomemos como três formas de dramatizar elementos do cotidiano das relações sociais, podemos nos perguntar se tais modos de ritualizar permanecem sempre os mesmos, ou mesmo se a sociedade também está fadada a manter a mesma estrutura de relações. Colocado dessa forma, o problema das relações de poder permanece pouco explorado, assim como a análise tende para uma abordagem estática, de modo semelhante ao que uma perspectiva eminentemente estruturalista faria.

Nas análises de Roberto DaMatta sobre os três rituais que funcionariam como formas de dramatizar a realidade social brasileira, os funerais, assim como o Dia da Pátria, aparecem como rituais "altamente ordenados", "dominados pelo planejamento e o respeito", em contraposição ao carnaval, que é alocado no quadro dos "eventos dominados pela *brincadeira*, diversão e/ou *licença*, ou seja, situações onde o comportamento é dominado pela liberdade decorrente da suspensão temporária das regras de uma hierarquia repressora" (DaMatta, 1995:38). Em ambos os casos, do funeral e do Dia da Pátria, o povo e as autoridades encontrar-se-iam separados, e a participação popular restringir-se-ia ao papel de assistente:

No Dia da Pátria, a organização do ritual cabe aos poderes constituídos, sendo sua legitimação obtida por meio de instrumentos legais, os decretos [...]. Sua organização interna cabe ao Exército, à Marinha e à Força Aérea, e como tais corporações são ordenadas segundo um eixo hierárquico, o ritual assume explicitamente tal princípio organizatório. Desse modo, há uma nítida separação entre o povo, as autoridades (que assistem o desfile, mas para as quais o desfile é realizado) e os militares que desfilam. Realmente, o ponto focal do desfile do Dia da Pátria é a passagem pelo local sacralizado, onde se presta continência às mais altas autoridades constituídas. A participação do povo é realizada no papel de assistente, e que, junto com os soldados, prestigia o ato de solidariedade e de respeito às autoridades e aos símbolos nacionais (bandeira e as armas da República), através do sinal pragmático da continência. [DaMatta, 1995:44]

Procurando refletir sobre tais rituais como discursos sobre a própria sociedade brasileira, DaMatta acabou analisando-os a partir de seus elementos estruturantes. Sua abordagem, portanto, somente ganha sentido amparada numa suposta imutabilidade dos rituais que, retirados de sua historicidade para serem minuciosamente examinados, parecem possuir contornos bastante precisos. Desconsidera-se que tais cerimoniais não assumem sempre as mesmas características e que as relações sociais que compõem a sociedade brasileira se modificaram ao longo do tempo. É preciso estar atento aos riscos que uma simples transposição dessa forma de abordagem pode trazer ao estudo de determinados rituais numa perspectiva histórica. Os funerais de Tancredo Neves, por exemplo, parecem ter conjugado traços próprios aos rituais que o autor chamou de altamente ordenados com elementos daqueles em que a brincadeira e a licença se expressam de modo menos comedido. Se eles dizem algo a respeito da sociedade brasileira, talvez o façam no quadro de uma análise mais restrita, que considere os elementos simbólicos postos em jogo numa determinada conjuntura histórica.[56]

---

[56] Para uma apropriação da perspectiva de Roberto DaMatta para estudar uma comemoração cívica numa perspectiva histórica, ver Chirio (2000/2001:4).

Em suma, uma análise despreocupada com a historicidade dos rituais pode ser bastante redutora se não considerar as disputas de poder que perpassam tais cerimônias. Os riscos de uma interpretação focada apenas nos significados consensuais que os sujeitos de uma determinada cultura dão a esses eventos podem resultar numa desconsideração dos interesses dos indivíduos e suas diferentes apropriações dos bens culturais: se os elementos simbólicos colocados em jogo só podem ser compreendidos porque partilhados dentro de um universo de significados, tal consideração não deve inviabilizar uma análise atenta aos usos que os atores sociais fazem das categorias culturais.[57] É relevante considerar que diferentes sujeitos históricos têm possibilidades distintas de objetivar sua própria percepção do mundo social, ainda que ela só possa ser compreendida pela existência de algo como uma estrutura comum de significados partilhados.[58]

Uma proposta antropológica mais preocupada com a dimensão histórica no estudo dos rituais da sociedade brasileira foi apresentada por Mariza Peirano (2002a), num texto introdutório de uma coletânea com vários estudos de caso. O enfoque em trabalhos monográficos da obra, representado na diversidade de temas relativos à realidade brasileira, já parece indicativo de uma perspectiva mais aberta à história. É no próprio texto da autora, entretanto, que podemos perceber a defesa de uma análise antropológica valorizadora da diferença e centrada também nos eventos contemporâneos. Sua proposta, nesse sentido, é a de colocar em primeiro plano as próprias ações humanas, aspecto cada vez mais enfatizado no campo das ciências sociais, que durante muito tempo privilegiou o estudo das representações coletivas ou tratou de forma dicotômica esses

---

[57] Para uma tentativa interessante de resolver o problema, ver Sahlins (2003b).
[58] Marshall Sahlins tratou do problema em sua abordagem da chegada dos ingleses ao arquipélago havaiano. Noções como "estrutura da conjuntura", "signos em ação" e "signos em posição" foram formuladas visando ultrapassar os dilemas da abordagem hermenêutica e da perspectiva estruturalista, conjugando uma análise que considere os significados produzidos pelos agentes históricos em sua relação com seu posicionamento na estrutura social e seus interesses nos usos das categorias culturais. Ver, particularmente, a discussão sobre o modo como os chefes havaianos, em relação ao restante da sociedade, possuíam maior possibilidade de objetivar suas interpretações sobre a natureza divina do capitão Cook durante a colonização inglesa. Ibid, p. 189 e ss.

dois planos.⁵⁹ O estudo dos rituais, aliás, parece se fortalecer justamente nessa medida, inclusive no que diz respeito à possibilidade de repensar as dicotomias estreitas que permearam muitos clássicos dos estudos sociológicos.⁶⁰

O que nos interessa é como tal perspectiva ampara sua proposta de pensar os rituais, tornando importante retomar o diálogo com a forma com que os historiadores tenderam a tratar esse tipo de fenômeno. Sua principal contribuição (baseada nos estudos de Stanley Tambiah) é chamar a atenção para o "caráter performativo" dos rituais, que não podem ser pensados apenas como expressões dos valores coletivos, sendo também instituintes das relações sociais. Ou seja, sua proposta é justamente a de desconstruir a dicotomia entre representações e relações sociais, destacando os rituais como ação e fala: o "dito" e o "feito" (palavras que intitulam a obra) não devem ser separados. Privilegiando o diálogo com autores como Charles Peirce, ao invés de Ferdinand de Saussure e Claude Lévi-Strauss, Peirano procurou se afastar de uma abordagem a-histórica (centrada na estrutura) em favor de outra mais atenta à historicidade (aos "atos de fala", aos "usos" da língua ou, no caso, aos rituais como "eventos performativos"). O ritual retoma aqui seu valor instituinte da realidade social e, por isso, torna-se fundamental estudar tanto o conteúdo como a forma com que ele se apresenta, já que ambos são inseparáveis.

A proposta de uma abordagem performativa dos rituais, embora os dote de historicidade, por outro lado, ainda parece menos preocupada com aquilo que interessou a maior parte dos historiadores: as diferentes narrativas produzidas sobre o evento, os conflitos de interpretações, destacados como aquilo que deveria ser o cerne da abordagem do historiador por Ângela Cardoso (2003). O ritual, como evento eficaz e performativo, continua sendo relacionado com aquilo que ele traduz de consensual ou, como a própria autora destaca, em "ato da sociedade", noção

---

⁵⁹ Essa é uma questão cara às ciências sociais contemporâneas e vários estudos poderiam ser citados aqui. Para apenas um exemplo (não mencionado pela autora), ver a proposta de repensar uma teoria da ação em Bourdieu (1996).
⁶⁰ Sobre o assunto, ver Sahlins (2003b:188 e ss).

buscada numa assumida "perspectiva durkheimiana" que "vê nos cultos e rituais verdadeiros *atos de sociedade* nos quais são reveladas visões de mundo dominantes de determinados grupos" (Peirano, 2002a:10). A ênfase, novamente, recai naquilo que é comum, compartilhado e que os rituais põem em marcha (ainda que performativamente e não apenas refletindo valores preexistentes).

Com efeito, a ênfase no ritual como uma ação que diz algo, que torna inseparável dito e feito, pode também não colocar em foco os vários discursos produzidos sobre o evento celebrado (ou, se quisermos, o plano dos usos políticos dos rituais). Segundo a autora: "Como sistemas culturalmente construídos de comunicação simbólica, os ritos deixam de ser apenas ação que corresponde a (ou deriva de) um sistema de ideias, resultando que eles se tornam bons para pensar e bons para agir, além de serem socialmente eficazes" (Peirano, 2002a:27). Ao mesmo tempo que aqui se pode perceber a tentativa de desfazer a dicotomia entre representações e ações dos atores sociais, também fica clara a valorização do consenso que os rituais engendram. Portanto, a questão do conflito, tão cara aos historiadores, pode continuar sendo tangencial, mesmo numa abordagem antropológica que propõe colocar em primeiro plano o teor performativo dos rituais.

Os estudos antropológicos aqui mencionados longe estão de representar de modo geral a forma como os rituais têm sido tratados na antropologia, haja vista a existência de múltiplas perspectivas dentro daquele campo disciplinar. Trata-se apenas da identificação de um enfoque determinado, sugerida por meio da análise de alguns importantes estudos brasileiros e limitada pela impossibilidade de produzir aqui uma maior discussão sobre as concepções de outros antropólogos. De todo modo, alguns dos problemas indicados, inclusive no que diz respeito ao confronto entre essas formas de abordagem e aquelas dos historiadores que estudaram determinados funerais do período republicano, poderão ser retomados no capítulo seguinte, permitindo ressaltar certas diferenças em relação à análise apresentada neste livro.

CAPÍTULO 2

Uma perspectiva interpretativa dos funerais presidenciais

Após a discussão de alguns importantes problemas que envolvem o estudo dos funerais cívicos, cabe ressaltar pontos fundamentais da análise aqui pretendida. Propomos uma abordagem que considere não apenas as disputas constitutivas do campo da memória nacional, mas também as mudanças nas formas de ritualização e representação do poder, centrando-se nos funerais de presidentes brasileiros e nas reconfigurações da cultura política republicana. Sem descurar da dimensão dos usos intencionais dos cerimoniais, pretendemos indicar mais diretamente os ganhos advindos do diálogo com o campo da antropologia interpretativa para pensar as disputas pelo imaginário que confere sentido à comunidade política num momento determinado, ressaltando a historicidade dos significados então produzidos e tentando conjugar o estudo dos embates memorialísticos com uma abordagem hermenêutica das ações como ações simbólicas, tendo em vista o risco de negligenciar o próprio estudo dos rituais como comportamentos que disputam e reconfiguram os valores que conferem sentido ao corpo político da nação como construção imaginária. Esse tipo de enfoque permitirá também colocar em questão as formas de representação histórica daqueles eventos, mas essa discussão será deixada exclusivamente para a parte IV do livro.

Trataremos do assunto em dois momentos: no primeiro, apresentaremos elementos para a compreensão das mudanças nas formas de ritualização do poder na sociedade brasileira de forma ampliada, procurando indicar como o estudo de funerais de chefes de Estado pode ajudar a compreender o fenômeno. Fundamentaremos nossa argumentação na existência de dois momentos principais, que representaram importantes alterações nas formas de aparição do poder: um deles, a partir de final do Império, e o outro, após os anos 1930. O primeiro corresponde à própria constituição mais efetiva de uma cultura política republicana, enquanto o segundo pode ser compreendido como um momento importante de redefinição dessa cultura política, pelo menos no que diz respeito às formas de representação do poder presidencial. Tais elementos serão fundamentais à compreensão das formas assumidas pelos funerais de presidentes brasileiros do período posterior à Primeira República, particularmente no que concerne às exéquias de Tancredo Neves.

No segundo momento, ressaltaremos como um conjunto de ocorrências históricas mais conjunturais pode ser também fundamental à análise das homenagens fúnebres prestadas àquele que deveria ter sido o primeiro presidente da Nova República. Permeando toda a estrutura do livro, as preocupações aqui delineadas poderão auxiliar na compreensão de todos os próximos capítulos e, também, no estudo mais sistemático dos aspectos colocados em jogo nos três dias de intensas homenagens a Tancredo Neves.

Funerais, representações do poder e cultura política republicana

Os momentos finais do período imperial parecem importantes para pensar a configuração mais efetiva de uma cultura política republicana, aspecto que pode ser analisado a partir das contribuições de um interessante artigo de Armelle Enders.[61] A preocupação principal da autora, na verdade, centrava-se nas notícias biográficas produzidas pelos membros do IHGB, reexaminando o papel dos "grandes homens" na historiografia do século XIX e colocando em perspectiva os elogios recíprocos de um conjunto de "ilustres" que, mais do que tudo, celebravam uns aos outros por meio

---

[61] Embora a autora não utilize a categoria cultura política. Ver Enders (2000). Sobre o período de fins do século XIX até os anos 1940 do século XX como fundamental para a consolidação de uma cultura política republicana, ver Gomes (2009:85 e ss.).

de textos de consagração de personagens da história nacional. Suas reflexões, nesse sentido, sugerem o estabelecimento de uma nova "economia da glória", particularmente na conjuntura final do período imperial, cada vez mais centrada no enaltecimento dos "grandes homens" de uma galeria conformada em moldes iluministas (e, portanto, menos focada numa "ética monárquica e tradicional" mais típica do Antigo Regime).[62] Suas ideias podem servir de ponto de partida para pensarmos não apenas a constituição de uma cultura política republicana, mas para refletir sobre sua reelaboração por meio da análise de determinados rituais, como os funerais presidenciais.[63]

Havendo pouquíssimas pesquisas sobre os rituais da presidência na Primeira República, alguns dos estudos sobre funerais cívicos citados no capítulo anterior podem servir para aprofundarmos o problema. Antes disso, cabe ressaltar a análise de Lúcia Paschoal Guimarães (2009) sobre as homenagens a d. Pedro II, feitas após a trasladação de seus despojos de Lisboa para a capital federal, em 1921. Convertido numa figura "atemporal e apolítica", a imagem do ex-imperador (que havia morrido em Paris, em 5 de dezembro de 1891) já não representava maiores riscos ao regime republicano, sendo apresentada como a do "precursor da democracia nacional", daquele que "prestou grandes serviços à nação" e "moralizou o serviço público" (Guimarães, 2009:76). Nesse sentido, as solenidades longe estiveram de celebrá-lo como uma figura ímpar nos moldes da imagem projetada pelo regime monárquico, aspecto que certamente impossibili-

---

[62] A analogia aqui é com o caso francês, da constituição do ideal iluminista dos "grandes homens" a partir do século XVIII. Consultar Bonnet (1986).
[63] O problema do estabelecimento dos valores de consagração dos "grandes homens" é complexo no caso brasileiro. Diferentemente da França, o elogio não exatamente tomou o lugar dos necrológios e nos vários textos de notícias biográficas publicados dentro e fora da revista do IHGB (que compuseram quase um novo gênero literário, segundo Armelle Enders), a fórmula "homem ilustre" conviveria com a de "grande homem", segundo Temístocles Cezar. Enders (2000). Cezar (2003). Maria da Glória de Oliveira (2009) ressaltou a idealização dos "grandes homens" em importante estudo sobre a biografia no Oitocentos, mas o problema parece ainda pouco aprofundado no que se refere ao século XX. Neste livro, não pouparemos o uso da fórmula "herói nacional" para designar as reformulações da memória de Tancredo Neves, embora sua "consagração" tenha se dado numa conjuntura de total primazia dos valores republicanos (o que se discutia era uma reformulação das instituições republicanas pela chamada "Nova República").

taria qualquer comparação ou colocação dentro do "panteão de grandes ilustres" representantes da nacionalidade (conforme o modelo de consagração pela República) (Guimarães, 2009). Ou seja, o ex-imperador foi enterrado em solo brasileiro como um "grande homem", nos marcos do arsenal simbólico de uma cultura política republicana que remete ao ideal dos mais dignos filhos da nação, e não como um monarca conforme a tradição de canonização dinástica, onde sua figura heroica apareceria como a única (ou a maior de todas) a ser celebrada, ocultando qualquer comparação com outras celebridades de uma "república de talentos".[64] Segundo Armelle Enders, o efetivo fortalecimento do ideal dos "grandes homens" representantes da nacionalidade se fortificaria a partir da massificação da sociedade em fins do século XIX. No período imperial, até por volta de 1870, os "grandes homens" viveriam à sombra do monarca: "Os vultos nacionais recolhem apenas as migalhas do culto dinástico no reinado de dom Pedro II. O pai, fundador do Império, é um herói; o filho, pacificador e amigo dos sábios, enverga, sobretudo depois de 1870, as vestes comuns do grande homem" (Enders, 2000:59).

É a partir dos momentos finais do Império, quando d. Pedro II é cada vez mais apresentado como o "monarca cidadão" (Schwarcz, 1998b:124 e ss.), perfazendo aparições menos pomposas e orquestradas, que podemos perceber mudanças fundamentais nos cerimoniais públicos, que certamente se acentuariam bastante nas primeiras décadas republicanas. A iconografia do período é extremamente rica na indicação das alterações sofridas pelas formas de representação do poder: várias imagens de d. Pedro II sugerem a crescente simplicidade de suas vestimentas e a perda de importância simbólica dos ícones e símbolos da liturgia imperial.[65] Por outro lado, toda uma "retratística" surgida com o uso da fotografia demonstra que o mecanismo simbólico de legitimação social, durante o Segundo Reinado, era ainda fortemente baseado num critério nobiliárquico, de distinção advinda da proximidade com o imperador, haja vista a preocupação da elite da época de construir uma autorrepresentação

---

[64] A expressão "república de talentos" é utilizada por Ozouf no texto anteriormente indicado.
[65] Sobre o assunto, ver Schwarcz (2002); Mauad (1997).

semelhante àquela do monarca.⁶⁶ No Primeiro Reinado, por outro lado, as liturgias do poder também remetiam quase que exclusivamente para a figura de d. Pedro I, que não apenas reforçou a relação de continuidade com as tradições monárquicas portuguesas, como procurou se colocar como único fundador do Império. O calendário cívico, fixado por lei em 1826, "ordenava-se em torno da comemoração de eventos nos quais dom Pedro I aparece como o único ou pelo menos o principal personagem".⁶⁷

Não parece despropositado pensar, inclusive, que essas formas de aparição e ritualização do poder seguiam parâmetros semelhantes aos das mudanças que se verificariam no plano das biografias. No caso das cerimônias celebradas pelo IHGB para homenagens biográficas, Enders destacou que elas "mais evoca[vam] as civilidades aristocráticas do século XVIII do que as multidões do fim do século XIX", remetendo antes a "um tipo de festividade acadêmica, a uma república ideal, elitista e fechada" (Enders, 2010:55). Também as celebrações da monarquia, como não poderia deixar de ser, exigiam outra forma de estruturação ritual, a partir de cerimônias extremamente rígidas e codificadas, que eram encenadas para um "público" cujo conteúdo semântico da categoria é bem distinto daquele que ela depois ganharia numa sociedade de massas.⁶⁸ As inaugurações de monumentos, muito restritas durante o Império, não pareciam festivi-

---

⁶⁶ Segundo Iara Lis Souza (2009), é possível perceber a constituição de um padrão fotográfico, "um trânsito de imagens, de retratos dos homens de Estado, do estadista, sugerindo uma natureza comum entre eles, que os bem distinguia de todas as outras gentes da sociedade brasileira".

⁶⁷ Enders (2010:62). Há uma extensa e importante bibliografia sobre as especificidades dos cerimoniais da monarquia brasileira, por exemplo, no que diz respeito às formas assumidas pelos rituais de coroação e de sagração do primeiro imperador (Oliveira, 2009). A importância dos rituais oficiais do Primeiro Reinado e a tensão entre o estabelecimento dos valores liberais e as tradições do Antigo Regime português no período foram analisadas em Souza (1999).

⁶⁸ É importante se interrogar sobre o público que realmente participava dessas cerimônias do período imperial, precavendo-se contra a naturalização da ideia de um público indiferenciado, como nas sociedades mais efetivamente industrializadas e urbanizadas. Tal questão deveria ser considerada para pensar o próprio papel dos cerimoniais na manutenção do laço de sujeição à monarquia a partir dos valores que enalteciam a realeza. Sobre a noção de público mais restrita para se referir à "vida pública" do rei numa sociedade de corte, ver Julliard (1999). Lucia Paschoal Guimarães, remetendo a um texto de Max Fleiüss sobre a coroação e a sagração do primeiro imperador brasileiro, ainda dos anos 1920, indicou o caráter restrito daqueles que participaram dos cerimoniais, elaborados nos moldes tipicamente aristocráticos de uma sociedade de Antigo Regime. Guimarães (2006:140).

dades "massivas", e os elogios feitos pelos homens do IHGB referiam-se mais a "uma galeria de espelhos" do que a uma "galeria nacional" (Enders, 2010). Temos aqui, portanto, indicações de alterações importantes nas formas de representação do poder na sociedade brasileira, que remetem para a constituição de uma nova cultura política e podem ser analisadas por meio da abordagem de determinados rituais oficiais, como os próprios funerais de presidentes. Levar em conta a transição do que poderíamos chamar de um "regime cerimonial" ligado à monarquia para um "regime cerimonial" típico de uma cultura política republicana nos faria considerar de outra forma os estudos sobre esse tipo de fenômeno, pois tais mudanças ultrapassam a dimensão dos usos políticos e da memória, antes remetendo também aos valores coletivos que põem em jogo uma "teatralização" do poder considerada legítima dentro de uma conjuntura determinada.

Com efeito, os mencionados estudos sobre funerais cívicos da Primeira República podem servir para aprofundarmos o problema. Todos os personagens cujas exéquias foram objeto de análise, como Rui Barbosa, Floriano Peixoto e Joaquim Nabuco, parecem ter sido consagrados dentro dos marcos de uma forma determinada de compreensão dos símbolos do poder, que passou a remeter mais diretamente à simbologia da nação que se celebra a partir de uma "constelação de notáveis" (para retomar a expressão de Enders). Seus funerais os consagravam como "grandes talentos" de uma "República meritocrática", na qual não há mais espaço para uma figura imponente cuja legitimidade adviria apenas dos símbolos de total distinção nobiliárquica: a expressão "grandes talentos" joga justamente com um inédito (em relação à monarquia) ideal de aproximação dos grandes ilustres aos "homens comuns", pois sua ascensão àquela coletividade de notáveis supostamente forjou-se no dia a dia de dedicação ao engrandecimento da pátria. É aqui, retomando um argumento usado por João Gonçalves (2000) no estudo dos funerais de Rui Barbosa, que cada um deles pode ser percebido como representante de um ideal relacionado à nação (liberdade, ordem, literatura, ciência etc.). É igualmente nessa mesma medida, por sua vez, que suas vestes ilustres não os distanciavam sobremaneira da figura do "cidadão comum", valorizado por ser um "bom esposo" ou "pai de família" (após os anos 1930, alguns presidentes brasileiros assumiriam cada vez mais as vestes do "homem comum", não obstante as diferentes ocorrências do fenômeno e os vários elementos envolvidos que particularizariam a imagem pública de cada um deles).

Se o período final do Império pode ser apontado como um momento importante para pensarmos a constituição de uma nova cultura política, que se manifestaria nas homenagens fúnebres prestadas aos mortos ilustres consagrados pela República, certamente a conjuntura que se seguiu aos anos 1930 constitui um período de reelaboração dessa simbologia republicana. Como destacou Angela de Castro Gomes, o governo de Getúlio Vargas praticamente inaugurou o presidencialismo no Brasil em termos simbólicos, forjando, por meio de uma forte personalização do poder, uma mística que ultrapassaria aquela que geralmente acompanha o cargo de presidente da República.[69] Cada vez mais compreendido como "uma encarnação da soberania do povo" e não apenas como uma "delegação" das principais oligarquias regionais, o poder presidencial assumiria traços peculiares, advindos não somente do enorme investimento na figura pública de Getúlio Vargas desde o Estado Novo (com o famigerado Departamento de Imprensa e Propaganda, o DIP), mas também das particularidades do momento histórico vivido, que favoreciam a construção ideal-típica do grande estadista. Pensada dessa forma, portanto, a construção simbólica em torno de Getúlio Vargas, depois consolidada no governo dos anos 1950 (que, mesmo sem gozar dos instrumentos autoritários anteriores, se alimentaria e auxiliaria na recriação dos mitos que já envolviam sua personagem), pode ser importante para compreendermos as reelaborações da cultura política republicana ensejadas pelo novo formato simbólico que o sistema presidencial brasileiro assumiu a partir de então.

De fato, é possível notar a conformação de todo um novo gestual do poder em torno de Getúlio Vargas, acentuando a distinção que fundamenta o cargo máximo da República no Brasil, mas agora a partir de uma recomposição que também transformaria o estadista em homem comum,

---

[69] A discussão seguinte está baseada em Gomes (1998:532 e ss.).

pai de família, íntimo do povo. Essa reconfiguração das dimensões pública e privada do poder apontada por Angela de Castro Gomes fundiria aspectos aparentemente contraditórios na sua figura política, solidificando uma espécie de "intimidade hierárquica", na qual a distinção do governante se daria pela suposta aproximação com a "índole" do "povo", e a celebração da alteridade do chefe poderia ser feita mediante a carnavalização que populariza a sua personagem.[70] Foi nesse sentido que, ao longo do segundo governo, Getúlio Vargas tornou-se objeto de várias marchinhas populares e peças de teatro de revista, demonstrando inclusive que essas características da sua imagem (que popularizavam ainda mais sua figura) tinham apenas se fortalecido em sua volta ao poder pela via democrática. A campanha eleitoral e os rituais de posse na presidência nos anos 1950 parecem indicativos dessas mudanças, mas nenhum deles se compara aos seus funerais, em 1954, por refletirem de forma excessivamente dramática as alterações nas formas de representação do poder que marcaram as redefinições da cultura política republicana no pós-1930.

É claro que muitas das mudanças antes destacadas diziam respeito principalmente a Getúlio Vargas, personagem cuja importância no cenário político nacional pode ser facilmente percebida pelo longo período de permanência no poder. Mas também parece certo que, a partir de então, a figura presidencial seria mais efetivamente compreendida como uma encarnação da "vontade nacional" (entendida a "nação" como uma categoria cujo conteúdo semântico remeteria cada vez mais ao da palavra "povo", afastando-se do sentido abstrato que, durante muito tempo, pautou seu uso nos estreitos círculos aristocráticos e intelectuais).[71] Ou seja, a figu-

---

[70] Continuamos nos baseando nas ideias de Angela de Castro Gomes (1998) no texto mencionado. Para a noção de "intimidade hierárquica", consultar p. 537.

[71] Na verdade, a própria categoria povo sofreria mudanças importantes no sentido de, cada vez mais, passar a englobar de fato todos os setores da sociedade brasileira, diferentemente do que acontecia em boa parte do século XIX. No caso da categoria nação, há certamente uma riquíssima bibliografia sobre o tema, particularmente no que diz respeito ao Oitocentos, época da institucionalização da história como disciplina acadêmica. As mudanças semânticas que perpassaram seu uso fora dos meios intelectuais (que têm sido os privilegiados no estudo do tema), por outro lado, talvez representem um problema que merece um investimento analítico ainda maior, inclusive para um aprofundamento da discussão sobre a formação do nacionalismo como um fenômeno de massas. Sobre os limites da categoria povo nas primeiras décadas do XIX, ver Souza (1999).

ra do presidente como materialização do poder da nação, e não apenas como um representante do poder impessoalizado do Estado, torna-se um elemento mais fundamental e constante da política brasileira. Aliás, a força alcançada pela figura presidencial a partir de então, ao mesmo tempo que fortalecia a dimensão privatista-personalizada do poder, era também acompanhada, em certos casos, por um aumento efetivo dos canais de participação política, demonstrando como a relação entre democratização e impessoalidade é mais complexa do que se tem imaginado.[72]

Ainda que expressa de forma desigual, portanto, a maior personalização do poder presidencial, entendida aqui como a percepção do ocupante do cargo como uma encarnação das aspirações nacionais, torna-se um elemento mais efetivo da política brasileira a partir da figura de Getúlio Vargas. Fruto de uma historicidade, ela demonstra, inclusive, como a suposta "tendência privatista" da política do país (muitas vezes percebida como uma espécie de "desajuste" de nossa formação social) tem que ser compreendida a partir das características peculiares que as recomposições entre público e privado assumem em circunstâncias históricas específicas. Esse tipo de perspectiva, portanto, abre a possibilidade de considerarmos tal elemento como um dos traços redefinidores da cultura política republicana após o fim da Primeira República e que, sem dúvida, se materializaria nos rituais de encenação do poder a partir de então, inclusive nos funerais de chefes de Estado, como os do próprio Getúlio Vargas.

De fato, uma personagem como Getúlio Vargas que, mais do que qualquer outra até então, encarnaria e materializaria o poder presidencial, o tornando personalizado na figura simbólica de um chefe supostamente sensível como seu "povo", próximo a ele, que poderia ser "carnavalizado", também inauguraria formas diferenciadas de honrarias fúnebres. Um presidente que supostamente falava diretamente aos populares, sem intermediários, somente poderia ser carregado pelas mãos desses mesmos

---

[72] Gomes (1998:533). As singularidades assumidas pelo presidencialismo no Brasil não podem ser resumidas à lógica da "manipulação política" das "massas", como durante muito tempo foi defendido por aqueles que utilizaram a categoria "populismo". É importante notar que não há necessariamente uma contradição entre uma maior personalização do cargo presidencial e o aumento da participação política advindo das mobilizações populares. Sobre o assunto, consultar os artigos que compõem a coletânea Ferreira (2001).

populares, que subverteriam o significado inicial dos elementos mais cerimoniosos dos seus funerais (afinal, como estadista, Vargas era também representado como próximo ao "homem comum" e, por isso, dificilmente um ritual rigoroso em solenidades faria muito sentido na sua homenagem). Ou seja, mesmo que seus funerais seguissem os mesmos parâmetros e fossem marcados pelos elementos recorrentes naqueles que celebravam os heróis nacionais da Primeira República, quando ainda não havia se consolidado a mística do "presidente-nação", eles jamais poderiam ser resumidos à análise dos elementos hierarquizados e pomposos que compuseram a pedagogia cívica do cerimonial. Por isso, talvez possamos dizer que Getúlio Vargas (no sentido dos condicionantes sociais e políticos que certamente ultrapassam sua personagem) representa uma figura marcante para pensarmos uma ressignificação da cultura política republicana, uma mudança de valores no que concerne às representações do poder: talvez seus funerais sejam indicativos importantes dessa mudança de valores, que depois se mostrariam fartamente presentes em outros casos, como nos funerais de Juscelino Kubitschek, João Goulart e, particularmente, Tancredo Neves.[73]

Nas ressignificações sofridas pela cultura política republicana no pós-1930, os símbolos abstratos do poder, as vestimentas que acentuam a hierarquia, as regras de conduta formalizadas e os cerimoniais suntuosos, rígidos e codificados parecem ter perdido cada vez mais sua força legitimadora em relação aos mecanismos supostamente mais espontâneos de participação popular. Aqui, estamos cada vez mais longe de um período no qual a legitimidade do poder adviria apenas de elementos que indicavam uma total distinção do chefe de Estado (conforme aqueles que individualizavam a figura do monarca, por exemplo). Se a eficácia dos funerais cívicos da Primeira República ainda podia ser mensurada pelos símbolos

---

[73] Sem dúvida, os eventos políticos peculiares que envolveram a morte de Getúlio Vargas são elementos importantes para explicar a forma assumida por seus funerais, mas tais aspectos não são aqui realçados por demandarem um estudo específico da conjuntura, impossível de fazer nos limites deste trabalho. Procuraremos fazê-lo no caso de Tancredo Neves, que centraliza a pesquisa, inclusive por considerarmos a análise densa da conjuntura da sua morte um elemento fundamental para a compreensão dos seus rituais fúnebres. Todas as questões aqui mencionadas serão retomadas nos dois capítulos da parte III, centrados respectivamente nos funerais de presidentes do pós-1930 e de Tancredo Neves.

de distinção que funcionavam como modelos demarcadores da hierarquia (como apontou Gonçalves ao caracterizá-los como "ritos de instituição"), tais elementos teriam cada vez mais seu significado subvertido numa sociedade como a que se conformaria a partir de então.[74] Portanto, se o primeiro corte temporal anteriormente mencionado (que corresponde às mudanças nos rituais do poder a partir de fins do Império) já nos distanciava da lógica ritual de uma sociedade na qual o cerimonial funcionaria como regulador das relações sociais justamente por acentuar a distinção dos setores aristocráticos (e o rei, não podemos esquecer, era o primeiro entre os nobres nesse tipo de formação social e, logo, o mais distinto e inacessível),[75] no pós-1930, tudo aquilo que aparece como representação abstrata do poder toma novos significados: os funerais de Tancredo Neves estudados na terceira parte do livro, marcados pelos gestuais que representavam forte intimidade com os símbolos nacionais (a bandeira, o hino ou as construções arquitetônicas da capital federal), sem dúvida podem ser representativos de uma profunda acentuação dessas características. Mas, nesse caso, é claro, uma série de outros elementos mais conjunturais também deve ser consideradas, conforme apontaremos em seguida.

Sobre a "descrição densa" dos funerais de Tancredo Neves

As conformações peculiares que o presidencialismo brasileiro adquiriu após o governo de Getúlio Vargas não podem ser consideradas de forma linear e a-histórica. Até porque as dimensões pública e privada do poder assumem sempre características particulares em momentos distintos, não

---

[74] Gonçalves (2000). As mudanças que marcaram a sociedade brasileira no pós-30, seja no que diz respeito ao desenvolvimento dos meios de comunicação de massas ou ao crescimento urbano-industrial, certamente guardam relações com os fenômenos aqui analisados (que, vale ressaltar novamente, ultrapassam a figura pessoal de Getúlio Vargas). Dados os limites desta pesquisa, entretanto, torna-se impossível aprofundar a análise nessa direção, embora seja importante destacar que o modo como alguns estudos centrados no conceito de "populismo" procuraram fazê-lo, por sua ênfase na "manipulação das massas", contém limitações que precisam ser ultrapassadas.

[75] Sobre o cerimonial e a etiqueta como forma de manter a hierarquia na sociedade de corte, ver Elias (2001a).

sendo nossa intenção projetar para todo o período posterior à Primeira República uma tendência que se manifestaria de forma homogênea. Ainda que a mais efetiva personalização do cargo presidencial possa ser considerada um importante elemento de ressignificação de uma cultura política republicana no pós-1930, sua materialização na experiência histórica da sociedade brasileira dependeria de um conjunto de variáveis, sendo pouco frutífero compreendê-la como algo que se tornaria permanente ou independente da contínua reelaboração de determinadas condições específicas.

De certo modo, a força simbólica assumida pelo cargo presidencial, tido cada vez mais como uma encarnação das aspirações do "povo-nação", também dependeria das ações e das imagens construídas em torno daqueles que o ocupariam (ou seja, da prática efetiva dos sujeitos históricos). Nesse sentido, é possível notar uma grande diferença no modo como tais elementos se manifestariam ao longo da história da presidência no pós-1930, sendo visível, por exemplo, a retração de qualquer tendência à personalização do poder com o golpe de 1964, consubstanciado num regime militar que perduraria por 21 anos e que "praticamente identificou a figura do presidente a uma patente de general" (Gomes, 1998:552). As próprias características peculiares das Forças Armadas, assim como o modo como elas foram singularmente compreendidas ao longo da história brasileira, tornaram-se elementos cuja tendência natural favoreceu sempre certa despersonalização do poder: qualquer apelo carismático ou messiânico de que os militares desfrutavam se relacionava diretamente à impessoalidade da instituição a qual representavam (Mendonça, 2002). Além disso, o próprio imaginário militar sempre tendeu a identificar de forma negativa certos traços de popularidade de alguns políticos civis, tidos como demagógicos, corruptíveis ou "populistas".[76] Recorrentemente desconfortados diante de qualquer representação que os aproximasse dos "caudilhos latino-americanos", os militares, por outro lado, sabidamente longe estiveram de transformar sua desconfiança acerca da privatização do poder em

---

[76] Sobre o assunto, consultar Fico (1997), Carvalho (2005a).

medidas de aumento da participação política (muito pelo contrário, fato que novamente demonstra como a simplificada associação entre impessoalidade e democracia tem que ser matizada).

É claro, por outro lado, que tentativas de tornar mais populares os presidentes-militares foram ensaiadas com maior ou menor sucesso durante a ditadura brasileira, sobretudo por personagens como Costa e Silva, Emílio Médici e João Figueiredo. O primeiro, por exemplo, assumiu o governo prometendo restabelecer a democracia e "humanizar a Revolução", apesar de ter aprofundado a ditadura com a decretação do Ato Institucional nº 5.[77] Já a expressiva popularidade angariada por Médici contrastaria com a figura estereotipada que Figueiredo acabou ajudando que se conformasse em torno de si mesmo, assim como ambas se ampararam em elementos distintos: no caso do primeiro, a vida privada foi menos importante do que o amor pelo futebol e, no do segundo, a exploração de elementos da sua intimidade acabou se traduzindo numa certa ridicularização ao final de seu governo.[78] Mas, de modo geral, foi mesmo a impessoalidade e o "antissentimentalismo" que marcaram os presidentes militares: em casos extremos, como o de Castelo Branco, tais valores seriam nitidamente prezados, conformando a imagem de um "chefe burocrático ideal, perfeito antípoda do chefe populista" (Mendonça, 2002:44). Assim, quando da sua morte, ele seria fartamente lembrado nos jornais como um homem que se sacrificou pelo país, desprezando anseios de popularidade e tudo fazendo pelo interesse público.[79]

Tudo isso, apesar do aprimoramento dos meios de comunicação de massa, sobretudo da televisão, cujo potencial de criação de laços de in-

---

[77] No discurso do dia seguinte à posse na Presidência da República, quando reuniu seu ministério, Costa e Silva destacou que sua política teria "por objetivo essencial o homem individualmente, como pessoa, como sensibilidade, como expressão intelectual e moral, e não apenas como uma abstração ou elemento numérico do corpo social". Ver: COSTA e Silva: o lado humano da Revolução. *O Globo*, Rio de Janeiro, 18 dez. 1969. p. 18.

[78] As tentativas de popularizar a figura de João Figueiredo, desmesuradas como se apresentavam, acabavam gerando apenas uma caricatura, segundo Kátia Mendonça (2002:52-53). A exploração de elementos de sua intimidade, como nas fotografias do presidente vestido apenas com calção e sem camisa, levantando peso, jogando sinuca ou praticando esporte, fomentavam mais uma sensação do ridículo do que a imagem positiva de um "João do Povo".

[79] Consultar, por exemplo, o editorial "Vocação democrática" do *Jornal do Brasil*, Rio de Janeiro, 20 jul. 67. p. 6.

timidade e afetividade com os detentores do poder parece bastante evidente. A difusão de aparelhos de tevê, no caso brasileiro, aconteceu paralelamente ao enrijecimento do regime autoritário, em boa parte devido a algumas medidas tomadas pelos próprios militares, que resultariam na expansão da rede de telecomunicações e na facilitação da compra de aparelhos (a criação da Embratel e a introdução do crédito direto ao consumidor podem ser tomados como exemplos nesse sentido) (Ortiz, 1988; Mattos, 2000). O enorme capital simbólico do "novo" meio de comunicação não passaria desapercebido dos governos militares, haja vista os gastos com publicidade e propaganda política nos anos 1970, década de extraordinário crescimento televisivo.[80] Entretanto, o que sobressairia durante o regime seria mesmo a invisibilidade e o contato restrito com as câmeras, como pode ser visto no caso do presidente Médici, que somente concederia uma entrevista coletiva 118 dias após o início de seu governo (Mendonça, 2002:50).

Portanto, havia um enorme capital simbólico que, não utilizado pelos militares, encontrava-se disponível quando da vitória de Tancredo Neves nas eleições indiretas de 1985, até mesmo pelo apoio que detivera dos principais meios de comunicação, praticamente todos sintonizados com o projeto da Nova República (inclusive naquilo que ela implicava de pactuação ou esquecimento do passado ditatorial). Todos esses elementos devem ser considerados quando analisamos seus funerais: obtinha continuidade, naquele ritual, um processo já iniciado anteriormente, que se travestiu na investidura dos símbolos nacionais na figura do primeiro presidente civil após o ciclo militar. Na verdade, uma reelaboração da sua imagem pública já tinha se iniciado antes mesmo da campanha pelas eleições diretas, fortalecendo-se sobremaneira depois dela, quando o enorme capital simbólico das manifestações populares passou a ser cada vez mais associado à sua personagem. Assim, somados às redefinições da cultura política republicana do pós-1930, que conferiam peculiaridades ao modo como era representada a figura presidencial, conjugavam-se processos mais típicos

---

[80] Sobre a propaganda no período, ver Fico (1997). Sobre a expansão da tevê, consultar os dados apresentados por Renato Ortiz (1988:126-130) comparando o crescimento do número de cinemas e de aparelhos de televisão nos anos 1970.

do período final da ditadura militar, já que os generais presidentes pouco conseguiram desfrutar desse potencial que o cargo máximo da República possibilitaria no caso brasileiro (potencial, aliás, bastante perigoso, como destacou Renato Janine Ribeiro, ao analisar o problema da personalização do poder no Brasil).[81]

A perspectiva aqui adotada permitirá analisar os funerais de Tancredo Neves sem desconsiderar o modo com que os eventos daquele ritual dramatizavam uma série de ocorrências históricas característica da conjuntura em que estiveram inseridos. É nesse sentido também, por outro lado, que tais eventos podem ser confrontados com aqueles dedicados aos ex-presidentes militares, muito mais ritualísticos, pomposos, formais e, portanto, pouco afeitos aos novos valores do pós-1930: em geral, não há carnavalização das suas figuras e reina certa sobriedade e impessoalidade. Funerais como os de Castelo Branco e Costa e Silva seriam mais caracterizados pelas tentativas de glorificação a partir do excesso cerimonial (conforme o modelo consagrado na Primeira República) do que pelas imagens que ressaltariam a dor e a espontaneidade do sofrimento popular. Eles claramente destoavam daquilo que se manifestaria nas exéquias de alguns dos presidentes mais populares do período que se seguiu ao Estado Novo, como o próprio Getúlio Vargas, Juscelino Kubitschek, João Goulart ou Tancredo Neves. Nesses casos, suas honrarias fúnebres tornar-se-iam marcantes, sobretudo, pela intensa participação popular, cuja importância simbólica sem dúvida transcenderia qualquer manifestação rigorosa de ordenação ritual, demonstrando inclusive os limites de uma análise do fenômeno centrada apenas na pedagogia do cerimonial.

Diversos elementos ainda mais conjunturais são também de fundamental importância para a análise dos funerais de Tancredo Neves. Dependente de acontecimentos que, muitas vezes, escapam aos interesses

---

[81] Ribeiro (1994). Este, na verdade, pode ser indicado como um terceiro momento importante para pensarmos as reelaborações sofridas pela cultura política republicana, tendo em vista as ressignificações dos símbolos nacionais e republicanos que se expressariam, por exemplo, nos funerais de Tancredo Neves. Conforme já destacamos, as culturas políticas são aqui tomadas como existentes apenas na prática efetiva dos sujeitos históricos, embora determinados momentos possam ser considerados fundamentais para pensarmos suas reelaborações pelos atores sociais.

dos sujeitos envolvidos, o processo histórico compreende fenômenos imprevisíveis, como seu adoecimento e internação na véspera da posse. Se os condicionantes anteriormente mencionados já fortaleciam um investimento em aspectos da intimidade de um presidente que não mais seria um militar (materializando o poder num personagem valorizado pela suposta espontaneidade de sua personalidade), sua hospitalização acentuaria ainda mais a glorificação de tudo aquilo que remete ao âmbito do privado. Por isso, torna-se importante uma "densa" interpretação da conjuntura: seu adoecimento constitui um aspecto fundamental à compreensão do sentimento de familiaridade criado em torno de sua figura, corporificado na sua identificação com o "homem comum", sujeito à doença e aos imperativos do destino. Conforme analisaremos com pormenores nos capítulos da parte seguinte, foram vários os acontecimentos surpreendentes daqueles meses de março e abril de 1985, todos eles propícios a uma interpretação etnográfica, que procure compreender sua importância na ressignificação da imagem pública daquele que seria o primeiro presidente após o ciclo militar (as mudanças do seu estado de saúde justamente nos dias consagrados pelo ritual católico à rememoração da morte e da ressurreição de Cristo, por exemplo, foram fatos de forte significado simbólico). Todos esses elementos serão retomados no capítulo específico em que trato dos funerais de Tancredo Neves.

Pensado dessa forma, o estudo de um caso específico de ritualização fúnebre envolve não apenas os condicionantes da conjuntura em que estava inserido, mas também o problema sobejamente mais amplo das reconfigurações dos símbolos que materializam o poder na sociedade brasileira. Trata-se, de fato, da própria reconfiguração do sentido da comunidade política como construção imaginária que estava em jogo, tendo em vista a natureza do político como construção simbólica e as reinvenções a que estão submetidas as estruturas formais da cultura política republicana. Entender os funerais de Tancredo Neves nesse sentido permite, inclusive, relativizar as inpretações que o compreenderiam apenas como uma "manipulação" dos setores populares, chamados a consagrar um herói construído pelos meios de comunicação, sem que esse tipo de perspectiva tenda a naturalizar a existência de um povo que redescobre a si mesmo, passando a reivindicar sua cidadania.

No primeiro caso, seu estudo remeteria a toda uma vertente analítica no campo das ciências sociais, que tem consagrado estudos à privatização e à "espetacularização" da política, cada vez mais mercantilizada com a consolidação e o fortalecimento dos meios de comunicação de massa.[82] Visão certamente pessimista, ela também se consagra nos mecanismos menos elaborados e mais usuais de rememoração do período (como muitas matérias jornalísticas, que condenam a heroicização de Tancredo a um processo meramente artificial de construção midiática). Justamente por seu caráter mais difuso e por não fundamentar pesquisas mais específicas, sua discussão se tornaria pouco factível. Já o segundo caso, que focaliza uma interpretação certamente mais otimista, é aquele do qual se aproximou uma das poucas pesquisas sobre o fenômeno, produzida por Marlyse Meyer e Maria Lucia Montes (1985) logo após os acontecimentos. Inaugurando a abordagem do tema, o livro das autoras é extremamente relevante e será analisado de forma pormenorizada no último capítulo. Sua análise, entretanto, visa justamente colocar em questão as próprias formas da representação histórica, tendo em vista os modos específicos de incorporação do poder num momento em que a comunidade política, como construção imaginária, foi posta em questão de forma particularmente dramática.

---

[82] Para um exemplo, ver o já citado livro de Kátia Mendonça (2002) que, partindo das teses de Raymundo Faoro sobre o "patrimonialismo" herdado da matriz portuguesa, propõe uma análise da espetacularização da política brasileira no governo de Fernando Collor.

PARTE II

Os atos de uma tragédia: entre a heroicidade e a santificação

[...] Que o senhor Jesus o tenha na santa paz, grandioso líder, amigo e santo. [Trecho de uma carta deixada no túmulo de Tancredo Neves, 20/8/1985.][83]

Certos documentos conseguem sintetizar de maneira substantiva elementos fundamentais na construção da imagem pública de um governante. O trecho da carta transcrito na epígrafe talvez seja um desses casos que, não obstante raros, podem ser bastante elucidativos quando nos propomos a refletir sobre o investimento simbólico projetado na figura política de Tancredo Neves na conjuntura iniciada pouco antes da sua morte. Colocada em seu túmulo por um morador do Rio de Janeiro alguns meses depois do acontecimento, ela faz menção a três aspectos que auxiliam na reflexão sobre as reformulações sofridas por sua memória: o primeiro, o qualifica como o "grandioso líder", podendo indicar o rápido processo da sua identificação como "grande homem" ou "herói nacional". Ganha relevância, nessa dimensão, aspectos relativos à sua figura como "homem público", à imagem do político cujos interesses ultrapassam predileções pessoais, sem dúvida projetada antes mesmo da sua vitória no Colégio Eleitoral, mas muito fortalecida depois dela, quando é apresentado como o exemplo do "verdadeiro estadista brasileiro".

Surge em seguida o "amigo Tancredo" (ou o "amigo dr. Tancredo", conforme aprofundaremos oportunamente), forma de tratamento que torna

---

[83] Fotograma 0674, rolo 41, CTN pm c 1985.04.23, CPDOC/FGV. Mais informações sobre o fundo serão dadas adiante.

próxima essa figura tão distante do estadista, trazendo o público para o espaço do privado, fazendo do governante um "homem comum" (ou, pelo menos, alguém que possui laços de intimidade com o "homem comum"). Falamos aqui do presidente que "é um ser humano", sujeito às intempéries da doença e da morte, como qualquer outro indivíduo. Na sequência, ressalta-se a imagem do santo, certamente uma representação frequentemente projetada sobre a figura de Tancredo Neves na conjuntura de sua morte. Estamos novamente diante da sua individualização, do afastamento do ordinário, da constituição de uma imagem que dignifica ou remete para qualidades incomuns aos homens em geral.

Isto, não fossem as tradições religiosas da sociedade brasileira, que fomentam a formação de fortes laços de proximidade com os santos e os mortos (sem falar, por outro lado, na fé católica do presidente, seu "espírito cristão", que aproximaria sua imagem daquela do "típico cidadão brasileiro"). A mescla dessas dimensões pode servir como elemento importante à compreensão da comoção criada por ocasião da morte do presidente, sintetizando um pouco da complexidade do caso Tancredo: mistura de humano e sobrenatural, de personagem histórico e pessoa comum, a rápida constituição do mito Tancredo Neves parece ter jogado de forma intensa com a duplicidade público-privado, que pode servir assim de importante caminho para pensar não apenas as reelaborações da sua memória, mas também o modo como tais reformulações seriam depois dramatizadas em seus funerais.

É evidente, por outro lado, que as três dimensões mencionadas não esgotam os sentidos atribuídos à figura de Tancredo Neves naquela conjuntura. Não é plausível supor que essa ou aquela representação da sua personagem tenha sido construída de forma separada, em momento precisamente definido. Ainda assim, sua distinção pode ser um recurso heurístico eficaz para a compreensão da complexidade do modo como foram reelaborados elementos fundamentais da sua imagem pública, assim como a abordagem focada nessas três dimensões permite formular uma interpretação atenta a aspectos de grande relevância sem desconsiderar algumas das diversas facetas do fenômeno. Sendo qualquer interpretação do passado incompleta por natureza, pretendemos indicar que tal enfoque privilegia justamente a complexidade do processo histórico.[84]

Até aquele momento, Getúlio Vargas talvez tivesse sido o único governante brasileiro que foi objeto de um investimento simbólico tão significativo nas dimensões pública e privada de sua imagem. Mas tal construção foi um processo mais longo, relacionado, por exemplo, com o uso frequente de um eficaz mecanismo de propaganda política durante o Estado Novo, algo diferente da relativa rapidez com que tais representações foram recorrentemente projetadas na figura de Tancredo Neves nos meses que antecederam à sua morte. Todos os sentidos mencionados, do grande homem, do amigo e do santo, conviveram com vigor naquele período, não obstante seja possível destacar conjunturas mais ou menos favoráveis ao investimento simbólico nas dimensões pública ou privada de sua figura. Um dos objetivos desta parte do livro é justamente propor uma interpretação desses diferentes momentos.

Além dos aspectos mencionados, na época de Getúlio Vargas faltava algo fundamental à compreensão do sentido de familiaridade atribuído a Tancredo Neves: a televisão que, conforme se acostumou dizer, "invade os lares", agindo "diretamente no seio da família". Sem dúvida, outros meios de comunicação, o rádio particularmente, cumpriam esse papel na época de Getúlio. Porém, forçoso é perceber que o efeito de proximidade causado pela tevê é muito mais expressivo do que o de qualquer outro meio de comunicação.[85] É importante considerar como essas dimensões pública e privada das representações sobre Tancredo Neves, aspectos aparentemente contraditórios, se mesclavam no noticiário nacional, havendo um

---

[84] É importante destacar os limites da análise proposta nesta segunda parte, que se fundamenta, sobretudo, em matérias publicadas nos principais jornais e revistas de circulação nacional do Rio de Janeiro e de São Paulo entre 1978 e 1985 (particularmente os jornais *O Globo, Jornal do Brasil, Folha de S.Paulo* e *O Estado de S. Paulo* e as revistas *Manchete, IstoÉ* e *Veja*). Em alguns momentos, outros tipos de material serão utilizados (como um conjunto de cartas enviadas a Risoleta Neves após a morte de Tancredo), o que certamente longe está de solucionar os limites apontados e que pretendemos minorar formulando uma análise atenta a diferentes matizes referentes à reconstrução da imagem de Tancredo Neves.

[85] Alguns analistas têm destacado como, na era da televisão, o rádio passou a ser definido pela sociedade como um meio íntimo, assumindo uma característica mais propriamente típica da tevê. Ver Dayan e Katz (1999:132).

investimento significativo em aspectos que iam de uma ponta a outra na "escala" da sua individualização-humanização.

Já se sugeriu que a morte de Tancredo Neves assumiu a forma de uma tragédia. Em outro momento, poderemos indicar como as próprias contingências históricas forneceram ingredientes para uma forma de narrativa eminentemente trágica, que reconstituía uma versão bastante pessimista da história nacional: a literatura de cordel. É difícil imaginar outro momento histórico que tenha fornecido tantos elementos em consonância com a conformação temático-estética daquele tipo de literatura: em certa medida, a vida parecia imitar a arte, ao mesmo tempo que fornecia subsídios para a sua produção. Partindo da sugestão de que um enredo trágico encadeou aqueles acontecimentos, resolvemos dividir nossa narrativa em seis atos, que compõem momentos diferenciados daquela tragédia. Eles serão detalhados adiante, mas vale ressaltar novamente que os elementos neles destacados se mesclam, sendo muitas vezes diferenças de nuances que podemos perceber nos aspectos mais ou menos evidenciados. Tais atos encadeiam uma narrativa cronológica, mas cujo fundamento é eminentemente hipotético: pretendemos indicar como a rápida heroicização e santificação de Tancredo Neves pode ser compreendida a partir da força que a construção simbólica em torno das dimensões pública e privada da sua figura foi posta em relação na conjuntura da sua morte.

De fato, a tragédia pode ser dividida em seis atos principais. Um primeiro demarca o período de fins dos anos 1970 e início da década de 1980, quando Tancredo Neves começou a ganhar novamente uma projeção mais significativa nos noticiários nacionais. Nesse momento, o político mineiro ainda não é muito mais do que uma "antiga raposa" do Partido Social Democrático (PSD), um homem que fez o que ele chamava de uma "oposição responsável" ao regime militar (na verdade, uma atuação bastante moderada). Nesse sentido, a imagem de um político que combateu a ditadura com vigor foi, em grande escala, uma representação fortalecida no início dos anos 1980, quando foi ganhando espaço uma releitura da sua biografia. Tal fato, vale dizer, não significa um apoio ao regime autoritário, já que Tancredo Neves sempre se posicionou contrário aos desmandos da ditadura castrense, mas apenas que sua atuação estava longe daquela mais veemente dos setores que lutavam contra ela de modo desabrido, os quais, em vários momentos, ele condenou como "radicais".

Assim, em fins dos anos 1970, quando Tancredo Neves assumiu a liderança do Movimento Democrático Brasileiro (MDB), ele podia ser facilmente retratado no noticiário nacional como uma "raposa do antigo PSD", que ficou no ostracismo durante a ditadura militar e que contrabalançava a crítica à ordem constitucional de viés autoritário com a condenação aos radicalismos da esquerda e certos elogios aos governos de Geisel e Figueiredo. A manutenção de contatos estreitos com lideranças relacionadas aos militares desde o início da "abertura política", a recusa de participar de um partido com uma postura mais claramente oposicionista após a reformulação partidária de 1979, os acenos em favor da negociação com o governo para a escolha de um candidato de consenso na sucessão de Figueiredo foram algumas de suas atitudes que alimentaram ainda mais as desconfianças, fazendo com que, num primeiro momento, sua imagem como a daquele que teve um papel substantivo no combate à ditadura ainda não tivesse se cristalizado.

O segundo ato corresponde ao momento em que ganharam espaço as campanhas pelas eleições diretas, prosseguindo até a sua elevação a candidato das oposições à presidência da República. Nele, é possível perceber as contradições e as mudanças de orientação de um personagem cujas primeiras manifestações sobre as diretas foram bastante hesitantes, mas cuja atuação pela redemocratização do país foi depois associada aos principais elementos simbólicos mobilizados nos grandiosos comícios daquela campanha. A partir de então, a figura política de Tancredo foi ganhando um novo significado: projetava-se, cada vez mais, a imagem do vigoroso homem público, que atuou nos principais eventos da história nacional, inclusive no combate ao regime militar. É um momento inicial de releitura de sua biografia, portanto, quando determinados episódios da sua trajetória são redimensionados, os quais serão largamente explorados na conjuntura seguinte. É um período, além disso, de crescimento da crise econômica, e também do aumento da perda de legitimidade de um governo militar bastante desgastado pela montante inflacionária, quando os discursos de Tancredo Neves foram, paulatinamente, assumindo um teor menos comedido em relação aos desacertos da política econômica adotada no país. Ao final dele, quando se inicia o próximo ato, Tancredo já ia sendo representado como uma espécie de unanimidade nacional nos principais meios de comunicação. E, na medida em que a candidatura de Paulo Maluf se tornava menos improvável, tal imagem de sua personagem se difundia ainda mais, tendo em vista o caráter marcadamente dicotômico que foi assumindo a disputa pela presidência da República.

Após o fim das campanhas das diretas e a confirmação das candidaturas à presidência do país, a figura política de Tancredo Neves ganha, cada vez mais, um novo significado simbólico (que demarcamos como um terceiro ato). Nesse momento, cuja descontinuidade com o anterior é mais tênue do que qualquer outro, o elemento principal é ainda a construção da imagem do homem público experiente, atuante nos episódios mais momentosos da história recente do país. Por outro lado, tal construção de sentido se alimentava também de aspectos novos, como a rememoração dos 30 anos da morte de Getúlio Vargas, em 24 de agosto de 1984. Assim como já tinha acontecido nas comemorações do centenário do político gaúcho (feitas em abril do ano anterior), aquela efeméride possibilitava uma retomada bastante positiva da sua memória, sobressaindo temáticas como seu patriotismo e sua luta pela causa nacional sintetizada na carta-testamento. Tais acontecimentos, é claro, não passariam em branco na biografia de Tancredo Neves.

Além disso, um pequeno deslocamento em relação ao recorte cronológico que permeia esta segunda parte nos permite analisar elementos importantes para a compreensão das reelaborações da sua biografia: além de Vargas, este item trata das suas remissões à memória de Tiradentes e de presidentes como Juscelino Kubitschek e João Goulart, ingredientes relevantes à reflexão sobre sua valorização de uma imagem conciliadora dos "heróis nacionais". Do mesmo modo, sua recorrente menção a outras figuras históricas, como Caxias, Osório e d. Pedro II, ajuda a recompor uma interpretação bastante conservadora da história do país, que acentuava uma suposta evolução pacífica das instituições políticas e perpassou a maior parte dos seus pronunciamentos do período aqui enfocado (considerando esta segunda parte do livro). Acompanhando a análise sobre os usos políticos de tais personagens, poderemos apontar também aspectos que permitem refletir sobre as recomposições das memórias de políticos como Getúlio Vargas e Juscelino Kubitschek ao longo do tempo, sugerindo o estudo mais sistemático das disputas que envolveram suas figuras históricas. No caso de Tiradentes, por exemplo, tais "investimentos memorialísticos" seriam marcantes não somente durante o mandado de Tancredo Neves no estado de Minas Gerais, mas nos casos de outros governos considerados democráticos (como os do próprio Juscelino Kubitschek, ou ainda o de Getúlio Vargas na segunda vez que chegou à presidência, nos anos 1950). Finalizando esta conjuntura, analisaremos o discurso feito por Tancredo em 15 de novembro de 1984, cujo caráter simbólico advém não apenas da mencionada leitura da história nacional, mas também do investimento na continuidade entre sua eleição à presidência e os principais episódios da trajetória do país. Ali, mais do que em qualquer outro momento, Tancredo Neves compôs uma interpretação da história do Brasil que, valorizando uma suposta relação entre a sua eleição e eventos como a Inconfidência Mineira, a Independência e a Proclamação da República, possuía um relevante significado político.

Um quarto ato se inicia com a eleição no Colégio Eleitoral (e um segundo capítulo desta segunda parte). Finalmente eleito, depois de uma dilatada campanha, Tancredo Neves é agora o futuro portador da faixa presidencial. É um período de importante reconfiguração simbólica: mais do que antes, é o momento de associar ao próximo presidente os símbolos do poder por tanto tempo mantidos sob a imagem eclipsada dos militares. É a hora de exibir as peculiaridades de um presidente civil, como ele se ajusta melhor aos símbolos nacionais agora arrancados das mãos dos generais. Enfim, é o momento de projetar sobre ele um capital simbólico pouquíssimo explorado pelos militares (seja por inépcia, seja pela impossibilidade que sua postura austera e oblíqua impunha): a conformação de uma espécie de "cultura da celebridade" em torno do poder, manifesta na exploração da intimidade do novo presidente civil, do modo como se constituiu sua vida privada, seus hábitos, sua família.

Tais investidas na reconstrução da sua biografia se baseariam em uma sólida tradição de memória: as lembranças de integrantes da família

Neves, complementadas pelas recordações de amigos e pelas entrevistas feitas com o próprio Tancredo. Foram essas as principais fontes das investigações jornalísticas, que acabaram colocando em jogo um tipo de material intensamente trabalhado, cuja composição em várias camadas de lembranças se relaciona aos distintos esforços de evocação do passado (afinal, as recordações familiares nada têm de naturais, sendo importante considerar os rituais que estão na base da sua construção como memória coletiva). Para melhor compreensão do problema, torna-se importante reconstituir sucintamente a trajetória dos Neves, destacando-se os rituais de família mantidos ao longo do tempo, esforço analítico que também pode servir para lançar luz sobre aspectos da própria vida de Tancredo. Não sendo sua biografia o objeto aqui priorizado (mas, sim, as reelaborações de sua memória), ela será objeto de maior preocupação somente neste momento do texto, que pretende reconstituir sua trajetória apenas naquilo que for necessário para a compreensão do tema em pauta. Pequenos deslocamentos semelhantes no eixo narrativo poderão ser igualmente percebidos nos dois tópicos do capítulo seguinte: o teor mais descritivo assumido pelo texto, centrado em alguns eventos que marcaram o período da internação do presidente, parece necessário para familiarizar o leitor com elementos indispensáveis à compreensão das reelaborações memorialísticas que conformam o objeto principal de análise.

Além da família, o papel da tevê é também fundamental para a compreensão desse momento (que chamamos de quarto ato) e Tancredo Neves assume, em alguma medida, um lugar simbólico semelhante àquele ocupado por John Kennedy na sociedade norte-americana dos anos 1960. Primeiro "presidente televisual", Kennedy soube, como nenhum presidente até então, se aproveitar do papel da mídia: não era difícil para os americanos terem acesso às intimidades da Casa Branca ou a certos aspectos da sua vida privada (viagens com familiares, imagens dos seus filhos etc.). Isso, depois do sucesso da sua atuação nos debates presidenciais contra Richard Nixon e antes, por outro lado, de as imagens emotivas do sofrimento da sua família ficarem guardadas na memória coletiva norte-americana por conta dos seus funerais (Fassin, 1999). Também aqui, em alguma medida, Tancredo Neves foi o primeiro presidente a dar seguidas entrevistas coletivas na televisão, procurando contrapor uma imagem de visibilidade àquela sombria, de ocultação, que marcava o regime dos militares.

É claro, diferentemente do caso norte-americano, aqui a televisão já havia se consolidado como meio de comunicação antes mesmo da eleição de Tancredo Neves. Mas, ainda assim, os militares pareceram pouco plausíveis em termos de comunicação social, a não ser em suas mais exitosas investidas em propaganda política (Fico, 1997). Quando se tratava da sua aparição propriamente dita, a imagem mais marcante era a do "nada a declarar" de um Armando Falcão ou aquela da leitura do Ato Institucional nº 5 por um canhestro Gama e Silva, em dezembro de 1968. Nesse sentido, a conjuntura política fomentava uma espécie de capital simbólico à espera: Tancredo Neves foi aquele que ocupou esse vazio simbólico. Por outro lado, se esse foi o momento de transformar o presidente numa espécie de "celebridade", ele foi também propício à consolidação da sua identificação como um grande estadista: Tancredo faria sua prolongada viagem ao exterior, claramente com o sentido de fortalecer sua idealização como homem público. Aqui, a intimidade de sua personalidade deixa largo espaço para a projeção da imagem do estadista.

Com o seu adoecimento, em 14 de março, um quinto ato se inicia. Esse é o momento de uma verdadeira privatização da figura do presidente e, relacionada a ela, da projeção intensiva da sua representação religiosa. Aqui, mais do que nunca, começa a se conformar com mais solidez sua imagem santificada, aliada àquela do amigo, do ente da família, que fomentará a transfiguração simbólica que, metonimicamente, projetará a representação da família Neves na própria nação. E embora a imagem santificada possa sugerir uma individualização da sua figura, ela, no caso brasileiro, não contradita com a dimensão do privado: o "São Tancredo" é santificado dentro de uma tradição religiosa que resguarda grande proximidade aos santos e aos mortos, conforme já se mencionou. A balança homem público/personalidade privada aqui pende para esta última, não obstante a figura do herói seja fortemente mobilizada e também não contradite com aquela do santo.[86] É nesse momento ainda que Tancredo Neves se torna definitivamente o "Dr. Tancredo", forma de tratamento que tem um sentido peculiar dentro das tradições políticas da sociedade brasileira. O uso da expressão, vale dizer, não é exclusivo daquele período, mas seu largo emprego demarca uma reconfiguração simbólica importante que aqui se procurará demarcar. Essa, finalmente, é também a conjuntura de maior projeção da figura de Risoleta Neves: ela acompanha, em primeiro plano e mais do que qualquer outra pessoa da família Neves, essas transformações ao nível simbólico.

Com sua morte, ambas as dimensões, pública e privada, se fundem de modo mais intenso novamente: a coincidência com o dia da celebração de Tiradentes remete diretamente ao herói nacional, ao mesmo tempo que o imaginário religioso de parte da sociedade brasileira, depois de mais de um mês de internação, continua fortemente alimentado pelo simbolismo cristão das provações e do calvário. Este constitui um sexto ato. Para além da eventualidade da data de sua morte, que permite refletir sobre sua identificação como "mártir da democracia" (na esteira da composição heroica da imagem de Tiradentes, como "mártir da República" ou "mártir da Independência"), analisaremos as representações de Tancredo e Risoleta presentes num material bastante singular: as cartas enviadas à viúva Neves pouco tempo depois da morte do presidente. Permeando a documentação, pode-se perceber a idealização de Risoleta como "mãe dos brasileiros", que se alimentava da sua comparação à Virgem Maria e das constantes analogias feitas entre o sofrimento de Tancredo e o "martírio" de Jesus Cristo. Do mesmo modo, sua frequente representação como "pai da nação" encerra o quadro de supervalorização da dimensão privada que marcou aquela conjuntura.

Como se poderá notar, esse momento não se constitui exatamente como o desfecho final da tragédia. Seguem-se a ele os grandiosos funerais de Tancredo Neves. Por sua importância simbólica, entretanto, sua análise ocupará o capítulo principal da parte seguinte do livro. Como corolário, a preocupação com a relação entre sua imagem pública e privada não de-

---

[86] Consultar, a propósito, as interessantes análises de Lucette Valensi (1994) sobre o mito criado em torno de d. Sebastião, em Portugal.

saparecerá: duas cerimônias pontuam a fusão dessas dimensões. De um lado, a ritualização do poder em Brasília, agora simbolicamente retomada pelos populares (aquele deveria ter sido o primeiro presidente civil a ocupar o Palácio do Planalto, depois de 21 anos de ditadura militar). De outro, a cerimônia com intensa carga religiosa e familiar de São João del-Rei. Por sua vez, o luto transformado em festa remete à luta contra o tempo da história e seu corpo se constitui simbolicamente no corpo político da nação: resguardá-lo é resguardar a Nova República. O simbolismo de um grandioso cerimonial fecha o ciclo da tragédia, deixando no ar aquele tom de resignação sombrio e típico do enredo trágico: certa angústia perpassa a sensação da impossibilidade de mudança diante de elementos que parecem eternos e inalteráveis. Mas esse é apenas um dos sentidos que foram dados àqueles episódios, conforme analisaremos mais adiante. E, como sabemos, a complexidade histórica não comporta em si um enredo. Portanto, a alusão ao enredo trágico soa apenas com um sentido metafórico: seu uso visa apenas um aprimoramento da representação histórica aqui formulada.

CAPÍTULO 1

A "construção" do homem público

1º ato: a antiga "raposa do PSD"

> Primeiro com a morte de João Pessoa, que nos deixou em 26/07/1930. Depois por Getúlio Vargas, que partiu em 25/08/1954. O terceiro foi Juscelino, ou JK, em 22/08/76 e, finalmente, o Dr. Tancredo Neves, em 21/04/85. O Brasil chora. Esta mensagem deve ser cantada no tom do hino à Bandeira. [Homenagem deixada no túmulo de Tancredo Neves.][87]

Pouco mais de um ano após a morte de Tancredo Neves, o presidente da República, José Sarney, e a viúva Risoleta Neves participaram de uma cerimônia de inauguração do Panteão da Pátria, localizado na praça dos Três Poderes, em Brasília. Era 7 de setembro de 1986, data correspondente às comemorações do Dia da Independência, e o panteão foi denominado Tancredo Neves. Planejado ainda no ano anterior, em meio à comoção causada pela morte do presidente, o monumento foi projetado no formato de uma pomba por Oscar Niemeyer, justamente para simbolizar o ideal de liberdade da Nova República. Presentes na solenidade, além do chefe de Estado e da esposa daquele que foi eleito indiretamente em início do ano anterior, estavam também Sarah Kubitschek (viúva do presidente Juscelino), alguns ministros, diplomatas, representantes da Igreja Católica e das Forças Armadas e alguns populares.[88]

---
[87] Fotograma 0582, rolo 41, CTN pm c 1985.04.23, CPDOC/FGV.
[88] Informações sobre o Panteão da Pátria Tancredo Neves podem ser obtidas no site da Se-

No terceiro e principal pavimento do monumento, pode-se observar o imenso painel sobre a Inconfidência Mineira produzido por João Câmara Filho, com grande destaque para a figura de Tiradentes. Além do *Painel da Inconfidência*, o mesmo andar conta ainda com o Livro de Aço, também chamado de Livro dos Heróis da Pátria, cujo primeiro nome a ser inscrito foi justamente o do alferes que, desde os anos 1960, já tinha se tornado Patrono Cívico da Nação Brasileira. Sua inscrição foi feita em 1989, juntamente com a do nome de Deodoro da Fonseca, rememorando, respectivamente, o bicentenário da Inconfidência e o centenário da Proclamação da República.[89] No caso do marechal, por outro lado, a aprovação do seu nome não seria feita sem resistências no Congresso Nacional: há poucos anos da ditadura castrense, as máculas que o "regime de exceção" implantado no país deixou na imagem dos militares mostravam-se ainda bastante vivas na memória nacional (Milliet, 2001:263).

O interessante a notar é que, para cada nome que figurava no livro dos heróis nacionais, deveria ter sido observado um distanciamento temporal de 50 anos após a morte do homenageado. O de Tancredo Neves, por outro lado, falecido há cerca de 15 meses apenas, era igualmente imortalizado, denominando o próprio panteão. Geralmente, a transformação de um determinado personagem em herói nacional constitui-se num processo de longa duração, sendo possível, em muitos casos, datar a primeira representação que dá início a tal construção como algo bem posterior à sua morte, como é o caso daquele que ainda figura como o maior de nossos heróis cívicos: o próprio Tiradentes. Sua imagem mitificada começou a ganhar corpo ainda no final do Império, mas foi com o advento do regime republicano que sua representação como Mártir da Independência e da República foi se consolidando, havendo um "lapso" de cerca de 100 anos separando tal construção simbólica de seu quase total anonimato.[90]

---

cretaria de Estado de Cultura do Distrito Federal: <www.sc.df.gov.br>.
[89] Lei nº 7.919, de 11 de dezembro de 1989.
[90] São bastante conhecidas, nesse sentido, as comparações com a figura sacrifical de Jesus Cristo, imortalizada no quadro *Tiradentes esquartejado*, de Pedro Américo (atualmente no Museu Mariano Procópio, em Minas Gerais), e em outras pinturas históricas. Várias análises

A heroicização de um personagem, entretanto, pode acontecer em pouquíssimo tempo, ainda que a solidez da sua representação como um "ilustre filho da nação" seja muito difícil de avaliar. Esse parece ter sido o caso de Tancredo Neves, cujo nome dado ao Panteão da Pátria é apenas um aspecto indicativo desse processo de rápida construção simbólica. Sua força no imaginário nacional dificilmente atingirá aquela de que goza a figura de Tiradentes, pois a celeridade da elaboração de sua biografia heroica parece ter como contrapartida o caráter efêmero que os discursos memoriais assumem na sociedade recente. Um importante momento para compreender as reconstituições da sua memória, depois transformada na do "homem público" que "encarnaria as aspirações do povo brasileiro", se iniciou a partir da eleição para líder da oposição na Câmara dos Deputados, em 1978, quando seu nome voltou a ocupar com mais frequência as páginas dos principais noticiários nacionais.

Mesmo tendo optado por engrossar as fileiras da oposição ao regime instaurado pelos militares em 1964, até aquele momento Tancredo Neves dificilmente poderia ser considerado um combativo líder, que frequentemente manifestava sua aversão aos desmandos dos generais presidentes. Na verdade, no período que se seguiu à implementação do bipartidarismo no país (pelo Ato Institucional n. 2 que, decretado em outubro de 1965, restringiu a esfera de participação política legal a um partido do governo, o Arena, e outro da oposição, o MDB), Tancredo Neves optou por uma cautelosa e moderada atuação parlamentar: ele não apenas rejeitou diversas vezes sua indicação para líder da oposição, mas não quis concorrer ao Senado nas eleições de 1974, nas quais o candidato do MDB venceu com folgada margem de votos.[91] Seus discursos na Câmara dos Deputados no período, de um modo geral, também se restringem a algumas homena-

---

procuraram dar conta desse e de outros elementos do amplo e sempre conflituoso processo de construção mítica que envolveu sua personagem histórica. Ver, por exemplo, Christo (2005), Carvalho (1998a), Milliet (2001).

[91] Segundo Ronaldo Costa Couto (1998:163-164), Tancredo Neves passou a atuar com "absoluta discrição" no Congresso Nacional após o golpe de 1964. Ele só abandonou seu "ostracismo voluntário" com o início do projeto de "abertura política", quando começou a manter contatos com Golbery do Couto e Silva e Petrônio Portela, figuras-chave do governo de Ernesto Geisel.

gens a personagens bastante conhecidos da política e da cultura nacional, conforme pode ser percebido em obra que procurou reunir os principais pronunciamentos de sua carreira política.[92]

Sua imagem como um combativo líder oposicionista, nesse sentido, foi em grande medida uma construção posterior, que se amparava na seleção de determinados episódios de sua trajetória que antecediam ou sucediam à conjuntura de maior repressão política dos governos militares. De fundamental importância, nesse caso, foi o capital simbólico auferido por sua participação na campanha "Diretas Já!" que, iniciada em 1983, ganhou mais projeção nacional com as grandiosas manifestações populares dos primeiros meses de 1984. No que concerne à revalorização de aspectos de sua biografia anteriores àquele período, pode-se destacar o fato de não ter seguido a maior parte dos políticos do PSD, que votaram em Castelo Branco ou ingressaram no partido do governo após a extinção daquela agremiação nos primeiros anos do regime militar. Tais aspectos depois seriam recorrentemente mencionados em reportagens sobre sua trajetória política, sugerindo que uma reconstrução mais efetiva de sua imagem pública estaria em curso no início dos anos 1980.

Assim, se em fins da década anterior Tancredo Neves passava novamente a ocupar um papel de maior destaque no noticiário nacional, sua imagem ainda diferia daquela que foi cada vez mais sendo ressaltada nos momentos seguintes, como o da sua eleição para a presidência da República ou o de seu adoecimento e morte. Na realidade, sua alçada à liderança do MDB era percebida como uma volta ao velho estilo do PSD, partido cuja criação objetivou incorporar as bases políticas de parte dos setores ligados a Getúlio Vargas já no fim Estado Novo, e que foi dos mais influentes na política nacional até a implementação do bipartidarismo no país. Sua identificação mais característica no período seria não só com seu passado pessedista, mas, particularmente, com o pessedismo mineiro, destacando-se seus traços políticos de moderação, pragmatismo, centrismo e conciliabilidade.

---

[92] Ver Delgado (1988). Armelle Enders indicou a questão em Enders (1999:332).

Conformando um verdadeiro estilo de fazer política, o PSD mineiro sobreviveria, assim, por meio de sua última "raposa política", expressão cunhada para designar essas características de prudência, habilidade de negociação e gosto pelo poder que teriam marcado igualmente outros de seus principais representantes (todos eles com longa permanência nas atividades políticas nacionais, como José Maria Alkmin e Benedito Valadares).[93] Por outro lado, as representações sobre sua atuação nos anos de mais efetiva institucionalização da ditadura também não se conformavam ainda com a projeção da imagem de um corajoso político que se opôs ao autoritarismo, conforme se pode notar pela reportagem de um importante jornal carioca de fins dos anos 1970:

> Considerado uma das últimas raposas políticas do antigo PSD mineiro, ainda em atividade, Tancredo Neves [...] chega ao Senado pouco tempo depois de romper com um longo período de discreta atividade parlamentar, que se impôs depois da Revolução de 64. Com efeito, ao disputar e ganhar (por um voto, contra o deputado Freitas Nobre) a liderança do MDB, na Câmara, ele saiu de uma situação de quase ostracismo para ocupar, a partir do ano passado, um lugar de destaque no cenário político nacional, no momento em que se acelerava o processo de abertura.[94]

Do mesmo modo, outros aspectos da sua trajetória política certamente apareciam menos positivados nas matérias do período. Era o caso de sua derrota nas eleições para o governo de Minas Gerais, em 1960, considerada "a mais desastrada experiência eleitoral da sua carreira".[95] Ou ainda de sua negativa em se candidatar ao Senado, em 1974, destacada em outro jornal como uma opção que "todos consideram um

---

[93] Para exemplos de matérias que ressaltavam a relação de Tancredo Neves com o pessedismo no período, ver: A VOLTA do pessedismo. *Folha de S.Paulo*, São Paulo, 3 fev. 1978. UM PESSEDISTA experimentado. *Jornal do Brasil*, Rio de Janeiro, 2 mar. 1978.
[94] OSTRACISMO durou 13 anos. *Jornal do Brasil*, Rio de Janeiro, 17 nov. 1978.
[95] Ibid. A reportagem destacava que ele foi "derrotado quando sua vitória era dada como certa" e que, "durante a campanha, Tancredo Neves era considerado como 'nomeado' pelo Governador, tal a disparidade aparente de forças". O governador era Bias Fortes que, segundo a matéria, teria montado "o mais poderoso esquema político já registrado em Minas para garantir-lhe a vitória" (a coligação PSD-PTB-PR).

novo erro de visão eleitoral do antigo primeiro-ministro, pois o candidato oposicionista (Itamar Franco) venceu, disparado, o da Arena (ex-senador José Augusto)".[96] Nos anos seguintes, conforme se verá, esses episódios de sua carreira política seriam certamente menos ressaltados, ou mesmo vistos de forma menos negativa, como sua derrota eleitoral para Magalhães Pinto na disputa pelo governo mineiro, atribuída depois à enorme influência política angariada por Jânio Quadros que, além de ganhar as eleições presidenciais, logrou êxito elegendo vários outros políticos do seu partido (a UDN).[97] No mesmo sentido, sua vitória nas eleições para o Senado, em 1979, naquele primeiro momento ainda poderia ser vista como devendo-se não somente à sua capacidade política, mas também "à ausência, no páreo (e relativo apoio), do adversário, hoje dissidente arenista, que lhe retirou em 60 a cadeira de governador" (o mesmo Magalhães Pinto).[98] Processo complexo, as reconstituições da memória de um personagem, em muitos casos, se alicerçam menos em puras e simples invenções ou falseamentos de um episódio de seu passado do que na seleção de certos momentos de sua trajetória, que ajudam a cristalizar uma determinada imagem da sua figura.

Apesar de Tancredo Neves jamais ter apoiado a ditadura implantada no país, em fins dos anos 1970 e início dos 1980 não era difícil encontrar suspeições acerca de seu efetivo papel na oposição. Como se sabe, sua atuação no MDB foi sempre de certa liderança no grupo chamado "moderado" do partido, tendo sua eleição para líder da bancada emedebista na Câmara, em 1978, se efetivado pela derrota de José Freitas Nobre, integrante do grupo que fazia uma oposição mais desabrida aos militares (chamado de os "autênticos" do MDB). Nesse sentido, a constante ambiguidade e o caráter evasivo de sua atuação, alternando a defesa de aspectos fundamentais ao processo de redemocratização com constantes manifestações contra possíveis radicalizações à esquerda ou à direita, não deveriam parecer muito surpreendentes. Na verdade, em

---

[96] A VOLTA do pessedismo. *Folha de S.Paulo*, São Paulo, 3 fev. 1978.
[97] Ver a reportagem de Galeno de Freitas: O homem talhado para a ocasião. *Folha de S.Paulo*, São Paulo, 19 jun. 1984.
[98] OSTRACISMO durou 13 anos. *Jornal do Brasil*, Rio de Janeiro, 17 nov. 1978.

seus primeiros pronunciamentos após assumir a liderança da oposição, tais aspectos são mais facilmente perceptíveis, sendo frequente a combinação de críticas aos elementos próprios a um estado ditatorial com ressalvas benevolentes a respeito do papel de determinados personagens dos governos militares. Ao longo do tempo, sobretudo no período de sua candidatura à presidência da República, tais ressalvas foram ficando cada vez menos recorrentes, conforme poderemos exemplificar ao longo do capítulo.

Seu discurso na Câmara dos Deputados, ao assumir a liderança da bancada oposicionista em 1978, parece um bom exemplo da ambiguidade mencionada.[99] Ao mesmo tempo que fazia fortes críticas às limitações institucionais que impediam o desenvolvimento da democracia e à política econômica implementada no país, Tancredo não deixava de destacar que o MDB não tinha compromisso com o passado ou com qualquer saudosismo e revanchismo, tendo apoiado o governo quando necessário. Do mesmo modo, destacava que seu partido estava aberto ao debate, que acreditava "na sinceridade do governo quando propõe a descompressão do regime", e elogiava Geisel por ter sempre se mostrado "possuído de sincero sentimento de justiça social": ele teria corrigido, "como pôde, o achatamento salarial" e buscado "abrandar os efeitos da má distribuição de renda entre os diversos setores da sociedade".[100] Já em janeiro de 1979, o político mineiro ocupou um espaço no noticiário nacional destacando que a abertura democrática era "irreversível", mas também apelando contra qualquer tipo de radicalização, pois ela poderia "gerar um impasse cuja saída custaria um preço muito alto à Nação".[101] Alguns meses depois, seu apelo era em favor de uma união das forças nacionais em torno do governo para superar a crise econômico-financeira do país.[102]

Em fins de julho do mesmo ano, foi apresentado pelo governo o projeto de lei da anistia como parte do chamado processo de "abertura política".

---

[99] Discurso reproduzido em Delgado (1988:135-142).
[100] Ibid., p. 139 e 141.
[101] TANCREDO confiante na abertura adverte contra os radicalismos. *O Globo*, Rio de Janeiro, 16 jan. 1979.
[102] TANCREDO propõe união em torno do Governo contra a crise. *Jornal do Brasil*, Rio de Janeiro, 15 out. 1979.

Dos debates travados no plenário do Congresso Nacional após a chegada do projeto, quando parte dos parlamentares da oposição e do governo se enfrentou defendendo propostas divergentes, não se verificam registros de pronunciamentos de Tancredo Neves. Por outro lado, são de sua autoria 10 propostas de emendas, embora nenhuma delas tenha tratado das duas questões mais complexas sobre o tema: a não inclusão na lei daqueles que foram acusados de terem perpetrado atos de "terrorismo" e a utilização do eufemismo "crimes conexos" (aos "crimes políticos") no primeiro artigo do projeto, que resguardava espaço para a anistia também dos torturadores e praticantes de outras sevícias durante o regime ditatorial.[103] No primeiro caso, compreende-se: em outros pronunciamentos, como no mencionado discurso de assunção da liderança do MDB, Tancredo Neves já tinha destacado que seu partido sempre ajudou o governo quando a causa era de interesse nacional, inclusive, "na luta contra o terrorismo".[104]

O problema da aprovação do projeto de anistia do governo é controverso. Por um lado, a iniciativa pode ser considerada fruto das movimentações iniciadas nos anos anteriores, pelas ações de grupos sociais diversos (particularmente o Movimento Feminino pela Anistia e o Comitê Brasileiro pela Anistia). Por outro, ela também parecia uma estratégia do governo para dividir a oposição por conta da consequente volta ao país de antigas lideranças políticas (como Leonel Brizola, Miguel Arraes e Luís Carlos Prestes). De qualquer modo, a aprovação da lei nos termos propostos no projeto original, abrindo espaço para o não julgamento dos militares envolvidos nos atos ilegais da ditadura como um todo (e não apenas para o chamado "perdão aos torturadores", já que, além dos "crimes conexos", anistiava qualquer um que tivesse praticado "crime político" ou por "motivação política"), pende mais para uma aceitação negociada daqueles termos por parte dos setores moderados da oposição do que para a única opção possível naquele momento ou para uma derrota imposta ao governo (Fico, 2010). Seria ela, inclusive, que prevaleceria durante todo o

---

[103] Ver as emendas 288, 289, 290, 291, 292, 293, 294, 295, 296 e 297, de autoria do senador Tancredo Neves, em: CONGRESSO NACIONAL. Comissão Mista sobre Anistia. *Anistia*. Brasília: [Centro Gráfico do Senado Federal], 1982. v. 1, p. 325-328.
[104] Discurso reproduzido em Delgado (1988:137).

processo de transição na forma pactuada como se deu no caso brasileiro, sendo posterior a construção da leitura que a associa a uma vitória capitaneada pelo MDB, que não havia liderado de fato a campanha (Fico, 2010:9 e ss.). Em pronunciamento feito cerca de dois meses após a aprovação do projeto, entretanto, Tancredo Neves comunicava a criação do Partido Popular (o PP) criticando o fim do bipartidarismo e defendendo o MDB como um partido que "impôs a anistia e redimiu para a dignidade da existência democrática toda uma Nação".[105]

Tancredo parecia fazer aqui um movimento semelhante àquele que se reproduziria depois das movimentações pelas eleições diretas: a tentativa de carrear para o MDB toda a responsabilidade pelas vitórias obtidas naquelas campanhas (ainda que uma vitória apenas ao nível simbólico, no caso das diretas). Posteriormente, foi se consolidando, conjuntamente com essa imagem, aquela outra mencionada, de que a aprovação do projeto de anistia foi uma vitória da oposição e a única alternativa política possível na época. De fato, não era de se esperar que o posicionamento de Tancredo Neves fosse outro que não aquele em favor de uma solução negociada (fortemente presente na tese da anistia como um esquecimento total do passado): no mesmo discurso de criação do Partido Popular, o senador mineiro argumentou que "somos uma Nação que tem horror à violência, que não aceita as imposições dos credos autocráticos, ama a liberdade, cultua a tolerância e faz da cordialidade e da compreensão atitudes inerradicáveis do seu espírito". E acrescentou a respeito da radicalização política supostamente vivida no momento: "esse maniqueísmo levará a Nação à exasperação e ao caos, retardará a restauração da democracia plena, agravará todos os nossos problemas".[106] O avanço democrático deveria ser fruto de um processo "negociado", tese de algum modo vencedora no processo de aprovação da anistia e também depois, quando da sua eleição indireta para a presidência da República.

De modo semelhante, suas críticas ao governo no ano seguinte à aprovação da anistia tinham o sentido de alertá-lo para o fato de que seu

---

[105] Discurso produzido em sessão plenária do Senado Federal e reproduzido em Delgado (1988:176).
[106] Discurso reproduzido em Delgado (1988:175 e 177).

"imobilismo no campo institucional" estaria estimulando grupos extremistas à direita ("que se valem das bombas e dos atentados para revelar o seu inconformismo") e à esquerda ("que já pregam abertamente a luta armada").[107] E, mesmo em sua defesa de uma nova Constituição, em 1980, Tancredo Neves mostrava reservas quanto à articulação de um amplo movimento popular como no caso da campanha pela anistia, pois, se aquele movimento era "inspirado por um sentimento de solidariedade humana e uma incoercível imposição ética de reparar graves injustiças", no caso de uma nova Constituição "predominam os fatores políticos e ideológicos, que são sempre ingredientes expressivos". Assim, "se existe democracia, pode-se controlar um movimento desses. Quando não, há riscos de a pregação cair na desordem".[108]

De fato, embora o estilo conciliador e moderado de Tancredo Neves não contraditasse com a imagem difundida no momento seguinte, que fomentava sua idealização como o único político capaz de promover a redemocratização do país, outros elementos também apontam para uma reelaboração da sua figura política. Foi justamente sua característica conciliadora, aliás, que permitiu sua apresentação como unanimidade nacional nos anos posteriores, mas certos elogios a integrantes dos governos militares e os contatos mantidos com importantes políticos no poder impediam a formação de um consenso sobre o seu comprometimento completo com o fim do regime militar.[109] Em fins dos anos 1970 e início dos 1980, essa, portanto, ainda não era uma imagem completamente consolidada.

É nesse sentido que, em 1979, obtinham destaque na imprensa suspeições acerca de seu possível apoio ao presidente Figueiredo em troca de cargos no ministério, provavelmente fortalecidas pelos intensos contatos que vinha mantendo com lideranças dos governos militares desde o pe-

---

[107] TANCREDO adverte Governo contra ação de direita e esquerda. *O Globo*, Rio de Janeiro, 18 jul. 1980.
[108] TANCREDO: Figueiredo deve seguir exemplo de Castelo. *O Globo*, Rio de Janeiro, 12 jul. 1980.
[109] Sobre os elogios a personagens dos governos militares, ver: TANCREDO elogia Geisel por lealdade e lucidez. *O Globo*, Rio de Janeiro, 31 dez. 1978, CONTRIBUIÇÃO de Figueiredo. *O Globo*, Rio de Janeiro, 29 dez. 1982.

ríodo de Ernesto Geisel.[110] O próprio Figueiredo, posteriormente, confirmaria que Tancredo o tinha procurado e proposto um acordo em favor de um candidato único para sucedê-lo, ideia para a qual o então presidente teria pendido num primeiro momento.[111] Na verdade, os contatos com Golbery do Couto e Silva e Petrônio Portela, que depois de integrarem o governo Geisel foram ministros também de Figueiredo, datavam pelo menos de 1975, havendo autores que, inclusive, relacionam sua eleição para a liderança do MDB à intensa atuação do próprio Golbery, que "teria feito tudo o que pôde" em favor da sua vitória.[112]

As suspeitas acerca de seu posicionamento ganhariam mais corpo após a reformulação partidária de novembro de 1979, quando Tancredo recusou-se a participar de uma agremiação mais claramente crítica ao governo. A investida oficial para pulverizar o movimento oposicionista tinha resultado na reestruturação das legendas e o grupo dos chamados "autênticos" do MDB migrou para o Partido Movimento Democrático Brasileiro (PMDB) que, sob a liderança de Ulysses Guimarães, faria oposição direta ao Partido Democrático Social (PDS) dos políticos comprometidos com a ditadura (além delas, a reformulação partidária resultou na ativação de outras legendas, como o Partido Democrático Trabalhista — PDT, de Leonel Brizola, o Partido dos Trabalhadores — PT, de Luiz Inácio Lula da Silva, e o Partido Trabalhista Brasileiro — PTB, de Ivete Vargas). Tancredo Neves, por outro lado, optou pela criação de um novo partido, o PP, cuja composição contava, além de "moderados" emedebistas sob sua liderança, com figuras como a de seu antigo adversário e ex-udenista, o deputado Magalhães Pinto, que dividia com ele a liderança da agremiação. O partido, na verdade, parecia uma concretização dos ideais de figuras como Golbery do Couto e Silva e Petrônio Portela, que já almejavam a construção de uma legenda centrista conjugando lideranças pessedistas e moderados do MDB desde 1974 (Sarmento, 2008:263). Assim, rotula-

---

[110] As suspeições são destacas em: TANCREDO afirma que não pensa em apoiar o Governo. *O Globo*, Rio de Janeiro, 13 set. 1979.
[111] O depoimento de Figueiredo, realizado em 12 de março de 1997, está reproduzido em Couto (1998:317).
[112] Ibid., p. 164. Golbery do Couto e Silva e Petrônio Portela ocuparam, durante parte do governo Figueiredo, as pastas da Casa Civil e da Justiça, respectivamente.

do pejorativamente de "partido dos banqueiros" ou "partido do Petrônio" por setores da oposição, o PP parecia uma confirmação definitiva das suspeitas anteriores acerca de seus compromissos com setores ligados ao regime ditatorial.[113]

A candidatura de Tancredo Neves ao governo de Minas Gerais foi lançada pelo PP poucos meses antes da incorporação daquele partido ao PMDB, oficializada numa convenção de 14 de fevereiro de 1982. A incorporação tinha passado a ser defendida por Tancredo após o governo modificar as regras das eleições gerais daquele ano, proibindo as coligações partidárias e impondo o voto vinculado (o eleitor teria que votar em candidatos da mesma legenda para todos os cargos eletivos). Assim o governo pretendia inviabilizar as alianças dos partidos de oposição recém-fundados em torno de um único candidato e fortalecer o PDS, que figurava como única agremiação oficial. Além das mudanças nas regras eleitorais, por outro lado, a morte de Petrônio Portela e a recente saída de Golbery do Couto e Silva do governo já tinham mostrado a provável frustração das expectativas de Tancredo, que teria declarado que tudo estava perdido após a troca de ministros na Casa Civil.[114]

Sua vitória para o governo mineiro, em novembro do mesmo ano de 1982, se deu numa eleição bastante disputada, em que Tancredo superou por pouco a quantidade de votos do candidato Eliseu Resende. Assim, ele repetia, de algum modo, o feito de sua eleição para senador pelo mesmo estado poucos anos antes, em que sua diferença de votos para os do adversário foi também bastante pequena.[115] O interessante a notar, por outro lado, é que grande parte dos temas da campanha para o governo mineiro

---

[113] A expressão "partido dos banqueiros" se devia ao fato de também integrarem o PP, além de Magalhães Pinto, figuras como Olavo Setúbal e Herbert Levy. Já a expressão "partido do Petrônio" pretendia destacar que a recente agremiação seguiria as linhas traçadas por Petrônio Portela, funcionando como uma legenda auxiliar do PDS. Ver Abreu e Campos (2001:4073).

[114] A declaração teria sido publicada na revista *Veja* de 12 de agosto de 1981 e foi reproduzida em Couto (1998:511).

[115] Tancredo venceu a eleição para o governo de Minas Gerais com 2,6 milhões de votos, contra 2,4 milhões de seu adversário. Sua vitória na eleição para senador, por outro lado, também foi apertada, tendo sido alcançada graças ao reforço de 95 mil votos dados a um companheiro do MDB, Alfredo José de Campos Melo, inscrito numa sublegenda. Ver *Veja*, São Paulo, 1º maio 1985. Suplemento histórico, p. 8-9.

tinha um caráter de âmbito nacional, indicando não apenas a importância do estado como campo de discussão de temas relativos ao país, mas possivelmente sua pretensão de se candidatar à presidência da República na sucessão de Figueiredo. Na realidade, a disputa com o candidato do PDS e a frequente abordagem de temas caros à oposição (como a necessidade da convocação de uma Assembleia Nacional Constituinte, de eleições diretas ou dos problemas relacionados à dívida externa) fortaleciam a imagem de Tancredo Neves como um político com grande relevância no tratamento dos assuntos nacionais, aspecto que já vinha se consubstanciando desde que assumiu a liderança da oposição, em 1978. Tal processo era acompanhado, por outro lado, da elaboração de discursos cada vez menos permeados por elogios e ressalvas que amenizassem as críticas a certos personagens dos governos militares, algo que talvez se relacione com a crescente percepção de que uma candidatura à presidência da República tornava-se cada vez mais viável.[116] Para alguns analistas, Tancredo já aparecia como provável presidenciável desde novembro de 1982, enquanto jornalistas que atuaram no período mencionam um projeto visando chegar à chefia do Executivo nacional já desde 1976.[117]

Na conjuntura em que Tancredo Neves foi eleito governador, a crise econômica enfrentada pelo país certamente fornecia elementos às críticas dos setores oposicionistas ao governo Figueiredo. Até porque, naquele mesmo ano de 1982, ficava cada vez mais claro o colapso do III Plano Nacional de Desenvolvimento, elaborado por Delfim Netto na segunda metade de 1979 e aprovado em maio de 1980. Chegando ao Ministério do Planejamento como aquele que promoveu o "milagre econômico" e que conseguia conjugar crescimento da economia com queda inflacionária, Delfim Netto havia se colocado em oposição ao diagnóstico de Simonsen,

---

[116] Consultar, por exemplo, seus discursos no Norte de Minas e em Santo Amaro em julho e agosto de 1981, respectivamente. No primeiro, Tancredo fez duras críticas à ditadura e destacou a necessidade de um regime que emane da vontade do povo. No segundo, ressaltou a ilegitimidade da Constituição existente, "outorgada à Nação por uma junta de generais que ocupou o poder quando da morte do presidente Costa e Silva". TANCREDO: democracia com dignidade é que pode evitar ditadura. *O Globo*, Rio de Janeiro, 30 jul. 1981, TANCREDO: o Brasil é hoje um país sem Constituição. *O Globo*, Rio de Janeiro, 4 ago. 1981.
[117] A primeira ideia é defendida por Ronaldo Costa Couto (1998:365) e a segunda consta de um depoimento de Mauro Santayana dado ao mesmo autor (Ibid., p, 164).

que renunciou à pasta desacreditado por julgar necessária uma diminuição do ritmo de crescimento econômico.[118] A enorme crise enfrentada pelo país pouco tempo depois, que devorava rapidamente qualquer ganho advindo do crescimento dos anos anteriores (que, desde 1973, vinha sendo obtido à custa de empréstimos externos), entretanto, deixava o governo Figueiredo numa situação bastante vulnerável, reacendendo o vigor das críticas de setores mais nacionalistas que condenavam o enorme endividamento externo e a suposta subserviência aos órgãos credores internacionais.

Assim, a enorme alta inflacionária, que numa maré crescente chegou ao patamar de 99,7% em 1982 (e, nos anos seguintes, aos surpreendentes 211% e 223,8%), associada ao crescimento vertiginoso do endividamento externo do país, demonstrava que o otimismo que o ministro do Planejamento manifestou ao assumir o cargo, em 1979, não tinha qualquer fundamento. Para evitar a derrota nas eleições do mesmo ano, por outro lado, Delfim Netto evitou falar de qualquer acordo com o Fundo Monetário Internacional (FMI) antes do pleito de 15 de novembro, anunciando a abertura de negociações formais com a instituição logo no momento seguinte. Das negociações resultaria uma "carta de intenções" assinada pelo governo Figueiredo em janeiro de 1983, pela qual o Brasil se comprometia a seguir os ditames de metas para determinados pontos da economia nacional nos próximos anos.[119]

Vários pronunciamentos de Tancredo Neves evidenciam como seus discursos tornavam-se menos comedidos em relação aos supostos erros do governo Figueiredo, sobretudo no que concerne às medidas tomadas no campo da política econômica. Pouco depois de eleito governador de Minas Gerais, por exemplo, ele criticava a excessiva demora do governo para iniciar as negociações com o Fundo Monetário Internacional.[120] Foi ao longo de 1983, por outro lado, que alguns de seus pronunciamentos públicos demarcaram mais enfaticamente o problema, como na sua des-

---

[118] Sobre o assunto, ver Skidmore (1991:409 e ss.).
[119] Ibid., p. 451 e 459. Para os dados relativos à inflação em 1982 e nos anos seguintes, ver p. 488.
[120] TANCREDO: Brasil foi tarde ao FMI. *O Globo*, Rio de Janeiro, 8 dez. 1982.

pedida do Senado, em março do mesmo ano, quando criticou o caminho "da institucionalização da recessão" adotado pelo governo, que acabaria por "colonizar nosso povo e condená-lo a viver no subdesenvolvimento e na miséria".[121] Ou, ainda, em seu discurso de posse no governo de Minas Gerais, cinco dias depois, no qual traçou um quadro bastante negativo da economia nacional:

> Sabemos, porque sentimos em nossa carne, que as atividades rurais estão imersas no desânimo do esforço sem resposta satisfatória e na angústia de intolerável endividamento. Desativam-se as empresas industriais, com o cortejo sinistro do desemprego, que amplia a área da miséria, da dor e do desespero em tantos e tantos lares de Minas. O comércio sucumbe ao peso de fortes encargos sociais e financeiros, e os empresários assistem, confrangidos, à inflação corroer seu patrimônio, somado, tantas vezes, pelo persistente esforço de várias gerações. A máquina administrativa, cara e obsoleta, cada vez mais se distancia de sua finalidade, tornando-se lenta e desumana. O crédito, escasso e oneroso para os pequenos e médios empresários, faz a opulência dos grandes poderosos. A casa própria, sonho de todo trabalhador, é hoje seu flagelo.[122]

Juntamente com o tema da crise econômica, a defesa de uma nova carta constitucional era uma das principais bandeiras da oposição recorrentemente defendidas por Tancredo, cujas manifestações públicas sobre o assunto eram também cada vez menos comedidas ao longo dos anos de 1983 e 1984. Diferentemente das "reservas" evidenciadas quando da sua comparação com o movimento pela anistia (citada anteriormente), Tancredo Neves agora destacava mais claramente a necessidade de o povo brasileiro se manifestar em favor da convocação de uma Assembleia Nacional Constituinte, ressaltando que a "Constituição do Brasil é retrógrada e isso nos enche de vergonha perante outros povos".[123]

---

[121] Discurso reproduzido em Delgado (1988:213). Ver também: TANCREDO despede-se do Senado propondo reforma constitucional. *O Globo*, Rio de Janeiro, 10 mar. 1983.
[122] Discurso reproduzido em Delgado (1988:241).
[123] O trecho é da conferência pronunciada na sede paulista da Ordem dos Advogados do Brasil, em 7 de julho de 1983. TANCREDO: Constituição é uma vergonha nacional. *O Globo*, Rio

Aqueles, entretanto, eram também os anos de crescente projeção da campanha pelas eleições diretas para a presidência da República que, certamente, teve um papel fundamental na consolidação da sua imagem como a de um político combativo e completamente comprometido com o fim do regime militar. O tema, por outro lado, também ganhava mais espaço em seus discursos, rivalizando com o problema da Constituinte, não obstante sua ambiguidade diante da possibilidade de que a eleição pelo Colégio Eleitoral o afastasse do posicionamento de outros setores da oposição. Mesmo no auge da campanha pelas diretas, entretanto, a necessidade de uma nova Constituição continuou sendo um tema fundamental de seus discursos, por exemplo, em pronunciamento feito pouco menos de um mês antes da votação da emenda Dante de Oliveira, quando voltou a defender a necessidade da convocação de uma Assembleia Nacional Constituinte.[124]

2º ato: o homem das diretas e a campanha eleitoral

Não resta dúvida de que a campanha de Tancredo Neves à presidência da República se beneficiou do capital simbólico construído nas manifestações pelas eleições diretas, as chamadas "Diretas Já!". Fruto de uma emenda constitucional apresentada pelo deputado Dante de Oliveira em março de 1983, a campanha ganhou mais projeção nacional a partir de meados daquele ano, culminando nos enormes comícios realizados entre janeiro e abril do ano seguinte em cidades-chave como Rio de Janeiro e São Paulo. A presença de Tancredo Neves como uma das principais lideranças nos eventos, assim como a utilização da simbologia que marcou as manifestações populares pelo voto direto, consolidaram imagens que seriam frequentemente relembradas ao longo da campanha presidencial como

---

de Janeiro, 8 jul. 1983. Ver também: TANCREDO acha prioritária a reforma constitucional. *O Globo*, Rio de Janeiro, 16 abr. 1983.
[124] Ver: TANCREDO volta a defender convocação de Constituinte. *O Globo*, Rio de Janeiro, 31 mar. 1984. p. 5. O pronunciamento foi feito em 30 de março de 1984, após Tancredo ganhar o título de "Personalidade do Ano" pela Associação Brasileira de Propaganda.

parte de sua luta pela redemocratização do país (e também depois, no momento de sua morte, conforme analisaremos mais adiante).

Não são poucos, nesse sentido, os elementos simbólicos que demonstram a intenção de demarcar uma continuidade entre aqueles episódios: o intenso uso das cores verde e amarelo; a mobilização de *slogans* como "Mudança-Já!" e "Tancredo-Já!"; a participação de artistas e celebridades que se tornaram símbolos das diretas (como a cantora Fafá de Belém, sempre lembrada pelas interpretações peculiares do Hino Nacional) são apenas alguns exemplos de aspectos presentes também na campanha do candidato da Aliança Democrática. Não há dúvida, por outro lado, que o próprio Tancredo Neves sempre destacou sua eleição pelo Colégio Eleitoral como decorrência daquelas manifestações populares: malograda a possibilidade da eleição direta, elas teriam imposto aos protagonistas da Aliança Democrática a tarefa de continuar a luta pela redemocratização do país pela única via possível (a eleição indireta).

É interessante notar, entretanto, que Tancredo Neves jamais poderia ser considerado um dos maiores entusiastas do movimento pelas eleições diretas, pelo menos nos primeiros meses de 1983, quando a campanha ainda não tinha angariado a enorme projeção nacional que obteria no momento seguinte. Naquela primeira conjuntura, sua posição era claramente ambígua, ora defendendo o voto direto para a próxima eleição, ora sugerindo a possibilidade de um consenso entre o governo e a oposição para a escolha de um candidato comprometido com o restabelecimento das garantias democráticas. Mesmo no momento de auge da campanha, Tancredo nunca descartou completamente a possibilidade de negociar com o governo um mandato de transição. Na verdade, até que seu posicionamento em favor da emenda Dante de Oliveira ficasse mais claro, muitas de suas manifestações públicas deixavam dúvidas quanto ao seu real apoio às campanhas das diretas.

Assim, um mês antes da apresentação da emenda constitucional pelas diretas, Tancredo Neves defendia a escolha por consenso do futuro presidente, elogiando Figueiredo por ter procurado retardar o processo sucessório e argumentando que a alternância de poder, mesmo com o Colégio

Eleitoral, é sempre um momento crítico no regime presidencialista.[125] No mês seguinte, com o início ainda não tão entusiástico da campanha, ele não deixava de manter a tese do consenso, demonstrando grande ambiguidade em relação à possibilidade das diretas, por vezes também defendida como a melhor alternativa para o país. Tal fato chegou, inclusive, a irritar o presidente nacional do PMDB, Ulysses Guimarães, defensor incondicional da emenda, que acabou se manifestando de modo bastante rude contra as incoerências do seu posicionamento na imprensa.[126] Em meados de abril, por outro lado, o mesmo Tancredo se dizia a favor das diretas, mas afirmava que não faria parte da campanha devido às imposições e limitações do cargo que ocupava no governo de Minas Gerais.[127]

Somente no mês seguinte um posicionamento mais claro do governador mineiro se expressaria, fato que, segundo alguns autores, se deveu às negociações com Ulysses Guimarães para que o principal partido de oposição assumisse uma postura uníssona em relação à campanha, que ganhava cada vez maior importância (Leonelli e Oliveira, 2004:151). Antes de uma reunião da Executiva Nacional do PMDB, Ulysses teria se reunido pessoalmente com Tancredo e ali ficado decidido que este último declararia sua prioridade pelas diretas, ainda que mantendo como segunda opção a eleição por consenso no Colégio Eleitoral. Em troca, ambos se colocariam contrários à tese do governador do Rio de Janeiro, Leonel Brizola, que defendia a prorrogação do mandato de Figueiredo por dois anos e sua sucessão por eleições diretas. Nunca endossada por Tancredo Neves, a proposta de Brizola, além de estar ganhando adeptos dentro do PMDB, o atingia diretamente: por um lado, ela impossibilitava sua disputa pela presidência no Colégio Eleitoral e, por outro, tornava Ulysses Guimarães o candidato mais provável do partido às eleições diretas de 1986. A julgar pelas informações dos autores que mencionam a reunião com Ulysses Guimarães, teria sido a "barganha política" deste último o

---

[125] TANCREDO prega escolha por consenso do futuro Presidente. *O Globo*, Rio de Janeiro, 10 fev. 1983.
[126] Na ocasião, Ulysses Guimarães destacou que "não se pode tratar das coisas de interesse do país como se fossem um hímen complacente". Ver: TANCREDO vê nas diretas, em 85, a saída para a crise. *Folha de S.Paulo*, São Paulo, 25 mar. 1983.
[127] TANCREDO não faz campanha por eleição direta. *O Globo*, Rio de Janeiro, 15 abr. 1983.

ato definidor de um posicionamento mais claro de Tancredo sobre o tema, o que discrepa da sua imagem posterior como um dos principais entusiastas do movimento.

As manifestações ambíguas de Tancredo Neves sobre o tema, entretanto, não parariam por aí, pois, em junho do mesmo ano, ele destacaria que a oposição deveria optar por uma estratégia "mais realista" em relação à "lírica" campanha das diretas.[128] Em julho, voltaria a propor que a oposição e o governo elaborassem uma comissão interpartidária que indicasse possíveis nomes de candidatos a uma sucessão consensual do governo Figueiredo (Leonelli e Oliveira, 2004:180). Somente aos poucos, portanto, Tancredo Neves foi passando a ter uma participação maior na campanha, sendo ela particularmente importante na estratégia de dividir o partido do governo, o PDS, atraindo parte dos seus integrantes para que decidissem apoiar a emenda (o chamado grupo Pró-Diretas, que depois apoiaria também sua eleição pelo Colégio Eleitoral). Ainda assim, quando o governo acenava com a possibilidade de um candidato de consenso, em novembro de 1983, Tancredo Neves era o único membro da oposição presente na sua lista de opções.[129] Dois dias antes da votação que pretendia derrubar o Colégio Eleitoral, por outro lado, o político mineiro ainda elogiaria publicamente uma emenda proposta por Figueiredo, que definia eleições diretas somente para 1988 e apontava para um governo de transição a partir de um acordo com setores da oposição.[130]

De qualquer modo, a participação nos grandes comícios que marcaram os primeiros meses de 1984 associou diretamente as manifestações populares pelas eleições diretas à biografia de Tancredo Neves, sendo um aspecto fundamental na sua campanha para a presidência da República do período seguinte. Numa estratégia que se mostrou frutífera, os organizadores dos comícios deixaram para os momentos finais da jornada

---

[128] TANCREDO acha que oposição influirá na sucessão de 85. *Jornal do Brasil*, Rio de Janeiro, 12 jun. 1983.

[129] O plano de tentar criar um partido de centro que unisse as alas moderadas do PMDB e do PDS (de modo semelhante ao efêmero Partido Popular), segundo Leonelli e Oliveira (2004:298), teria sido obra do chefe da Casa Civil, Leitão de Abreu, que recebeu autorização do próprio Figueiredo.

[130] Ver: PARA Tancredo, "tampão" só serve se próximo Congresso for Constituinte. *O Globo*, Rio de Janeiro, 24 abr. 1884. Ronaldo Costa Couto (1998:366) confirma a informação.

de manifestações as principais cidades do país, onde foi mobilizada uma quantidade enorme de pessoas com o objetivo de pressionar os congressistas pela aprovação da emenda constitucional Dante de Oliveira. Ao longo do mês de abril de 1984, ao final do qual a emenda seria votada no Legislativo, cidades como Recife, Natal, Porto Alegre, Londrina, Rio de Janeiro e São Paulo foram alvos da campanha, tendo-se registrado cerca de 500 mil pessoas no Rio de Janeiro e o recorde de mais de um milhão em São Paulo. Além de contar com a participação de artistas e celebridades esportivas, o caráter festivo das manifestações e seu teor não partidário auxiliavam na transformação daqueles em importantes eventos políticos. Assim, a participação de determinados personagens nos comícios acabou tornando-se um capital simbólico relevante que marcaria suas trajetórias. Era o caso, além de Tancredo Neves, daqueles que foram as grandes referências do movimento: Ulysses Guimarães e Teotônio Vilela, além de governadores como Franco Montoro e alguns outros políticos do grupo oposicionista ao governo militar.

Não aprovada a emenda constitucional, o nome de Tancredo Neves foi elevado ao de efetivo candidato das oposições em pouco tempo, particularmente depois que Paulo Maluf tornou-se aquele que mais provavelmente seria indicado pelo partido governista. E o próprio Tancredo não deixava de associar diretamente sua candidatura ao movimento pelas diretas, argumentando frequentemente que o povo brasileiro o teria escolhido para aquela que talvez fosse sua última grande missão, a de conciliar a nação e redemocratizar o país. Em discurso pronunciado em novembro de 1984, por exemplo, ele destacava a transição para um regime republicano e democrático que sua candidatura representaria "como decorrência da vontade manifesta de mudança, que se expressou na longa campanha das 'diretas já' e se constituiu na base mesma da pregação dos candidatos da Aliança Democrática".[131] O mesmo se daria, agora num teor ainda mais enfático, em seu discurso como presidente eleito pelo Colégio Eleitoral, em janeiro de 1985:

---

[131] Discurso pronunciado por Tancredo Neves no dia 15 de novembro de 1984, em Vitória (Espírito Santo), e reproduzido em Delgado (1988:281).

> Frustrados nos resultados imediatos dessa campanha memorável [pelas eleições diretas], as multidões não desesperaram, nem cruzaram os braços. Convocaram-nos a que viéssemos ao Colégio Eleitoral, e fizéssemos dele o instrumento de sua própria perempção, criando, com as armas que não se rendiam, o Governo que restaurasse a plenitude democrática. [...] Na análise desses dois grandes movimentos cívicos, não sei avaliar quando o povo foi maior: se quando rompeu as barreiras da repressão, e veio para as ruas gritar pelas eleições diretas, ou se quando, nisso vencido, não se submeteu, e com extrema maturidade política, exigiu que agíssemos dentro das regras impostas, exatamente para revogá-las ou destruí-las.[132]

A partir do malogro do movimento pelas diretas e de sua alçada a candidato para presidência da República, a figura política de Tancredo Neves foi sendo rapidamente elevada ao patamar de "unanimidade nacional" nos principais meios de comunicação do país.[133] Esse fato era impulsionado pelo próprio caráter plebiscitário da disputa presidencial que, segundo alguns analistas, tornava a candidatura da Aliança Democrática já marcada como uma espécie de "mal menor" em relação à rejeitada opção Paulo Maluf (Soares, 1993:154). É a partir desse momento, sobretudo, que se verifica uma maior sintonia entre os principais órgãos de imprensa nacionais, que passaram a ressaltar sua grande experiência política e suposta atuação nos momentos mais relevantes da história do país. Essa é uma conjuntura particularmente importante para o fortalecimento da sua imagem como verdadeiro homem público, que daria base à sua representação como "grande estadista" após a eleição indireta, mas que se amparava ainda em episódios selecionados de sua vida política que ressaltavam seu constante compromisso com as causas nacionais.

Não faltam manifestações nos meios de comunicação que demonstram uma reconfiguração das representações projetadas sobre sua personagem política naquela conjuntura, cada vez mais associada ao seu

---

[132] Reproduzido em ibid., p. 294.
[133] "De política ninguém tem nada a lhe ensinar. Já é unanimidade nacional. Mesmo quem está contra ele o respeita", destacava, por exemplo, um especial da revista *Manchete* de meados daquele ano. *Manchete*, Rio de Janeiro, p. 17, 9 jun. 1984.

passado de atuação em momentos fundamentais da história brasileira. Também aqui, menos do que invenções ou falseamentos, era a seleção e o enfoque sobre determinados episódios que configuravam uma biografia consensualmente repetida em várias reportagens. Visto como um político que passou "pelos momentos mais importantes da nossa história" e "desde 1950 ocupava as primeiras páginas dos jornais como personagem dos acontecimentos", Tancredo Neves passaria a ser crescentemente representado como "o nome ideal para realizar a transição democrática do país".[134]

Sem dúvida, sua longa trajetória política, em que passou pelos principais cargos eletivos do Legislativo e do Executivo (como vereador, deputado estadual, deputado federal, primeiro-ministro, senador e governador), sustentava a ênfase dada à sua trajetória, onde se destacava que "Tancredo já foi tudo, menos presidente".[135] Ainda assim, esse aspecto não invalida a percepção de que havia uma verdadeira reconfiguração da sua imagem naquela conjuntura. Uma matéria da revista *Manchete*, divulgada alguns dias antes do lançamento oficial da sua candidatura pelo PMDB, pode ser demonstrativa da construção positivada de aspectos relativos à sua personalidade e biografia políticas. Nela, Tancredo não aparecia como uma "raposa política do antigo PSD", mas como "um exemplo de desempenho político que chegava ao virtuosismo", cujas raízes são a "astúcia mineira", que se conformou dentro das melhores tradições de São João del-Rei: "Além da oratória, acabou adquirindo o espírito calmo e conciliador das pessoas que viviam naquele espaço coberto de tradições".[136] Sua moderação também não era sinônimo de conservadorismo ou oportunismo, mas sim fruto de uma "formação germânica de princípios" e de sua leitura de importantes "tratadistas políticos", dos quais "sempre tirou lições para a vida pública". Sua experiência, por outro lado, o transformaria num "dos poucos políticos a possuir uma cultura tão ampla". Assim, "a circunspeção e a serenidade vêm de anos de sedimentação de experiências", durante os quais "aprendeu também a conhecer as pessoas pelos olhos": "em segun-

---

[134] TANCREDO: o presidenciável das oposições. *Manchete*, Rio de Janeiro, p. 13, 9 jun. 1984.
[135] TANCREDO já foi tudo. Menos presidente. *O Globo*, Rio de Janeiro, 12 ago. 1984. p. 13.
[136] *Manchete*, Rio de Janeiro, p. 14, 9 jun. 1984.

dos, e com um simples olhar para o seu interlocutor, tem a capacidade de saber com quem está lidando".[137]

Embora o tom valorativo da reportagem ultrapasse o de muitas outras do período, ela parece representativa das reelaborações da sua biografia naquele momento, inclusive no que concerne à sua atuação durante os primeiros anos do regime militar. Diferentemente do que acontecia na conjuntura anterior, sua trajetória já não aparecia marcada apenas pela moderação e o ostracismo voluntário, mas sim como parte da vida de um político que adotou posições importantes contra a ditadura. Matérias como a da *Manchete*, que resumiam sua vida pública, geralmente silenciavam acerca de tudo aquilo que poderia ser interpretado como uma atitude oportunista:

> Em 64 empenhou-se em fazer do ex-Presidente Juscelino Kubitschek a alternativa civil para a presidência da República. Imposta a candidatura Castelo Branco, votou contra sua indicação. Extinto o pluripartidarismo, em 66, foi para a oposição. Em 79 fundou o PP (Partido Popular), que presidiu nos seus dois anos de existência. E foi articulador de sua incorporação ao PMDB. Em 78, como senador, foi o principal interlocutor das oposições. Pregou sempre a tese da conciliação e união nacional como saída para a crise.[138]

Sendo desnecessário mencionar diversas ocorrências para comprová-lo, o fato é que aspectos como a votação contra Castelo Branco ou sua participação na fundação do MDB passariam a ser recorrentemente mencionados em detrimento das representações sobre sua discreta atuação política em boa parte do período militar. Cerca de 10 dias depois, uma matéria assinada por Galeno de Freitas resumiria sua trajetória naqueles anos em tom bastante semelhante: "Veio 1964 — ele recusou-se a votar em seu amigo Castelo Branco para presidente da República — e ficou no PSD até o fim do partido". Depois disso, "ajudou a fundar o Movimento Democrático Brasileiro, reelegendo-se deputado até ganhar a cadeira de

---
[137] Ibid.
[138] Ibid.

senador". O "sonho" de se tornar governador de Minas Gerais, por outro lado, somente teria se concretizado "em 1982, após a peripécia de tentar criar uma oposição responsável", sintetizava a matéria.[139]

Mesmo quando as reportagens do período consideravam que, entre 1963 e 1969, Tancredo Neves teria se retraído para uma posição mais discreta, acrescentava-se que, "ainda assim, por ocasião das crises que então se sucederam, sempre participou dos entendimentos que se travavam nos bastidores".[140] No mesmo sentido, do discurso que alternava críticas com elogios a personagens dos governos militares, proferido quando da sua posse como líder da bancada oposicionista na Câmara dos Deputados, apenas o primeiro aspecto parecia ter ficado retido na memória projetada sobre sua figura: "chegou à liderança do MDB em 78 e surpreendeu os 'autênticos' ao discursar pedindo a anistia dos punidos pelo regime de 64", era o conteúdo de outra matéria do período.[141] A imagem de uma antiga "raposa política", que optou pelo ostracismo durante os primeiros anos do regime militar, já não constituía uma representação predominantemente destacada sobre sua personagem.

3º ato: continuando a luta de Getúlio Vargas e outros heróis nacionais

A conjuntura que se seguiu à campanha pelas eleições diretas para a presidência da República foi, portanto, um momento importante na reconstrução da memória de Tancredo Neves, quando sua representação como um personagem fundamental dentro da história do país se tornou muito mais frequente nos principais órgãos de imprensa. Um dos aspectos relevantes nas reconstituições de sua biografia como um homem público que participou dos principais momentos da história nacional era, certamente,

---

[139] O próprio fato de caracterizar o PP como uma "oposição responsável" já demonstra o teor parcialmente favorável da matéria. Ver: O HOMEM talhado para a ocasião. *Folha de S.Paulo*, São Paulo, 19 jun. 1984.
[140] Ver: OS DISCURSOS de um debatedor de ideias. *Folha de S.Paulo*, São Paulo, 24 jun.1984.
[141] TANCREDO vê chegar o momento da travessia. *Jornal do Brasil*, Rio de Janeiro, 11 ago. 1984. p. 8.

sua passagem pelo Ministério da Justiça no segundo governo de Getúlio Vargas. Juntamente com sua atuação como primeiro-ministro de João Goulart, no início dos anos 1960, esse foi um dos momentos mais mencionados nas reconstruções da sua figura política. A eles, aliás, se relacionavam dois episódios recorrentemente selecionados na sua trajetória que, ao possibilitarem ressaltar suas supostas vocações para a resistência e a conciliação, curiosamente nunca foram percebidos em suas características marcadamente paradoxais.

No primeiro deles, os aspectos ressaltados remetiam à sua lealdade e coragem para resistir: quando os ministros militares fraquejaram diante das imposições da oposição pela renúncia de Getúlio nos momentos finais da "crise de agosto de 1954", Tancredo Neves teria sido uma das poucas vozes a oferecer resistência. Foram várias, em matérias jornalísticas do período, as reconstituições narrativas da reunião ministerial convocada por Vargas algumas horas antes do suicídio, mas em praticamente todas elas sobressairia sua proposta de resistência e sua lealdade ao presidente. Somado a isso, destacava-se recorrentemente a caneta com a qual Getúlio Vargas supostamente escreveu a carta-testamento, que teria sido dada a Tancredo como prova da estima que o líder gaúcho nutria por sua honestidade e honradez diante dos acontecimentos que abalavam rapidamente sua credibilidade (o chamado "mar de lama" no qual teria se afundado o Palácio do Catete).

O segundo episódio, por outro lado, auxiliaria no estabelecimento da sua imagem como um líder conciliador, único capaz de solucionar as crises que assolariam a história do país: diante da ameaça de sublevação dos setores militares após a renúncia de Jânio Quadros, ele foi o encarregado de convencer ao presidente João Goulart de aceitar a "solução parlamentarista", o que teria evitado um possível acirramento dos ânimos que tornaria inevitável uma saída violenta para a crise política. Mais do que o outro, esse episódio permitia ressaltar uma característica que marcaria sua personalidade e que se mostrava, ao mesmo tempo, bastante propícia ao momento político do país: seu pendor para a conciliação e sua aversão à violência, fundamentais à transição política pactuada e sem conflitos proposta pela Aliança Democrática. Aliás, a figura do líder que evita banhos de sangue de seu povo, tão cara à mitologia engrandecedora dos heróis supostamente pacificadores de uma história nacional por vezes tida como pouco conflituosa, seria bastante solicitada naquela conjuntura. Retomaremos o tema oportunamente. O importante a ressaltar é que, contrastada com a anterior, temos então duas atuações contraditórias, bem ao estilo de Tancredo Neves e das reconstruções de sua biografia: a ambiguidade aparece aqui não como um vício, mas como uma virtude da sua personalidade.

Tornar-se-ia fastidioso citar todas as narrativas reconstruindo a atuação de Tancredo Neves na conjuntura que antecedeu à morte de Getúlio Vargas ou seu importante papel nas negociações para a posse de João Goulart. Para citar apenas um exemplo, vale a pena destacar um trecho da matéria assinada por um colunista do *Jornal do Brasil* em agosto de 1984:

> Palácio do Catete, 20h30 do dia 23 de agosto de 1954. Na última reunião ministerial convocada por Getúlio Vargas, o então jovem ministro da Justiça, Tancredo de Almeida Neves, aos 44 anos, faz uma enérgica conclamação à resistência armada ao golpe militar que se avizinha. Getúlio ouve, sereno — horas antes havia redigido a Carta Testamento. Tancredo o procurava para combinar os rumos da reunião. "Vamos ouvir primeiro", ponderou Getúlio. Em seguida, presenteou Tancredo com sua caneta de ouro, justificando: "É uma futura recordação desses tempos revoltosos". [...] Tancredo estava de vigília no Catete, há três dias sem dormir. Era ministro de Getúlio desde 52. Um dos mais fiéis auxiliares do presidente, sugeriu que os brigadeiros signatários do manifesto contra Getúlio fossem colocados em prisão domiciliar.[142]

Para além das representações sobre a atuação de Tancredo Neves, o trecho é interessante por evidenciar também a retomada da memória de Getúlio Vargas naquela conjuntura. Por um lado, o prosseguimento do processo de abertura política e, por outro, a enorme crise econômica enfrentada pelo país (que evidenciava os efeitos de uma política econô-

---

[142] FALEIROS, Renato. Tancredo, herdeiro da caneta de Vargas. *Folha de S.Paulo*, São Paulo, 24 ago. 1984. p. 6.

mica criticada como subserviente aos órgãos financeiros internacionais) tornavam aquele momento extremamente propício à retomada da memória de Getúlio Vargas. Mais do que o "Pai dos Pobres", o Vargas relembrado era aquele do fervor patriótico, da luta nacionalista, que teria lançado as bases do desenvolvimento nacional e se sacrificado pelo seu próprio povo. Uma importante efeméride, por sua vez, contribuiria para que isso ocorresse: em 24 de agosto de 1984, seriam relembrados os 30 anos da morte do político gaúcho. As rememorações do suicídio, por outro lado, se produziriam na esteira das atividades ocorridas no ano anterior, quando foi celebrado o centenário do seu nascimento, em 19 de abril de 1983. Tancredo Neves, é claro, não deixaria de aproveitar tais momentos para exaltar sua memória e colocar-se ao lado da luta nacionalista de Vargas, aspecto que ia ao encontro do caráter cada vez menos comedido do seu discurso criticando as medidas econômicas adotadas pelo governo federal.

Certamente, a retomada da memória do ex-presidente não seria feita sem controvérsias, sendo possível encontrar artigos que alternavam representações positivas e negativas da sua personagem. Mas o enfoque, de maneira geral, era claramente favorável, particularmente no ponto que vimos destacando, conforme se pode notar em um artigo de Austregésilo de Athayde publicado no *Estado de Minas* por conta do seu centenário:

> Carisma, mistérios e mitos que cercam o seu nome um pouco à maneira do que aconteceu com Floriano Peixoto serão revistos com justiça, pela História a que se entregou no derradeiro gesto de homem público. Muita coisa lhe há de ser favorável, pois não se lhe negará o amor patriótico, nem a probidade, nem o dom quase instintivo com que fez o Brasil ingressar, social e politicamente, nas preocupações que começavam, com longo atraso, a pesar sobre a consciência nacional.[143]

---

[143] ATHAYDE, Austregésilo de. Julgamento de Vargas. *Estado de Minas*, Belo Horizonte, 19 abr. 1984. p. 4. Tal enfoque positivo pode ser visto em praticamente todos os grandes jornais do país. No mesmo jornal, ver também o editorial "Grande figura" e a extensa reportagem "Cem anos de Getúlio Vargas: as grandes obras que marcaram o seu patriotismo".

Mesmo os artigos críticos publicados nos periódicos nacionais daquela conjuntura, de um modo geral, atribuíam os defeitos de Getúlio Vargas mais às suas feições autoritárias e aos seus erros de perspectiva do que aos seus supostos valores patrióticos, sempre resguardados como algo que enobrecia sua figura política. Diferentemente dos anos anteriores da ditadura militar, naquela conjuntura eram menores os constrangimentos que dificultavam um uso político mais maleável da sua memória (não obstante tais restrições nunca possam ser completamente eliminadas, já que existem sempre limites nos usos do passado). Associado às novas condições políticas, o maior distanciamento temporal permitia mudanças importantes em relação às rememorações da sua morte feitas anteriormente: de um lado, ambos ajudavam a eliminar os obstáculos impostos por um regime que se constituiu contra aqueles que reivindicavam a herança varguista; de outro, eles arrefeciam os ânimos de certos setores críticos aos governos militares que, ressaltando os aspectos autoritários do período estado-novista, desejavam evidenciar suas similitudes com a ditadura implantada no país.[144] Assim, diferentemente das comemorações dos anos anteriores, o centenário e os 30 anos da morte de Getúlio Vargas acompanhavam-se de uma leitura bastante positiva em favor de sua trajetória na luta pelo desenvolvimento nacional. Como corolário, o período mais ressaltado era aquele no qual o líder gaúcho teria voltado ao Catete "nos braços do povo", eleito pelo voto popular e governando com o pleno funcionamento das instituições democráticas.

De fato, por conta do centenário do ex-presidente, uma grande quantidade de eventos foi realizada: entre os diversos cerimoniais produzidos somente no dia 24 de agosto de 1983, pode-se destacar, por exemplo, as homenagens prestadas diante do seu busto na praça Marechal Floriano, Rio de Janeiro; uma missa solene na Candelária, no Rio Grande do Sul; e uma outra na Igreja de São José, em Belo Horizonte, que contou com a presença de Tancredo Neves. Além desses acontecimentos do dia 24, uma série de outros eventos rememorativos foram realizados, inclusive pela

---

[144] Aspecto que pode ser visto nas rememorações dos anos anteriores, como no artigo "A ditadura" de Carlos Castello Branco, publicado no *Jornal do Brasil* em 24 de agosto de 1974. Ver Ferreira (2006).

Fundação Getulio Vargas, que produziu várias solenidades e publicações sobre o ex-presidente. Os principais jornais do país, como não poderia deixar de ser, também publicaram diversas matérias com reportagens e artigos sobre o legado deixado por Getúlio Vargas.[145]

Mas foi mesmo no ano seguinte, por conta dos 30 anos da morte de Getúlio, que as reconstruções da memória do ex-presidente ganharam maior visibilidade. Nesse caso, mais do que no anterior, a própria efeméride escolhida tornava a solenidade mais próxima às demandas políticas do momento: rememorava-se não o aniversário de Vargas, mas a data correspondente ao seu gesto derradeiro, que consolidou sua imagem como um grande estadista capaz de sacrificar sua vida pela causa nacional. Aqui, era impossível esquivar-se da problemática do patriotismo e da luta pela libertação do país, colocada em pauta também pela conjuntura econômica de grande crescimento da dívida externa brasileira. Como era de se esperar, as críticas ao modelo de desenvolvimento adotado pelos militares não deixariam de retomar a figura de Getúlio Vargas como um contraponto à subserviência aos interesses do capital estrangeiro, que solapariam o desenvolvimento nacional.

Percebendo a importância simbólica do momento, Tancredo Neves foi novamente à cidade natal de Getúlio Vargas e discursou perante o túmulo no qual ele foi sepultado. Além de reverenciar a memória do ex-presidente, assim ele podia fazer relembrar sua importante participação nos acontecimentos de agosto de 1954 e nos momentos mais emotivos dos seus funerais. Já candidato à presidência da República, Tancredo Neves parecia perceber que a cristalização daquela imagem teria mais efeito simbólico do que qualquer comício ou manifestação em algum outro importante canal de comunicação do país. E não foi muito diferente o resultado daquele ato, pelo menos a julgar pelas reportagens do *Jornal do Brasil*, que ligavam claramente os dois acontecimentos: no dia 24, a matéria de capa do especial sobre a morte do ex-presidente dava grande destaque a uma imagem produzida no funeral de São Borja, na qual Tancredo aparece diante do caixão de Getúlio, ao lado de João Goulart e Darci Vargas;[146] no

---

[145] Ibid., p. 6.
[146] Ver: AS LÁGRIMAS sobre o caixão de Getúlio: Tancredo Neves, João Goulart, Darci Vargas. *Jornal do Brasil*, Rio de Janeiro, 24 ago. 1984.

dia 25, o principal destaque da primeira página do jornal era uma fotografia produzida no dia anterior, onde o candidato da Aliança Democrática aparecia, no mesmo local, igualmente cercado por um grande número de pessoas e repórteres, e fazendo um pronunciamento em homenagem à memória do ex-líder gaúcho.[147] Num momento em que a figura histórica de Vargas assumia uma conotação visivelmente positiva, não seria de menosprezar o efeito simbólico daquelas imagens.

A ida a São Borja, além disso, tinha o objetivo de selar a aliança entre o PMDB e o PDT. Leonel Brizola, por exemplo, não deixou de utilizar o evento para reverenciar o legado de Vargas, participando da caravana à cidade natal do ex-presidente e propondo um dia comemorativo da carta-testamento (Ferreira, 2006:9). Mas o destaque era o discurso de Tancredo Neves, no qual ele enobrecia a memória de Vargas ressaltando, entre outros, o desenvolvimento nacional que o país teria enfrentado:

> Há 30 anos, nós devolvíamos à terra gaúcha o corpo inanimado de Getúlio Vargas. Foi um instante em que toda a nação se deteve — tomada e transida de dor e de sofrimento e toda ela, como identificada pelo mesmo sentimento e mesma angústia, dirigiu um pensamento e uma prece a Deus por aquele que havia dado mais que sua vida, havia dado todo o seu espírito ao serviço da emancipação política, econômica e social do nosso povo. [...] Getúlio é realmente aquele divisor de águas, como muito bem assinalava o governador Leonel Brizola, diante de cujas cordilheiras havemos de escrever a história de nossa pátria antes e depois dele. Tal o impulso que ele trouxe às nossas renovações, às nossas revoluções, às nossas modernizações.[148]

O discurso no túmulo de Vargas evidencia diversos elementos importantes na remissão à sua memória. Tancredo Neves era um homem bastante religioso, não parecendo fortuitas as analogias sugeridas com a

---

[147] TANCREDO exalta memória de Getúlio em São Borja. *Jornal do Brasil*, Rio de Janeiro, 25 ago. 1984.
[148] TANCREDO promete inspirar-se na obra de Getúlio. *Jornal do Brasil*, Rio de Janeiro, 25 ago. 1984. p. 4.

figura de Jesus Cristo a partir das menções àquele que, mais do que a vida, teria dado seu próprio espírito ao povo brasileiro.[149] Aliás, a remissão à história de Cristo, nesse caso, não seria grande novidade, pois, quando fez um pronunciamento com ardorosa defesa de Vargas logo após a sua morte, Tancredo denominou seus inimigos como "os Judas Iscariotes da traição do Povo".[150] Num trecho final do discurso diante do túmulo, por sua vez, "a grande lição, o memorável ensinamento de Getúlio Vargas" apareceria contido na seguinte frase de sua autoria: "só o amor constrói para a eternidade". Assim, o povo brasileiro haveria de encontrar em Vargas e na sua obra a inspiração "para se realizar na face da terra como uma grande potência", e não aquela que caracterizava os projetos dos governos militares, "da força, dos canhões, das metralhadoras, mas a potência do espírito, da inteligência, do sentimento, da bondade, da compreensão, do amor".[151]

O mais importante, por outro lado, era a percepção de Getúlio Vargas como aquele que teve um papel fundamental na "emancipação política, econômica e social" do povo brasileiro, aspecto que encorpava uma interpretação histórica com importante força no imaginário nacional. Bastante retomada naquele momento, tal interpretação encadeava a trajetória de Tancredo Neves numa leitura que resumia a história do Brasil a uma suposta luta obstinada pela libertação do país. Aprofundaremos o problema mais adiante, mas é interessante destacar como a rememoração de Getúlio Vargas propiciava tal visão do processo histórico, inclusive pela relação daquela efeméride (os 30 anos da morte do ex-presidente) com o principal "meio de memória" na projeção da imagem positivamente nacionalista de Vargas: a carta-testamento. Não foi por acaso, nesse sentido, que aquele documento foi fartamente retomado naquela conjuntura.

Dada a impossibilidade de uma análise pormenorizada, alguns artigos publicados no período parecem ilustrativos, podendo-se tomar como

---

[149] Por referência às supostas últimas palavras de Jesus Cristo, pouco antes de morrer: "Pai, nas tuas mãos entrego o meu espírito!".
[150] Ver seu discurso sobre a morte de Getúlio Vargas de setembro de 1954, reproduzido em Delgado (1988:15).
[151] TANCREDO promete inspirar-se na obra de Getúlio. *Jornal do Brasil*, Rio de Janeiro, 25 ago. 1984. p. 4.

exemplo as matérias do jornal *Folha de S.Paulo* do especial do dia 24 de agosto. Entre elas, destaca-se um texto de Alfredo Bosi que, por um lado, fortalecia a representação de Tancredo Neves como aquele que surpreendeu os demais ministros do presidente Getúlio Vargas pela sua propensão para a resistência: "e houve um que declarou com todas as letras a sua lealdade ao presidente coagido: Tancredo Neves, que respondia pela pasta da Justiça e sempre fora calorosamente estimado pelo estadista gaúcho".[152] Assim, diferentemente da atitude vacilante de quase todos presentes na reunião ministerial de Getúlio, "Tancredo fez mais do que dar o seu voto pessoal de apoio", pois ele "reptou os homens de farda a cumprirem o dever de sustentar o presidente legalmente constituído". Por outro lado, o artigo apresentava uma leitura da carta-testamento na qual Tancredo aparecia como herdeiro direto da luta pela libertação nacional expressa naquele documento:

> Há um modo radical de ler esse texto sem par em nossa vida política: a luta por um desenvolvimento próprio, liberto dos vários imperialismos, é uma luta de morte. O suicídio é a confissão de uma derrota histórica que transcende a figura do suicida. Nestes trinta anos que lhe seguiram, nenhum projeto de caráter estruturalmente popular e nacionalista foi, na verdade, empreendido e levado a termo. [...] Agosto de 1984. Tancredo Neves será, talvez, presidente da República, o homem da transição para a democracia plena. Cidadãos de alto nível moral e intelectual dão-lhe crédito de confiança. E "a memória que os homens desenterram" punge e pergunta: Que leis, que projetos assinará a pena da qual saíram as seguintes palavras de fogo e sangue da Carta Testamento: "Esse povo de quem fui escravo não será mais escravo de ninguém"?[153]

Herdeiro da caneta de Vargas, Tancredo Neves também o era de um projeto de libertação do país interrompido, pois nem os governos daqueles que foram seus importantes correligionários teriam tido qualquer vigor nesse sentido: "o governo de Juscelino Kubitschek, apreciável por outras

---

[152] BOSI, Alfredo. Getúlio, Tancredo e a Carta. *Folha de S.Paulo*, São Paulo, 24 ago. 1984. p. 3.
[153] Ibid.

razões, escancarou nossas portas às empresas transnacionais" e, embora "algum negaceio" possa ter acontecido durante o mandato de João Goulart, argumentava Bosi, pouco teria restado das reformas sociais. Depois disso, os presidentes militares teriam, finalmente, acabado com qualquer resquício de autonomia nacional, contraindo "a maior dívida externa do Terceiro Mundo".[154]

Além do texto de Bosi, pelo menos dois outros artigos do periódico apresentavam leituras bastante semelhantes da história do país: Ruy Lopes, por exemplo, destacava que, meio século antes, Getúlio Vargas teria decretado a moratória da dívida externa, mas que, com as mudanças no panorama internacional durante seu segundo governo, a luta pela libertação nacional acabou inviabilizada: "Vargas não se deu conta das alterações no esquema de poder mundial e procurou continuar, como antes, na defesa dos interesses do País e de sua população". Assim, "acabou da maneira que se sabe, e nem assim conseguiu impedir que o Brasil adotasse mais tarde a doutrina de segurança nacional".[155] O repórter Renato Faleiros, por sua vez, também respaldava a interpretação do próprio Vargas contida na carta-testamento, ressaltando uma conspiração do "imperialismo norte-americano" que não somente teria levado ao suicídio o ex-presidente, mas resultado, posteriormente, na deposição de João Goulart e na morte de Salvador Allende.[156]

Apesar do importante simbolismo das solenidades pelos 30 anos da morte de Getúlio Vargas, vale destacar que aquelas celebrações não eram de todo inusitadas. Desde a sua morte, a memória do ex-presidente nunca parou de ser objeto de homenagens nos dias 24 de agosto subsequentes. Verdadeiro "lugar de memória" utilizado pelos trabalhistas para reverenciar seu legado, a data foi sempre um momento propício à elaboração de discursos políticos por parte dos seus correligionários. Alguns deles foram marcados pelo tom emotivo que lembrava o pronunciamento de Oswaldo Aranha no sepultamento de Vargas, em São Borja, como nas lágrimas do

---

[154] Ibid.
[155] LOPES, Ruy. HÁ 50 anos era decretada a moratória. *Folha de S.Paulo*, São Paulo, 24 ago. 1984. p. 5.
[156] FALEIROS, Renato. Tancredo, herdeiro da caneta de Vargas. *Folha de S.Paulo*, São Paulo, 24 ago. 1984. p. 6.

ex-ministro Epaminondas Pontes na inauguração de um busto no Ministério do Trabalho, em 1957.[157] Outros, mais importantes, eram os de figuras que continuaram tendo maior visibilidade na política nacional após a morte de Getúlio. É o caso, por exemplo, do pronunciamento de Juscelino Kubitschek na sede do PTB, em 1961,[158] e do manifesto de João Goulart, lido na Câmara dos Deputados em 24 de agosto de 1964, pouco depois de ter sido exilado devido ao golpe militar de março daquele ano.[159]

Não obstante as cerimônias em favor da memória de Vargas, de modo geral, sempre terem obedecido a certo planejamento, algumas delas assumiram também um caráter aparentemente mais espontâneo, como na espécie de "romaria" que, anualmente, passou a ser feita ao seu busto da praça Marechal Floriano, na Cinelândia, Rio de Janeiro. Já no ano seguinte ao suicídio, por exemplo, o monumento amanheceu coberto de flores e *corbeilles*, havendo aglomeração de pessoas de manhã até a tarde, quando cerca de mil velas foram acesas pelo Movimento Nacional Queremista. O episódio foi destacado por vários jornais, mas o *Última Hora* pode ser ilustrativo do que aqui se quer demarcar, justamente pelo seu papel na exaltação de Vargas e do evento: "às 18 horas, diante do busto de Getúlio Vargas, a cantora Angela Maria começou a entoar as primeiras notas da 'Ave Maria'. Uma multidão contrita, emocionada, elevou seu pensamento para aquele que soubera morrer pelos humildes", destacava a edição de 25 de agosto de 1955.[160] Ainda segundo o jornal, "Vargas não poderia desejar homenagem mais sincera do seu povo", pois "ali estavam os trabalhadores, homens de mãos calosas e almas simples, crentes no grande líder, evocando o seu passado de lutas, amarguras e vitórias". E, ao final, a matéria apresentava uma narrativa ainda mais mitificadora do episódio: "eclipsaram-se, como por encanto, os sussurros e as agitações. A voz da artista elevou-se pela noite adentro. [...] A mul-

---

[157] INAUGURADO pela terceira vez o busto do sr. Getúlio Vargas. *Jornal do Brasil*, Rio de Janeiro, 24 ago. 1957. p. 13.
[158] JUSCELINO reverencia a memória de Getúlio na sede do PTB carioca. *Jornal do Brasil*, Rio de Janeiro, 25 ago. 1961. p. 5.
[159] JANGO faz manifesto no dia de Getúlio. *Correio da Manhã*, Rio de Janeiro, 15 ago. 1964. p. 11.
[160] GETÚLIO reviveu no acalento triste do povo na Cinelândia. *Última Hora*, Rio de Janeiro, 25 ago. 1955. p. 1.

tidão se ajoelhou. [...] A miscigenação dos caracteres se fundiam ainda mais, superando tempo e espaço".[161]

As homenagens feitas à memória de Getúlio Vargas naquele primeiro ano contaram ainda com a presença de João Goulart, à época presidente do PTB, que no entardecer do dia 24 acendeu uma vela diante do busto do ex-presidente.[162] Em muitas outras cidades brasileiras, por outro lado, manifestações semelhantes se verificaram, sobressaindo as comemorações organizadas pelo PTB em Porto Alegre (RS). Além da inauguração de um monumento com a carta-testamento gravada em bronze na praça da Alfândega, o cerimonial contou também com a chegada de uma chama votiva trazida de São Borja por atletas gaúchos que, numa corrida de revezamento, percorreram um trajeto de cerca de 900 quilômetros, passando por mais de 10 municípios. Pouco depois da chegada da chama votiva, um comício foi promovido pelo PTB, onde discursaram diversas lideranças trabalhistas.[163] Além dos dois eventos citados, os jornais daquele ano mencionariam ainda homenagens feitas nos estados de São Paulo, Minas Gerais, Rio Grande do Norte, Espírito Santo, Paraná e Ceará.[164]

No busto da Cinelândia, cenas semelhantes às mencionadas se repetiriam em praticamente todos os anos subsequentes, com maior ou menor intensidade.[165] Por outro lado, a própria localização do monumento na praça Floriano foi objeto de explicações que tenderam a fortalecer as mitologias em torno do acontecimento de 24 de agosto e da figura de Getúlio Vargas, havendo menções à sua colocação ali "por populares no dia em

---

[161] Ibid.
[162] TRANSCORRERAM serenamente as homenagens à memória do sr. Getúlio Vargas. *Correio da Manhã*, Rio de Janeiro, 24 ago. 1955. p. 4.
[163] HOMENAGEADA a memória de Vargas no 1º aniversário de sua morte. *Correio do Povo*, Porto Alegre, 24 ago. 1955. p. 16.
[164] Ver: NO PRIMEIRO Aniversário da Morte do Sr. Getúlio Vargas, as diversas homenagens que lhe serão prestadas aqui e nos Estados. *Correio da Manhã*, Rio de Janeiro, 24 ago. 1955. p. 3, GETÚLIO reviveu no acalento triste do povo na Cinelândia. *Última Hora*, Rio de Janeiro, 25 ago. 1955. p. 1.
[165] As matérias de alguns jornais contêm fotos que demonstram uma grande aglomeração de pessoas diante do busto de Getúlio Vargas. Ver, por exemplo, as fotos que acompanham as matérias sobre a rememoração da sua morte nas edições do *Última Hora* de 25 de agosto de 1955, 24 e 25 de agosto de 1956 e 25 de agosto de 1960. Para o ano de 1984, ver a foto que acompanha a matéria: TANCREDO exalta memória de Getúlio em São Borja. *Jornal do Brasil*, Rio de Janeiro, 25 ago. 1984.

que seu corpo foi embarcado para São Borja"[166] ou por pessoas anônimas que também se identificavam com o falecido ex-presidente. Segundo destacava o jornal *Última Hora* nas homenagens de 1960: "como faz exatamente há seis anos, [...] o povo está desde ontem em incessante romaria à Praça Marechal Floriano, onde naquela manhã de 1954, sem se saber como, mãos anônimas colocaram num dos jarrões ali existentes o busto do presidente Vargas".[167] Exemplo ilustrativo das disputas memorialísticas em torno de Vargas e de sua morte, o monumento também já foi bastante utilizado como local de propaganda política e chegou a ser alvo de depredações por parte de inimigos do PTB no mesmo ano em que serviu de "cenário" para um "enterro simbólico de Carlos Lacerda" por alguns de seus adversários.[168]

De fato, depois de 30 anos, o *Jornal do Brasil* ainda se remetia ao evento mencionando-o como "a tradicional romaria ao busto do ex-presidente, que esteve como sempre cercado de coroas, velas e faixas".[169] Estamos aqui novamente no momento em que Tancredo Neves, pressentindo a importância simbólica que assumia a memória de Vargas, tinha ido a São Borja homenagear o ex-líder gaúcho. Aliás, Tancredo pareceu sempre perceber o simbolismo dos momentos referentes às mortes e às rememorações de importantes personagens políticos. A participação nos cerimoniais de sepultamento e de celebração pelo aniversário de falecimento de antigos correligionários é algo que caracterizou sua trajetória. Entre sua fotografia ao lado de Darci Vargas e João Goulart discursando no túmulo de Getúlio, em 1954, e a imagem da sua volta a São Borja para homenagear o ex-presidente nos 30 anos do suicídio, é possível destacar ainda seu pronunciamento após a morte de Juscelino Kubitschek e sua participação no enterro de João Goulart, ambos em 1976.

---

[166] HOMENAGEADA a memória de Vargas no 1º aniversário de sua morte. *Correio do Povo*, Porto Alegre, 27 ago. 1954. p. 16.
[167] *Última Hora*, Rio de Janeiro, 24 ago. 1960 (matéria de capa do jornal, sem título).
[168] Ver: CAPANGAS de Lacerda tentaram depredar o busto de Getúlio. *Última Hora*, Rio de Janeiro, 24 ago. 1960. p. 2, ENTERRO simbólico de Lacerda hoje na Cinelândia sem autorização do PTB. *Jornal do Brasil*, Rio de Janeiro, 24 ago. 1960. p. 7.
[169] TANCREDO exalta memória de Getúlio em São Borja. *Jornal do Brasil*, Rio de Janeiro, 25 ago. 1984.

O discurso após a morte de Juscelino, feito no Congresso Nacional em novembro daquele ano, é particularmente significativo nesse sentido. Primeiramente, porque ali se podia constatar a percepção da morte como um momento propício à releitura positiva de uma determinada biografia. É o caso, por exemplo, da referência ao simbolismo do elogio fúnebre de Charles de Gaulle em Colombey-les-deux-Églises, além da menção ao funeral de Juscelino como seu último encontro "triunfal, apoteótico e consagrador" com o "povo", onde todos "carpiam" o líder nacional "cujo desaparecimento colocava em destaque a lição digna e luminosa de sua vida".[170] Segundo Tancredo, naquele momento, logo após a morte do ex-presidente, antecipavam-se "seu julgamento histórico" e "sua entronização no Panteão da Pátria".[171] Além disso, o discurso evidenciava uma percepção da trajetória de Juscelino que exaltava certos traços supostamente característicos dos "filhos mais ilustres" da nação, como sua personalidade conciliadora e sua capacidade de não guardar ódios ou rancores diante das fortes pressões sofridas em seu governo: "na sua humildade cristã, ele encontrou as forças da altivez e da honra para enfrentar e suplantar as maquinações do ódio". Herói conciliador, Juscelino era destacado como alguém que "pertencia àquela rara estirpe do herói de Sófocles na Antígona: 'não viera para partilhar o ódio, mas para distribuir o amor'".[172]

Evidenciando a intensificação do processo de reconstrução da memória de um personagem que, até sua morte em 1976, tinha sido relegado a um longo período de ostracismo, o modo como Tancredo Neves interpretava a trajetória de Juscelino Kubitschek não era algo completamente inusitado ou sem precedentes. Na verdade, ele parece indicativo do início de um processo de reconstituição memorialística que teria continuidade nas décadas seguintes, quando uma maior valorização da imagem de Juscelino como um líder tolerante e cujo governo sempre se marcou pela liberdade política ganhou ainda mais força. Ao que parece, tal processo tem acompanhado a consolidação dos valores democráticos, que estimulam a busca de períodos históricos anteriores em que a sociedade brasileira não

---

[170] Discurso reproduzido em Delgado (1988:129).
[171] Ibid., p. 133.
[172] Ibid., p. 132 e 129.

teria sofrido a ação de mecanismos que impedem o pleno funcionamento das instituições políticas.[173]

Com efeito, assim como fizemos no caso de Getúlio, torna-se importante contextualizar a homenagem feita por Tancredo Neves dentro do quadro mais amplo de recomposição da imagem de Juscelino. É de se notar, portanto, que as disputas sobre a memória do ex-presidente já se formaram logo em seguida à sua morte, havendo também, nos últimos anos, uma revalorização do personagem, que foi objeto de várias biografias (em sua maioria, enaltecedoras e fortalecedoras de mitologias sobre sua figura).[174] Naquela primeira conjuntura, entretanto, as imagens de conciliador e propenso ao congraçamento foram tornando-se cada vez mais um capital simbólico proveitoso àqueles interessados em promover uma transição pactuada para a democracia. É o que se pode perceber no processo de construção de um memorial em sua homenagem, inaugurado em 1981, em Brasília. Produto de intensas articulações por parte da viúva do falecido presidente, Sarah Kubitschek, e de outras personalidades que, ao longo de sua vida, mantiveram-lhe estreitas ligações, o Memorial JK foi construído em apenas um ano e cinco meses. Sua rápida confecção, nesse sentido, contradita com a própria cerimônia inaugural, bastante carregada de significados simbólicos: as solenidades oficiais começaram no dia 10 de setembro de 1981, com a exumação dos restos mortais de Juscelino, seguindo-se sua trasladação à Câmara de Deputados, ao memorial, e todas as cerimônias de homenagem que perduraram por mais dois dias.[175] O que mais chama a atenção, no sentido mencionado, foi a aquiescência do presidente João Figueiredo em favor da sua construção, haja vista o fato de o próprio Juscelino Kubitschek ter tido seus direitos políticos cassados durante o regime militar. Segundo Affonso Heliodoro, além de doar o terreno para o memorial, o então presidente teria feito questão de "comparecer com seus ministros no ato solene da inauguração" (Heliodoro, 1996:177).

---

[173] Ver CARVALHO, José Murilo de. A memória democrática. *Folha de S.Paulo*, São Paulo, 3 mar. 2002.
[174] Ver, por exemplo, Bojunga (2001), Fassy (2000), Cony (2002), Werneck (2002).
[175] Uma descrição bastante momentosa do episódio pode ser obtida em Heliodoro (1996).

Objetos de manipulações e controvérsias, por outro lado, as memórias de um personagem podem ser utilizadas com fundamentações muito distintas, e uma das imagens de Juscelino bastante ressaltada em seu memorial talvez ajude a elucidar a questão: "a conciliação, a concórdia, o entendimento foram sempre apanágio de sua personalidade. [...] O Memorial hoje, como seu Patrono, simboliza este grande gesto de congraçamento de que tanto está precisando nossa pátria para transpor os obstáculos desta fase difícil de nossa História" (Heliodoro, 1996:20). A imagem conciliadora de Juscelino, entretanto, longe estava de unificar os setores militares, particularmente no que concerne àqueles contrários ao restabelecimento da democracia, que intensificaram as disputas em torno do Memorial JK, acusando a estátua de Juscelino (que, do alto de um pedestal, acena para a cidade capital) de conter uma simbologia comunista: a figura de JK, no monumento, está amparada por uma forma estilizada de mão protetora, logo interpretada por setores de extrema-direita como tendo a forma de uma foice. A disputa em torno do significado do monumento prolongou-se por vários dias e a estátua, "içada por um guindaste do corpo de bombeiros, várias vezes era levantada e a meio caminho do seu pedestal, novamente descida". Até que, finalmente, o presidente Figueiredo ordenou sua colocação definitiva no pedestal (Heliodoro, 1991:178).

Certamente, a imagem de Juscelino ressaltada no memorial não discrepa daquela feita por Tancredo Neves. Na conjuntura do seu discurso, por outro lado, embora o processo de "abertura política" já tivesse se iniciado, a exaltação da memória do ex-presidente ainda assumia um teor mais francamente oposicionista: ela não apenas fazia relembrar sua cassação e exílio, mas acontecia logo após os funerais de JK terem assumido um tom de manifestação contra a ditadura militar. Portanto, havia certo risco na homenagem, ainda que o enaltecimento de Juscelino apontasse para elementos como sua suposta capacidade conciliadora e postura não rancorosa. Não era outra, aliás, a imagem privilegiada por Tancredo Neves quando tratava dos demais personagens da história do país, inclusive no que concerne à figura de Tiradentes. Aliás, nenhum outro personagem histórico parece ter tido sua memória mais utilizada por Tancredo nos meses logo anteriores ao acontecimento que o associaria definitivamente à figura do "protomártir da Independência" (sua morte, em 21 de abril de 1985).

Um exemplo nesse sentido foi o discurso pronunciado nas comemorações pela Semana da Inconfidência de 1984, em Ouro Preto, quando privilegiou a construção de uma imagem romantizada do alferes que lutou contra a exploração portuguesa para remeter também aos problemas políticos do momento:

> [...] as populações empobrecidas vendo, durante decênios, arrancar-se das entranhas da terra o ouro que receberam como dádiva da natureza, transportado para Portugal e de lá para os cofres-fortes da Inglaterra [...] No meio de todos, batendo em portas inúteis, o vulto quase solitário de Tiradentes [...] Evocando, assim, os dias febris da Inconfidência Mineira, louvamos os que não desanimaram, não recuaram, não cederam ante a força ostensiva e brutal da repressão, e esqueçamos, na anistia da História, os que fraquejaram e caíram, para ensinarmos às novas gerações que só permanecem na gratidão do povo os que, enfrentando aparentes e transitórias derrotas, lutam com intrepidez pela liberdade.[176]

Realizado poucos dias antes da votação da emenda das diretas, o discurso de Tancredo apelaria novamente para a conciliação, dessa vez considerando-a uma das "lições" advindas do processo de Independência. Por um lado, argumentava que as atuações dos "mártires" e "estadistas" se complementavam, pois, se Tiradentes ensinou a importância da liberdade, foram os últimos, com sua "sabedoria, lucidez, equilíbrio", que "transformaram a colônia em nação e nela construíram instituições que, apesar de tudo, resistem aos vícios e às violações".[177] Por outro, acrescentava mais uma "lição" a essas duas: "a de que só encontraremos saída para conflitos irreversíveis, se as forças que representam o poder e a sociedade civil souberem conter as suas posições de radicalismo, que levam a confrontos de-

---

[176] Discurso reproduzido em Delgado (1988:257). Ver também: TANCREDO condena radicalismo e aponta caminho do entendimento. *Estado de Minas*, Belo Horizonte, 22 abr. 1984 (matéria de capa).
[177] Ibid., p. 259.

siguais e funestos".[178] Assim, "não podemos avançar para o futuro de olhos vendados para chegarmos, sem retorno, a impasses intransponíveis", destacava, terminando seu discurso com supostos dizeres de Tiradentes ("Se todos quisermos haveremos de fazer deste país uma grande nação").[179]

No ano anterior, o recém-eleito governador de Minas Gerais também já tinha aproveitado os festejos da Inconfidência Mineira para fazer relações com o presente, produzindo uma leitura enaltecedora da vida de Tiradentes para acentuar a relação entre "o fantasma da derrama de ontem e a nuvem ameaçadora da recessão de nossos dias".[180] Interpelando o governador de São Paulo, Franco Montoro, principal homenageado na cerimônia, Tancredo não somente remetia à crise econômica do país, mas comparava a disputa eleitoral que ambos enfrentaram no ano anterior com o "sacrifício" dos "conjurados": "a luta para isso enfrentada foi árdua e longa, vivenciamos como os inconfidentes as vicissitudes do sacrifício, mas dele soubemos, também, sair fortalecidos e irmanados", ressaltava.[181] A figura de Tiradentes seria retomada ainda após a vitória no Colégio Eleitoral, em janeiro de 1985, quando Tancredo novamente terminaria seu discurso com as supostas palavras do "herói nacional": "Se todos quisermos, dizia-nos há quase 200 anos, Tiradentes, aquele herói enlouquecido de esperança, poderemos fazer deste país uma grande nação. Vamos fazer".[182]

Particularmente interessante à reflexão sobre o uso da imagem de Tiradentes foi o discurso de Franco Montoro na cerimônia de Ouro Preto antes mencionada, em que dividiu o palanque com Tancredo Neves. Orador oficial da solenidade, Montoro também aproveitaria para fazer críticas ao último governo do regime militar, defendendo a atuação da oposição como uma continuidade dos ideais dos inconfidentes: "é preciso continuar a obra de Tiradentes, quando a nação sente, na carne e na alma, os resultados devastadores de uma política econômica e social desvincu-

---

[178] Ibid.
[179] Ibid., p. 260.
[180] TANCREDO: nenhum obstáculo é intransponível. *Estado de Minas*, Belo Horizonte, 22 abr. 1983. p. 2.
[181] Ibid.
[182] Discurso reproduzido em Delgado (1988:297).

lada dos interesses da nação".[183] Na verdade, o mais interessante era não somente a relação feita com o presente, mas o modo como o discurso de Montoro se referia às figuras de Getúlio Vargas e Juscelino Kubitschek, traçando uma linha de continuidade na luta pela libertação nacional que eles também teriam representado:

> De nada valeu o estúpido exibicionismo do suplício, porque os ideais dos conjurados fermentam para sempre nossa história. E como dizia Getúlio Vargas, em 1954, diante do mesmo local onde esteve a cabeça de Tiradentes: é ainda a mesma bandeira que estamos empunhando na luta dos nossos dias pelos supremos interesses do Brasil. Como em 1789, em 1954 ou 1983, estamos cada dia lutando para completar a obra inacabada da independência e da liberdade. [...] Não podemos continuar trabalhando para entregar nosso ouro para os de fora. [...] Emprestando as palavras ditas aqui por Juscelino Kubitschek, creio que tudo isso prova na verdade que penetramos numa hora de lucidez e de consciência. Tudo isso prova que chegou enfim o momento de tomar o rumo certo.[184]

De fato, a remissão feita por Montoro às figuras de Getúlio Vargas e Juscelino Kubitschek parece interessante não apenas pela visão da história que encorpava, comparando a "prepotência das metrópoles" do passado com a exploração que o país sofreria pela atuação das suas equivalentes contemporâneas (identificadas como as "multinacionais, sistema financeiro internacional, Fundo Monetário ou grandes potências").[185] Além da ideia da liberdade nunca alcançada, ela indica algo poucas vezes percebido: como mesmo determinados governos considerados democráticos se utilizaram com grande frequência da memória de Tiradentes. Foi o caso não somente de Tancredo Neves e Franco Montoro (como governadores de Minas Gerais e São Paulo, respectivamente), mas também de Juscelino Kubitschek e, mesmo, do segundo governo de Getúlio Vargas,

---

[183] MONTORO: é preciso continuar a obra de Tiradentes. *Estado de Minas*, Belo Horizonte, 22 abr. 1983. p. 2.
[184] Ibid.
[185] Ibid.

no qual o líder gaúcho chegou ao poder sem os mecanismos autoritários dos anos 1930.

São conhecidos os usos políticos da memória de Tiradentes nos períodos autoritários da história republicana. Durante o Estado Novo, por exemplo, Getúlio Vargas não apenas inaugurou o Museu da Inconfidência, em Ouro Preto, mas também incentivou a elaboração de peças teatrais e outras formas de exaltação daquele que foi considerado o principal personagem do acontecimento.[186] Tais iniciativas, aliás, davam continuidade ao decreto que promulgou em 1936, prevendo a repatriação dos restos mortais dos inconfidentes (13 ossadas foram trazidas da África e passaram a ocupar as lápides funerárias do museu da antiga Vila Rica), assim como estavam inseridas num conjunto mais amplo de medidas e eventos que visavam fortalecer o culto cívico aos "grandes heróis" do passado nacional.[187] Durante a ditadura militar, por outro lado, Tiradentes foi declarado "Patrono Cívico da Nação Brasileira" numa lei de 1965 e, no ano seguinte, teve regulamentado o modo como sua imagem deveria ser exibida nas repartições públicas do país.[188] As grandiosas festividades do Sesquicentenário da Independência, em 1972, além disso, se iniciariam em abril, justamente para demarcar a suposta relação entre a luta dos "conjurados" e o "grito do Ipiranga".[189] Afora esses conhecidos casos, entretanto, é de se notar o uso da imagem do inconfidente também nos períodos democrá-

---

[186] O Museu da Inconfidência foi criado pelo Decreto-Lei nº 965, de 20 de dezembro de 1938 e inaugurado em 1942, com a instalação de um panteão contendo 14 lápides funerárias (13 delas com ossadas dos inconfidentes repatriadas da África e uma vazia, dedicada àqueles cujos restos mortais não foram encontrados). Sobre o financiamento oficial de peças sobre a Inconfidência no período, ver Carvalho (1998a:71).

[187] Para a repatriação dos restos dos inconfidentes, ver Decreto nº 756-A, de 21 de abril de 1936. Vários estudos têm apontado para o modo como o Estado Novo promoveu e estimulou o culto cívico dos heróis nacionais, sobretudo por meio de grandiosas cerimônias oficiais. Maurício Parada (2003), por exemplo, analisou duas solenidades relacionadas à celebração da Independência que, criadas no ano anterior ao golpe de 1937, se intensificaram no Estado Novo (eram elas o "Desfile da Juventude" e a "Hora da Independência").

[188] Ver, respectivamente, Lei nº 4.897, de 9 de dezembro de 1985, e Decreto nº 58.168, de 11 de abril de 1966. A lei de 1965 previa a exibição da imagem de Tiradentes não só nas repartições públicas, mas também nas de economia mista, nos estabelecimentos de ensino, nas Forças Armadas e nas empresas concessionárias de serviços públicos. Além disso, para as homenagens do ano seguinte, estabelecia a inauguração da "efígie do glorioso republicano" com festividade e a presença de todos os servidores "na sede de seus serviços".

[189] Sobre o Sesquicentenário, consultar Almeida (1972), Cerri (1999).

ticos, como no governo de Juscelino Kubitschek em Minas Gerais, nos anos 1950.

Criador da Medalha da Inconfidência, em 1952, principal condecoração conferida pelo Estado mineiro, o governo de Juscelino foi importante por ampliar as comemorações em Ouro Preto, que se tornaram oficiais e passaram a ganhar mais destaque nos jornais. Durante os festejos, que compunham a Semana da Inconfidência (celebrada não apenas no dia 21, correspondente à morte de Tiradentes), a capital do Estado passou a ser transferida simbolicamente para Ouro Preto, como forma de homenagear a região correspondente à antiga Vila Rica. Foi a partir de então, por outro lado, que os discursos oficiais, publicados até o momento apenas no órgão oficial do Estado (o *Minas Gerais*), começaram a ser transcritos com mais frequência também nos jornais privados (Fonseca, 2002:452). Além de aumentar a importância da festividade, Juscelino se aproveitaria dela na sua campanha para a presidência da República de 1955, quando foi convidado como principal homenageado pelo governador Clóvis Salgado e discursou comparando sua trajetória àquela do inconfidente (Salgado tinha assumido o cargo justamente por conta do afastamento de Juscelino) (Fonseca, 2002:456-457). Tiradentes apareceria ainda no enorme espetáculo que foi a inauguração de Brasília, em 1960, sendo representado por um ator de cerca de dois metros de altura e compondo a parte mais emotiva de uma apresentação teatral sobre a história das três capitais brasileiras, que contou com um elenco de mais de 1.200 pessoas.[190] Afinal, como sempre lembraria Juscelino em suas memórias, o sonho de transferência da capital era também um projeto dos inconfidentes (que pretenderiam levá-la do Rio de Janeiro para São João del-Rei).[191]

---

[190] A peça chamava-se *Alegoria das três capitais*, com roteiro elaborado por Josué Montelo. Sobre a festividade, consultar a edição especial da revista *Manchete*, publicada em 21 de abril de 1960.

[191] Além do ideal dos inconfidentes, Juscelino também recorreria sempre às *Memórias biográficas* de dom Bosco, o padre católico italiano que, ainda em fins do século XIX, teria tido um sonho-visão com a região onde se estabeleceria Brasília. Aquela seria, no sonho do santo (ele foi canonizado em 1934), a "Terra Prometida" em que, na "terceira geração", se desenvolveria uma "Grande Civilização". Ver Kubitschek (2000).

Nas cerimônias de 1954, Juscelino Kubitschek também deu grande visibilidade às festividades de Ouro Preto, mas dessa vez por ter como principal homenageado o então presidente Getúlio Vargas. Destacando que "não mediria os sacrifícios" para garantir a "liberdade" e a "justiça social", este último compararia sua luta pelo bem da nação àquela de Tiradentes, conformando um discurso que parecia prenunciar muitos dos elementos depois encontrados na carta-testamento. Afinal, pouco mais de quatro meses separariam aquele acontecimento do "funesto estampido" de 24 de agosto:

> É ainda a mesma bandeira que estamos empunhando na luta dos nossos dias, é a luta de um governo legitimamente constituído, de base nacionalista e popular, contra a mentalidade negativista, que descrê do nosso futuro, das nossas possibilidades e reservas de capacidade criadora de nossa gente, enfim que não acredita no Brasil [...]. Deus é testemunha do quanto tenho feito, vencendo até os impulsos mais íntimos para amainar as paixões, apaziguar os espíritos, desarmar as prevenções, reunir a todos num só esforço pelo progresso do país. Nada me desviará dos rumos que tracei, porque as vozes agourentas não conseguem fazer do branco preto, nem convencem de isenção quando só procuram dissensão. Entendo que o governo é escola da humildade, aprendizado de disciplina, que exige a renúncia a si próprio e o domínio dos ressentimentos, para só cuidar dos interesses reais da nação.[192]

Argumentando que a bandeira da libertação nacional empunhada pelos inconfidentes era a mesma do seu governo, Vargas encorpava uma leitura da história do país que, como vimos, se tornaria ainda mais difundida após o suicídio e a carta-testamento. Foi ela que, nas rememorações da sua morte, foi largamente retomada para enobrecer a figura de Tancredo Neves (o herdeiro da caneta de ouro que assinou o famigerado documento). Ressaltando que "o exemplo de Tiradentes e a lição de Minas nos darão força para construir, no futuro, um Brasil que

---

[192] Discurso reproduzido em Fonseca (2002:455-456).

corresponda aos sonhos do passado, e em que se alcancem as esperanças do presente", o presidente gaúcho utilizava a memória do "protomártir da Independência" contra a ferrenha oposição que se formava ao seu governo (Fonseca, 2002:456). Nesse caso, mais longe parecemos estar da representação da "Conjuração Mineira" como uma mensagem pela conciliação ou contra o "radicalismo", não obstante a tentativa de Vargas de criar para si a imagem daquele que renunciou aos seus impulsos pessoais em favor de um projeto único para o desenvolvimento nacional. Sua referência a Tiradentes, por outro lado, demonstra como a memória do inconfidente seria fartamente utilizada mesmo nos períodos considerados democráticos. E Tancredo, como conterrâneo do "grande herói" de 1789, também não deixaria de explorá-la, conforme demonstramos. O mesmo se daria com muitos outros personagens históricos, particularmente no que concerne àqueles que eram frequentemente idealizados por sua suposta ação conciliadora em momentos fundamentais da história do país.

Alguns exemplos parecem significativos, pois eles também podem servir à reconstituição da interpretação visivelmente "conservadora" que Tancredo Neves fazia da história do Brasil (principalmente nos casos de discursos feitos dentro do período que viemos enfocando como um momento de intensa reelaboração da sua memória, entre fins dos anos 1970 e início dos 1980). Na sua despedida do Senado, em 1983, ele defendia sua própria imagem de "grande conciliador nacional" mencionando sua atuação para negociar a aceitação da posse de João Goulart, mas não deixava de enobrecer a figura do ex-presidente, ressaltando sua posição irredutível contra qualquer possibilidade de derramamento de sangue dos brasileiros. Diante da sua "obra hercúlea de pacificação nacional", quando foi "convocado" para ir a Montevidéu convencer Jango a aceitar o parlamentarismo, este último não teria encenado qualquer resistência que favorecesse a "guerra fratricida que estava por um triz":

Em nenhum momento, diga-se a bem da verdade histórica, e em testemunho de grandeza d'alma do Presidente João Goulart — admitiu sua Excelência chegar à Presidência da República se tivesse que derramar uma só gota de sangue brasileiro. Nessa hipótese renunciaria à investidura. Esse era no seu espírito uma inabalável decisão.[193]

Interpretações semelhantes foram feitas várias vezes da figura de Getúlio Vargas, sempre ressaltado como tolerante e democrático diante dos ataques da virulenta oposição que explorava contra ele os incidentes de agosto de 1954.[194] Em depoimento a um jornalista do O Globo em 1979, por exemplo, Tancredo descrevia aquela que teria sido a reação de Vargas diante da sua proposta de resistência: "Baixou a cabeça. Já havia decidido que só o seu sangue, regando o gesto político de tremendo impacto, iria correr no desenlace da crise".[195] Numa "decisão firmemente tomada", Getúlio Vargas teria escolhido se sacrificar para evitar qualquer possibilidade de uma guerra civil que resultasse no "derramamento de sangue" de seus concidadãos. Mais interessante, por sua vez, era sua frequente invocação de outros personagens históricos como pacificadores ou democratas conciliadores, particularmente no que concerne à sua visão áurea do Segundo Reinado, na qual se podia entrever uma recorrente idealização das figuras de d. Pedro II e dos "heróis militares" Osório e Caxias. Estes últimos, por exemplo, eram assim comparados no seu discurso de despedida do Senado:

> Quando nós nos lembramos que esta Casa foi honrada com a presença de Caxias e Osório, nós nos damos conta da sua grandeza moral e das suas imensas projeções históricas. Caxias, grande na guerra, maior na paz, símbolo mais alto da integridade nacional, espada mais do que invicta, porque imaculada, consciência inconsútil, energia serena que consolidou a unidade da Pátria. [...] Osório, o bravo dos bravos, desambicioso sempre digno no serviço da Pátria. Quando os seus amigos liberais instigaram-no para, com o prestígio de sua espada, alterar a situação política que lhes

---

[193] Discurso reproduzido em Delgado (1988:209).
[194] Ver seu já mencionado discurso sobre a morte de Getúlio Vargas de setembro de 1954, reproduzido em Delgado (1988:11-18).
[195] O depoimento foi divulgado numa matéria de 24 de agosto de 1984. Ver: A ERA de Getúlio nos depoimentos de Tancredo. O Globo, Rio de Janeiro, 24 ago. 1984.

era adversa, proferiu, em resposta, uma frase que deveria estar gravada em todas as bases, casernas e quartéis de nosso País, pela lição perene de dignidade militar que nela se encerra: "A espada que trago na bainha é para defender a Pátria contra os seus inimigos, jamais para tiranizá-la".[196]

Num período em que se pretendia retomar o poder das mãos dos militares, não surpreende a valorização justamente do respeito à legalidade e do afastamento da política conforme se pode notar pela exaltação do general Osório. Sua menção, nesse sentido, parecia contradizer o modo como aquelas figuras históricas foram cultuadas pelo regime militar, sobretudo no caso de Caxias, cuja memória, desde os anos 1920, foi tomando maior projeção em relação àquela de Osório. Após a oficialização da comemoração de Caxias, em 1923, sua memória foi obscurecendo aquela do herói da batalha de Tuiuti, que embora nunca tenha deixado de ser cultuada, certamente passou a ser objeto menos frequente de exaltação, sobretudo se considerada sua recorrente celebração ao longo das três primeiras décadas do regime republicano (Castro, 2002). No caso dos anos 1920, esse fato pode ser interpretado como uma tentativa de arrefecer os ânimos dentro da estrutura castrense: invocando a imagem de Caxias como a de um líder militar desligado da política, respeitador das leis e da disciplina, procurava-se evitar as "insubordinações" do período, marcadamente o chamado "movimento tenentista". Curiosamente, era esta imagem que Tancredo Neves associava ao Osório, retomando uma representação de Caxias que se consolidou mais efetivamente durante o Estado Novo, período autoritário em que o culto do Dia do Soldado (relativo ao nascimento de Caxias) era perpassado pela sua idealização como grande pacificador, que impediu qualquer dissensão interna e possibilitou a união nacional (imagem conservadora do Exército que visava justificar a centralização do poder nas mãos de Vargas).[197]

No discurso de exaltação a Juscelino Kubitschek, aliás, Caxias tinha sido também invocado, mas com o intuito de ressaltar uma imagem

---

[196] Discurso reproduzido em Delgado (1988:210-2110.)
[197] Sobre a imagem de Caxias como legalista nos anos 1920 e como centralizador e pacificador no Estado Novo, ver Castro (2002:20 e ss.).

igualmente idealizada de dom Pedro II. Figura fartamente destacada em seus discursos, o imperador era representado como um dos maiores vultos da história nacional "que, nos quatro decênios do seu reinado, estruturados na luta, no sacrifício e na austeridade, permitiu que a espada conciliadora de Caxias fundisse a unidade moral, política e territorial de nossa Pátria".[198] Era, de fato, a imagem do imperador como um homem conciliador, propulsor da unidade nacional e diluidor dos ódios e paixões políticas aquela que mais impressionava e inspirava Tancredo Neves. Sua idealização, por outro lado, remonta à construção da imagem pública de d. Pedro II pelo Instituto Histórico e Geográfico Brasileiro, em fins do século XIX. Representado como um líder de personalidade pacífica, que não reprimiu as revoltas que marcaram o período entre 1831 e 1848, a figura de d. Pedro II certamente auxiliou na constituição desse mito sobre a personalidade desejada do herói brasileiro (sobretudo nos anos 1920, quando há um reinvestimento na sua imagem como decorrência da sua descolagem da monarquia e devido à crise do regime republicano).[199] Assim, quando mobilizadas e projetadas sobre Tancredo Neves nos anos 1980, tais supostas características de moderação e tolerância já constituíam um modelo de herói cívico existente em nossa história, podendo tornar-se qualidades tidas como adequadas não somente ao momento político, mas à própria trajetória da nação em direção à democracia.

Não era outra a imagem do imperador destacada por Tancredo Neves. Em seu primeiro pronunciamento como presidente eleito, ele atribuía a unidade da nação "à habilidade do Segundo Reinado, que soube exercer a tolerância nos momentos certos, evitando que das insurreições liberais vencidas ficassem cicatrizes históricas".[200] Em outro discurso de expressivo conteúdo simbólico, em 15 de novembro de 1984, ele ressaltava d. Pedro II como um grande democrata:

---

[198] Discurso reproduzido em Delgado (1988:129).
[199] Sua imagem fazia contraste, nesse sentido, com a figura impulsiva de d. Pedro I. Ver Guimarães (2009).
[200] Discurso feito por Tancredo Neves após sua vitória no Colégio Eleitoral e reproduzido em Delgado (1988:296).

No Brasil, a República respeita e admira o Império precisamente porque, nele, a democracia nunca sofreu agressões partidas do poder. [...] O desgaste do regime imperial chegou ao ponto de o magnânimo Imperador Pedro II se declarar, teoricamente, republicano. Mas registre-se que, ao deixar o poder, nenhum Chefe de Estado em toda a América foi, tanto quanto ele, cercado de reverência pelos seus contemporâneos, mesmo os adversários. Pode-se dizer que Pedro II mereceu o culto histórico da posteridade precisamente porque soube fazer de seu País uma democracia.[201]

Pode parecer curiosa a invocação de um imperador brasileiro num discurso que apregoava o restabelecimento da democracia diante da excessiva centralização do poder nas mãos dos militares. É interessante notar, por outro lado, que a construção da imagem de d. Pedro II como grande conciliador, pouco mais de 20 anos depois de instaurada a República, já remetia para sua idealização como fiador da democracia. Segundo um depoimento de Maurício de Lacerda feito na Câmara dos Deputados, em 1912, além do seu reconhecido "papel histórico garantindo a unidade do país", o imperador foi também o "precursor da democracia nacional". E o mesmo, diga-se de passagem, pode ser dito da representação dos "heróis brasileiros" como aqueles que evitam o derramamento de sangue, pelo menos a contar pelas palavras do próprio Lacerda: "o Sr. D. Pedro II [...] foi o precursor da democracia nacional [...] e, quando terminou sua missão, em lugar de resistir pelas armas, o monarca, para evitar a efusão do sangue brasileiro, despediu-se do país em uma tristonha madrugada".[202]

No caso de Tancredo Neves, por outro lado, a construção da imagem de d. Pedro II como um líder democrata se conjugava com uma representação da trajetória nacional como pacífica, pouco conflituosa: "A campanha republicana chegou à vitória do dia 15 de novembro sob as garantias jurídicas do Supremo Poder Imperial, não ausente, mas presente, no respeito deliberado à evolução pacífica das instituições".[203] Ao mesmo tempo que

---

[201] Discurso feito por Tancredo Neves em 15 de novembro de 1984, em Vitória (Espírito Santo), e reproduzido em ibid., p. 279.
[202] Ambos os trechos são de parte do discurso de Maurício Lacerda transcrito em Guimarães (2009).
[203] Discurso feito por Tancredo Neves no dia 15 de novembro de 1984, em Vitória (Espírito Santo), e reproduzido em Delgado (1988:281).

traçava uma explicação teleológica da história do Brasil, Tancredo Neves a caracterizava como uma "evolução pacífica", natural, sem violência ou grandes embates. A proclamação da República, talvez o evento defendido de modo mais eloquente como um indicativo das mudanças sem rupturas da "nossa história", era apenas um exemplo nesse sentido, consoante com a naturalização de dados supostamente inscritos no destino do país. Assim Tancredo podia fazer uma relação direta com o momento de transição para a democracia vivido naquela conjuntura, quando também não deveria haver espaço para quaisquer atitudes "revanchistas": afinal, os radicalismos "agridem os sentimentos e as tradições nacionais" (Delgado, 1988:282). Em sua percepção, "a República nasceu para dar ao povo um regime no qual ele pudesse participar [...]. Vitorioso o movimento, uniram-se republicanos e monarquistas, sem ressentimentos ou sectarismos, para construir a nova ordem" (Delgado, 1988:282).

A imagem de uma história incruenta, de fato, era algo constante nos discursos de Tancredo Neves, sendo a representação do povo brasileiro como pacífico, generoso, avesso aos conflitos, algo que perpassou quase todos os seus pronunciamentos do período aqui enfocado:

> A generosa inclinação dos brasileiros para a tolerância e o consenso, fez da Independência, da Abolição e da República conquistas civilizadas e pacíficas. Esta candura nos processos, esta moderação nos meios empregados para o alcance dos objetivos mais difíceis, esta ausência de violência no encaminhamento das soluções mais intrincadas não significam debilidade de um povo, mas, ao contrário, força de alma e de razão. O rigor e a violência são, muitas vezes, filhos da fraqueza e do temor. Os livros são férteis de casos trágicos, que, não fora a desconfiança e o medo, não teriam prevalecido por tanto tempo em tantas Nações. [Delgado, 1988:280]

Seria impossível e pouco proveitoso reproduzir aqui todos os discursos de Tancredo Neves que apresentavam visão semelhante do "povo brasileiro".[204] Mais importante, por sua vez, é ressaltar a singularidade

---

[204] A recorrência do tema pode ser percebida na leitura dos discursos reproduzidos no livro organizado por Lucília de Almeida Neves Delgado (1988).

deste último pronunciamento aqui destacado, sem dúvida marcado por referências históricas de relevante conteúdo simbólico. Feito no dia 15 de novembro de 1984, poucos meses antes do pleito que escolheria o novo presidente do país, o discurso fornecia toda uma explicação histórica para a jornada de Tancredo Neves em favor da democracia. Se a escolha da data (relativa à comemoração da Proclamação da República) obviamente não era fortuita, menos ainda o era a menção aos episódios da Inconfidência Mineira e da Independência como prenúncios da grande transformação histórica que estaria sob sua responsabilidade. Na verdade, Tancredo não apenas parecia proclamar uma "refundação" da República, lançando as bases de uma "Nova República", mas destacava sua ação como um desenvolvimento natural dos eventos anteriormente citados, apresentando o período compreendido entre o evento de 1889 e o atual como um mero parêntese dentro da história nacional:

> A data de hoje representa um acontecimento cuja dimensão, em nossa História, só encontra paralelo na data da Independência. É, pois, sob a inspiração da História pátria, o fio condutor de nossos ideais, sempre retomados, da Independência e da República, que, candidato das forças democráticas à Presidência do Brasil, convido os brasileiros para a grande missão. [...] Os ideais do 7 de setembro, com Pedro I, e do 15 de novembro, com o Marechal Deodoro, cresceram gêmeos no passado como rebentos naturais da Inconfidência e de Tiradentes. [...] Sejamos, pois, nesta hora decisiva da vida brasileira, possuídos pela mística da República, a fim de que ela se prepare para a sua continuidade histórica. [Delgado, 1988:279-280]

Decerto, comparando a construção da Nova República ao movimento de Independência e ressaltando uma continuidade com a Proclamação da República, Tancredo Neves procurava apresentar sua perspectiva de uma transição pactuada para a democracia como algo inscrito na "evolução pacífica das nossas instituições" (que ele antes mencionara). Mais uma vez, pela conciliação, que seria apanágio de "nossas" tradições, o desenvolvimento nacional teria continuidade, encerrando um período de "fases superadas de nossa evolução política e social" (Delgado, 1988:281). Nessa linha pacífica de desenvolvimento, portanto, "o 21 de abril, a Independência e a Proclamação da República representam a linha ascensional da nossa formação social e política, na qual a Nação e o Estado se integram na grande pátria coesa, soberana e livre", destacava ele (Delgado, 1988:279). Anunciando a realização das mudanças que o país necessitaria "com prudência e moderação", Tancredo invocava diretamente a mística republicana, destacando sua defesa da participação popular no processo político e dizendo-se "apóstolo dos que sonharam e criaram a República":

> Como fizeram em 1889, prego o direito do povo de eleger diretamente seus governantes, em todos os níveis, estabelecendo que só existe um império, que é o império da Lei, e só um soberano, que é o povo brasileiro. [...] Exalto os valores da Pátria, a ordem e o progresso, e faço-me apóstolo dos que sonharam e criaram a República. [...] Inspiro-me nesta data para proclamar que nenhuma campanha cívica na história do Brasil foi tão voltada para os valores e as instituições republicanas quanto a que realizamos agora. [Delgado, 1988:283]

Como se pode notar, Tancredo Neves parecia sugerir que, só a partir de então, os valores republicanos seriam realmente implantados no Brasil. Não se deve exagerar, entretanto, os efeitos simbólicos da referência aos ideais republicanos num país em que, diferentemente da França, eles parecem sempre ter tido menos impacto no imaginário nacional. Ao contrário daquele país, no qual a noção de República se confunde mais diretamente com a de Nação, aqui a tentativa de importação da simbologia da Revolução Francesa não parece ter minorado o olhar relativamente mais distanciado com que a população sempre lidou com tais investimentos simbólicos.[205] Por outro lado, não há como negar que a ideia de uma Nova República constituiu um ingrediente expressivo na elaboração de uma

---

[205] Pelo menos dois autores já chamaram a atenção para o problema, embora José Murilo de Carvalho o tenha feito no plano mais restrito do período logo posterior ao movimento de Proclamação da República. Ver Carvalho (1990), Chirio (2001-2001). Sobre a confluência entre as noções de República e nação no caso francês, ver Nora (1984).

imagem heroificada de Tancredo Neves e de uma mística em torno do momento de transição da sociedade brasileira para a democracia. A farta referência ao lançamento da Nova República na imprensa, representada como uma espécie de arcabouço de fórmulas mágicas com as quais o candidato da Aliança Democrática conseguiria superar os grandes problemas nacionais, certamente teve um papel importante na construção de uma enorme expectativa na sociedade brasileira. Era ela também grande impulsionadora da popularidade de Tancredo, cada vez mais representado como o único homem capaz de promover a redemocratização do país. Aspecto curioso para alguém que, mais do que um governante, foi um homem do Legislativo durante boa parte da sua vida, e que apresentava uma visão bastante conservadora da história do Brasil. Fenômeno complexo, as movimentações da memória nacional podem fazer confluir aspectos aparentemente contraditórios, conjugando imagens de irresistível bravura com outras de candura e moderação, representações de uma verdadeira ruptura com as instituições vigentes com outras acerca da segurança advinda de uma mudança pactuada e sem radicalismos.

CAPÍTULO 2

O estadista e o homem comum do interior de Minas Gerais

4º ato: intimidades de um presidente civil
e reconfiguração dos símbolos do poder

> Tancredo, o hino nacional é a cópia fiel da tua partida para o além.
> [Trecho de uma carta deixada no túmulo de Tancredo Neves, 20/7/1985.][206]

Em 23 de março de 1985, a revista *Manchete* publicou uma matéria que destacava a forma de se vestir do futuro presidente, mesclando a imagem da elegância do estadista com o elemento mais facilmente explorado na sua personagem: os gestos simples, o gosto pelo ordinário, seu modo supostamente mediano de ser. Assim, "após 20 anos de governo militar, os brasileiros já estavam desacostumados a um presidente brasileiro que usasse um simples chapéu".[207] Tomado como um símbolo da volta do poder às mãos de um civil, aquele de fato não era um quepe, como o dos militares. Ainda segundo a matéria, Tancredo parecia sempre vestir a roupa correta para cada ocasião, até "mesmo quando usou um *robe de chambre* para receber o governador Leonel Brizola na Granja do Riacho Fundo, antecipando involuntariamente a moda da próxima *saison*" (mesmo vestuário que depois marcaria a imagem da sua suposta convalescença, aparecendo na única fotografia de todo o período em que esteve internado

---

[206] Fotograma 0576, rolo 41, CTN pm c 1985.04.23, CPDOC/FGV.
[207] ELEGÂNCIA. Um homem para todas as estações. *Manchete*, Rio de Janeiro, p. 50, 23 mar. 1985.

em Brasília e São Paulo). Portanto, "se não conseguir ser um dos melhores presidentes do Brasil", Tancredo "poderá disputar uma vaga na lista dos dez mais elegantes do país", finalizava a matéria.

Poucas páginas antes, Risoleta Neves também aparecia como sinônimo de elegância e simplicidade. Ressaltando o "charme discreto da primeira-dama", o artigo contrapunha seu dinamismo na vida doméstica com a sobriedade do modo de vestir-se, sugerindo que Risoleta logo se tornaria um exemplo da forma como deveria se comportar uma primeira-dama.[208] Suas vestes simples, sem exibicionismo, significavam o caráter popular do governo de Tancredo Neves, do poder sem pompa e sem indumentárias, como parecia ser característico dos militares que até então tinham administrado o país. Assim, à mudança profunda na vida institucional correspondia igualmente uma modificação na agenda simbólica, e a expectativa do retorno à normalidade democrática gerava certa espetacularização de elementos aparentemente imperceptíveis. Constituía-se de fato toda uma reconfiguração dos símbolos do poder, que atingia não apenas aqueles identificados como os símbolos nacionais por excelência, como o hino e a bandeira, amplamente ressignificados desde as campanhas pelas eleições diretas, mas também as vestimentas daquele que ocuparia o cargo máximo do país.[209]

Este é igualmente um elemento fundamental para a compreensão do "carisma" criado em torno de Tancredo Neves: escolhido como o encarregado do projeto de transição para a democracia, ele foi o objeto mais importante dessas mudanças na agenda simbólica nacional.[210] A enorme

---

[208] O CHARME discreto da primeira-dama. *Manchete*, Rio de Janeiro, 23 mar. 1985.
[209] Sobre a ressignificação dos símbolos nacionais na campanha das diretas, ver Fico (1997).
[210] A famosa teoria de Max Weber sobre o poder carismático já foi diversas vezes reformulada. Entre as propostas de repensá-la, a de Clifford Geertz é particularmente interessante. Contrariando-se a uma "leitura psicologizante" do fenômeno, Geertz procurou aproximar a noção de carisma da ideia de centro da vida social, propondo uma análise que privilegia o diálogo entre o estudo do carisma e das formas de ritualização do poder (dois campos relacionados que, segundo ele, pouco teriam se cruzado). Embora não tenha aprofundado muito a ideia de centro, sua perspectiva procura chamar a atenção para uma análise atenta aos vínculos entre o estudo do carisma e dos valores mais fundamentais que caracterizam uma determinada sociedade (o líder carismático é aquele que se aproxima do centro das coisas, destacava Geertz). É nesse sentido, que aproxima o estudo da política de um enfoque cultural, que a noção de carisma pode ser aqui compreendida. Geertz (2009).

expectativa que o momento de transformação política gerava trazia consigo uma espécie de capital simbólico à espera, que poderia ser facilmente mobilizado contra as formas de aparição dos governos militares e, por conseguinte, em favor daquele supostamente encarregado de fazer retornar o rumo correto da trajetória do país. Com o desenvolvimento dos meios de comunicação e o cada vez mais insondável papel ganho pela imagem televisiva na política, tais elementos alcançavam uma enorme força simbólica. Esse, sem dúvida, é um dos principais significados do grande boneco de papel machê de Tancredo Neves, várias vezes mobilizado nas campanhas das diretas, mas presente também nos seus funerais e nas comemorações do 7 de setembro de 1985. Homem do povo, identificado ao brasileiro comum e sujeito aos defeitos que as caricaturas sempre ressaltam, Tancredo Neves aceitaria sem reservas a carnavalização da sua imagem, diferentemente da sobriedade inevitável às representações dos militares, pouco sujeitos a brincadeiras e cujas imagens galhofas apenas serviriam à contestação dos seus desmandos, funcionando como motes do escárnio e da ridicularização.

Desse modo, aspectos que ultrapassavam os condicionantes conjunturais do processo de redemocratização, como a valorização mais intensiva da imagem e da personalidade no campo político, se somavam à expectativa própria a um período que já era experimentado como um "momento de transição" para uma nova época. O alargamento do horizonte de expectativas gerado pelas mudanças político-institucionais fortalecia sobremaneira esse processo menos conjuntural, particularmente pela projeção, num único personagem, de elementos típicos das novas formas de aparição do poder numa cultura largamente televisual.[211] Aliás, se a popularização da tevê acompanhou boa parte do período ditatorial, ela se intensificou no momento em que os governos militares pareciam cada vez mais desgastados politicamente, sendo visível sua incapacidade e impossibilidade de usufruir de modo mais substancial de tais recursos audiovisuais.[212] O eficaz investimento no entusiasmo patriótico da Copa

---

[211] Sobre a crescente importância dada à personalidade na política, inclusive no que diz respeito ao relevante papel da tevê acentuando esse processo, ver Sennett (1988).
[212] Tendo surgido no Brasil nos anos 1950, a televisão sofreu grande popularização já em fins dos anos 1960, em parte devido às medidas adotadas pelos próprios governos militares,

do Mundo de 1970, quando o auge da violência política discrepava de certa euforia nas camadas médias urbanas, contraditava com o progressivo desgaste da imagem carrancuda que vinha sendo crescentemente associada aos militares. Além disso, a não ser no que concerne às iniciativas no campo da propaganda política, marcantes nos governos de Médici e Geisel, os militares, de modo geral, pareciam responder com um inquietante silêncio diante do potencial de expressão dos "novos" meios de comunicação. Talvez aquela fosse a única forma por eles encontrada para evitar demonstrar qualquer sentimento numa cultura altamente valorizadora da personalidade.[213]

Assim, quando passou a ser o efetivo candidato da oposição (depois de uma meticulosa obra de engenharia política, envolvendo pormenorizadas negociações), Tancredo Neves contava com um capital simbólico até então pouquíssimo utilizado. A ele agora deveriam ser direcionados os símbolos nacionais, num momento em que a expectativa de mudança se transformava em grande entusiasmo e euforia patriótica. Diferentemente da campanha das diretas, quando o potencial simbólico que veste as cores da bandeira e o hino nacional era mobilizado para uma causa que não se esgotava numa única liderança, agora havia apenas um homem principal, que funcionava como ponto em que se entrecruzavam as novas expectativas geradas pelo processo de redemocratização. Perceber como essa construção simbólica se operou, ou foi operacionalizada, demanda um olhar que procure desconstruir elementos facilmente naturalizáveis, assim como os esforços dos personagens que viviam aquela experiência para usufruir com máximo proveito das possibilidades que surgiam

---

como a introdução do crédito direto ao consumidor e outras ligadas à expansão da rede de telecomunicações (a instalação das estações terrestres de satélite, a implantação das linhas de microondas, a introdução da tevê em cores, do cabo coaxial e a inauguração da Rede Nacional de Telex são algumas delas). Se, em 1960, eram apenas 9,5% das residências urbanas que possuíam aparelhos de televisão, em 1970, esse número já chegava a 40%. Com relação à década seguinte, por outro lado, esse crescimento foi muito mais vigoroso. Segundo mensurações feitas com base nos dados do censo nacional de 1980, o crescimento do número de residências equipadas com televisor entre 1960 e aquele ano sofreu um acréscimo de 1.272%. Ver, respectivamente, Skidmore (1991:222), Mattos (2000:102 e 129).

[213] Sobre o silenciamento como forma de lidar com uma cultura voltada para a valorização da personalidade, ver Sennett (1988:42).

dentro dessas novas condições do espectro político. Tais possibilidades, é claro, esbarravam nos limites próprios às percepções dos sujeitos históricos: se, em certos casos, eles não pareciam conscientes das margens que a situação política deixava às suas ações, em outros, acabavam atuando de modo bastante eficaz na tentativa de adequar-se aos limites e possibilidades existentes.

De fato, a conjugação dos elementos mencionados favoreceu a construção da representação de Tancredo Neves como um homem desprovido dos artifícios e encenações típicos da política tradicional. Aqui, a valorização da suposta autenticidade e sinceridade do "homem comum", que não se utilizava de máscaras e subterfúgios que poderiam ocultar seus verdadeiros sentimentos, se amparava tanto em tendências mais gerais de mudanças nas formas de representação do poder, como numa contraposição ao modo de apresentar-se dos governos militares. Sempre formais, artificiais, ocultando seus verdadeiros sentimentos, os militares apareciam cada vez mais representados em seus traços negativos, conferindo um atributo especial à suposta informalidade de Tancredo. Afinal, a imagem de um político que não cultua a sua imagem pode ser muito mais eficaz do que qualquer outra, assim como revelar a operação de todo um mecanismo complexo que envolve as formas como o poder é representado numa sociedade.

Portanto, aspectos que normalmente compõem o cenário no qual um novo representante político assumiria o poder ganhavam as colorações das singularidades do momento. A necessidade de reconstituir a biografia daquele que se tornaria o futuro presidente, ao mesmo tempo que fundamentava uma reconstrução da sua carreira política, fomentava a valorização das intimidades de um presidente que não mais seria um militar. Nesse jogo complexo de construção de imagens, por outro lado, o novo se alimentava do velho, perfazendo uma relação peculiar entre inovação e tradição. Assim, se a vitória no Colégio Eleitoral foi acompanhada desse ímpeto em direção à necessidade de conhecer "o homem" que brevemente vestiria a faixa presidencial, tal reconstituição da sua trajetória se amparava, em grande medida, em toda uma tradição, onde supostamente se poderia acessar sua verdadeira personalidade. Ou seja, a crença na veracidade de um personagem sem artifícios amparou a busca, sobretudo no seio de toda uma tradição de memória constituída e reconstituída dentro da família Neves, dos elementos que comporiam a biografia do futuro presidente.

A família Neves e os rituais de uma tradição de memória

Seu lar, sua intimidade, a lembrança de familiares, as recordações dos antigos amigos: esses constituem alguns dos principais meios de memória acessados pelos jornais do período para a "revelação" do "homem Tancredo Neves". Longe de representar um lugar de neutralidade e transparência, entretanto, as lembranças ali constituídas faziam parte de um fenômeno complexo de reelaboração memorialística, somente possível a partir da colocação em cena de determinadas práticas culturais fundamentais à própria manutenção do sentimento de pertencimento àquela coletividade. A constituição de lembranças partilhadas do passado é um processo que, no seio de uma família, não apenas permite a identificação que torna possível sua existência, como se transmite de formas diversas, amparando a elaboração de rituais que possibilitam recordar experiências passadas de modo mais uniforme (mesmo aquelas não vivenciadas diretamente).[214] É preciso compreender como ele ocorre para poder entender a memória acessada naquele momento, que não funcionava como um meio menos sujeito às manipulações do que qualquer outra forma de homogeneização coletiva das recordações passadas. Além disso, a enorme complexidade dos meios de comunicação então existentes se chocava com a valorização intensiva da memória da família Neves, possibilitando analisar alguns dos principais mecanismos que envolviam a reconstrução biográfica de um personagem sem que fique-

---

[214] A memória familiar, assim como qualquer outra, depende de ritos e suportes (festas, álbuns de fotografias, mausoléus, canções, entre outros) que garantam a perpetuação do grupo e a transmissão das heranças, emprestando à memória coletiva seu teor normativo e pragmático. Sobre a necessidade da memória de se espacializar, ver Catroga (2001:50-51).

mos imobilizados diante da grande quantidade de meios de informação que participavam desse processo.²¹⁵

Aliás, a própria crença de que a família é o lugar onde se encontraria o verdadeiro homem por trás do personagem político deve ser devidamente historicizada, para que não tenhamos uma compreensão superficial do fenômeno. A constituição do âmbito privado como uma esfera diferenciada da pública, assim como sua percepção como lugar da transparência frente às encenações que ocultam o verdadeiro *eu* de um personagem no espaço público, faz parte de um processo recente na história do mundo ocidental. A percepção do ambiente doméstico como um espaço da intimidade, do lar como esfera de contraponto à enorme visibilidade do mundo público, data apenas dos séculos XVIII e XIX, fazendo parte do processo mais geral de consolidação do individualismo moderno, quando o homem passou, cada vez mais, a ser identificado com uma personalidade, interior e privada.²¹⁶ Assim, crescentemente valorizada como um tesouro interior altamente expressivo, a personalidade acabaria encontrando no lar um local de acolhimento para essa vida interior, havendo uma identificação da casa com a vida familiar e como lugar da autenticidade e da verdade.²¹⁷ Tal aspecto, numa sociedade marcada pelo papel da televisão como a brasileira das últimas décadas, parece ter se acentuado ainda mais. Não parece casual, portanto, que a busca pela reconstituição da biografia de Tancredo Neves nos jornais do período tenha se amparado tão largamente no âmbito da família Neves, lugar em que, supostamente, se poderia encontrar a verdade da sua personalidade.

---

[215] Em sua análise das reconstruções de memória que envolveram a figura política de João Pinheiro, inclusive no que diz respeito à sua imagem de precursor da "ideologia desenvolvimentista" em Minas Gerais, Angela de Castro Gomes apontou para a importância das práticas culturais elaboradas no próprio seio da família Pinheiro. Sua análise, nesse sentido, parece chamar a atenção para o problema mais geral do modo como a memória de família pode ser fundamental na reelaboração da própria memória política nacional. É nesse sentido que as interrogações sobre o papel da família Neves na reconstituição da sua memória serão aqui esboçadas, embora o problema mereça uma análise mais aprofundada do que a que aqui se poderá fazer. No caso de Tancredo, é bom lembrar, as próprias especificidades daquela conjuntura parecem ter feito a memória da família Neves ganhar um papel ainda mais relevante. Ver Gomes (2005c:79-108).

[216] Ver, entre outros, Sennett (1988), Elias (1994a), Velho (2003).

[217] Sobre a construção do lar como lugar da privacidade, ver também Gay (1988).

Participando ativamente desse processo, por outro lado, Tancredo Neves era também um integrante com papel fundamental na consolidação e reconstituição dessa tradição de memória. Reconhecidamente apegado à família, ele nunca deixou de participar dos rituais mantenedores dos laços que identificavam seus membros, sendo um importante vetor de memória (certamente com singularidade, dada a relevante posição que o prestígio político confere). Através das matérias dos principais jornais nacionais publicadas logo após sua eleição no Colégio Eleitoral, é possível perceber como o processo típico de reelaboração da biografia do futuro presidente do país se fundamentava, em grande medida, na memória coletiva que se conformou no interior da família Neves. Para tanto, por outro lado, é preciso reconstituir sumariamente a própria trajetória dos Neves, aspecto que servirá, ao mesmo tempo, para lançar luz sobre importantes elementos que compõem a biografia de Tancredo.

A trajetória da família e o liberalismo como "legado político"

A trajetória da família Neves no Brasil remonta à chegada do alferes José Antônio das Neves a São João del-Rei, em 1796. Nascido na ilha Terceira, arquipélago dos Açores, José Antônio foi enviado ao país para ser ouvidor-mor da Comarca do Rio das Mortes, cuja "cabeça" era São João del-Rei desde 1714.[218] Tendo recebido seu foral de vila em 1836, São João obteria o título de cidade apenas dois anos depois. Como muitos outros portugueses que afluíram para a região e estabeleceram atividades comerciais no período, José Antônio pode ser considerado um exemplo do modo peculiar como se desenvolveu aquela localidade, onde a exploração aurífera funcionou mais como uma contingência que enriqueceu e diversificou as atividades produtivas já existentes do que como seu ponto de origem (Graça Filho, 1998). Na verdade, a região tem sido apontada como ilus-

---

[218] Dada a dispersão de fontes, a reconstituição da trajetória dos Neves aqui empreendida se baseia em materiais diversos e, por isso, restringiremos sua citação apenas aos casos das informações mais relevantes ou que amparem interpretações historiográficas. Além das obras mencionadas em seguida, foram utilizados também depoimentos e entrevistas de Tancredo Neves e integrantes da família presentes em livros de memória e matérias jornalísticas.

trativa da forma como floresceu precocemente uma elite mercantil e rural no sul de Minas Gerais, diferentemente do que a historiografia mais tradicional vinha apontando no sentido de atribuir as mudanças da economia mineira como um todo apenas à exploração do ouro aluvial no século XVIII. Na primeira metade do Oitocentos, a região já havia se tornado um importante centro financeiro, além do seu relevante papel no estabelecimento de um comércio de subsistência para a cafeicultura fluminense, facilitado pela estrada Real que a ligava diretamente à Província do Rio de Janeiro (Graça Filho, 1998).

José Antônio parece ter aproveitado bem as possibilidades existentes na região. Além do título de comendador, tornou-se um próspero comerciante, acumulando uma riqueza bastante considerável, inclusive por também exercer atividades de crédito como a maioria dos homens mais ricos que atuavam no mercado naquela localidade. Numa análise pautada nos inventários dos mais ricos negociantes grossistas da praça de São João del-Rei, ele aparece com destaque, com um montante-mor dos maiores da região (somando 53 contos, 835 mil e 880 réis).[219] Símbolo da sua prosperidade foi a aquisição, em 1830, de um grande e antigo casarão de dois andares na rua Direita, a mais tradicional de São João del-Rei. Importante lugar de memória da família, ele depois ficaria conhecido como o Solar dos Neves e, passando de geração em geração, chegaria até as mãos de Tancredo e Risoleta Neves. Naquele momento, José Antônio já tinha se casado com Anna Luiza de Lacerda, brasileira de várias gerações e descendente do bandeirante Fernão Dias Paes (Ferreira, 2008:77). Dos oito filhos do casal, o terceiro foi Juvêncio Martiniano das Neves, que construiu um próspero comércio depois de abrir um armazém na rua Direita. Seu filho, José Juvêncio, além da atividade comercial, deu importante passo na constituição de uma tradição de família ligada diretamente às atividades políticas, elegendo-se vereador e participando pessoalmente do cerimonial de implantação da República naquela cidade, como membro do Conselho Municipal.

---

[219] A análise do inventário de José Antônio foi feita por Afonso de Alencastro Graça Filho no trabalho mencionado. Ver também Ferreira (2008:79).

A tradição, na realidade, já havia sido iniciada por outro dos filhos de José Antônio, Galdino Emiliano, tio paterno de José Juvêncio. Signatário do Manifesto Republicano de 1870, Galdino começou suas atividades políticas filiando-se ao Partido Liberal, tendo sido eleito presidente da Câmara de Vereadores de São João del-Rei em 1869. Reconstruído logo após a extinção do Partido Progressista, que era formado por dissidentes conservadores e liberais históricos (advindos do antigo Partido Liberal, que funcionou até a criação do Partido Progressista, em 1864, e do Partido Conservador), o novo Partido Liberal apresentava os seguintes pontos em seu programa de 1869:

> Eleição direta nas cidades maiores (mas não o voto universal); Senado temporário; Conselho de Estado apenas administrativo (não a abolição do Conselho); a abolição da Guarda Nacional; as clássicas liberdades de consciência, de educação, de comércio, de indústria; as reformas judiciárias do programa progressista; e a abolição da escravidão, a iniciar-se com a libertação do ventre. [Carvalho, 2006:207]

Espécie de fusão dos ideais progressistas e radicais, o programa, por outro lado, não define mais estritamente a posição de Galdino ou qualquer outro integrante do partido, haja vista as diferenças de convicções existentes. Havia, nessa época, uma grande quantidade de matizes dentro do Partido Liberal e do Partido Conservador, assim como também permaneceria complexa a conformação do Partido Republicano, fundado em 1870. Enquanto os republicanos do Rio de Janeiro (assim chamados não porque lá nasceram, mas por assinar o manifesto ali produzido) representavam mais diretamente os ideais do liberalismo clássico, de viés democratizante, o Partido Republicano Paulista, fundado em 1873, assumiria uma posição muito mais pragmática em favor da descentralização política. Além disso, se o primeiro compunha-se, sobretudo, de profissionais liberais e homens de negócio, o segundo incluía um número expressivo de grandes proprietários rurais (Carvalho, 2006:201 e ss.). De qualquer modo, Galdino foi um importante propagador dos ideais republicanos, tendo sido eleito deputado pela província de Minas Gerais em 1878 e, algum tempo depois, afastado do Parlamento, quando os grupos conservadores assumiram o poder na região.[220] Sua atividade, assim como a de José Juvêncio, seria depois lembrada como um exemplo da tradição liberal pela qual sempre teria enveredado a família Neves.[221]

Do casamento de José Juvêncio com Maria Josina Carneiro nasceu Francisco Paula Neves, futuro pai de Tancredo e de mais outros 12 filhos.[222] Além de administrar o armazém da rua Direita, que havia passado a José Juvêncio pelo seu pai, Francisco também seguiu a carreira política, elegendo-se vereador pelo Partido Republicano Mineiro e chegando depois a presidente da Câmara Municipal. Seguindo a linha política de Augusto Viegas, Francisco Paula fez parte da elite política de São João del-Rei que fazia oposição a Artur Bernardes, ajudando a tornar aquela cidade um local onde a oposição ao "bernardismo" era bastante atuante. Posteriormente, Augusto Viegas seria o grande "padrinho político" de Tancredo Neves, influenciando na sua nomeação para a promotoria da Comarca de São João del-Rei, em 1932, e filiando-o ao Partido Progressista, em 1933.[223]

Esta última agremiação era relacionada a Benedito Valadares, político que governou Minas Gerais por longo período, inclusive como interventor nomeado por Getúlio Vargas durante o Estado Novo. Embora tenha tido um papel importante na modernização do Estado, Valadares era um político tradicional, "mestre da política do cochicho, dos bastidores, do conchavo", na caracterização de José Murilo de Carvalho, que o identifica àquelas características típicas do que chama de "Minas da terra" (uma das "vozes de Minas" que teria passado a predominar na região a partir de

---

[220] Marieta de Moraes Ferreira (2008:86) destaca que, apesar do seu republicanismo, Galdino não só foi afastado da cena política mineira devido à ascensão dos grupos conservadores, mas faleceu longe do Parlamento, em 1897.

[221] Várias matérias de jornal do período da eleição de Tancredo se referiam à tradição liberal da família Neves. Em depoimento à revista *IstoÉ*, o primo-irmão de Tancredo e neto de José Juvêncio, Antônio Neves Monteiro, também se remetia à memória das gerações anteriores para destacar o suposto liberalismo dos Neves: "Nossa família sempre foi liberal, contrária aos conservadores, e o Tancredo traz isso no sangue", dizia ele. Ver: DE PAI para filho. *IstoÉ*, Rio de Janeiro, p. 26, 16 jan. 1995.

[222] Os irmãos de Tancredo foram: Francisco (que morreu com apenas três meses), Paulo, Otávio, José, Antônio, Francisco, Roberto, Mariana, Jorge, Gastão, Esther e Maria Josina.

[223] Ver depoimento de Tancredo Neves em Silva e Delgado (1985:92-93).

fins do século XIX).²²⁴ Seguidor de Vargas de modo quase subserviente, Valadares acabou sendo objeto de todo um anedotário ressaltando sua suposta ignorância, assim como acentuando uma "imagem da política mineira que ainda perdura: governista, conservadora, cautelosa, estável" (Carvalho, 2005b:63). Augusto Viegas, por sua vez, era seu principal aliado em São João del-Rei, e sua relação com Tancredo parece indicativa das causas que levaram aquele historiador a identificar Tancredo Neves com a figura de Benedito Valadares:

> O estilo de fazer política de Minas da terra sobrevive até hoje, embora mais como estereótipo do que como realidade. Virou advérbio: mineiramente. É tão resistente que é atribuído a todos os políticos mineiros, por poucos que se encaixem no figurino. Após 1930, a figura mais representativa desse estilo, em dimensão quase caricatural, foi sem dúvida Benedito Valadares, seguido de perto, sem caricatura, por Tancredo Neves. Na versão positiva, o estilo inclui habilidade de negociação, na conciliação, na criação de consenso. Pelo lado negativo, denota capacidade de desconversa, de ocultamento, de confabulação, do exercício da política pela política, pela mera aquisição e manutenção no poder. [Carvalho, 2005b:65]

Augusto Viegas seria o responsável ainda pela indicação de Tancredo Neves para a Constituinte Mineira e pela sua filiação ao Partido Social Democrático, ambos no final do Estado Novo. Planejado antes mesmo da queda do regime, o PSD foi fruto de uma iniciativa do próprio Getúlio Vargas, com o apoio dos interventores dos estados, entre eles Benedito Valadares. Embora admitindo uma proximidade maior com os ideais da União Democrática Nacional, que reuniu os políticos opositores a Vargas, Tancredo Neves filiou-se ao PSD para defender seu "padrinho político"

---

²²⁴ Carvalho (2005b:69). José Murilo de Carvalho lança mão das noções de "Minas do ouro", "Minas da terra" e "Minas do ferro" para destacar a pluralidade das "vozes de Minas", desde aquela representada pelos ideais libertários dos inconfidentes que perdurou entre os séculos XVIII e fins do XIX, passando pela tradição familística da política levada a cabo pelos cafeicultores e políticos ligados à terra após a implantação da República, até aquela mais ligada à ideologia desenvolvimentista de viés modernizante e industrializante que perpassou o século XX. Seu texto, portanto, tem o sentido de problematizar a caracterização feita por Alceu Amoroso Lima (1945) daquilo que seria "a voz de Minas", numa obra clássica ainda dos anos 1940.

das acusações feitas pelos udenistas em São João del-Rei. A opção, feita não por convicções ideológicas, demonstra não apenas as soluções de compromisso que regiam a política local na qual Tancredo fora formado, mas também a importância de Augusto Viegas na mesma:

> Eu teria caminhado tranquilamente para a UDN se não fossem os obstáculos criados na área municipal. O grupo que passou a fazer a campanha da UDN, em São João del-Rei, era um grupo que se caracterizava por uma luta política muito acirrada em relação às figuras tradicionais do município, sobretudo e particularmente o velho Augusto Viegas, que era uma figura patriarcal estimada, respeitada e por todos profundamente acatada. A campanha contra o Viegas nos levou a tomar uma posição contra esse grupo e sustentar a defesa daquele ilustre homem público, injustamente atacado pelos seus adversários. Daí, para o ingresso no PSD foi um pequeno pulo.[225]

Mais do que qualquer outro, foi mesmo o pai de Tancredo aquele que maior influência teve em sua escolha pela carreira política, não apenas por fazer-lhe acompanhar de perto a atividade, mas por abrir o caminho por meio do apadrinhamento por Augusto Viegas. Falecendo em 1925, com 46 anos de idade, Francisco de Paula Neves deixou, além de uma riqueza razoável para a família, 12 filhos para serem criados por Antonina de Almeida Neves. Fruto do matrimônio entre o comerciante português Antônio Homem de Almeida e a filha de um chapeleiro austríaco, Mariana Kepler de Almeida, "dona Sinhá" (como era chamada Antonina) era uma mulher culta que, segundo matéria baseada em depoimentos de familiares, falava "fluentemente o francês, lia muito e fazia constantes apresentações de canto ou dava recitais de piano no Teatro

---

[225] Depoimento de Tancredo Neves em Silva e Delgado (1985:125-126). Em depoimento anterior, Tancredo mencionou ter ido para o PSD para resolver o problema energético de Minas Gerais, algo que só poderia conseguir no partido do governo. Ver a entrevista concedida a Villas Boas Correa, Antônio Carbone e Lourenço Dantas em 2 de abril de 1978 e reproduzida em: A NAÇÃO já não aguenta mais. Como em 30, 45, 54 e 64. *O Estado de S. Paulo*, São Paulo, 16 jan. 1985. p. 30.

Municipal de São João ou no palco do Clube Sãojoanense".[226] Por volta dos anos 1930, a situação financeira da família se tornaria mais difícil, com dona Sinhá tendo que cozinhar para fora, algo que somente se modificaria efetivamente com a formação e o prosseguimento dos filhos em suas carreiras. Sua morte se daria bem depois dessa situação, quando a família já se tinha soerguido, em 1967. Até lá, seu contato com os filhos foi constante, não faltando ocasiões rituais nas quais os Neves podiam cultivar a memória da família.

Uma delas era a reunião no dia 20 de janeiro para comemorar o aniversário de dona Sinhá, só interrompida mesmo em 1967. Naquelas ocasiões, todos discursavam e o número de convidados chegava a ultrapassar 200 pessoas.[227] Após aquela data, por outro lado, os Neves continuaram se reunindo anualmente para uma missa por sua alma.[228] Além disso, até sua posse no governo de Minas Gerais, em março de 1983, Tancredo manteve a tradição de reunir a família para um almoço dominical em seu apartamento de Copacabana. Outro momento de reunião da família era nas vésperas do natal em São João del-Rei ou em Cláudio, onde Tancredo, além de "ouvinte atento", "reservaria as palavras para 'fechar' os casos contados por parentes", destacava uma matéria do jornal O Globo.[229] Em tais encontros, acrescentava o artigo, "quem domina a cena é mais uma vez dona Risoleta que, de tanto acompanhar o marido, aprendeu a falar em público". Sua importância como mantenedora da memória familiar parecia indiscutível: "na família, Risoleta governa absoluta, sem oposição. E pergunta: 'Diga-me qual é a casa que a mulher não comanda?'".[230] Torna-se fundamental, nesse sentido, tentar destacar alguns dos principais elementos que conformam essa memória elaborada no interior da família Neves.

---

[226] DE PAI para filho. *IstoÉ*, Rio de Janeiro, p. 27, 16 jan. 1995.
[227] NO GOVERNO da casa, "Risó". Nos rituais, a tradição mineira. *O Globo*, Rio de Janeiro, 14 jan. 1985. p. 22.
[228] Segundo depoimento de familiares em: NAS SERENATAS, romântico, era a "Patativa do Rio das Mortes". *Jornal do Brasil*, Rio de Janeiro, 16 jan. 1985. p. 17.
[229] NO GOVERNO da casa, "Risó". Nos rituais, a tradição mineira. *O Globo*, Rio de Janeiro, 14 jan. 1985. p. 22.
[230] Ibid.

A vida de Tancredo na memória dos amigos próximos e da família Neves

Foi a memória cultivada dentro das tradições familiares dos Neves uma das mais acessadas quando se procurou traçar a trajetória do futuro presidente, logo após sua vitória no Colégio Eleitoral. Para além dos elementos mais óbvios na construção teleológica de uma biografia, portanto, nos interessa aqui algo menos evidente, ou seja, como a reconstituição da sua vida se amparava na solidificação de uma memória de família, moldada ao longo de décadas de trajetória dos Neves. Grande parte dos depoimentos que auxiliavam na reformulação da sua memória era de familiares ou amigos próximos, os quais inclusive acabavam ganhando notoriedade por conta das diversas entrevistas e por recordar episódios tidos como fundamentais para se conhecer a verdadeira personalidade do próximo portador da faixa presidencial. Foi o que aconteceu com o até então desconhecido professor Lauro Novais, que dirigiu uma peça teatral da qual Tancredo participou na juventude e na qual teria se destacado no papel de "galã". Além de recordar a boa encenação do personagem (a peça era *Levada da breca*, de Abadia Faria Rosa), Novais fora igualmente capaz de lembrar a escalação do clube pelo qual Tancredo Neves foi campeão de futebol amador na infância, trazendo luz a mais um episódio da vida do próximo presidente.[231]

Foi o que ocorreu também com Cid Rangel, Gentil Palhares, Francisco Magalhães e os irmãos Galileu e Brás Camarano. Colegas seus de infância, todos eles produziram relatos sobre as supostas "traquinagens" do ainda menino Tancredo, seu fascínio pelo futebol com bolas de meia costuradas nas ruas de terra batida e no adro da Igreja Matriz de São João del-Rei.[232] Recorrentemente entrevistados, tais personagens foram compondo uma memória centrada em determinados episódios-chave que, conjuntamente, construíam uma imagem e davam sentido à vida de Tancredo Neves.

---

[231] COM A MULHER um acordo: ela em casa, ele na política. *O Globo*, Rio de Janeiro, 14 jan. 1985. p. 17-18.
[232] DE SÃO João ao Planalto, uma busca: a conciliação. *O Globo*, Rio de Janeiro, 14 jan. 1985. p. 16.

Assim acontece com um caso recorrentemente repetido nos jornais do período, contado por Gentil Palhares para demonstrar a enorme capacidade de Tancredo, desde muito jovem, para sair de situações embaraçosas.

O episódio remete às aulas de catecismo, quando Tancredo contava apenas sete anos e dividia a classe, entre outros, com um menino negro chamado Benedito. Por suas travessuras nas aulas da professora Maria de Lourdes Chaves, Benedito era recorrentemente recriminado como "demônio", "menino dos diabos", "capeta" da turma. Num certo dia, quando frei Cândido ensinava que ricos, pobres, feios, bonitos, brancos e negros eram todos irmãos, Tancredo teria levantado insistentemente a mão para o alto e, com a palavra, dito que não era irmão do Benedito. Assim, diante do temor de todos pela suposta atitude racista de um menino de tão tenra idade, ele surpreenderia os presentes fazendo o episódio terminar numa grande gargalhada: "Não sou irmão do Benedito, porque dona Lourdes vive dizendo que ele é o demônio, o capeta. E eu não sou, nem quero ser irmão do diabo".[233]

A professora Maria de Lourdes, aliás, seria também figura presente na reconstituição da biografia de Tancredo por outro motivo, qual seja, o fato de tê-lo iniciado na arte da oratória. Assim, um episódio frequentemente destacado para exaltar sua capacidade de proferir apreciáveis discursos foi o da sua convocação para o primeiro deles, ainda no segundo ano do grupo escolar. Na ocasião, Tancredo teria ficado incumbido de um texto preparado pelo médico Ribeiro da Silva para as comemorações do Dia da Árvore. Depois de levar o texto à casa da professora, ele foi praticamente intimado a só sair dali após tê-lo decorado em sua inteireza. Em início da década de 1970, por outro lado, Tancredo publicou um artigo no jornal *O Correio* destacando o sucesso daquela experiência, o qual foi transcrito em diversos periódicos que recorriam ao episódio para exaltar sua capacidade oratória: "No dia da festa, o sucesso foi ruidoso. Aplaudiram-me entusiasticamente. Recordo-me que o Dr. Ribeiro da Silva, presente na solenidade, abraçou-me emocionado e pediu-me que o procurasse no

---

[233] INFÂNCIA de Tancredo é lembrada por velhos amigos. *Jornal do Brasil*, Rio de Janeiro, 16 jan. 1985. p. 15.

dia seguinte, em sua residência", destacou Tancredo na ocasião.²³⁴ De fato, não faltaram matérias no período exaltando alguém que, "desde pequeno, impressionava" pela habilidade de proferir belos discursos. Assim, "sua capacidade oratória, iniciada no Ginásio Santo Antônio, junto dos padres franciscanos, já prenunciava sua verdadeira vocação: a política".²³⁵

Os relatos de antigos amigos de Tancredo foram realmente elementos importantes na reconstituição da sua biografia pelos jornais do período. Além das traquinagens ou da facilidade para se esquivar de situações difíceis, Tancredo aparece como tendo um "espírito apaziguador cativante desde criança", no depoimento do mesmo Lauro Novais,²³⁶ ou ainda como alguém que, desde menino, nunca foi "brigão" e "sempre resolveu tudo na conversa".²³⁷ Cid Rangel, por outro lado, recompõe a imagem de um jovem "galanteador", que "era um verdadeiro pé-de-valsa" e que, por sua capacidade oratória, "ganhou o apelido de Patativa do Rio das Mortes".²³⁸ Determinadas manias do personagem, por sua vez, ajudavam a compor um quadro mais completo acerca da sua personalidade, sendo também destacadas por amigos, como o advogado Álvaro Viana Pinto. Segundo ele, o presidente costumaria falar sozinho, centrando o olhar fixo em um ponto distante e gesticulando e mexendo com os lábios como se estivesse discutindo consigo mesmo. Do mesmo modo, num local repleto de gente, com muita conversa e barulho, Tancredo costumaria "se desligar" para equacionar outros problemas. Enrolar e desenrolar a gravata em situações embaraçosas, esfregar seguidamente o rosto com ar de incômodo, essas seriam outras das tantas manias do futuro presidente que, frequentemente relatadas, tendiam a humanizar sua figura e fornecer elementos

---

²³⁴ Ibid.
²³⁵ O HOMEM Tancredo. *Manchete*, Rio de Janeiro, p. 20, 16 jan. 1985. O jornal *O Estado de S. Paulo*, no mesmo sentido, destacava que "a participação de Tancredo em cerimônias públicas o diferenciava um pouco dos outros meninos da época, por causa da sua oratória fácil, descoberta por sua professora Maria de Lourdes Chagas". Ver: O PRESIDENTE. *O Estado de S. Paulo*, São Paulo, 16 jan. 1985. p. 28.
²³⁶ INFÂNCIA de Tancredo é lembrada por velhos amigos. *Jornal do Brasil*, Rio de Janeiro, 16 jan. 1985. p. 15.
²³⁷ Segundo depoimento de Vitório Zanetti. Ver: ibid., p. 15.
²³⁸ NAS SERENATAS, romântico, era a "Patativa do Rio das Mortes". *Jornal do Brasil*, Rio de Janeiro, 16 jan. 1985. p. 17.

que supostamente ajudariam na composição do quadro da sua verdadeira personalidade.[239]

De fato, outro aspecto importante na recomposição da vida de Tancredo Neves foi a revelação daquele que teria sido seu amigo mais íntimo. Até porque, nas matérias de jornal do período, Tancredo aparecia como um homem de muitos amigos e que, mesmo dos adversários, não guardava mágoas ou os tratava como inimigos. Nada melhor do que recordar sua maior amizade desde a infância para preencher as lacunas na imagem de um homem cuja missão era reconciliar a nação. Belisário Leite de Andrade Neto era o "homem que realmente poderia ser chamado de amigo de Tancredo".[240] Sua trajetória, inclusive, possuía certas semelhanças com a do futuro presidente, pelo menos a contar pelo fato do seu pai ter sido comerciante e descendente de portugueses que chegaram a São João del-Rei há algumas gerações. Além disso, Belisário também seguiu a carreira política, embora não tenha sido bem-sucedido, acabando por fazer o amigo levá-lo para seu gabinete quando foi ministro da Justiça do governo Getúlio Vargas. Para infelicidade dos jornalistas que atualizavam a biografia de Tancredo, entretanto, Belisário não podia dar depoimento sobre o amigo, pois tinha morrido num acidente automobilístico a caminho de São João del-Rei, em 1977. Coube às suas irmãs, Bertha e Beatriz, recomporem parte da vida do futuro presidente como um jovem e bem-sucedido repórter em São João del-Rei, que editou, juntamente com Belisário, o jornal *A Reação*. O tabloide, que teve 16 edições entre 29 de dezembro de 1930 e 29 de março do ano seguinte, acabou sendo impedido de circular por incomodar importantes personagens políticos da cidade, destacavam as irmãs de Belisário.[241]

Dentro da família, afora dona Risoleta Neves, a irmã mais nova de Tancredo, Maria Josina, foi provavelmente aquela que mais participou dando entrevistas e ajudando a reconstruir a biografia do futuro presidente. Contando 60 anos, dona Zizinha, como era chamada na família, também

---

[239] Depoimento de Álvaro Viana Pinto em: ibid., p. 17.
[240] BELISÁRIO, o único com acesso direto ao coração de Tancredo. *O Globo*, Rio de Janeiro, 14 jan. 1985. p. 24.
[241] COM A MULHER um acordo: ela em casa, ele na política. *O Globo*, Rio de Janeiro, 14 jan. 1985. p. 17.

relatava diversos aspectos da infância de Tancredo, como o modo pelo qual "dona Sinhá" (sua mãe) invadia os campos de futebol para apartar diretamente as brigas dos meninos,[242] ou a presença da família nos carnavais de rua, marcados pelos "zépereiras, máscaras, banhos de limão de cheiro".[243] Construindo uma imagem do irmão como "liberal intelectualmente e conservador na vida pessoal", Zizinha destacava a paciência que Tancredo herdou do pai, sua disposição para o trabalho advinda da mãe, e explicava sua suposta capacidade de conviver com correntes políticas diversas como algo que foi aprimorado no próprio lar dos Neves. Segundo ela, durante muito tempo, ali transitaram em harmonia o udenista Célson José de Resende, seu marido, o cunhado Mozart Dornelles, getulista simpático ao PTB, e até um integralista, o irmão Gastão, que morreu ainda jovem. A todos, segundo Zizinha, Tancredo ouvia e respeitava.[244]

A memória de Tancredo e a memória dos Neves

Não parece forçoso supor que muitos dos episódios frequentemente relatados por membros da família Neves tenham sido contados pelo próprio Tancredo e depois reelaborados nos diversos rituais por meio dos quais aquela coletividade reconstituía seu próprio passado. Tal fato, como se sabe, é inerente ao processo de conformação de uma memória partilhada coletivamente, que nunca está isenta de construções afetadas pelos valores do presente daqueles que recordam. Ainda mais na medida em que ela se torna cada vez mais pública, caso em que as distorções e manipulações parecem ainda mais frequentes.[245] Alguns episódios recorrentemente lembrados sobre a vida de Tancredo Neves parecem ter seguido esse caminho, servindo, por outro lado, para compor a imagem

---

[242] DE PAI para filho. A longa linhagem política da família Neves. *IstoÉ*, Rio de Janeiro, p. 29, 16 jan. 1985.
[243] "COM A MULHER um acordo: ela em casa, ele na política. *O Globo*, Rio de Janeiro, 14 jan. 1985. p. 17.
[244] Depoimento de Maria Josina em: EM 64, DEFENDE a legalidade e leva Jango ao aeroporto. *O Globo*, Rio de Janeiro, 14 jan. 1985. p. 9.
[245] Sobre o fato da memória coletiva estar mais sujeita a usos e manipulações do que a memória individual, ver Finley (1989).

de um determinado período da vida daquele personagem (que, somado a outros do mesmo tipo, consolidava o sentido da sua biografia). Assim acontece com o relato de um caso inusitado, que teria acontecido por conta da sua atuação como promotor da Comarca de São João del-Rei, cargo para o qual foi promovido em 1932 pela influência de seu padrinho político, Augusto Viegas.

Com efeito, em 1934, Tancredo atuou na acusação contra Jesus Antônio Resende, que teria assassinado sua companheira, Maria Rosa, a golpes de navalha. Tancredo conseguiu sua condenação a 18 anos de prisão e, algum tempo depois, o curioso episódio teria ocorrido. Numa tarde em Andrelândia, cidade do interior de Minas Gerais, Tancredo conversava com o barbeiro que, amolando a navalha, o perguntou:

— O senhor não é o Tancredo Neves, que condenou um tal Jesus a 18 anos de cadeia?
— Sou eu mesmo. E acho que ele merecia maior castigo. Por quê? Você o conhece?
— Muito. Eu sou o Jesus — teria respondido o barbeiro, correndo com a navalha na mão atrás do promotor pelas ruas da cidade.[246]

Relatada recorrentemente no interior da família Neves para representar o pequeno período em que Tancredo atuou no Ministério Público, o episódio talvez sirva para corroborar sua própria convicção de que não nasceu para acusar. Era isso pelo menos que ele dizia aos amigos segundo matéria do *Jornal do Brasil*, que ressaltava sua personalidade avessa à construção de inimizades e seu espírito cordial. Aqui também a imagem de um homem conciliador aparece no depoimento de amigos, como Gentil Palhares, que constrói a ideia de um bom cristão que não sabia acusar: "Mas, por sua formação religiosa e cívica, Tancredo não sabia acusar. Se

---

[246] EM SÃO João del-Rei, um bacharel abre seu caminho. *Jornal do Brasil*, Rio de Janeiro, 16 jan. 1985. p. 16. Ver também: COM A MULHER um acordo: ela em casa, ele na política. *O Globo*, Rio de Janeiro, 14 jan. 1985. p. 17.

era forte o cérebro, impoluto o conhecimento e fulminante a palavra, o seu coração era sensível às desgraças humanas".[247]

Muitos aspectos destacados nos jornais do período sobre a vida de Tancredo se amparavam exclusivamente em sua memória. Na verdade, ele constrói para si uma identidade que não sofre qualquer crítica mais profunda, e suas palavras, suas histórias são aceitas sem reservas. Além disso, o fato de não existirem muitos vestígios documentais para além desses traços de oralidade acabou atuando em seu benefício: quando se tornou, mais do que nunca, necessário reconstituir a trajetória daquele que, em poucas semanas, se tornaria o presidente do país, essas fontes apareceram como os principais recursos disponíveis. Político que deixou poucos registros documentais, é possível perguntar se Tancredo Neves não desconfiava de um comprometimento maior advindo da palavra escrita, sendo relativamente poucos os documentos que atestam episódios importantes da sua longa trajetória política (sem contar, é claro, o que diz respeito aos seus principais discursos públicos e ao material jornalístico existente). A falta de evidências, nesse sentido, pode indicar menos uma despreocupação com sua memória do que o contrário, assim como o não registro num suporte material certamente está longe de significar qualquer ausência na construção de um sentido para sua própria vida.

Assentar qualquer reconstituição da sua trajetória apenas na oralidade talvez tenha parecido um modo mais seguro de controlar uma construção biográfica e, ao lado dos seus discursos, Tancredo acumulou uma quantidade expressiva de entrevistas que, como não poderia deixar de ser, foram compondo uma narrativa que seleciona episódios e dota de finalidade sua existência. Assim, mesmo quando aceitou colaborar com a produção de um livro sobre sua vida pública (já tardiamente na sua carreira), ele o fez a partir da transcrição de uma prolongada entrevista.[248] Segundo as organizadoras da obra, "o próprio Tancredo já tinha consciência de sua

---

[247] EM SÃO João del-Rei, um bacharel abre seu caminho. *Jornal do Brasil*, Rio de Janeiro, 16 jan. 1985. p. 16.
[248] Refiro-me ao livro *Tancredo Neves: a trajetória de um liberal*, que contém depoimento dado a Vera Alice Cardoso e Lucília de Almeida Neves e que já foi várias vezes citado.

importância na História do Brasil. Ele mesmo reconhecia a necessidade de organizar uma biografia".[249]

Tudo isso fez com que a memória de Tancredo Neves fosse bastante assentada na oralidade (ou, mais propriamente, em textos "que materializam práticas culturais de comunicação fundadas na oralidade", já que esse plano de construção memorialística engloba a sua passagem à escrita, e não apenas o discurso verbal na forma de entrevistas e depoimentos).[250] Tudo isso, é claro, não retirou sua característica de "construto" ou a tornou menos importante para os historiadores, sendo fundamental se interrogar sobre as peculiaridades dessa forma de reelaboração da memória, algo que parece não ter preocupado a maioria dos analistas e que se tornaria impossível aprofundar nos limites desta pesquisa. Para nossos propósitos, cabe registrar que, além das recordações de familiares e amigos, a própria memória de Tancredo foi um dos meios mais fundamentalmente utilizados na reconstituição da sua biografia pelos jornais do período. E aqui também aspectos que singularizam o personagem e o momento político experimentado naquela conjuntura parecem importantes elementos para a compreensão do modo como a identidade construída no seu relato parecia crível, não sofrendo mais questionamentos. Para tanto, é preciso considerar como sua imagem de homem experiente necessário a um momento de incertezas configurava uma saída possível à situação política justamente pelo caráter pouco radical das mudanças que marcavam o cenário político.

Por certo, ao mesmo tempo que a construção de uma imagem positiva de Tancredo funcionava como uma forma de assegurar o processo de restabelecimento da democracia (haja vista o caráter pouco palatável da candidatura de Paulo Maluf), ela sabidamente representava uma mudança sem grandes rupturas. Assim, sua representação como um político com uma capacidade conciliadora sem equiparação, que fundamentava o ideal de uma transição democrática "pouco insidiosa", acabava auxiliando na

---

[249] Entrevista de Vera Alice Cardoso Silva e Lucília de Almeida Neves Delgado em: BIOGRAFIA sai em maio e já tem um nome: "A trajetória de um liberal". *O Globo*, Rio de Janeiro, 14 jan. 1985. p. 20.

[250] Angela de Castro Gomes (2005c:86 e 106) chamou a atenção para esse tipo de problema em seu trabalho sobre a memória de João Pinheiro já mencionado.

enorme credibilidade dada à sua memória, ao modo como ele construía uma identidade no próprio relato. Ou seja, Tancredo Neves acabou assumindo o lugar singular de um velho político que não apenas era o único apto a promover uma passagem segura e negociada para a democracia, mas tinha também uma capacidade peculiar de transmissão da sua experiência passada.

Na verdade, ambos os aspectos se relacionam: era sua enorme experiência, que somente a idade e a maturidade política podiam prover, que fortalecia a crença na sua memória, fazendo Tancredo assumir o papel peculiar de elo com uma tradição de políticos cujas vidas, intimamente associadas à história do país, podiam ser relatadas e acreditadas. Somente figuras como Ulysses Guimarães pareciam se aproximar dessa imagem do homem público que representava uma tradição que rapidamente se esgotava, mas a maior radicalidade das suas posições políticas inviabilizava qualquer investimento simbólico mais consensual na sua personagem. Reconhecido por sua capacidade como grande contador de histórias, Tancredo fornecia elementos importantes nas entrevistas do período para uma reelaboração da sua biografia também pelo lugar simbólico que ocupava. Assim, a repetição das lições de Tancredo, seus conselhos e antevisões nos meios de comunicação o associavam à experiência e à digna sabedoria dos mais velhos, fornecendo um significado simbólico peculiar às suas palavras conforme apresentadas nas entrevistas e discursos do período.[251]

---

[251] O lugar simbólico que Tancredo Neves assumiu como aquele que tinha a possibilidade de transmitir sua experiência, conforme viemos discutindo, permite fazer uma relação interessante com o problema levantado por Walter Benjamin acerca do fim da narrativa e da arte de contar histórias (associada por ele com a perda da subjetividade da tradição oral que se vislumbra a partir de fenômenos como o surgimento do romance e da imprensa que configuram a formação do capitalismo). Talvez possamos usar suas ideias para pensar como, em determinados momentos específicos e a partir de condicionantes peculiares, alguns indivíduos podem ser tomados daquela aura cujo fim Benjamin anunciava. Aliás, o próprio autor sugeria algo semelhante, mas relacionava tal possibilidade ao momento da morte, quando a sabedoria advinda da experiência vivida se tornaria transmissível. Em tais momentos, destacava ele, "o inesquecível aflora de repente em seus gestos e olhares, conferindo a tudo o que lhe diz respeito aquela autoridade que mesmo um pobre-diabo possui ao morrer, para os vivos ao seu redor. Na origem da narrativa está essa autoridade". Benjamin (1994:207-208).

Por outro lado, a imagem da sabedoria do político experiente, proveniente de uma tradição com capacidades não partilhadas pelas novas gerações, tinha suas contrapartidas. Ou seja, Tancredo Neves também se via na necessidade de lançar mão de estratégias que lhe permitissem se adequar aos "novos tempos", no qual os discursos políticos, por exemplo, tinham que se ajustar cada vez mais ao imediatismo da linguagem televisiva. Político com sólida formação jurídica, ele sempre pareceu ter mais afinidade com a tradição bacharelesca das elites brasileiras, como se pode notar pela verborragia e a pomposidade de seus diversos pronunciamentos na Câmara e no Senado.[252] Convicto admirador dos discursos de Rui Barbosa, Tancredo só contrabalançou sua sólida formação jurídica com conhecimentos mais profundos no campo econômico mais tardiamente em sua carreira, sobretudo em meados dos anos 1950 e início da década seguinte, quando ocupou cargos como a Carteira de Redescontos do Banco do Brasil, a diretoria do Banco Nacional de Desenvolvimento Econômico (BNDE) e a secretaria da Fazenda do então governador de Minas Gerais, José Francisco Bias Fortes.

Na realidade, no início de sua trajetória, Tancredo chegou a tentar mais de uma vez uma "carreira técnica", antes de optar pelo curso de direito na Universidade Federal de Minas Gerais. A primeira tentativa foi engenharia na Escola de Minas de Ouro Preto, instituição modernizadora criada ainda em 1876 pelo imperador Dom Pedro II. Contrapondo uma formação científica ao bacharelismo predominante, a Escola de Minas chegou a ser tida como precursora do que depois foi conhecido como "ideologia desenvolvimentista", que tanto marcou a política mineira nos anos 1950 e 1960 (Carvalho, 2005b:66). A formação conservadora e religiosa de Tancredo, entretanto, fez com que ele não se adequasse às "conversas intermináveis nas repúblicas, roubo de galinhas, serenatas, bebedeiras", que compunham a vida cosmopolita na antiga região mineradora.[253] Pouco depois de dois meses em Ouro Preto e o recatado jovem que acabara de perder o pai resolveu desistir do curso de engenharia. Após a primeira tentativa frustrada, Tancredo tentou ainda uma carreira militar na Escola Naval,

---

[252] Ver os discursos reproduzidos em Delgado (1988).
[253] Depoimento de Tancredo Neves em Silva e Delgado (1985:72).

onde também não logrou êxito, pois, quando soube que foi convocado pela reclassificação, não conseguiu chegar a tempo para a matrícula no Rio de Janeiro. Antes de finalmente optar pela Faculdade de Direito, ele prestou ainda o vestibular para a Faculdade de Medicina da Universidade Federal de Minas Gerais, mas acabou excluído depois que a diretoria optou por matricular apenas os cem primeiros colocados (Silva e Delgado, 1985:71-73).

Sem dúvida, predominava na figura política de Tancredo Neves a formação jurídica. Aliás, o apreço de Tancredo pela palavra planejada, que o discurso público muitas vezes pressupõe, aparece não apenas na satisfação que demonstrava ter com os elogios sobre sua capacidade oratória, mas também em seu arquivo pessoal, onde é possível encontrar, entre outros, os discursos de posse de boa parte dos presidentes da República brasileiros.[254] Com a instantaneidade característica da linguagem televisiva, portanto, é possível perceber os esforços de um personagem para enxugar de suas falas públicas a eloquência de adjetivações recorrentes, típicas do discurso acadêmico. Aliás, não apenas a reconhecida capacidade de Tancredo Neves para se esquivar de perguntas comprometedoras tinha que se adequar ao caráter direto da linguagem televisiva, como sua atuação política convivia agora com a atmosfera grandiloquente das campanhas eleitorais televisionadas.

Com efeito, a última disputa presidencial marcada pela mobilização de massas típica das eleições diretas antecedia à ditadura militar, quando a difusão e o desenvolvimento da televisão ainda estavam longe da sua crescente popularização e modernização dos anos seguintes. Após 1964, a eleição pelo Colégio Eleitoral esvaziou a movimentação típica do pleito presidencial, mas o caráter indireto da escolha de Tancredo, como se sabe, foi contrabalançado pela expressiva mobilização popular levada a cabo pelo Muda Brasil. Recentemente, apenas a campanha pelas diretas tinha contado com recursos semelhantes, mas, se daquela foram mantidos os

---

[254] Ver documentos existentes no arquivo pessoal de Tancredo Neves, no Centro de Pesquisa e Documentação de História Contemporânea do Brasil da Fundação Getulio Vargas (CPDOC/FGV). Em livro baseado em seu depoimento, Tancredo destacou que, desde pequeno, seu pai o incentivava a ler em voz alta os discursos de grandes personalidades políticas da Câmara e do Senado. Silva e Delgado (1985:68).

símbolos verde e amarelo, a presença constante de artistas e o clima carnavalesco, importantes mudanças também se verificaram, conforme se pode notar por uma matéria do *Jornal do Brasil*:

> Mudaram também, fisicamente, os palanques. Montado em carroças de caminhões, em 13 das 23 capitais por onde passou comandando a campanha das diretas-já, o presidente do PMDB, Ulysses Guimarães, tinha para fazer ecoar o seu recado um obsoleto sistema de cornetas de som. Tancredo Neves, em 16 comícios que o consagraram candidato à Presidência da República, teve à sua disposição 20 mil watts de som, palanques com estruturas metálicas montadas em 96 horas por 40 homens e a custos aproximadamente de Cr$ 15 milhões.[255]

Mas era mesmo a necessidade de se adequar à instantaneidade da linguagem televisiva que mais demarcou diferenças relevantes nas duas campanhas. Segundo o coordenador dos comícios, Mauro Motoryn, que admitia a manutenção dos símbolos das diretas, havia também peculiaridades importantes na campanha do Muda Brasil: "mudamos o palanque porque na eleição indireta precisávamos, mais do que nunca, de perfeição e instantaneidade para alcançar os jornais e, principalmente, as tevês", destacava ele.[256] Exemplo disso era a extensão de determinados discursos para a sincronização da fala de Tancredo com a transmissão televisiva, recurso que, conjuntamente com outros, procurava adequar a campanha eleitoral aos "novos" meios de comunicação.

O mais importante, nesse sentido, foi a eficácia do resultado almejado, que talvez se deva muito mais ao caráter inusitado da imagem de Tancredo Neves diante dos "novos" meios do que o contrário. Ou seja, num momento considerado crítico da história do país, a imagem da experiência e da sabedoria de um velho político talvez pudesse sobrepujar sua difícil adequação às características próprias à linguagem televisual, singularizando ainda mais a sua figura (que parecia manter vínculos

---

[255] COMÍCIOS têm uma história que ainda não foi contada. *Jornal do Brasil*, Rio de Janeiro, 16 jan. 1985. p. 44.
[256] Ibid.

com tradições praticamente extintas na política e, por vezes, era representada como a de alguém que "nem mesmo parecia um político"). Embora seja visível a tentativa de adequação à linguagem televisiva, Tancredo Neves não somente estava longe da impetuosidade e juvenilidade que o meio tende a valorizar, mas continuava mantendo hábitos reconhecidamente pouco eficazes diante dos recursos audiovisuais (como o de olhar para baixo no momento de responder às perguntas dos repórteres, visível em sua primeira grande entrevista coletiva após a vitória no Colégio Eleitoral).

O "homem comum" do interior da Zona da Mata

A construção da imagem de um homem comum, de hábitos simples, provindo do interior de Minas Gerais, era realmente aquela mais frequentemente utilizada para caracterizar a personalidade e a intimidade de Tancredo Neves. Numa entrevista em que o futuro presidente revelava ter "todas as superstições da rotina da vida mineira" e que nada se comparava à emoção de marcar um gol num jogo de futebol, o jornal *O Globo* ressaltava que "a pressa e a correria impostas pela disputa eleitoral não afetaram os hábitos e costumes simples deste mineiro da Zona da Mata".[257] E, de fato, o próprio Tancredo contribuía bastante para a construção dessa imagem: "Eu me considero um homem comum, sem nenhum traço de excepcionalidade. As minhas virtudes são poucas e escassas, mas também não tenho por que me envergonhar dos meus defeitos", destacava ele em outra entrevista.[258] A imagem de um homem mediano, que possibilitava uma fácil identificação com o que há de supostamente mais comum nos brasileiros, por outro lado, ganhava reforço pelos depoimentos de outros integrantes da família Neves. Seu neto Aécio, por exemplo, destacava que a única coisa que diferenciava os Neves de outras famílias mineiras era a

---

[257] OS HÁBITOS simples que a pressa não esmagou. *O Globo*, Rio de Janeiro, 14 jan. 1985. p. 2.
[258] Depoimento de Tancredo reproduzido em *Manchete*, Rio de Janeiro, p. 24, 26 jan. 1985.

intensa atividade política do avô, pois "os rituais familiares seguem a tradição do interior de Minas Gerais".[259]

A mulher de Tancredo, Risoleta Neves, também contribuía sobremaneira para a construção dessa imagem. Suas entrevistas relatando manter o governo absoluto da casa adequavam-se bem à representação de uma família tradicional, em que a esposa se incumbia das tarefas domésticas enquanto o homem atuava na política. Segundo um jornal do período, "o casal Neves cumpre a rotina escrita pela tradição do interior de Minas", pois, enquanto "ela educa as crianças e cuida da casa nos mínimos detalhes", ele "saboreia a organização doméstica impecável, principalmente a cozinha, e segue sua carreira brilhante, fora do lar".[260] Sua imagem como "exigente dona de casa", por outro lado, se somava com a de uma mulher que é "amante das coisas da terra, flores e plantas". "Sou do meio rural com muito orgulho", destacaria Risoleta Neves numa entrevista, onde também se dizia revoltada ao ver alguém destruindo uma planta.[261]

Nascida no interior da Zona da Mata, Risoleta era filha de ricos fazendeiros da região, os quais, assim como os Neves, sempre exerceram intensa atividade política na localidade. Qualquer possível imagem de mulher advinda de uma "tradição aristocrática", entretanto, era contrabalançada pela representação de uma futura primeira-dama de gestos simples, que não era vaidosa e resguardava o recato das moças originadas no campo. Era ela também fundamental pelos aspectos que destacava acerca da vida de Tancredo, seja no que diz respeito à sua disposição para o trabalho, seu apego à família, ou ainda sua religiosidade. No primeiro caso, por exemplo, sua menção a uma frase corriqueiramente dita pelo marido acabou por torná-la constante em várias matérias jornalísticas: "Para descansar, temos a eternidade", diria o futuro presidente nos momentos em que era chamado a repousar. Sua fé religiosa, já indicada na mesma frase, seria igualmente ressaltada por Risoleta, que mencionava as 22 imagens que

---

[259] Depoimento reproduzido em: NO GOVERNO da casa, "Risó". Nos rituais, a tradição mineira. *O Globo*, Rio de Janeiro, 14 jan. 1985. p. 22.
[260] COM A MULHER um acordo: ela em casa, ele na política. *O Globo*, Rio de Janeiro, 14 jan. 1985. p. 18.
[261] Depoimento reproduzido em: PRIMEIRA-DAMA é exemplo de dinamismo. *Jornal do Brasil*, Rio de Janeiro, 16 jan. 1985. p. 18.

Tancredo Neves colecionava de São Francisco de Assis e como sua vida era espelhada na trajetória do santo de sua devoção. Introduzida de forma mais intensa na família por dona Sinhá, mãe de Tancredo, a fé religiosa e o tradicionalismo católico pareciam fechar o quadro da imagem de um homem singelo do interior de Minas, cujo conservadorismo parecia apresentado como o que de mais comum há nos brasileiros.

Com efeito, a imagem do político de gestos simples se mescla com a do homem religioso, filho de pais católicos, que foi ministro da Venerável Ordem Terceira de São Francisco de Assis e que, no bolso direito do paletó, carregava sempre um terço.[262] Como bom franciscano, em Tancredo Neves não caberia a imagem do homem afeito aos penduricalhos da pompa, servindo melhor a do político de vestimentas simples, correspondente ao ideal de uma vida sem grandes ambições e já marcada pelos valores relacionados à castidade, à abstinência e ao sacrifício religioso. Do mesmo modo, a representação do homem experimentado na política, onde ganhou moderação e aprendeu a lidar com os antagonismos, procurando sempre uma conciliação, se conjugava à sua imagem religiosa: seu conservadorismo católico também pode remeter ao homem que soube esperar o tempo certo para colher os frutos da sua longa jornada política, semeando e esperando o melhor momento para a colheita (e respeitando assim "a vontade do Pai").

Aliás, tal interpretação não parece forçosa justamente pelas próprias palavras de Tancredo, que não deixava de incutir um sentido religioso em sua prolongada carreira política: "Todos nós temos a natureza que Deus nos dá, de acordo com as dificuldades que temos de enfrentar. Quem nos dá a natureza são exatamente as tarefas que temos que cumprir".[263] Na verdade, Tancredo sempre interpretou sua trajetória de forma teleológica, atribuindo às fatalidades do destino sua escalada aos mais altos postos da carreira política. Certamente essa era uma forma também de evitar

---

[262] "É a minha segurança", teria dito Tancredo numa entrevista ao *Jornal do Brasil* em que se referia ao uso do terço nos paletós utilizados durante sua campanha. ESTILO Tancredo vira lenda em 49 anos de política. *Jornal do Brasil*, Rio de Janeiro, 13 jan. 1985. p. 8.
[263] Depoimento de Tancredo reproduzido em *Manchete*, Rio de Janeiro, p. 24, 26 jan. 1985. Sobre sua ideia da política como destino, ver também seu depoimento em Silva e Delgado (1985:71).

demonstrar apetite pelo poder, ainda mais pelo seu passado inteiramente ligado à tradição política pessedista (donde se originaram figuras fartamente identificadas com a feitura de uma política pela política). Assim, foi frequente nos jornais do período a transcrição da sua resposta publicada no *Estado de Minas*, em 1936, quando era presidente da Câmara em São João del-Rei e foi acusado de aprovar uma legislação que beneficiava a empresa Fiação e Tecelagem Matozinho S/A, da qual era diretor-secretário: "Jamais pleiteei posições e cargos, os quais, a despeito de minha relutância em os aceitar, me têm sido impostos por irrecusáveis injunções de amigos que muito prezo".[264]

Outra faceta da trajetória de Tancredo diz respeito à sua atividade empresarial, respaldada em toda a tradição de atividades ligadas ao mercado e ao comércio da família Neves. Além da primeira experiência no ramo da indústria têxtil com a Matozinho S/A, ele ainda compraria ações de outra tecelagem, a São João Ltda., da qual foi diretor-presidente, e a Rádio São João del-Rei, que operava em vários municípios do vale das Vertentes. Outra iniciativa que parece contrabalançar a imagem do político que expressaria a "voz" da "Minas da terra" (destacada no texto de José Murilo de Carvalho já mencionado) foi sua atuação em favor da criação de um fundo de eletrificação para seu estado natal e de uma usina hidrelétrica em Itutinga (o fundo foi objeto de uma emenda de sua autoria à Constituição Mineira de 1947, servindo depois de importante instrumento à construção da Companhia Energética de Minas Gerais, a Cemig). No mesmo período, Tancredo também propôs um projeto de lei de criação da Central Elétrica de Itutinga, a qual só seria efetivamente construída, posteriormente, durante o governo de Juscelino Kubitschek.[265] Sua preocupação com a eletrificação e a industrialização de Minas, sem dúvida, o aproxima mais do ideal modernizador presente em alguns dos políticos mineiros ligados ao desenvolvimentismo, que se fortaleceria justamente naquela conjuntura.

---

[264] Ver: EM SÃO João del-Rei, um bacharel abre seu caminho. *Jornal do Brasil*, Rio de Janeiro, 16 jan. 1985. p. 16, INTERLOCUTOR respeitado em todas as crises. *O Globo*, Rio de Janeiro, 14 jan. 1985.
[265] Ver depoimento de Tancredo Neves em Silva e Delgado (1985:160-163).

Ainda assim, a figura de Tancredo Neves está longe daquela imagem dos "mineiros modernizantes", de espírito aventureiro e inovador, cuja linhagem traçada poderia passar por figuras como Tiradentes, Teófilo Otoni, João Pinheiro e Juscelino Kubitschek.[266] Em sua longa trajetória política, nenhuma iniciativa compara-se à audácia da proposta de criação de uma Nova Filadélfia, por Teófilo Otoni, da transferência da capital mineira de Ouro Preto para Belo Horizonte, por João Pinheiro, ou da construção de Brasília, por Juscelino Kubitschek.[267] Seu governo em Minas Gerais, além da austeridade e da ortodoxia no plano econômico, não deixou nenhuma realização imponente dessa magnitude, e sua moderação e tradicionalismo o distinguiram bastante de figuras reconhecidamente mais impulsivas e inquietas, como as de Juscelino Kubitschek e Israel Pinheiro (o filho de João Pinheiro, que auxiliaria na ligação da imagem do pai com o desenvolvimentismo, inclusive dirigindo a Novacap, poderosa empresa responsável pela construção de Brasília). Além disso, embora compartilhasse com tais personagens a origem no meio urbano e a atividade empresarial, Tancredo não possuía algumas outras características comuns à maioria deles: não era proveniente de família pobre e também não tinha uma formação técnica.[268] Assim, embora sua ênfase na liberdade o aproximasse dos ideais dos inconfidentes, sua figura religiosa e recatada contrabalançava a imagem do político modernizador, o remetendo mais para o plano da tradição do que o do progresso e da técnica.

Aliás, Tancredo Neves parece um exemplo de como a semelhança com a típica imagem do "mineiro da terra", geralmente tida como uma visão pejorativa sobre os mineiros, podia ser também positivada em certos mo-

---

[266] Segundo interpretação de José Murilo de Carvalho (2005b:73).
[267] Importante ator político das revoltas liberais de Minas e São Paulo do período regencial, Teófilo Otoni se afastou da política em meados dos anos 1840, após se desencantar com a atuação dos seus correligionários (anistiados das lutas de 1842, os liberais haviam retomado o poder em 1844). Em 1852, bastante influenciado pelos ideais do liberalismo norte-americano, fundou a Nova Filadélfia, hoje município de Teófilo Otoni, localizado às margens do rio de Todos os Santos, nordeste de Minas Gerais. Fazendo parte dos empreendimentos da Companhia de Navegação e Comércio do Vale do Mucuri, também por ele criada, sua fundação visava estabelecer conexão entre Minas e o litoral, para escoamento da produção agrícola. Ver ibid., p. 61.
[268] As características mencionadas foram destacadas em ibid., p. 73.

mentos. Mais do que sugerir uma imagem apenas, construções como essas devem ser compreendidas na conjuntura em que são reelaboradas, pois elas podem assumir novos significados à luz dos condicionantes políticos da conjuntura. Naqueles anos, de fato, a imagem da mineiridade denotava predominantemente capacidade de conciliação e antevisão dos acontecimentos, podendo-se falar até mesmo de uma reinvenção da noção, que se despojava assim das suas mais típicas características negativas. Seu sentido mais pujante parecia ser aquele que a identificava com o que há de mais comum no brasileiro, algo semelhante à interpretação que o próprio Tancredo emprestava à noção, mas que também aparecia em outras falas do período. Se, para Tancredo, o caráter conciliador adviria da posição geográfica de Minas Gerais, que "sempre obrigou os mineiros a conviverem com todos os seus vizinhos", em Affonso Romano de Sant'anna, por exemplo, o mineirismo se relacionava com uma síntese do nacional, pois a cultura daquele estado parecia "o modelo reduzido do próprio país. Por isto, é que não é por acaso que a hora da reconstrução democrática tenha que passar pelo meridiano de Minas".[269]

Por outro lado, se a atividade empresarial de Tancredo deve ser compreendida dentro da tradição do comércio e dos negócios que os Neves já traziam de gerações anteriores, dentro da família, ela também podia ser interpretada como fruto do acaso ou do destino. Era assim que seu irmão Otávio explicava seus empreendimentos na indústria têxtil, remetendo sua origem a uma herança recebida de um distribuidor de bebidas do qual Tancredo foi procurador.[270] E alguns dos principais jornais do período pareciam aceitar sem reservas interpretações semelhantes da sua trajetória, como no caso da sua participação na Assembleia Constituinte do Estado de Minas Gerais logo após o Estado Novo (a qual Tancredo admitiu participar por indicação de Augusto Viegas), explicada nas páginas do *O Globo* num sentido aproximado. Apresentado como um homem "bem casado para os padrões de sua gente, pai de três filhos, respeitado

---

[269] Depoimento de Tancredo Neves em Silva e Delgado (1985:103). SANT'ANNA, Affonso Romano de. Sabedoria de Minas dá em mineiridade e não em mineirice. *Jornal do Brasil*, Rio de Janeiro, 16 jan. 1985. p. 20.

[270] Depoimento reproduzido em: COM A MULHER um acordo: ela em casa, ele na política. *O Globo*, Rio de Janeiro, 14 jan. 1985. p. 18.

na cidade natal", Tancredo teria se recolhido no período em que Getúlio Vargas governou com poderes ditadoriais, pois "tinha tudo para levar uma vida pacata". Além de cultivar "sua paixão pela música" e aprofundar "seus laços com a comunidade religiosa de São João", ele "tinha parceiros para a canastra e o buraco, seus jogos prediletos, podia frequentar o cinema tranquilamente (hábito que trocou pelas novelas de tevê)", e ainda "sobrava-lhe tempo para a leitura (principalmente História e Sociologia) e até para as superstições (não passa por baixo de escadas e tem medo de gatos pretos)". Sua missão, entretanto, já estava traçada e "outra vez o destino bateu-lhe a porta, em 1945, quando, novamente por consenso, foi escolhido para representar São João del-Rei na Assembleia Constituinte do Estado". "Daí em diante", destacava ainda a matéria, "sua vida mergulha no moinho da Política e da História, que vai encontrá-lo sempre no centro de todas as crises institucionais da República".[271]

O homem público: a viagem ao exterior e a imagem do "estadista"

Em fins de janeiro e início de fevereiro, após uma intensa campanha eleitoral, Tancredo Neves deu início a uma série de viagens ao exterior, indo a países como Itália, França, Portugal, Espanha, Estados Unidos, Peru e Argentina. A iniciativa tinha claramente o objetivo de anunciar a Nova República, assegurando as mudanças previstas no projeto de restabelecimento da democracia e legitimando o governo que se iniciaria nos meses seguintes perante a opinião pública internacional. Na imprensa brasileira, a viagem foi largamente enfatizada e sua atuação destacada como aquela de um verdadeiro "estadista".[272] O fato de ainda não ter assumido a presidência, aliás, acabou fazendo com que ele fosse recebido como "ex-chefe de governo" (por conta da sua atuação como primeiro-ministro no início dos anos 1960), aspecto indicativo de que um dos principais sentidos da

---

[271] Ibid.
[272] MESMO antes da posse, Tancredo já mostra ao Brasil e ao mundo uma postura de Estadista. *Manchete*, Rio de Janeiro, p. 16, 2 fev. 1985.

viagem era realmente de conteúdo simbólico. Aqui é a imagem do homem público aquela que ganha destaque, sendo importante perceber o significado da noção de "estadista", que assegurava a Tancredo um lugar peculiar dentro do panteão de homens ilustres da história brasileira.

Sem dúvida, mesmo tendo falecido antes de assumir o cargo máximo da República, Tancredo era o objeto de um investimento simbólico que não apenas serviria à inserção da sua biografia na memória da presidência, mas também procurava afirmar sua singularidade dentro da galeria dos chefes de estado brasileiros. Pois se o exercício do governo da nação podia garantir, para todos aqueles que tomaram posse na chefia do Executivo (ou, pelo menos, boa parte deles), um lugar na memória da Presidência da República, ele não pressupunha a ocupação do papel do "estadista", denominação geralmente resguardada aos políticos cuja capacidade de sintetizar os anseios coletivos ultrapassaria a atuação burocrática que a função exige. Além disso, a noção é portadora de uma carga semântica que deve ser compreendida a partir das elaborações já existentes na história do país, remetendo ao grupo seleto daqueles que foram assim fartamente representados e aos esforços de importantes intelectuais brasileiros para conceituá-la. Com destaque, certamente, encontra-se a figura de Getúlio Vargas e sua caracterização por influentes pensadores que procuraram legitimar seu governo dos idos anos 1930 e 1940.

Quando projetada sobre Getúlio Vargas, a categoria já tinha assumido o sentido singular que conferia ao chefe do Estado Novo a conjugação de uma enorme capacidade política, por seus atributos morais e intelectuais, com uma sensibilidade incomum para perceber os anseios de seu povo. Essa, pelo menos, era a caracterização feita por Azevedo Amaral no início da década de 1940.[273] Para ele, ambos os aspectos mencionados davam ao "estadista" a capacidade de fazer com que as tendências e os objetivos da coletividade se encaminhassem no sentido por ele desejado, pois suas ideias passariam a ser compreendidas como originadas na própria consciência coletiva. Sua aparição, por outro lado, dependeria também

---

[273] As ideias de Azevedo Amaral aqui mencionadas foram sintetizadas em Gomes (1997:109-130). No artigo, a autora analisa a obra *Getúlio Vargas estadista*, cuja primeira edição foi publicada pela Irmãos Pongetti em 1941, no Rio de Janeiro.

das condições políticas e, nesse sentido, apenas Getúlio Vargas deveria ser assim considerado: embora a história brasileira registrasse homens ilustres que poderiam ter sido importantes candidatos a assumir aquele lugar durante o período republicano, o liberalismo então predominante teria impedido qualquer um deles de colocar em prática suas capacidades extraordinárias. Pelas condições históricas e seus atributos especiais, Getúlio Vargas parecia o único capaz de encarnar o "ideal nacional" e direcionar o povo brasileiro ao seu verdadeiro destino.

Aqui também, portanto, a sombra de Vargas é relevante para se compreender a construção simbólica em torno da figura de Tancredo Neves. Mesmo antes de sua viagem ao exterior, ele já era apresentado como um político com uma enorme capacidade profética, cujo excepcional senso de realismo permitiria perceber os rumos da história e agir nos momentos certos. A reportagem de capa da edição do *Jornal do Brasil* publicada no dia seguinte à sua eleição pelo Colégio Eleitoral parece bastante ilustrativa nesse sentido:

> O Brasil amanhece diferente, hoje. Cumpriu-se uma profecia feita já há algum tempo, na intimidade, por Tancredo Neves [...]. Qual é o segredo deste homem capaz de profetizar e de ser, ao mesmo tempo, o protagonista da profecia? No que tem de mistério, de insondável, de arte, de talento, o segredo jamais será desvendado, jamais será reduzido a "fatores". Mas boa parte dele consiste no respeito que o homem público Tancredo Neves devota às realidades do tempo e às lições da História.[274]

Único capaz de compreender o verdadeiro tempo da história, Tancredo aparecia na reportagem como um homem dotado de habilidades extraordinárias. Mais do que isso, se alguns dos seus atributos excepcionais deviam algo à sua convivência com Getúlio Vargas, sua formação liberal o faria superar os aspectos negativos que singularizavam o falecido político gaúcho. Assim, Tancredo Neves teria sido capaz de herdar a enorme antevisão dos acontecimentos políticos de Vargas, sem com isso se ape-

---

[274] TANCREDO, a restauração. *Jornal do Brasil*, Rio de Janeiro, 16 jan. 1985. p. 1.

gar à tradição autoritária que ele representava: "É ao mesmo tempo um herdeiro das mais fecundas percepções sócio-políticas de Getúlio Vargas, mas não da tradição autoritária que com ele veio do Rio Grande do Sul, e que era do Brasil inteiro", destacava o jornal.[275] Aquela, como outras matérias de mesmo teor, é claro, procurava assegurar a constância política do momento vivido, anunciando o fim de um ciclo para ajudar a acabar de vez com qualquer possibilidade de retorno à ordem política anterior. Ao mesmo tempo que constatava o fim da ditadura militar, por outro lado, ela contribuía para a construção de uma imagem que apresentava Tancredo como um homem excepcional, naturalizando muitos aspectos que funcionavam como estratégias políticas visando consolidar um culto à sua imagem, inclusive por contrapô-la àquela já desgastada dos militares.

Um exemplo claro de estratégias como essa foi a forma como Tancredo e aqueles envolvidos com sua campanha procuraram afastar a imagem de ocultação própria aos militares por meio de uma exposição midiática praticamente sem precedentes. Assim, aludindo ao estilo cordial com o qual Tancredo Neves lidava com a imprensa, o *Jornal do Brasil* destacava um "contato quase diário" com os jornalistas nos 150 dias que antecederam sua eleição pelo Colégio Eleitoral.[276] Cerca de 48 horas depois de eleito, por outro lado, Tancredo concedeu uma coletiva à imprensa que durou cerca de duas horas e foi transmitida ao vivo pelas emissoras de rádio e televisão. O contraste com o regime anterior era visível, pois os governos militares raramente falavam aos jornalistas. Assim, os próprios meios de comunicação não deixavam de registrar essa que seria uma recente marca da política brasileira, inauguradora também dos novos tempos que se anunciavam: "a República de Tancredo Neves, que cultiva outro estilo, por exemplo, dá entrevistas coletivas periódicas, através de seu mais capacitado porta-voz: Tancredo em pessoa", destacava uma revista brasileira de grande circulação.[277] A viagem ao exterior, por sua vez, além de consagrar a imagem do "estadista", tornava ainda mais evidente uma figura política

---

[275] Ibid.
[276] ESTILO Tancredo vira lenda em 49 anos de política. *Jornal do Brasil*, Rio de Janeiro, 13 jan. 1985. p. 8.
[277] A OPOSIÇÃO chegou lá. *Veja*, São Paulo, p. 24, 23 jan. 1985.

que já apostava na visibilidade para contrapor-se ao modo como o regime político anterior lidava com os meios de comunicação.

É interessante perceber como o sentido público da imagem do "estadista" se complementava com a representação da informalidade de um futuro presidente percebido como um homem de hábitos simples, que mantinha uma relação de intimidade e proximidade com o povo brasileiro. Ou seja, aqui também as imagens de um homem autêntico, sincero, que não se serve de dissimulações para lidar com os canais de comunicação estiveram presentes: "A imagem que fica do giro europeu-americano do presidente, Tancredo Neves, é a de que ele não teve a menor intenção de fazer imagem. Foi realista em todos os momentos", destacava uma matéria da revista *Manchete*.[278] Assim, mesmo o deslize diplomático que poderia representar a menção, feita ainda na Itália, aos Estados Unidos como a parte mais importante da viagem, ganhava esse tipo de interpretação: "do alto dos seus quarenta anos de vida pública, o futuro presidente brasileiro jamais incorreria em tal deslize. Foi uma afirmação corajosa, fria, verdadeira", ressaltava a mesma revista. Sua curiosa assertiva num almoço em Washington de que o Brasil não deveria se considerar um país de Terceiro Mundo, por outro lado, demonstraria uma "visão arrojada, realçada pela fala franca e equilibrada", fazendo com que, "ao final do encontro, a imprensa americana estivesse, também ela, conquistada pelo Dr. Tancredo".[279]

Com efeito, também nesse ponto a imagem da informalidade e espontaneidade de Tancredo Neves servia para se contrapor àquela dos representantes da ordem política que se encerrava: "Tancredo sempre pareceu à vontade. Um contraste gritante com seu oponente na sucessão, o Deputado Paulo Maluf, sempre rígido dentro do terno e atrás dos óculos", destacava a mesma revista.[280] Aliás, uma discrepância de imagens também se poderia cogitar com relação ao recorrente destaque dado à supostamente inabalável saúde física de Tancredo: no momento de sua votação no Co-

---

[278] *Manchete*, Rio de Janeiro, p. 10, 16 fev. 1985.
[279] Ibid.
[280] IMPRENSA. Para Tancredo, o quarto poder da Nova República. *Manchete*, p. 48, 23 mar. 1985.

légio Eleitoral, a imagem que se tinha do presidente Figueiredo era a de um velho convalescente na Casa de Saúde São José, no Rio de Janeiro, com dificuldade para andar e um curativo nas costas por conta de uma recente cirurgia.[281] Dos outros presidentes militares ainda vivos, Ernesto Geisel se dizia feliz com o resultado, e Emílio Médici não pôde ser informado da vitória de Tancredo porque, recentemente, tinha sofrido uma isquemia cerebral. Com um lado do corpo completamente paralisado, o general, que já tinha se declarado malufista pouco tempo antes, encontrava-se de repouso em seu apartamento de Copacabana e talvez não suportasse a má notícia.[282] Em contraponto, o início de prolongada viagem internacional após fatigosa campanha aumentou ainda mais o destaque dado à "excelente disposição física" de Tancredo, ou ao seu "show" de "resistência física, numa série de encontros com as principais autoridades americanas".[283]

Contando já 74 anos, na verdade, Tancredo Neves dificilmente poderia ser tomado como símbolo de juvenilidade ou de saúde física, conforme se confirmaria depois, com seu adoecimento. Ou seja, contrabalançar sua já avançada idade com a imagem de uma saúde incomum certamente mostrava-se um caminho importante para manter o respaldo dado a um político que assumia uma enorme responsabilidade sobre o futuro do país. Assim, a divulgação de entrevistas com o médico do presidente, dr. Arnoldo Veloso, argumentando que sua saúde se devia ao uso de magnésio, tornaria frequente nos jornais do período a menção a essa "fórmula mágica" (e aumentaria sobremaneira o consumo daquele mineral).[284] O mesmo se pode dizer de entrevistas que procuravam revelar os hábitos que explicariam a forma física do presidente, como a frequente caminhada e o fato de sempre tomar banho frio.[285]

---

[281] Figueiredo foi operado no dia 4 de janeiro por conta de problemas na coluna. Ver: FIGUEIREDO: "Prometi e cumpri". *O Estado de S. Paulo*, São Paulo, 16 jan. 1985. p. 22.
[282] O primeiro presidente do ciclo militar, Castelo Branco, havia morrido em 18 de julho de 1967, em decorrência de um acidente aéreo. Já Costa e Silva, que assumiu após Castelo, morreu em 17 de dezembro de 1969, acometido por uma trombose cerebral. Sobre o estado de Médici, ver: A OPOSIÇÃO chegou lá. *Veja*, São Paulo, p. 25, 23 jan. 1985.
[283] *Manchete*, Rio de Janeiro, p. 6 e 10, 16 fev. 1985.
[284] UMA SAÚDE de ferro à base de magnésio. *Manchete*, Rio de Janeiro, p. 6, 23 mar. 1985.
[285] PARA manter a forma aos 74 anos, banho frio e muita caminhada. *O Globo*, Rio de Janeiro, 14 jan. 1985.

Como se sabe, Tancredo Neves já sofria os reveses da fatigante jornada política que enfrentava, seja pela prolongada campanha eleitoral, seja pela não menos intensa viagem a diversos países. Pouco tempo depois, o desencontro entre as imagens de um personagem excepcionalmente saudável com aquela de um presidente adoecido e internado às pressas para uma cirurgia produziria um enorme choque na opinião pública, fomentando os rumores acerca de um possível atentado para evitar a redemocratização do país. Não era por menos: como acreditar que alguém cuja saúde até então parecia inabalável poderia ser portador de doença tão grave que o levaria a sete cirurgias, uma internação de quase 40 dias, seguida de uma morte que já se antevia mais de uma semana antes do ocorrido? Se a condição etária de Tancredo não o predispunha para a imagem da energia e impetuosidade juvenil, a expressividade da construção da representação de um homem excepcionalmente saudável apenas reforça a percepção de que houve um significativo investimento simbólico em sua figura. Consensualmente exaltado nos diversos meios de comunicação, Tancredo Neves era claramente objeto de um processo de reelaboração memorialística que ganharia novos contornos com seu adoecimento, na véspera da data prevista para a sua posse na Presidência da República.

CAPÍTULO 3

O herói se torna santo e familiar

5º ato: o período da doença: familiaridade e santificação

> Quando a senhora rezava
> Por seu esposo querido
> O Brasil ajoelhado
> E fraternalmente unido
> Numa corrente de fé
> Orava por seu marido.
> [Gonçalo Ferreira da Silva, s.d.a.]

Uma das imagens que poderiam ser utilizadas como síntese de uma atmosfera tão carregada como a do adoecimento de Tancredo Neves é a de um Brasil ajoelhado, rezando aos céus por um milagre, na espera pela misericórdia de Deus diante de tamanho sofrimento do presidente. E não faltaram representações semelhantes da nação naquela conjuntura, particularmente, a partir da Semana Santa, iniciada com o Domingo de Ramos de 31 de março, quando as comparações do seu sofrimento com o calvário de Cristo se tornaram frequentes no noticiário nacional. A simples consulta das manchetes dos jornais e revistas do período seria o bastante para se perceber a relevância simbólica que o elemento religioso alcançou naquele momento. Expressando tanto as comoções e manifestações religiosas dos populares que pediam pela saúde de Tancredo Neves quanto o próprio papel da mídia na construção de representações sobre aqueles acontecimentos, tais matérias remetiam para uma imagem da nação brasileira que foi projetada com enorme força simbólica. Dar conta dessas várias facetas do fenômeno torna-se fundamental, sob o risco de, não o fazendo, ficarmos aprisionados numa análise simplista de um momento bastante complexo da história do país.

Aliás, algumas imagens daquela conjuntura, por sua expressiva carga simbólica, parecem dar conta dessa complexidade de forma mais substantiva do que qualquer esforço de interpretação intelectual. Uma delas é aquela do presidente José Sarney, ajoelhado e beijando a imagem de Jesus Cristo crucificado na igreja Dom Bosco, em Brasília, por conta do cerimonial religioso da Sexta-feira Santa do dia 5 de abril. Católico praticante, o presidente em exercício seguia os preceitos religiosos de celebração da Paixão e Morte de Cristo, já que a veneração do crucifixo sob genuflexão constitui um dos atos prescritos nas regras litúrgicas da Igreja Católica. Transmitida em rede nacional pela televisão e imortalizada nas páginas de importantes órgãos de imprensa, a imagem, sem dúvida, ultrapassa o significado que poderíamos emprestar àquela de um simples fiel adorando a imagem de Cristo por sua devoção religiosa.[286]

Para além disso, o gesto do representante máximo da nação parecia funcionar como uma metáfora sintetizadora dos elementos que compunham o cenário trágico dos acontecimentos vividos naquele momento. Por um lado, é claro, a humildade do católico praticante poderia assumir apenas o significado de um gesto patético daquele que jamais imaginava alcançar o poder na difícil condição em que se encontrava — conforme se poderia facilmente supor numa descontextualizada leitura da imagem nos dias de hoje. Por outro, naquele momento da "vida nacional", o gestual daquele que, mais do que ser, estava presidente, dava ressonância às expectativas que foram marcadamente representadas como aquelas da própria nação: junto com Sarney, todo o povo brasileiro parecia estar ajoelhado rogando o milagre divino. Representante máximo da República, o presidente parecia encarnar simbolicamente a nação que se

---

[286] A imagem foi reproduzida, entre outros, pelas revistas *Veja* (São Paulo, p. 21, 10 abr. 1985) e *Manchete* (Rio de Janeiro, p. 18, 20 abr. 1985).

curvava ela própria aos desígnios da Providência, esperando uma misericórdia do Pai.[287]

Imagens como essa, que pareciam dar conta dos sentimentos mais profundos da sociedade brasileira, entretanto, não eram meros retratos de uma realidade exterior existente. Elas conformavam construções simbólicas que forneciam elementos para uma representação da nação, que, tida como uma comunidade religiosa e fraterna, purgaria sem compreender os pecados inexistentes na sua trajetória supostamente pouco conflituosa e sacrifical. Poderemos retomar esse ponto no momento oportuno, quando tratarmos das diferentes representações sobre os eventos do período, que produziam uma ressignificação da própria nacionalidade.[288] Por ora, podemos seguir uma narrativa de outros acontecimentos da conjuntura compreendida entre o adoecimento e a morte de Tancredo Neves, muitos deles inusitados e incompreensíveis se não analisados dentro dos horizontes de expectativas dos atores sociais que vivenciavam aquele momento bastante peculiar da história do país.

Além de permitir reconstituir atmosfera tão carregada, eles são importantes para a compreensão da construção da imagem santificada do presidente, assim como para o fortalecimento da sua representação como homem comum, alguém bastante próximo e que, como qualquer outro brasileiro, está sujeito aos imperativos incontornáveis da doença e do destino. Conjugando descrição e interpretação, a narrativa que se segue procurará alternar a cronologia dos próprios acontecimentos com uma análise dos significados que eles assumiram para pensar as reelaborações da sua biografia, fazendo sobressair os contornos de elementos depois dramatizados nos seus funerais. Muitos dos aspectos aqui destacados, portanto, serão depois retomados no capítulo que aborda os rituais fúnebres de Tancredo Neves, demonstrando como um conjunto de ocorrências

---

[287] Várias matérias jornalísticas do período representaram de forma assemelhada as reações da população brasileira, ressaltando os pesares de uma nação que se unia em orações pelo restabelecimento do presidente. Ver, por exemplo: PAÍS preocupado reza pela recuperação de Tancredo. *O Globo*, Rio de Janeiro, 28 mar. 1986. p. 7, BRASIL reza aflito. Só a fé sustenta a esperança. *O Globo*, Rio de Janeiro, 5 abr. 1985.

[288] Refiro-me à parte IV do livro, particularmente ao capítulo 1, sobre a edição especial do *Jornal Nacional* transmitida pela Rede Globo de Televisão em 21 de abril de 1985.

históricas se conjugou com outros condicionantes de mais longa duração para transformar suas exéquias num acontecimento de grande relevância nas redefinições dos símbolos do poder que conferem significado à comunidade política como construção imaginária.

O temor do inesperado: os primeiros dias da internação de Tancredo

Na noite de quinta-feira, dia 14 de março, os brasileiros foram surpreendidos com uma notícia quase inacreditável: Tancredo Neves, cuja cerimônia de posse na manhã do dia seguinte demarcaria a inauguração da chamada Nova República, tinha sido internado às pressas no Hospital de Base de Brasília para uma cirurgia na região intestinal. Diante do inusitado, nem mesmo a rápida busca por uma solução que trouxesse menos insegurança à fragilidade político-institucional do país poderia aplainar o temor gerado pelo fatídico acontecimento. Compreende-se: depois de 21 anos de regime militar, no qual as soluções e resoluções sobre a política nacional eram encaminhadas por grupos seletos que longe estavam de representar a vontade popular, aquela notícia gerava torpor, estimulando rumores dos mais eloquentes sobre a possibilidade de um golpe ou um arranjo político às escondidas para impedir a transição democrática.

Não menos inquietante, por outro lado, era a solução encontrada para a manutenção dos preceitos constitucionais que permitiriam o surgimento da nova ordem política que se anunciava. Descartando o empossamento do líder da Câmara dos Deputados, Ulysses Guimarães, ela trazia para primeiro plano a figura de José Sarney, político cuja trajetória era marcada pela atuação direta como importante liderança ligada aos governos militares. Sem dúvida, o estorvo não parecia menor ao próprio vice-presidente e se mostraria mais claramente na situação embaraçosa do dia seguinte, quando a enorme festividade preparada para a posse de Tancredo Neves contrastaria com a aparição, em primeiro plano, de um personagem deslocado da sua função de coadjuvante da nova ordem constitucional (Sarney tinha sido colocado ali justamente para contrabalançar a possível imagem de um governo que romperia totalmente com o passado e para assegurar o apoio daqueles anteriormente envolvidos com os governos castrenses). Ainda assim, a comemoração não esmoreceu, tendo havido uma festa grandiosa em frente ao Congresso Nacional e ao Palácio do Planalto. Com um número reduzido de pessoas em relação às estimativas iniciais, um sentimento generalizado de insegurança diante da visível fragilidade da nova ordem política anunciada, a cerimônia, é claro, também contou com as surpresas que aquela situação singular ensejava.

A solenidade da posse presidencial no Palácio do Planalto, depois do juramento constitucional de José Sarney no Congresso Nacional, parece ilustrativa nesse sentido. Numa de suas várias atitudes surpreendentes, João Figueiredo sairia dali pelas portas dos fundos, sem passar a faixa ao presidente interino que, além de não contar com a liturgia tradicional de transmissão do poder, enfrentaria as agruras das vaias do grande público em outros momentos do cerimonial.[289] Depois, ao dar posse ao ministério escolhido por Tancredo Neves, Sarney quase ficaria constrangedoramente isolado no meio do salão do Palácio, não fosse o fato de alguém ter lembrado a Fernando Lyra (primeiro dos 28 ministros a assinar o livro de posse) de que deveria cumprimentar o presidente em exercício.[290] Completamente deslocado num cerimonial do qual não deveria ser o principal protagonista, Sarney parece ter procurado amparo na discrição com que atuava, o que pode ter aumentado ainda mais a discrepância com que foram saudadas figuras como Ulysses Guimarães, calorosamente aplaudido pelo público que se amontoava na frente do Congresso e do Planalto para comemorar a chamada Nova República.

O espanto diante da repentina internação do presidente era de se esperar também por outros motivos. Afinal, nos meses anteriores, Tancredo Neves foi representado como símbolo de vigor físico, como um homem de extraordinária capacidade de resistência, capaz de tolerar sem prejuízos a dura rotina da campanha eleitoral e a não menos fatigante viagem internacional. Naquele momento, portanto, ficaria claro que os prejuízos para a sua saúde foram maiores do que se imaginou e que as mostras

---

[289] Sobre as vaias enfrentadas por Sarney, ver *Afinal*, São Paulo, p. 18, 19 mar. 1985.
[290] O SUSTO, o medo, a festa. *Veja*, São Paulo, p. 49, 20 mar. 1985.

de vitalidade das semanas anteriores apenas aumentaram a gravidade da doença que já o acometia há algum tempo.[291] A partir da sua internação, entretanto, não haveria mais como ignorar uma inoportuna evidência: o organismo de um homem de 75 anos estava muito mais sujeito às complicações que poderiam dificultar sua recuperação pós-operatória. Apesar disso, tal aspecto pareceu minorado nos primeiros momentos, quando se tratou de enfatizar que "os 75 anos de idade de Tancredo Neves não serão obstáculo à sua recuperação"[292] ou, ainda, que sua condição etária seria pouco relevante "por se tratar de um 'homem rígido, forte e bem constituído'".[293]

Não é preciso dizer que tal diagnóstico otimista sobre sua capacidade de recuperação, curiosamente, se amparava justamente naquilo que parecia ter agravado o quadro da doença e que, portanto, deveria mostrar a fragilidade do seu organismo (a incapacidade de suportar sem danos físicos as intensas atividades dos meses anteriores). Na verdade, os primeiros dias da internação de Tancredo Neves foram acompanhados de muitas informações desencontradas, sobretudo pelas inverdades sobre o seu estado de saúde, atestada nos sinuosos boletins médicos e nas lacônicas falas oficiais, mas também pela parcialidade da cobertura feita pela imprensa de modo geral. Foram várias as informações omitidas desde o início, a começar pela divulgação, antes mesmo da data da posse, de que Tancredo tinha apenas uma faringite, quando as dores que sentia na região do abdômen indicavam que o paciente sofria de algum tipo mais

---

[291] Tancredo Neves já sentia dores na região abdominal muito antes da véspera da posse, conforme registrado em muitas fotos do período (nas quais ele aparece incomodado e levando a mão à região do abdômen). Segundo informações dos médicos da equipe que o tratou, seu grande temor era o de ser portador de uma doença maligna, fato que o levou a medicar-se por conta própria e a procurar os médicos apenas num momento de extrema gravidade. Ver: MÉDICO: Tancredo temia ter câncer. *O Globo*, Rio de Janeiro, 19 abr. 1985. p. 2.

[292] Ver: IDADE não atrapalha recuperação. *O Estado de S. Paulo*, São Paulo, 16 mar. 1985.

[293] Reprodução da fala de Wilson Abrantes, membro da junta médica com especialistas de Minas Gerais, Rio de Janeiro e São Paulo, que chegou em Brasília no dia 19 de março para examinar Tancredo Neves. Ver: MÉDICO da junta: idade não é risco absoluto. *O Globo*, Rio de Janeiro, 21 mar. 1985. No dia seguinte, o jornal *Folha de S.Paulo* também divulgava entrevista com Paulo Branco, professor de clínica cirúrgica da Universidade de São Paulo, que destacava que o importante não era a idade cronológica, mas sim a fisiológica, e que essa não preocupava porque Tancredo já tinha dado mostras de que tinha uma excelente saúde. PARA especialistas, idade fisiológica é a decisiva. *Folha de S.Paulo*, São Paulo, 22 mar. 1985. p. 8.

grave de infecção. Mesmo após a confirmação desta última pelo exame da taxa de leucócitos no sangue, optou-se por esconder a verdade e, realizada a primeira cirurgia no Hospital de Base de Brasília, ela foi enganosamente caracterizada como uma intervenção para a retirada de um "divertículo de Meckel" do seu intestino.

Somente no dia 21 de março o jornal *Folha de S.Paulo* informaria na sua manchete principal que o presidente tinha sido operado de um tumor benigno, fato que continuaria sendo negado pelas autoridades médicas, com intuito de evitar um suposto alarmismo entre a população brasileira.[294] No dia anterior, o desencontro de informações era tamanho que as manchetes dos principais jornais do país divulgaram notícias completamente contraditórias, tornando ainda mais evidente o modo como alguns meios de imprensa anunciavam de modo acrítico a proximidade da sua data de posse na presidência.[295] Contrabalançando o otimismo despropositado de alguns meios de imprensa (fortalecido na esteira das informações também excessivamente positivadas da equipe médica que tratava de Tancredo), algumas importantes revistas de circulação nacional passaram a apostar em informações pouco confiáveis para desmascarar a possível maquinação em favor da ocultação do verdadeiro estado de saúde do paciente. Assim, segundo a matéria de uma delas, o prontuário não divulgado de Tancredo Neves apontava para informações até então escamoteadas, entre elas a de que o paciente sofria de diabetes, já tinha sido vítima de um enfarte quando disputava o Senado, em 1978, e tinha 82 anos, ao invés de 75.[296] Confirmando a informação, uma fonte não

---

[294] Ver: TANCREDO teve um tumor benigno; operado de novo, estado é grave. *Folha de S.Paulo*, São Paulo, 21 mar. 1985.

[295] Os jornais *Folha de S.Paulo* e *Jornal do Brasil* mantiveram-se mais críticos às versões oficiais, enquanto *O Globo* e *O Estado de S. Paulo* tenderam a reproduzir as informações obtidas, inclusive as previsões de alta médica, sem uma avaliação mais profunda. Como exemplo, pode-se tomar a discrepância das manchetes do dia 20 de março: "O pós-operatório de Tancredo complica-se" (*Folha de S.Paulo*); "Tancredo se sente melhor, mas ainda há risco de cirurgia" (*Jornal do Brasil*); "Junta médica examina Tancredo que diz se sentir 'bem melhor'" (*O Globo*); "Tancredo já anda e supera a crise" (*O Estado de S. Paulo*).

[296] Ver: PASSOS de um calvário inútil. *IstoÉ*, São Paulo, p. 17, 10 abr. 1985. Segundo a matéria, o prontuário indicaria ainda que Tancredo Neves seria "portador de outro divertículo, à altura do estômago, de duas 'hérnias enormes', uma das quais foi estirpada na quarta operação, realizada em São Paulo, possui um pulmão 'gasto pela idade avançada' e tem a musculatura abdominal flácida, que dificultou a sutura dos vários cortes feitos nas operações".

divulgada da equipe médica teria atestado que "as condições geriátricas do paciente apresentavam sinais de idade superior aos 75 anos publicamente conhecidos".[297]

Não é necessário apresentar aqui, é claro, todas as inconsistências das informações divulgadas naquela conjuntura, as quais se relacionavam não apenas com o maior ou menor comprometimento dos órgãos de imprensa com aqueles que administravam a crise política, mas também com suas diferentes capacidades investigativas. Após a transferência de Tancredo Neves para o Hospital das Clínicas de São Paulo, na manhã de 26 de março, os meios de comunicação ficaram relativamente mais atentos à necessidade de fazer uma crítica mais apurada das informações oficiais, assim como os boletins médicos passaram a ser formulados de modo mais detalhado.[298] Ainda assim, as inconsistências continuariam, as divergências dentro da equipe médica tornar-se-iam cada vez mais públicas e o controle da informação seria objeto de disputas que apontavam também para a incapacidade de lidar com uma situação extraordinária como a que se experimentava.[299] É justamente nessa medida, aliás, que importa procurar captar o significado que determinadas ações e acontecimentos inusitados podem ter alcançado para pensarmos as contingências das formas de representação do poder, quando a figura do presidente era lançada numa nova atmosfera simbólica justamente pelo conteúdo imprevisível do repentino adoecimento e agravamento do seu estado de saúde.

---

[297] Ibid.

[298] Essa mudança é visível na postura do jornal *O Globo*, mas não muito no caso de *O Estado de S. Paulo*. Para um resumo das omissões dos boletins até o dia 3 de abril de 1985, ver: BOLETINS não revelaram o verdadeiro estado de saúde. *Folha de S.Paulo*, São Paulo, 5 abr. 1985. p. 6.

[299] As divergências médicas foram fartamente exploradas na imprensa, que usava expressões pejorativas como "guerra das estrelas" para referir-se ao anseio de notoriedade de alguns dos médicos que trataram Tancredo Neves. Já o descontrole da situação chegou a produzir situações curiosas, como a atitude do Ministério das Comunicações de divulgar que puniria os meios de comunicação que veiculassem notícias falsas sobre o estado de saúde do presidente. Diante das próprias insuficiências das informações oficiais e da evidente impossibilidade de discriminar claramente o que seria considerado uma informação falsa, a atitude parecia beirar ao desespero. Ver: INFORMAÇÃO falsa vai ser punida. *O Globo*, Rio de Janeiro, 12 abr. 1985. p. 2.

Por certo, em meio às divergências e desencontros de informações, a insegurança advinda dos acontecimentos configurava uma situação peculiar, não sendo de modo algum surpreendente que rumores dos mais diversos sobre um atentado ou maquinações contra a democracia se difundissem naquele momento.[300] Para nossos propósitos, por sua vez, importa dimensionar alguns aspectos do problema, entre eles o fato de a população brasileira passar a conviver intensamente com uma série de termos técnicos, antes restritos à linguagem médica, e que não apenas possuíam um significado de difícil compreensão, mas vinham acompanhados de uma enorme exposição do corpo e dos infortúnios que atingiam Tancredo Neves. A partir de meados de março, não apenas um conjunto de palavras do vocabulário médico se tornaram constantes no noticiário nacional (como "divertículo de Meckel", "leiomioma", "cintilografia" e "laraptomia"), como passaram a encorpar matérias com imagens que detalhavam o modo como foram feitas as incisões cirúrgicas e com representações do organismo daquele que deveria assumir a presidência.[301]

Tais imagens, que expunham a frágil condição do presidente, ao mesmo tempo que tendiam a trazê-lo para a "baixa atmosfera da vida humana", poderiam acentuar o sentimento de proximidade com a figura distante do estadista, sendo geralmente acompanhadas de outra forma de sacralização, que advêm justamente da percepção do governante como uma "pessoa comum", tão sujeita à doença como qualquer outro indivíduo.[302] Ao mesmo tempo, a própria doença remetia diretamente à esfera do privado e da família, que ganhava um espaço ainda mais evidente nos

---

[300] É sabida a importância que boatos e rumores podem ter na explicação de determinados fenômenos históricos, apesar das dificuldades heurísticas de tratamento do problema (e, cabe mencionar, os próprios órgãos de imprensa estiveram atentos ao fenômeno naquele momento). Ver, a respeito do tema, o conhecido livro de Georges Lefebvre (1979) sobre sua relevância para compreender a eclosão da Revolução Francesa.
[301] Várias matérias jornalísticas do período detalhavam as cirurgias e as reações do organismo de Tancredo Neves, sendo desnecessário citar qualquer exemplo nesse sentido.
[302] Nos baseamos aqui nas ideias de Jacques Julliard que, partindo do conhecido estudo de Kantorowicz sobre os dois corpos do rei, destacou como a exploração do corpo adoecido de um presidente nos meios midiáticos geralmente é acompanhada da construção desses dois sentidos paradoxais, de humanização e heroicização. Julliard partia, sobretudo, do caso do presidente francês François Mitterrand, mas também se referia a chefes de Estado de outros países. Julliard (1999:13). Ver também Kantorowicz (1998).

meios de comunicação. Até porque, diante da "invisibilidade" de Tancredo Neves, cuja única imagem disponível nos 10 primeiros dias de internação foi a de sua presença na missa da Igreja Dom Bosco, em 14 de março, a família acabava tomando parte do espaço que antes lhe era destinado nos meios de comunicação. Sua aparição constante, sobretudo na figura de Risoleta Neves, talvez tenha sido superada apenas por aquela do assessor de imprensa da Presidência da República, Antônio Britto.

Num regime que apostava na lógica da visibilidade como aquilo que o distinguiria da ordem estabelecida anterior, a não publicação de qualquer imagem do presidente durante 10 dias após sua internação surgia como um elemento de grande instabilidade política. Além de sugerir que a ruptura com práticas comuns durante o regime autoritário era menos profunda do que se apregoava, a "invisibilidade" de Tancredo não somente aumentava os rumores sobre sua saúde, como contrariava um dos fundamentos da sua campanha pelo restabelecimento da democracia. Conforme já destacamos, Tancredo procurou diferenciar-se dos generais presidentes anteriores concedendo várias entrevistas coletivas logo após ser eleito, atitude que apenas dava continuidade ao que já vinha fazendo desde a campanha presidencial. Apesar disso, a primeira fotografia oficial não apenas demorou a ser divulgada, como gerou uma euforia passageira, trazendo ainda mais complicações às tentativas de dar credibilidade à Nova República.

Preparadas na manhã de 25 de março, as fotografias foram divulgadas na tarde do mesmo dia por Antônio Britto que, após uma seleção prévia do material com Risoleta Neves, as retirou de um envelope em frente às câmeras de televisão.[303] Naquele mesmo momento, entretanto, era constatada uma hemorragia em Tancredo por parte dos médicos, a mesma que, horas depois, tornaria indiscutível a necessidade da sua transferência para o Hospital das Clínicas, em São Paulo. Feita na madrugada do dia seguinte, a tumultuada transferência do presidente contrastava com as manchetes dos principais jornais do país, que expunham uma otimista fotografia produzida no Hospital de Base de Brasília. Juntamente com a exibição da

---

[303] Conforme relatado pelo próprio Antônio Britto (1998:101-102).

foto, reproduzia-se a entrevista de Antônio Britto dizendo que Tancredo não tinha sofrido qualquer maquiagem, aparecendo "com sua própria cor, que é muito boa e saudável".[304] Defendendo que a fotografia tinha sido feita sem qualquer preparação, Britto também aproveitou para ressaltar que esses "artifícios não são usados na Nova República".[305]

Com efeito, o contraste entre as informações e imagens produzidas nos dias 25 e 26 foi, sem dúvida, um dos momentos mais dramáticos desde a internação de Tancredo Neves. Na fotografia, cuidadosamente preparada, o presidente aparecia na sala de estar dos médicos do Hospital de Base, devidamente adornada com flores por Dona Risoleta que, sentada ao seu lado, o acompanhava juntamente com a equipe médica. Sem o avental branco esterilizado usado em qualquer Unidade de Terapia Intensiva, Tancredo estava vestido com um *robe de chambre* de seda cinza escuro, uma calça de pijama grená e uma *echarpe* vermelha, branca e marrom. Atrás do sofá onde todos apareciam sentados, com um otimista sorriso de descontração, escondiam-se dois frascos de soro ligados ao paciente, provavelmente por debaixo da *echarpe* (que, portanto, não funcionava apenas como um adorno de vestuário).[306] Discrepando do ambiente frio de qualquer hospital, a fotografia longe estava de representar a situação real do paciente, que aparecia em trajes jamais usados desde que fora internado e com um humor que divergia dos relatos sobre sua impaciência diante do contraste entre a demora na sua recuperação e as promessas dos médicos.[307]

---

[304] Ver: AS FOTOS saíram. Com d. Risoleta e os médicos. *O Globo*, Rio de Janeiro, 26 mar. 1985. p. 5.

[305] Ver: MÉDICOS estão em desacordo sobre alta de Tancredo. *Jornal do Brasil*, Rio de Janeiro, 26 mar. 1985. p. 5.

[306] A informação sobre o frasco de soro por detrás do sofá foi divulgada pela revista *Veja*, que mencionava uma enfermeira abaixada no local para segurá-lo. O fotógrafo da revista *Manchete*, Gervásio Batista, que fez as fotografias, disse não perceber qualquer encenação, mas o próprio Antônio Britto confirmou a existência do frasco de soro (embora não tenha mencionado a existência de uma enfermeira atrás do sofá). De qualquer modo, fica claro que a imagem estava longe da pureza de informação apregoada pelo assessor de imprensa quando divulgou as fotografias. Ver: VERDADES e mentiras dos retratos. *Veja*, São Paulo, p. 24-25, 3 abr. 1985. Brito (1998:99).

[307] As constantes reclamações do paciente foram mencionadas em algumas matérias jornalísticas do período. Ver, por exemplo: PASSOS de um calvário inútil. *IstoÉ*, São Paulo, 10 abr. 1985, AS HORAS de agonia. *Veja*, São Paulo, 10 abr. 1985.

O corpo da Nova República

Imagem 1

Primeira fotografia de Tancredo Neves após
internação no Hospital de Base de Brasília (25/3/1985)

Fonte: Arquivo Tancredo Neves, CPDOC/FGV.

Já as imagens televisivas da transferência para o Hospital das Clínicas na manhã do dia 26 (quando as manchetes dos jornais com a foto mencionada eram exibidas nas bancas de jornal do país) eram verdadeiramente chocantes: no desembarque do *Boeing* presidencial, em Congonhas, Tancredo aparecia com o corpo inteiramente coberto por um lençol branco, um frasco de soro perdurado um pouco acima da cabeça, descendo a escada do avião juntamente com médicos e familiares.[308] Novamente o fantasma da "invisibilidade" do presidente tomava corpo e as tentativas de transmitir serenidade chocavam-se com a evidência da gravidade da situação. Nesse sentido, os sinais que Antônio Britto fazia para os jorna-

---

[308] Cena reproduzida no vídeo *Tancredo Neves — o presidente da democracia*, existente no fundo "Tancredo Neves" do CPDOC/FGV, classificação "TN vídeo 005", fita 2 (0:00:02-4:05:47).

listas antes da descida da maca, garantindo estar tudo bem, assim como as entrevistas de autoridades dizendo que a transferência foi apenas uma medida preventiva, se chocavam com o visível abatimento e tensão no semblante de Risoleta Neves (que descia logo atrás de Tancredo, repercutindo os rostos fechados dos demais parentes, médicos e enfermeiros também presentes naquela circunstância). Logo depois, o cortejo até o Instituto do Coração e a chegada da ambulância ao hospital complementavam a dramaticidade do acontecimento, tornando claro o contraste entre o que era transmitido oficialmente e o que acabava se evidenciando por si mesmo, sobretudo no que diz respeito à impossibilidade de manter um real controle da situação. Mais importante que tudo isso, entretanto, foi a crescente atmosfera religiosa criada naquela conjuntura, quando o adoecimento do presidente colocou em evidência representações que tendiam a santificar sua figura e construir uma imagem fortemente católica dos eventos que o envolviam. Esses, portanto, são os elementos mais fundamentais deste capítulo, que gostaríamos de destacar para pensar as reformulações da memória de Tancredo Neves.

A religiosidade da Semana Santa: o martírio de Tancredo e o calvário de Cristo

As oscilações do quadro clínico de Tancredo Neves forneceram ingredientes importantes ao fortalecimento de uma atmosfera religiosa que, na realidade, já havia sido criada desde os primeiros dias da sua internação. Dificilmente, em outro momento da história do país, se poderia perceber um acúmulo de acontecimentos e comportamentos por parte de algumas autoridades públicas que possibilitasse fazer correlações diretas com o arsenal mítico que compõe o imaginário cristão do martírio e do calvário, conforme se poderá apontar ao longo do texto. As crises sofridas pelo organismo do presidente, suas superações em dias de importante simbolismo no calendário cristão, foram acompanhadas de atitudes e gestuais igualmente surpreendentes se não percebidos dentro das perspectivas que se abriam diante dos próprios sujeitos históricos envolvidos. Torna-se fundamental, portanto, tentar captar seu significado mais profundo dentro daquela conjuntura histórica específica. Mais do que descrever acontecimentos e comportamentos, o que se pretende aqui é interpretá-los à luz das contingências históricas que, somadas aos interesses dos próprios atores sociais, ajudaram a conformar um momento bastante rico para pensarmos as mudanças nas formas de representação do poder dentro da sociedade brasileira.

Além do período da Semana Santa, diversos outros aspectos permitiram o estabelecimento de uma atmosfera na qual a importância da família e da religiosidade obteve mais espaço nos meios de comunicação. Ao mesmo tempo que a ausência da figura de Tancredo tendia a colocar em primeiro plano aqueles que acabavam "falando por ele" (seus parentes, aliados políticos, sua assessoria de imprensa, por exemplo), a própria doença constitui um fenômeno que remete diretamente à esfera familiar. Além disso, desde a vitória no Colégio Eleitoral, a reconstrução da sua biografia ganhava forte amparo na memória elaborada no interior da família Neves (conforme já destacamos no capítulo anterior). E, se havia algo que caracterizava a imagem dos Neves como uma "tradicional família mineira" era, sem dúvida, seu apego às tradições religiosas católicas, manifestada em várias falas públicas e comportamentos que acabaram estimulando ainda mais o clima religioso que já havia se formado.

Sem dúvida, antes mesmo da internação de Tancredo, o catolicismo dos Neves já tinha sido amplamente destacado nas matérias que visavam reconstituir sua trajetória (como na imagem de mulher recatada daquela que deveria ser a primeira-dama, enobrecida pelo destaque dado à sua devoção religiosa). Vale lembrar, aliás, que uma das primeiras manifestações públicas das dores que Tancredo sentia foi justamente numa missa em ação de graças pela sua posse na Presidência, onde ele foi fotografado levando seguidas vezes uma de suas mãos à região onde sofreria a primeira cirurgia.[309] Mas foi, de fato, a partir do seu adoecimento que as manifestações religiosas de integrantes da família Neves alcançaram mais destaque no noticiário nacional, particularmente com os sucessivos agravamentos

---

[309] A missa foi celebrada no entardecer do dia 14 de março, na capela Dom Bosco, em Brasília. No dia seguinte, Tancredo tomaria posse na Presidência da República.

do seu estado de saúde. Pouco depois da transferência para o Instituto do Coração, por exemplo, quando a hemorragia sofrida por Tancredo surpreendera a todos, uma matéria do jornal *O Globo* destacava dona Zizinha (irmã de Tancredo) pedindo às pessoas que rezassem pelo presidente e seguindo depois para uma missa na capela Santa Casa de Misericórdia, em São João del-Rei.[310] Participante ativa de várias cerimônias religiosas, Zizinha sairia também à frente da procissão luminosa de Nossa Senhora do Amparo logo após a Semana Santa, onde o padre salesiano Lelete compararia a ressurreição de Cristo ao sofrimento do presidente.[311] Várias ações semelhantes de outros membros da família foram repetidamente destacadas nos jornais do período. Muitas vezes, tais atitudes se conjugavam aos pronunciamentos e comportamentos de importantes representantes da Igreja Católica, os quais promoveram, em diferentes regiões do país, constantes missas e orações pela melhoria de Tancredo.

Coincidentemente com as oscilações do seu quadro clínico, a chegada da Semana Santa tornava essas manifestações mais frequentes e muito mais significativas. Ou seja, se os pedidos de oração pela recuperação do presidente por parte de integrantes da família Neves não representavam grande novidade (já que foram várias as manifestações nesse sentido antes mesmo da Semana Santa), naquela conjuntura, temas de expressiva conotação simbólica, como o da espera por um milagre ou da ressurreição de Cristo, se tornariam constantes. No dia anterior ao Domingo de Ramos, por exemplo, Jorge Neves, irmão de Tancredo, destacou que sua família considerava "um milagre a resistência do presidente a três operações feitas em tão curto espaço de tempo". "As providências médicas, sem dúvida, também foram tomadas na hora certa", complementava.[312]

Com a chegada da Semana Santa, muitas foram as manifestações dos Neves que, comparando o sofrimento de Tancredo com o calvário de Cristo, alcançaram grande visibilidade na imprensa nacional. Ainda na Quarta-feira Santa, uma matéria do jornal *O Globo* destacava uma entre-

---

310   SÃO João segue d. Zizinha e faz orações. *O Globo*, Rio de Janeiro, 27 mar. 1985. p. 8.
311   IRMÃ caçula dos Neves abre procissão. *O Globo*, Rio de Janeiro, 9 abr. 1985. p. 4.
312   FAMÍLIA está tranquila e considera milagrosa resistência a cirurgias. *O Globo*, Rio de Janeiro, 31 mar. 1985.

vista de Risoleta logo após a quarta cirurgia: "Essa é a Via Crucis do Tancredo. Estamos na Semana Santa. Tenho fé de que no domingo, tal como Cristo, ele ressuscitará".[313] No dia seguinte, mais de 8 mil pessoas eram esperadas para rezar pela recuperação do presidente em frente ao Solar dos Neves, em São João del-Rei.[314] Já na Catedral de São Paulo, dom Paulo Evaristo Arns celebraria o "lava-pés" (parte constante do ritual católico que relembra a Santa Ceia na Quinta-feira Santa) afirmando que o povo sentia a semelhança entre o sofrimento de Tancredo e o de Jesus Cristo.[315] Não obstante, nenhuma outra fala, nesses primeiros dias da Semana Santa, ganhou mais visibilidade do que aquela de Jorge Neves na manhã do mesmo dia, quando foi entrevistado por alguns repórteres ao chegar no Instituto do coração: "Espero que a ressurreição do Tancredo se faça com um milagre. Fora disso, eu tenho minhas dúvidas e me encontro muito preocupado e receoso".[316]

Na verdade, o irmão de Tancredo não apenas empregava as palavras "ressurreição" e "milagre" que, cada vez mais, repercutiriam no noticiário nacional, mas fazia comparações ainda mais diretas com o martírio de Cristo: "nós estamos na Semana Santa e eu peço a Deus que lhe dê forças para que não repita aquela parábola do Sermão das Sete Palavras: 'Meu Deus, meu Deus, por que me abandonastes?' E, se repetir, nós vamos ter uma comoção nesse Brasil, é inevitável".[317] Naquela manhã de quinta-feira, cabe ressaltar, as notícias sobre o estado de saúde de Tancredo não eram nada positivas e, pouco tempo depois, ele sofreria a quinta cirurgia. Mantido vivo com o auxílio de aparelhos, alguns instalados antes mesmo da operação, o presidente parecia cada vez mais assumir o quadro de "paciente terminal", sendo a notícia da sua morte esperada durante todo

---

[313] PARA Dona Risoleta, é a Via Crucis. *O Globo*, Rio de Janeiro, 3 abr. 1985. p. 3.
[314] EM SÃO João del-Rei, mais de oito mil rezam diante do solar dos Neves. *O Globo*, Rio de Janeiro, 3 abr. 1985. p. 3.
[315] CARDEAL exorta às orações como último recurso. *O Globo*, Rio de Janeiro, 5 abr. 1985. p. 5. A cerimônia do lava-pés, na qual um sacerdote lava o pé direito de 13 homens, visa relembrar o gesto de Jesus Cristo diante dos seus apóstolos antes da última ceia.
[316] SÓ um milagre ressuscita Tancredo, afirma irmão. *O Globo*, Rio de Janeiro, 5 abr. 1985. p. 6.
[317] Ibid.

o restante daquele dia.³¹⁸ Entretanto, invertendo as prospectivas religiosas que apostavam numa reencenação da Paixão de Cristo na Sexta-feira Santa, Tancredo teria uma relativa melhora no dia seguinte, aspecto que certamente não minorava a força que o elemento religioso adquiriu naquela conjuntura.

E não eram apenas seus familiares e as autoridades católicas que manifestavam o clima religioso fortalecido por conta das oscilações do seu quadro de saúde na Semana Santa. Sua relativa melhora em relação ao dia anterior foi saudada por José Sarney como uma dádiva de Deus diante das orações efetuadas: "a reza parece ter dado certo", diria o presidente em exercício na manhã da Sexta-feira Santa.³¹⁹ Naquele dia, Sarney ainda presenciaria uma missa na igreja Dom Bosco, onde participou da cerimônia que relembrava a Paixão e Morte de Cristo. O mais curioso, entretanto, foi a revelação feita aos repórteres de que sua mãe, Dona Kiola, havia reunido para um almoço 50 mendigos de São Luís e rezado pela recuperação de Tancredo Neves.³²⁰ Se as fortes convicções católicas de Sarney tornam menos surpreendentes suas falas e comportamentos, sem dúvida a imagem de um número relativamente grande de mendigos orando por Tancredo após conseguirem uma refeição da mãe do presidente parece sintomática da atmosfera peculiar que se formava.

O mesmo se pode dizer das manifestações de Ulysses Guimarães, certamente um homem menos apegado aos preceitos religiosos do que o presidente em exercício. Concedendo uma entrevista ao lado de dois irmãos de Tancredo e alguns ministros de Estado, Ulysses saía do Instituto do Coração quando declarou aos repórteres: "Aconteceu o que a própria Bíblia nos aconselha: 'Se pedires, serás atendido'. E 130 milhões de brasileiros se uniram e estas forças espirituais de fé fazem com que ele comece a superar suas dificuldades".³²¹ Já o ministro da Cultura,

---

³¹⁸ Após a operação, Tancredo sobrevivia ainda com o auxílio dos seguintes aparelhos: um tubo traquial para respiração artificial, um cateter para a ingestão de soros e medicamentos, três drenos nos cortes cirúrgicos e monitores para controlar os batimentos cardíacos, pressão arterial e temperatura.
³¹⁹ SARNEY animado: "A reza parece ter dado certo". *O Globo*, Rio de Janeiro, 6 abr. 1985. p. 3.
³²⁰ Ibid.
³²¹ ULYSSES: o conselho bíblico foi seguido por 130 milhões. *O Globo*, 7 abr. 1985. p. 3.

José Aparecido de Oliveira, também presente na ocasião, mencionaria a resistência exibida por Tancredo como "uma graça de Deus".[322] Manifestações como essas, de fato, parecem demonstrativas de como as explicações religiosas para os infortúnios da doença de Tancredo alcançavam uma expressividade que ultrapassava os quadros daqueles que sempre resguardaram mais importância a elas. Mais do que isso, a adoção desse tipo de atitude por figuras políticas de grande projeção nacional repercutia intensamente nos meios de comunicação, ajudando a promover a atmosfera religiosa impulsionada pelas próprias contingências históricas relacionadas à saúde de Tancredo e ao período da Semana Santa.

Foi a melhora do quadro clínico do presidente no domingo de Páscoa, entretanto, que mais elementos forneceu à comparação com o milagre cristão da ressurreição. Naquele dia, Tancredo recuperou parte da capacidade respiratória (desde a quinta-feira mantida com o auxílio de um tubo orotraqueal[323]) e viu regredir a inflamação que atingia seus pulmões, dois dos aspectos que, juntamente com o risco da difusão de bactérias por todo o seu organismo, mais tinham alarmado os médicos nos últimos dias. Ainda no domingo em que se celebra a ressurreição de Cristo, Risoleta Neves participou da Missa de Páscoa pelos Enfermos na capela do Hospital das Clínicas e fez um pronunciamento de forte conteúdo simbólico. Dirigindo-se ao altar e interpelando diretamente o povo brasileiro, seu discurso de intensa carga emotiva foi transmitido em rede nacional e depois transcrito para distribuição aos jornais pela assessoria de imprensa de Tancredo Neves. Nele, Risoleta agradecia às orações dos brasileiros, que "têm chegado até Deus e ele tem nos confortado", e se utilizava das figuras do Bom Samaritano e de Simão Cireneu para enaltecer Tancredo: "ele realmente foi na sua vida inteira um Samaritano ajudando, curando. E um Cireneu também, carregando com seus irmãos essas cruzes que vão nos ombros de cada um".[324] Colocando-se no próprio lugar simbólico de

---

[322] Ibid.
[323] Aparelho colocado na boca, que desce até a traqueia do paciente e bombeia oxigênio diretamente nos pulmões.
[324] Ver o discurso na íntegra em: DONA Risoleta aos brasileiros: "Deus lhes pague". *O Globo*, Rio de Janeiro, 8 abr. 1985. p. 2. A figura do Bom Samaritano constitui o personagem de uma

Tancredo ("agradeço como se fosse ele que estivesse aqui falando"), Risoleta parecia falar como uma grande mãe dos brasileiros, encarnando a imagem da Virgem Maria, com sua força e fibra demonstradas diante do sofrimento de seu filho (no caso, seu marido) crucificado. E, ressalte-se bem, a analogia não parece forçosa diante do apego do mito cristão no imaginário nacional e dos indícios de que essa foi a interpretação de, pelo menos, algumas pessoas.[325]

De qualquer modo, não se pode desconsiderar a relevância simbólica daquele discurso do domingo de Páscoa, não apenas pela espontaneidade do sofrimento projetado, mas pela preocupação (marcadamente católica) de, ainda assim, consolar os brasileiros ("A vontade é ter junto de nosso peito, abraçar, agradecer e dizer: Deus lhes pague, meus irmãos. Tancredo, o seu Presidente, caminha para a recuperação", era outra parte bastante emotiva do seu pronunciamento). Naquele mesmo dia, Risoleta já havia expressado aos jornalistas sua interpretação de que a melhora do marido representava um aceno divino às preces de todos os brasileiros, enfatizando que ele sofreria, ao longo da semana, um tempo de tormento e expiação, ressuscitando no domingo de Páscoa. Já a irmã do presidente, dona Zizinha, também se sensibilizaria com o pronunciamento: "E ela [Risoleta] deve ter escolhido a Páscoa por ser um dia que marca o renascimento da vida, o que muito significa em termos de uma Nova República", diria em uma entrevista do mesmo dia.[326] O que se percebia, portanto, era um enorme fortalecimento da interpretação religiosa daqueles acontecimentos que, alimentada pelo "caráter devoto" da família Neves, também se amparava no modo como foram compreendidos muitos dos gestos de Tancredo, conforme se analisará em seguida.

---

parábola de mesmo nome supostamente contada por Jesus Cristo e que teria por fundamento destacar a importância do amor ao próximo. Já Simão Cireneu teria sido aquele que, juntamente com Jesus, carregou a cruz até o Calvário.
[325] Trabalharemos o tema quando discutirmos as cartas enviadas à Risoleta Neves, no tópico seguinte.
[326] POVO de São João del-Rei envia a São Paulo o seu presente simbólico. *O Globo*, Rio de Janeiro, 8 abr. 1985. p. 2.

O significado simbólico dos gestuais de Tancredo: contingências históricas e "realidades míticas"[327]

A contrapartida da "invisibilidade" de Tancredo Neves, após sua internação hospitalar, era uma grande valorização dos seus gestos, que alcançavam significados singulares advindos da situação e da posição em que se encontrava. Na realidade, sendo restrito o acesso ao quarto onde era mantido sob cuidados hospitalares, seus comportamentos acabavam chegando ao noticiário nacional de forma indireta, pelos depoimentos da assessoria de imprensa, das autoridades médicas, dos parentes, de representantes católicos chamados pelos familiares, ou ainda por alguns políticos que conseguiam ter um acesso mais direto ao paciente. Procurando suprir as lacunas de informação, os jornais do país especulavam a partir de dados menores, mencionados nessa ou naquela entrevista, que iam sendo repetidos ao longo dos dias e conformavam uma verdadeira narrativa sobre as atitudes de Tancredo diante dos infortúnios que o acometiam. Também aqui a imagem positiva prevalecia, é claro, respaldada nas indicações acerca do bom humor de um paciente que sofria não somente com os inconvenientes da própria doença, mas com os incômodos provindos de uma rotina exaustiva de exames médicos, da alta dose de medicação recebida, ou ainda do uso intermitente de aparelhos certamente pouco confortáveis.

Foram mesmo numerosos os comportamentos descritos que apontavam para a resistência psicológica de Tancredo Neves: desde os primeiros momentos, quando expressava grande desejo de retornar às atividades políticas, até antes da sétima cirurgia, a partir da qual ficaria submetido quase que permanentemente aos efeitos de sedativos, suas atitudes foram representadas como a de alguém que jamais sucumbia ao desespero. Assim, pouco depois de ser submetido à segunda intervenção cirúrgica, teria dito aos médicos (que talvez procurassem animá-lo) para começarem a preparar o terno de posse. Após a primeira operação, aliás, o mesmo

---

[327] Tomo emprestada aqui a feliz expressão de Marshall Sahlins (2008), apenas pela força que a analogia pode sugerir (já que a "mitopráxis" que destaca para pensar a apoteose do capitão Cook tem que ser vista de forma muito mais matizada para o caso em pauta).

bom humor já teria se manifestado, conforme se poderia notar por uma suposta fala no momento do curativo: "Só porque fui eleito presidente não vamos começar a fazer economia comigo, não é". Da mesma forma, quando Risoleta comentou que os equipamentos que o cercavam na cama pareciam uma árvore de natal, logo teria retrucado dizendo mais se igualarem a um pé de jaca.[328] E muitos outros comportamentos poderiam ser destacados no mesmo sentido (assim como aqueles que demonstrariam um grau inabalável de altruísmo, como seu suposto desejo de logo se recuperar para aumentar o salário mínimo).[329]

Com certeza, a descrição de tais comportamentos auxiliava na construção da imagem de alguém dotado de uma resistência incomum. É bastante provável, portanto, que ela se chocasse com a realidade da rotina hospitalar, na qual a impaciência diante de tamanho sofrimento talvez fosse muito mais constante. Não há dúvida também de que, em alguns casos, certos órgãos de imprensa procuraram denunciar a artificialidade dessas versões mais otimistas, assim como parece evidente que elas se alimentavam de todo o processo de construção da imagem positiva de Tancredo que já estava em curso muito antes do seu adoecimento (por tudo aquilo que destacamos anteriormente). Entretanto, para além desses elementos mais óbvios e menos relevantes, a ênfase dada àqueles comportamentos pelos órgãos de imprensa importa por seu significado mais profundo: ela não apenas auxiliava na constituição da imagem de um homem infatigável, mas também favorecia a convicção de que sua resistência obstinada amparava-se na sua fé religiosa, verdadeira fonte de uma confiança inquebrantável.

Era esse, portanto, o significado mais profundo de tais comportamentos. Eles complementavam um quadro que trazia para primeiro plano o vigor que a fé católica supostamente lhe propiciava, corporificando a re-

---

[328] Esses e vários outros comportamentos de Tancredo Neves foram mencionados em diversas matérias jornalísticas do período, que procuravam ressaltar sua infatigável resistência. Ver, por exemplo: PRESIDENTE é "paciente nota dez", segundo os médicos que o assistem. *O Globo*, Rio de Janeiro, 31 mar. 1985, A ÚLTIMA frase de Tancredo: "Eu não merecia isto". *O Globo*, Rio de Janeiro, 22 abr. 1985. p. 6.
[329] Ver: TANCREDO quer alta para tratar do salário mínimo. *O Globo*, Rio de Janeiro, 31 mar. 1985.

presentação de um cristão que se submetia sem reclamos à vontade divina. A leitura daqueles episódios é marcadamente religiosa, feita a partir da extensa mitologia que compõe o martirológio cristão das provações e do calvário. Durante todo o período aqui analisado é possível encontrar na imprensa nacional uma leitura dos comportamentos de Tancredo que ensejava comparações com os mitos cristãos, aspecto que não deve ser compreendido apenas como uma construção idiossincrática dos meios de comunicação para manipular os brasileiros, mas como uma interpretação que se amparava na existência de uma "comunidade de sentido" preexistente (e numa grande quantidade de coincidências e de atitudes surpreendentes, que permitiam relembrar a mitologia da tormenta e do calvário de Cristo).[330] Indicando a força do componente religioso na reelaboração da sua memória, aqueles eventos remetem igualmente para outros problemas que trataremos mais adiante, como a relevância da interpretação católica nos instantes mais fundamentais dos seus funerais. Além de aparecer em diversos momentos das suas exéquias, a compreensão católica dos acontecimentos demarcaria as disputas de memória características da conjuntura da sua morte, fundamentando representações sobre a trajetória do país com expressiva capacidade de identificação coletiva.

Por outro lado, se essas interpretações ganhavam respaldo na força que o martirológio cristão tem no imaginário nacional, elas também tinham amparo nas próprias ações de Tancredo Neves e de outros membros da família que, sem dúvida, em momento algum pareceram se opor às analogias que as próprias contingências históricas ensejavam (pelas oscilações do seu quadro clínico no período da Semana Santa, pelo sofrimento prolongado que vitima e redime, entre outros). É claro, não se deve suspeitar que a família de Tancredo aceitasse incondicionalmente tais comparações como forma de sobrepesar seu próprio sofrimento, ou mesmo que alguns de seus membros pudessem realmente interpretar aquele momento como uma mensagem divina (do mesmo modo que parece indubitável o fato de que Tancredo não tinha qualquer condição de se opor às interpretações que se faziam sobre o seu adoecimento). O que se quer destacar,

---

[330] Sobre a noção de "comunidade de sentido", ver Baczko (1985).

nesse sentido, é mesmo o conjunto de coincidências históricas que, conjuntamente com os interesses dos meios de imprensa e dos sujeitos envolvidos, possibilitaram a construção de tais interpretações, cuja força era bastante relevante.

Até porque, vale destacar, as convicções marcadamente católicas do presidente, assim como toda sua trajetória religiosa, respaldavam interpretações desse tipo. E são elas também que ajudam a explicar alguns de seus comportamentos de "teor premonitório", somente compreensíveis porque levados a cabo por um homem que sempre interpretou sua trajetória de forma teleológica. Para alguém que sempre percebeu sua biografia política como destino, que variadas vezes manifestou sua crença de que Deus preparou-lhe o caminho, seria improvável que aqueles eventos inusitados fossem interpretados de forma não religiosa. Aos olhos de Tancredo, eles talvez fizessem realmente parte da sua missão ditada por forças providenciais. O que mais importa, entretanto, não é tanto sua percepção do ocorrido, mas sim como ela se conjugava aos próprios acontecimentos, gerando uma série de comportamentos de expressivo conteúdo simbólico.

De fato, foram muitos os momentos em que seu comportamento denotaria abnegação e devoção religiosa. Pelo menos desde a segunda cirurgia, realizada no dia 20 de março (quando Tancredo pôde, finalmente, voltar a falar), ele mantinha a rotina da leitura diária de um salmo da Bíblia. Assim, todos os dias, por volta de 20 horas, o padre Novarino Brusco entrava na sala de recuperação e, junto com Tancredo, fazia a leitura em voz alta de um salmo das escrituras sagradas. No dia 23, quando Brusco entrou com a recomendação médica para que Tancredo falasse pouco, foi surpreendido pelo seu pedido para que lessem o salmo 114, justamente aquele que termina com as palavras "obrigado, Senhor, por ter me salvado do abismo". Segundo o padre, Tancredo era um "homem religioso", "muito contrito", que lia os salmos "com muita devoção", e "isso sem dúvida ajudou-o a vencer todo esse mal".[331]

---

[331] LER um salmo da Bíblia, obrigação que o presidente cumpre diariamente. *O Globo*, Rio de Janeiro, 26 mar. 1985.

Já no dia 27, o capelão do Hospital das Clínicas, Leocir Pecini, foi uma das poucas pessoas que teve contato com o presidente, afora os médicos. Dos poucos minutos em que viu Tancredo, Pecini se impressionou mais com a seguinte cena: "No rápido contato que tivemos fiz uma breve oração com o Presidente, manifestando toda a nossa solidariedade de povo cristão, de povo que tem fé. Tem um crucifixo no quarto. Eu falei que Cristo está muito perto dele. Ele levantou a mão para o Cristo, olhou e fez uma breve oração".[332]

Na interpretação do capelão, o gesto significava "esperança" e Tancredo parecia dizer: "meu sofrimento está junto com o sofrimento dele", quando olhava para a imagem (uma interpretação que, embora pessoal, acentuava a possibilidade de que tivesse equiparando seu próprio sofrimento com o calvário de Cristo). Gesto semelhante, por outro lado, Tancredo teria feito pouco antes da quinta cirurgia, segundo revelado por um médico ao presidente José Sarney. Pouco antes de ser levado para a sala de operação, ele teria olhado para a imagem de Cristo, levantado a mão direita e aberto os cinco dedos, "como se quisesse dizer: 'Meu Deus, é a quinta operação'".[333]

Foi na Semana Santa, por outro lado, que os gestos de Tancredo Neves adquiriram um significado simbólico peculiar, ganhando também uma projeção mais ampla nos meios de comunicação. De um lado, certa ausência chamava a atenção dos jornais do período: depois de mais de 30 anos carregando a lanterna de prata que ilumina a imagem do rosto de Cristo morto, Tancredo ficou impossibilitado de participar da procissão da Sexta-feira da Paixão, em São João del-Rei.[334] A lanterna, sempre carregada pelo primeiro-ministro da Ordem Terceira de São Francisco de Assis, era uma das mais importantes (juntamente com outra, conduzida por uma autoridade militar) e, para substituí-lo, foi enviado seu irmão Octávio. Ex-prefeito da cidade, Octávio testemunhava a forte devoção católica dos Neves: "A Semana Santa acima de qualquer coisa. Não podemos

---

[332] IMAGEM de Cristo, sinal de esperança. *O Globo*, Rio de Janeiro, 28 mar. 1985. p. 6.
[333] SARNEY animado: "A reza parece ter dado certo". *O Globo*, Rio de Janeiro, 6 abr. 1985. p. 3.
[334] NA PROCISSÃO, Otávio carrega lanterna por Tancredo. *Folha de S.Paulo*, São Paulo, 6 abr. 1985. p. 6.

faltar com uma tradição de mais de duzentos anos", teria mencionado ao confirmar sua presença no cerimonial.[335]

Eram de fato os gestos do próprio Tancredo, entretanto, que mais pareciam significativos. Na mesma Sexta-feira Santa, impossibilitado de falar, o presidente escreveu um bilhete pedindo para ouvir o Sermão das Sete Palavras — que, sempre relembrado naquela data, termina com os conhecidos dizeres de Cristo: "Pai, em tuas mãos entrego meu espírito".[336] Realizada no próprio quarto do paciente, a cerimônia contou com a leitura do sermão pelo padre Leocir Pecini e o frei Beto. Fora do quarto, uma outra cerimônia seria realizada por iniciativa de dona Risoleta, com a montagem da *via crucis* e a leitura de suas 14 estações.[337] Na verdade, todos os dias Leocir Pecini também comparecia à suíte presidencial, onde estavam hospedados os parentes de Tancredo Neves, para celebrar uma missa pela sua recuperação.[338] Era um pedido de Risoleta, sem dúvida um dos familiares de Tancredo que mais colaborou para a construção de uma atmosfera de grande devoção religiosa naquela conjuntura.

Com efeito, a devoção dos Neves, conjugada com as peculiaridades do momento, acabava por construir uma situação impressionante, conforme se poderia notar pelo próprio quarto do paciente: a julgar por uma matéria de *O Globo*, cercava Tancredo Neves uma grande quantidade de objetos "santificados" ou "mágicos" recebidos em nome de dona Risoleta. Além do crucifixo de 60 centímetros localizado na parede do quarto, outro, com metade do tamanho, tinha sido colocado por debaixo do travesseiro de Tancredo. Nos móveis, figurava um grande número de santinhos, alguns com a imagem de Santa Rita de Cássia e, coladas ao braço do paciente, podiam ser vistas três medalhinhas presas com esparadrapo. Em determinada circunstância, até mesmo água do rio Jordão (considerada

---

[335] Ibid.
[336] O Sermão das Sete Palavras corresponde às sucintas frases supostamente pronunciadas por Jesus Cristo durante o processo de crucificação. A frase mencionada, portanto, constituiria sua última palavra.
[337] A PAIXÃO no hospital. *Veja*, São Paulo, p. 21, 10 abr. 1985.
[338] RADIANTE, a família atribuiu às preces "ressurreição' do Presidente". *O Globo*, Rio de Janeiro, 8 abr. 1985. p. 2.

benta) chegou a ser levada à UTI e, num dos momentos mais dramáticos da doença, quando a perspectiva de cura realmente já não existia, um franciscano que dizia utilizar a bioenergética compareceu ao Instituto do Coração para ajudar Tancredo.[339]

Como se não bastasse, o Sermão das Sete Palavras (já relembrado pelo irmão e pelo próprio Tancredo) parecia repercutir naquela que foi considerada sua última frase. Apertando as mãos do neto Aécio Neves antes da sétima e última operação, o presidente teria finalmente conseguido forças para proferir um último lamento: "Eu não merecia isto".[340] Num homem sem as suas convicções religiosas talvez fosse pouco significativa a semelhança com a parte do sermão correspondente à quinta palavra ("Meu Deus, meu Deus, por que me abandonastes?"). Em alguém que, desde o primeiro momento, pareceu compreender seu adoecimento como uma provação e a todo tempo invocou as palavras de Cristo para interpretar os males que o acometiam, ela realmente parece ter um significado mais profundo. Parecendo encarnar os passos do calvário, Tancredo Neves talvez morresse martirizado em sua própria consciência e naquela de parte de seus familiares. Seria obviamente demais acreditar que todos os brasileiros interpretassem do mesmo modo seu adoecimento e morte. Mas essa não é, sem sombra de dúvida, a intenção do texto aqui apresentado: ele visa apenas ressaltar como essa foi uma compreensão do fenômeno que, repercutindo nos meios de comunicação, tinha uma força importante naquele momento. Com uma capacidade muito maior de objetivar suas interpretações, os jornais do período contribuíam para a constituição de uma percepção daqueles acontecimentos que possuía grande relevância simbólica, indicando uma série de elementos que depois seriam dramatizados nos funerais de Tancredo Neves (pensados aqui, portanto, como ocorrências históricas, que não podem ser analisadas apenas pelos condicionantes de mais longa duração que também colocam em jogo).

---

[339] Ver MANIFESTAÇÕES religiosas do povo chegam à UTI. *O Globo*, Rio de Janeiro, 21 abr. 1985, ESTABILIDADE é passageira; não há chance de salvação. *O Globo*, Rio de Janeiro, 21 abr. 1985. p. 2.
[340] A ÚLTIMA frase de Tancredo: "Eu não merecia isto". *O Globo*, Rio de Janeiro, 22 abr. 1985. p. 6.

Os médicos e "a esperança obstinada de um milagre"

Apesar da aparente melhora do estado de saúde de Tancredo Neves no domingo de Páscoa, que parecia se confirmar pelos exames médicos produzidos na manhã do dia seguinte, na própria noite de segunda-feira ele entraria cada vez mais num quadro crítico de praticamente total irreversibilidade. No dia seguinte, sofreria a sexta cirurgia, seguida de um choque pós-operatório que quase o vitimaria por completo e, na quinta-feira, uma nova e última operação seria feita para retirar-lhe três focos profundos de infecção do abdômen. Destacada nas manchetes dos jornais, sua situação como "paciente terminal" contrastava com o otimismo ainda apresentado pelos médicos (cada vez mais amparado apenas no vigor que as explicações religiosas tinham adquirido naquele momento).[341] Também aqui as manifestações de importantes figuras políticas, autoridades religiosas e, particularmente, alguns membros da equipe médica parecem demonstrativas das peculiaridades do momento.

Assim, a apregoada expectativa de um "milagre" se incutiria no próprio discurso científico, passando a palavra a ser crescentemente empregada pelos médicos. Confirmada por aqueles que tinham mais contato com a equipe que tratava de Tancredo, a informação de que "só um milagre salvaria o presidente" parecia algo paradoxal nas palavras de profissionais encarregados de aterem-se às explicações científicas. Ao que parece, entretanto, o discurso religioso foi mais forte, sendo avalizado até mesmo pelos membros da equipe que tratava de Tancredo: "Esperanças sempre há. Mas a nossa esperança agora é de que possa haver um milagre. Não há mais nada a fazer", responderia um deles ao assessor da Presidência, após a crise sofrida no dia 14 de abril.[342]

---

[341] Essas são as manchetes de alguns jornais a partir do dia 11 de abril: ESGOTADOS os recursos médicos para salvar Tancredo. *O Globo*, Rio de Janeiro, 11 abr. 1985, SÉTIMA operação: Tancredo entre a vida e a morte. *O Globo*, Rio de Janeiro, 12 abr. 1985, PRATICAMENTE desenganado para médicos. *O Globo*, Rio de Janeiro, 13 abr. 1985, TANCREDO é mantido vivo com uso de máquinas. *Jornal do Brasil*, Rio de Janeiro, 13 abr. 1985, TANCREDO perdeu 20 kg e já não reage. *Jornal do Brasil*, Rio de Janeiro, 14 abr. 1985, TANCREDO está à morte. *Folha de S.Paulo*, São Paulo, 15 abr. 1985.

[342] Reproduzido em: MÉDICOS: "Agora só um milagre salva Tancredo". *O Globo*, Rio de Janeiro, 15 abr. 1985. p. 2.

Mais sintomáticas, entretanto, foram as frases de outro membro da equipe, quando o quadro se tornou definitivamente grave, alguns dias depois: "A esta altura também não representa mais nada, infelizmente, conseguir retirar o paciente da crise. Fazemos isso pelo dever e pela esperança obstinada de que possa haver um milagre".[343] Se o quadro do presidente autorizava não mais criar expectativas devido aos limites da própria ciência médica, parece sintomático ouvir uma autoridade daquele campo falar da esperança obstinada de que pudesse haver um milagre. Ou seja, tal situação demonstra como as explicações religiosas ganhavam força às expensas da confiabilidade na capacidade de cura da própria medicina, cujos limites se tornavam certamente mais perceptíveis. Curioso é notar, por outro lado, que essas interpretações acabavam sendo adotadas inclusive pelos profissionais da área, como na fala do irmão de Risoleta, também formado em medicina: "Além da ciência, resta agora apenas a fé em Deus".[344]

Como se pode notar, a peculiaridade da situação criada pelo adoecimento e agravamento do estado de saúde do presidente conformava uma atmosfera religiosa que se retroalimentava das próprias atitudes de autoridades médicas e políticas envolvidas (sem falar, é claro, de importantes representantes religiosos). É o que também pode ser percebido na fala do governador de São Paulo, Franco Montoro, para quem os médicos possuíam uma função apenas auxiliar diante da força da natureza: "A verdade se resume em uma frase: é a própria natureza que cura. Os médicos estão ajudando, impedindo que a situação se complique. Mas se a natureza reagir haverá esperança".[345] Creditando à natureza ou a supostos entes sobrenaturais a salvação de Tancredo, tais atitudes acabavam encorajando interpretações religiosas que procuravam sobrepesar os limites do próprio conhecimento científico, auxiliando na desconfiança que tinha sido criada em relação às explicações dadas pelas autoridades médicas (que, desde

---

[343] Reproduzido em: ACABAM as esperanças: Tancredo é "paciente terminal". *O Globo*, Rio de Janeiro, 19 abr. 1985. p. 2.
[344] A fala de Edson Tolentino foi reproduzida em: FAMÍLIA espera melhora mas está preparada. *O Globo*, Rio de Janeiro, 13 abr. 1985. p. 5.
[345] MONTORO crê que natureza pode auxiliar. *O Globo*, Rio de Janeiro, 20 abr. 1985. p. 2.

o primeiro momento, pareceram cercadas de contradições e omissões de informações bastante graves).

Na verdade, além das conotações religiosas dessa e de outras falas de Montoro, o governador foi uma das figuras que acabou se destacando na construção de um clima de otimismo que, conjuntamente com os depoimentos de alguns médicos, contrastava nitidamente com a situação do estado de saúde de Tancredo Neves. Numa de suas visitas ao Instituto do Coração, por exemplo, Montoro sairia dali dizendo ter ouvido dos médicos que Tancredo seria um "homem de ferro", expressão que, a partir de então, seria repetida em várias matérias jornalísticas.[346] Longe da realidade, ela se amparava na relativa melhora de seu quadro clínico ocorrida logo após a quinta-feira da Semana Santa, quando seu organismo esteve a um passo da morte.[347] Assim, reeditava-se a imagem do homem de capacidades extraordinárias, dotado de um vigor físico que contrabalançava sua idade avançada, conforme já tinha ocorrido por ocasião da sua campanha à Presidência da República.

O mesmo ocorria com uma parte dos médicos e suas frases de efeito para a imprensa, por vezes reelaboradas pelos assessores da Presidência, e que exaltavam a capacidade de resistência de Tancredo (ressaltando seu "coração ultradotado" ou que sua recuperação era algo surpreendente, estando "acima de qualquer compêndio de medicina").[348] A irreversibilidade do quadro clínico de Tancredo, perceptível sobretudo a partir do dia 14 de março (quando sofreu crises sucessivas de bacteriemia e da falência dos rins e dos pulmões), discrepava nitidamente das entrevistas concedidas por alguns dos médicos que o assistiam. Mantido vivo basicamente a partir de dois equipamentos, um respirador mecânico e um aparelho de hemodiálise (responsável por exercer artificialmente as funções dos rins), seu organismo dava claros sinais de exaustão quando, surpreendentemente, o chefe da equipe médica que o assistia, Henrique Pinotti, divulgou um relatório estranhamente otimista.

---

[346] Ver a análise do programa *O martírio do dr. Tancredo*, feita no capítulo 1 da parte IV.
[347] Consultar: AS HORAS de agonia. *Veja*, São Paulo, p. 27, 10 abr. 1985.
[348] Ver: MÉDICOS consideram "atípica" resistência do coração. *Folha de S.Paulo*, São Paulo, 20 abr. 1985.

Lido na frente das câmeras de televisão no dia 17, o relatório destacava que, "graças aos grandes progressos da medicina terapêutica, dos métodos cirúrgicos e dos equipamentos", o quadro de Tancredo "ainda apresenta perspectiva de cura". Pouco depois, mencionava que "todos os companheiros da equipe" estavam "buscando a difícil, mas sempre possível recuperação do paciente".[349] Lido com um ar risonho e triunfal, o relatório parecia contradizer todas as evidências. Pouco antes, o mesmo Pinotti tinha fornecido uma entrevista ao programa" da Rádio São João Del Rei, onde transmitiu a mensagem: "Nós vamos salvar o presidente".[350] No dia seguinte, Tancredo sofreria duas fortes crises e seu quadro clínico, conforme se poderia esperar, caminharia para o desfecho final, que se daria no dia 21 de abril.

6º ato: a morte: a família do herói se estende à nação

Conterrâneo de Joaquim José da Silva Xavier, o Tiradentes, amando tanto quanto Tiradentes a liberdade e a independência [...], Tancredo viveu, tal como Tiradentes, inteiramente voltado para a consecução de tão nobres ideais, em defesa dos quais lutou até o último alento.
[*Folha de Minas*, 23 abr. 1985.]

Tancredo era minha esperança. Sofri a morte de Getúlio, de Juscelino, sofri com a renúncia de Jânio, mas com Tancredo é diferente. Tancredo [...] alguém lá de dentro, alguém da família da gente.
[Depoimento de uma telefonista em frente ao Instituto do Coração, *Jornal do Brasil*, 20 abr. 1985.]

Morreu o amigo. Mais do que avô, marido, pai, morreu o amigo da família [...]. Logo agora quando o povo tanto necessita de amigos corajosos, leais e talentosos, perde o maior deles e o líder de todos eles.
[Pronunciamento de Ulisses Guimarães após a morte de Tancredo Neves.]

---

[349] Ver: PINOTTI: "Ainda há perspectiva de cura". *O Globo*, Rio de Janeiro, 18 abr. 1985. p. 2.
[350] PROCESSO infeccioso pode ter começado em junho. *O Globo*, Rio de Janeiro, 18 abr. 1985. p. 3.

Uma das dimensões mais conhecidas das imagens projetadas sobre Tancredo Neves logo após o acontecimento de 21 de abril foi a intensa comparação com a representação heroica de Tiradentes. Além da coincidente data de morte, as recorrentes associações se alimentavam de elementos como a origem mineira, o suposto sacrifício pela "causa nacional" e a frequente utilização que Tancredo fizera da memória do inconfidente. Não seria difícil encontrar matérias de importantes jornais do país que se utilizaram daquela referência para enaltecer o presidente morto. Menos considerada, por outro lado, é a imagem de proximidade e intimidade com sua figura que se conformou em paralelo, acrescentando algo mais à representação do homem público que se imolou pela redemocratização do país. Essa era outra faceta que sua morte também colocou em jogo, complexificando as representações construídas sobre o sentido público da vida de um personagem com o qual já tinham sido criados intensos vínculos de familiaridade.

O adoecimento e a internação hospitalar de Tancredo, conforme já analisamos, tiveram um papel fundamental nesse sentido (somando-se assim ao investimento simbólico que se tinha feito na imagem daquele que seria o primeiro presidente civil após o ciclo militar). Para além daquilo que remete diretamente à sua figura, como os sentimentos de humanização e solidariedade ensejados pela doença, por outro lado, a força que a dimensão do privado adquiriu está igualmente associada ao crescente espaço que os membros da família Neves passaram a ocupar nos meios de comunicação. Assunto de família, a doença geralmente remete ao âmbito do privado, mas é claro que haveria peculiaridades no caso de alguém que tinha sido eleito para a presidência, até mesmo por conta do investimento na imagem do estadista que já ressaltamos. Na intensa confluência entre público e privado que se conformava, era a projeção do sofrimento dos Neves que ganhava destaque, sendo recorrente a imagem da dor enfrentada pelos filhos e netos do presidente, por exemplo. Mais do que qualquer outra, entretanto, era a figura de Risoleta aquela que ocuparia o primeiro plano, fomentando a imagem de "mãe dos brasileiros" e auxiliando na projeção da representação da nação como uma espécie de extensão da família Neves.

Aqui, poderemos tratar do tema a partir de um material bastante peculiar: analisaremos um conjunto de cartas enviadas a Risoleta Neves nos dias e semanas logo posteriores à morte de Tancredo.[351] Em sua maioria, elas visavam parabenizá-la pela passagem do Dia das Mães, aspecto já bastante indicativo da relevância que a dimensão da família havia alcançado naquele momento. Apesar de não ser numeroso, o material pode servir como um indício significativo do modo como parte da sociedade brasileira tecia laços de intimidade com os Neves, muitas vezes representados por meio de adjetivações e expressões que denotavam um intenso grau de proximidade. Além disso, sua análise servirá para demarcar as duas preocupações principais deste tópico: de um lado, ele remete às representações que circularam no momento da morte de Tancredo, tomada aqui como o sexto ato daquela tragédia (e cuja análise será complementada pela interpretação de seus grandiosos funerais, na parte seguinte). Nesse sentido, a fusão entre as dimensões pública e privada de sua figura pode ser novamente considerada, partindo agora do momento da morte como aquele que colocou em foco não apenas a imagem do herói (representada nas remissões a Tiradentes), mas também de um homem que parecia "muito próximo" aos brasileiros. De outro lado, ele serve para reforçar nossa hipótese sobre a importância que a dimensão do privado alcançou naquela conjuntura, permitindo retomar os elementos analisados nos itens anteriores a partir das representações construídas acerca daquela que, mais do que qualquer outra pessoa (ou mais do que o próprio presidente José Sarney), parecia ter ocupado o lugar simbólico antes destinado a Tancredo: a viúva Risoleta Neves.

---

[351] As cartas aqui analisadas encontram-se no fundo "Comitê Tancredo Neves" do Centro de Pesquisa e Documentação de História Contemporânea do Brasil (CPDOC) da Fundação Getulio Vargas (FGV). Classificados como "CTN pm c 1985.05.05", os documentos foram reproduzidos no rolo 41 de microfilme e somam um total de 110 cartas, que foram enviadas à família Neves entre os meses de maio e junho de 1985. Além deles, utilizaremos algumas cartas deixadas no túmulo de Tancredo Neves após sua morte e que também foram recolhidas ao mesmo fundo. Classificados como "CTN pm c 1985.04.23", esses documentos podem ser encontrados no mesmo rolo de microfilme. Para evitar sobrecarregar as notas, diferenciaremos ambos os documentos apenas pela indicação do destinatário (quando não houver qualquer indicação, a carta corresponde ao segundo tipo de documento mencionado). Indicaremos o fotograma correspondente utilizando a abreviatura "fot". Erros de pontuação, grafia e outros foram corrigidos quando da transcrição dos documentos.

Cartas à viúva Neves: Tancredo como pai, Risoleta como mãe

Após a morte de Tancredo Neves, uma grande quantidade de cartas e homenagens de pessoas comovidas com o sofrimento do presidente passou a ser enviada aos seus familiares, muitas delas remetidas diretamente a Risoleta nos dias e meses logo subsequentes. A passagem do Dia das Mães, em 12 de maio, foi um momento relevante nesse sentido, com várias correspondências tendo sido enviadas à mais recente viúva dos Neves.[352] O acúmulo de material referente àquela data, aliás, já parece indicativo das imagens que foram se consolidando acerca daquela que poderia ter sido a primeira-dama do país. Centradas nos acontecimentos que envolveram a morte de Tancredo, por outro lado, tais missivas compõem uma documentação também importante para compreender as representações que se conformavam sobre o falecido presidente, além de sugerir uma reflexão mais geral sobre o modo como sua família passou a encarnar os valores tidos como constitutivos da própria nacionalidade. Em última instância, é da projeção da imagem da família Neves à própria nação que se trata, conforme poderemos explorar ao longo deste tópico.

Várias cartas enviadas a Risoleta Neves a parabenizavam pelo Dia das Mães. É sua imagem como a "mãe dos brasileiros", expressa em muitos documentos, por outro lado, que parece mais relevante à nossa análise. Para além da sua identificação com a figura materna, ela remete ao forte sentimento de proximidade que se havia construído com os familiares de Tancredo Neves: "Cara D. Risoleta, [...] a senhora virou mãe de todos os brasileiros e eu, como uma filha orgulhosa e admiradora, quero lhe cumprimentar", escrevia uma mulher de Guaraçaí poucos dias antes do Dia das Mães.[353] "Prezada Senhora [...] como a senhora foi considerada a mãe de todos nós brasileiros, eu queria que recebesse esse cartão em nome de todos os itatibenses [...] sou uma de suas filhas brasileiras", destacava mais uma moradora do estado de São Paulo.[354] E muitas outras cartas

---

[352] O Dia das Mães, desde que foi instituído no Brasil como data oficial de comemoração, em 1932 (Decreto nº 21.366, promulgado por Getúlio Vargas), é celebrado no segundo domingo de maio. No ano de 1985, o segundo domingo de maio correspondeu ao dia 12 daquele mês.
[353] Carta a Risoleta Neves. Guaraçaí (SP), 7 de maio de 1985, Fot. 1321.
[354] Carta a Risoleta Neves. Itatiba (SP), 7 de maio de 1985, Fot. 1323-1324.

semelhantes poderiam ser citadas: "sendo a mãe de seus filhos, a minha mãe, pois também não a tenho, e de todos os brasileiros", escrevia uma missivista de Cajati (SP);[355] "receba nosso afeto pelo Dia da Mamãe, pois a Sra. é a Mãe dos Brasileiros por Deus quem determinou [...] com fervorosas preces, assina a Amiga e filha que a estima", redigia uma professora baiana.[356]

Assim como no caso acima, as palavras utilizadas para iniciar ou terminar tais documentos já parecem indicativas no sentido mencionado: "Querida Mãe Brasileira [...] Aceite as bênçãos de sua admirável filha"; "Em nome dos brasileiros à sra. querida mamãe sra. Risoleta Neves"; "Beijos à Minha fã e mãe"; "Sua filha"; "Deus lhe proteja, Mãezinha Risoleta".[357] Uma parte desses remetentes compunha-se de pessoas bastante jovens, cujo apego à figura de Risoleta também se relacionava à perda da própria mãe: "mamãe e não D. Risoleta, sou uma jovem de 18 anos [...] Não tenho mãe, mas pelo seu carinho e sua simplicidade de mãe brasileira, resolvi lhe amar", destacava uma moradora de São Luís (MA).[358] Outro correspondente, que pedia para conhecer Risoleta, se apresentava da seguinte forma: "Tenho 21 anos [...] nasci e me criei na roça, estudei porque minha mãe costurava noite e dia para me sustentar no colégio que até hoje costura".[359] Um remetente de Santos (SP), por sua vez, dizia ter lembrado de Risoleta por não poder homenagear sua mãe, que já não estava mais viva.[360]

Mas havia igualmente cartas de pessoas mais velhas ou que pareciam já ter constituído suas "próprias famílias". Uma delas, por exemplo, assim fazia seu pedido à Risoleta Neves: "Dona Risoleta, eu também quero ser sua filha adotiva, se a senhora permitir, é claro [...] Sou casada, tenho duas

---

[355] Carta a Risoleta Neves. Cajati (SP), 5 de maio de 1985, Fot. 1197.
[356] Carta a Risoleta Neves. Cafundó (BA), 7 de maio de 1985, Fot. 1310.
[357] Ver, respectivamente, Carta a Risoleta Neves. São Luís (MA), maio de 1985, Fot. 1334. Carta a Risoleta Neves. Sem local, 6 de maio de 1985, Fot. 1219. Carta a Risoleta Neves. Rio das Flores (RJ), 6 de maio de 1985, Fot. 1260-1262. Carta a Risoleta Neves. São Paulo, 6 de maio de 1985, Fot. 1275. Carta a Risoleta Neves. Rio de Janeiro (RJ), 20 de junho de 1985, Fot. 1458.
[358] Carta a Risoleta Neves. São Luís (MA), maio de 1985, Fot. 1334.
[359] Carta a Risoleta Neves. Rio das Flores (RJ), 6 de maio de 1985, Fot. 1260-1262.
[360] Carta a Risoleta Neves. Santos (SP), 20 de junho de 1985, Fot. 1455-1456.

crianças: Vanessa com 4 e André com 2".³⁶¹ Além de indicar que pessoas mais estabelecidas, que inclusive já figuravam como mãe de um ou mais filhos, também participavam do grupo de missivistas, a carta serve ainda para ressaltar como os pronunciamentos feitos por Risoleta Neves no período ajudaram na difusão de uma imagem positiva acerca da sua figura. Segundo a correspondente: "Desde o domingo de Páscoa, estou muito emocionada com suas palavras de conforto e ainda não consigo conter as lágrimas quando lembro os momentos de angústia e sofrimento que passamos por todos estes dias".³⁶² De fato, o agradecimento de Risoleta Neves pelas preces em favor de Tancredo no domingo de Páscoa, transmitido em rede nacional de televisão (e mencionado no tópico anterior), certamente foi um momento importante na construção da sua imagem mitificada. Vários documentos mencionavam o acontecimento, como na carta de uma moradora de Niterói (RJ): "Quem lhe escreve é uma das admiradoras suas, que tem um desejo enorme de abraçá-la com muito carinho, do mesmo modo como a senhora falou naquele domingo de Páscoa".³⁶³

O mesmo se pode dizer do apelo que Risoleta faria no Palácio da Liberdade, durante os funerais de Belo Horizonte, procurando conter a população que tentava invadir a sede do governo mineiro, e que também apareceu em várias cartas. Poderemos retomar o tema quando analisarmos os funerais de Tancredo Neves, mas ele serve aqui para indicar o fenômeno mencionado. Uma cearense de Fortaleza, por exemplo, dizia ter chorado muito ao ouvir o pronunciamento pela televisão: "Não sabe a sra. como foi imensa a emoção que senti ao vê-la falar ao povo de Belo Horizonte, naquele que tenho certeza ser um dos momentos mais difíceis. Mas, a sra. estava com a força divina, aliás, não só naquele momento, como em tantos outros".³⁶⁴ "Fiquei muito emocionada em Belo Horizonte com a demonstração de amor e carinho que a senhora demonstrou com

---

³⁶¹ Carta a Risoleta Neves. São Paulo (SP), 6 de maio de 1985, Fot. 1275.
³⁶² Ibid.
³⁶³ Carta a Risoleta Neves. Belo Horizonte (MG), 26 de junho de 1985, Fot. 1521-1522 (a remetente indicava que morava em Niterói, Rio de Janeiro, mas na carta constava o endereço de Belo Horizonte).
³⁶⁴ Carta a Risoleta Neves. Fortaleza (CE), 26 de junho de 1985, Fot. 1516-1517.

a nossa gente", destacaria também uma mineira de Viçosa.[365] Uma mulher do Rio Grande do Sul expressaria sentimentos semelhantes, depois de ressaltar a enorme admiração que tinha por Risoleta: "fiquei comovida com os dois pronunciamentos que a senhora fez [...] no Instituto do Coração no Domingo de Páscoa e dia 23, em Belo Horizonte. Fiquei impressionada com a sua coragem e a sua fé naqueles momentos de tanta dor e sofrimento", finalizava ela.[366]

Era a imagem da força e da dignidade diante da dor, na realidade, que parecia envolver a figura de Risoleta Neves em ocasiões como essas. Suas falas ao "povo brasileiro", repletas de emotividade, ajudavam na constituição de representações sobre a sinceridade e a compaixão que enobreciam sua personagem (além de serem muitas vezes percebidas como algo raramente encontrado no mundo político, conforme analisaremos mais adiante). Vários exemplos poderiam ser aqui destacados nas cartas analisadas. Assim, para um missivista de São João Del-Rei, na ausência de Tancredo, "a nação inteira teve a oportunidade de conhecer uma personalidade, mulher ativa, dinâmica, sincera, leal, e que tem demonstrado ser de fato e de direito a grande dama desta nação".[367] Um correspondente de São Paulo dizia a Risoleta que sua figura "tornou-se um símbolo magnífico de fortaleza, coragem e dignidade da mulher brasileira, e que passará à história do Brasil, como em Roma, por muito menos, passou Cornélia, a mãe dos Gracos".[368] "Jamais poderíamos imaginar que, ao lado do Dr. Tancredo, existisse uma mulher, forte, exemplar e terna"; "Com sua calma, confiança, perseverança e fé, transmitistes a nós, povo brasileiro, um voto de coragem e confiança", eram outras mensagens que poderiam ser encontradas na documentação.[369]

A imagem da figura maternal, da mãe que se preocupa mais em consolar do que ser consolada, portanto, embasava a representação de Risoleta Neves como a "mãe dos brasileiros", tornando bastante íntima e marcada

---

[365] Carta a Risoleta Neves. Viçosa (MG), sem data, Fot. 1290.
[366] Carta a Risoleta Neves. São Jerônimo (RS), 5 de maio de 1985, Fot. 1193.
[367] Carta a Risoleta Neves. São João del-Rei (MG), 6 de maio de 1985, Fot. 1230.
[368] Carta a Risoleta Neves. São Paulo (SP), 6 de maio de 1985, Fot. 1268-1269.
[369] Ver, respectivamente, Carta a Risoleta Neves. Salvador (BA), 7 de maio de 1985, Fot. 1315-1316. Carta a Risoleta Neves. São Paulo (SP), 24 de junho de 1985, Fot. 1493.

por fortes laços de afetividade a relação simbólica que se estabelecia com sua personagem. Para as pessoas que escreviam tais cartas, surpreendia que, diante de tamanha dor enfrentada pelo sofrimento do marido, Risoleta encontrasse espaço para atitudes que denotavam expressivo grau de altruísmo, além de confiança desmesurada na sua recuperação. Assim, para a presidente da Associação de Pais e Amigos dos Excepcionais de Três Corações (MG), "só mesmo uma mulher com o elevado espírito, com a bravura e a coragem de Vossa Excelência poderia, num momento de tanta dor e sofrimento, encontrar, com sua palavra maternal, meios para consolar os 130 milhões de brasileiros".[370] Uma correspondente, que também lhe conferia o título de "mãe dos brasileiros", assim resumia seus gestos naqueles dias: "Mãe forte, mãe dos humildes, soube, no momento mais difícil da sua vida, demonstrar toda sua força, procurou [mais] consolar [do] que ser consolada, suportando a grande dor, que dilacerou o seu ser".[371]

Certamente, a representação da mãe, que consegue a tudo suportar para consolar seus filhos, alimentava-se também da própria imagem religiosa da família Neves que já destacamos, fortalecendo o ideal de uma mulher que jamais esmorecia por suas intensas convicções católicas. Os valores de abnegação e altruísmo, demonstrados na disposição para alentar os brasileiros, somavam-se à imagem da fé religiosa, que permite submeter-se à vontade divina mesmo diante de tamanho sofrimento. Numa sociedade marcada pela presença da religião católica, por outro lado, tais imagens faziam sentido para muitas pessoas, particularmente no caso daquelas que se dispunham a escrever à viúva Neves enaltecendo sua figura. Para um grupo de mulheres que diziam se reunir semanalmente para "expor a Deus nossas necessidades, alegrias, cuidados e temores", por exemplo, aquela funcionava como uma prova religiosa, que só vinha demonstrar o espírito verdadeiramente cristão de Risoleta Neves: "Conhecemos o verdadeiro cristão quando nas grandes dificuldades, e a senhora nos mostrou uma fé inabalável naquele que deu a vida para nos salvar

---

[370] Carta a Risoleta Neves. Três Corações (MG), 7 de maio de 1985, Fot. 1306-1307.
[371] Carta a Risoleta Neves. Local não identificado, 4 de maio de 1985, Fot. 1299.

[...] Sabemos, através da Bíblia, que atravessamos momentos difíceis para suportar", destacavam elas.[372]

É realmente impossível dar conta dos diversos sentidos produzidos diante dos pronunciamentos de Risoleta Neves (assistidos diretamente, ou pela televisão, por muitos brasileiros), mas é fora de dúvida que eles traziam consigo um significativo potencial de identificação religiosa. Naqueles momentos, além da imagem da submissão à vontade divina, era a ocupação simbólica do próprio lugar de Tancredo Neves que estava em jogo, e não surpreende que a figura de Risoleta tenha sido aquela para a qual foi direcionada a maioria das expectativas criadas sobre o adoecido presidente. Aí também se expressava o sentido religioso dado àqueles episódios por algumas pessoas, que curiosamente transferiam para ela a imagem criada sobre Tancredo: "Como não tivemos o privilégio de ganhar o nosso santo Presidente, recorro à senhora [...] considero como se fosse ele", escrevia uma mulher que pedia para zelar o túmulo do presidente (sua carta, nesse sentido, fazia eco aos próprios pronunciamentos de Risoleta Neves que, por vezes, se apresentava "como se fosse ele que estivesse aqui falando"). Outra correspondente enxergava a "mão divina" pairando sobre sua cabeça nos momentos em que discursava à "nação" brasileira:

> Pude observar também que, em ocasiões em que a senhora se colocava à frente da Nação para algum esclarecimento, a mão de Deus pairava sobre a sua cabeça, pois notava-se uma submissão à vontade Dele e, ali, ao se apresentar a esposa, a companheira do político Tancredo Neves, evidenciava-se a mulher crente, cheia de fé, consequentemente com o coração repleto de mensagens de amor, de paciência, de esperança. Isto tudo foi muito marcante na vida do nosso povo, muito bom não há dúvida, mas com um conceito deturpado de fé, acompanhado de superstição e crendices, levando-o a caminhos que muitas vezes são contrários à orientação Divina.[373]

---

[372] Carta a Risoleta Neves. Ribeirão Preto (SP), maio de 1985, Fot. 1329-1330.
[373] Carta a Risoleta Neves. Brasília, 30 de junho de 1985, Fot. 1584-1585.

A imagem da mãe que a tudo renuncia pelo conforto dos filhos não pode ser descolada da representação religiosa que se conformava sobre Risoleta Neves: em última instância, era mesmo o mito cristão do sofrimento de Maria diante do calvário de Cristo que se mostrava presente nas cartas de muitas pessoas. Seus gestos e pronunciamentos, denotando aceitação incondicional dos preceitos divinos, fortaleciam sobremaneira essa imagem que se constituía sobre sua personagem, intensificando a atmosfera religiosa criada em torno da figura de Tancredo Neves. Foram várias, nesse sentido, as cartas que fizeram uma associação direta entre as figuras de Risoleta e de Maria, ou mesmo procuraram interpretar de forma religiosa sua atuação naquela conjuntura. Numa delas, enviada por uma mulher de Vera Cruz (São Paulo), a missivista teria enxergado "o sofrimento de Nossa Senhora acompanhando Seu Filho ao Calvário". Achava ela que Nossa Senhora certamente "não vai ficar triste com a minha comparação: Ela acompanhou, de pé, a crucificação de Seu Filho e a senhora, D. Risoleta, acompanhou firme, confiante, sempre esperando uma resposta, cheia de esperança de nosso Pai do céu".[374] De modo semelhante, outra remetente também comparava Risoleta à mulher "imaculadamente nascida de Deus, tirada do homem cuja história e raízes já pairava o Paraíso". Segundo ela, "esta mulher maravilhosa eu comparo à V. Exa., nossa primeira-dama, digna, valente, que fez o Brasil levantar, gritar e unir [sic]".[375] Uma correspondente, que assinava como "a humilde filha de São Francisco", associava o sofrimento de Tancredo Neves ao Calvário de Cristo e considerava "Risoleta como a mulher forte do Evangelho".[376]

A identificação com a "mulher santa do Evangelho" ou a "mulher forte [de] que nos fala o Evangelho" também aparece em outras cartas, que destacavam ainda "sua fortaleza de espírito, sua coragem, sua resignação", ou mesmo seu papel de "esposa cristã, amável, dedicada", que conseguiu "tudo suportar com muita fé".[377] Um trecho de uma matéria do jornal *Tribuna da Bahia*, intitulada "D. Risoleta Neves à luz da vida de Maria" e

---

[374] Carta a Risoleta Neves. Vera Cruz (SP), 28 de junho de 1985, Fot. 1571.
[375] Carta a Risoleta Neves. Itajubá (MG), 6 de maio de 1985, Fot. 1241-1243.
[376] Carta a Risoleta Neves. Sem local, 19 de junho de 1985, Fot. 1438-1439.
[377] Ver, respectivamente, Carta a Risoleta Neves. Sem local, 15 de junho de 1985, Fot. 1382-1384. Carta a Risoleta Neves. São Luís (MA), sem data, Fot. 1340-1345.

publicada um dia após o sepultamento de Tancredo, parece bastante ilustrativo das ideias-força que perpassavam a comparação com a mãe do filho de Deus:

> É tempo de redescobrirmos a humanidade de Maria. Ver que ela foi gente como a gente, com os mesmos sonhos, alegrias, tristezas, esperanças [...] Numa sexta-feira, no caminho do Calvário, Maria e Jesus se encontraram. De um lado um inocente, condenado à morte pela iniquidade de um poder vigente. De outro, uma mulher dilacerada pela dor mas que não grita, não esperneia nem tenta lhe tirar a cruz dos ombros. Compartilha da sua dor mas deixa-o passar porque sabe que aquele é o preço a ser pago pela redenção da humanidade. Dr. Tancredo também foi condenado pela insegurança de um Sistema contestado. D. Risoleta também sofre mas não lhe tira a cruz dos ombros. Ela sabe que esse é o preço a ser pago para acender a Esperança no coração do povo brasileiro. Junto à Cruz, de pé, estava Maria. Junto ao Dr. Tancredo, de pé, estava d. Risoleta. Por que não sucumbiram essas duas mulheres? [...] Certamente porque souberam ajustar seus sonhos e planos aos planos e sonhos de Deus. [...][378]

Como se sabe, a devoção a Maria tem raízes profundas dentro das tradições católicas da sociedade brasileira. Ainda no século XVIII, uma imagem encontrada no rio Paraíba do Sul propiciaria a constituição da sua representação como Nossa Senhora Aparecida (ou Nossa Senhora da Conceição Aparecida), impulsionando o culto de Maria nas regiões do Rio de Janeiro, São Paulo e Minas Gerais.[379] A busca de normatização das práticas religiosas e a tentativa de fazer frente aos ideais positivistas da Re-

---

[378] D. RISOLETA Neves à luz da vida de Maria. *Tribuna da Bahia*, Salvador, 25 abr. 1985, Fot. 1318-1319. A matéria foi originalmente publicada no jornal da entidade Movimento Cristão.
[379] A representação de Maria como Nossa Senhora Aparecida remonta à história de três pescadores da primeira metade do século XVIII que, após terem "içado" a imagem da Virgem no rio Paraíba do Sul, teriam conseguido capturar uma quantidade enorme de peixes (que seriam usados num banquete de recepção ao governador das capitanias de São Paulo e Minas Gerais, dom Pedro de Almeida Portugal). A partir da difusão da história, a imagem de Maria na sua representação da Aparecida cresceria na região e ajudaria a conformar a força que a "mariolatria" alcançaria na sociedade brasileira. Sobre o culto de Maria ainda no século XVIII nas regiões mencionadas, ver Fernandes (1988).

pública, por outro lado, fariam com que a Igreja Católica tornasse oficial a política de promoção de romarias em fins do século XIX e, em setembro de 1904, a imagem seria solenemente coroada sob o título de Nossa Senhora da Conceição Aparecida. Já em 1930, o papa Pio XI a consagraria como padroeira do Brasil e, no ano seguinte, o feito foi comemorado com uma grandiosa cerimônia, que contou com o transporte da imagem para a capital da República e a participação de Getúlio Vargas (Souza, 1996). Aliás, segundo José Murilo de Carvalho, a existência de um culto a Maria, em fins do século XIX, foi o principal elemento explicativo para o insucesso da tentativa de difundir uma alegoria da República centrada na figura feminina tal como aconteceu no caso francês (Carvalho, 1998a:93-94). No Brasil, diferentemente do que ocorreria com a "marianolatria" francesa (o culto de Marianne, estudado por Maurice Agulhon), a escassa participação das mulheres na Proclamação da República também contribuiu para o insucesso da alegoria feminina (contraditando com a experiência francesa, na qual elas tiveram um papel expressivo não apenas na Revolução de 1789, mas nas de 1830, 1848 e 1871).[380] Tais considerações são interessantes para a reflexão sobre as representações da figura da mulher como uma heroína na memória nacional, provavelmente peculiar se comparada com outros países, como o próprio caso francês mencionado.

Curiosa, nesse sentido, é a menção que um determinado folheto de cordel publicado em 1985 fez àquelas que constituiriam as duas heroínas da história nacional, contrapondo-as às figuras de Joana d'Arc e Maria Antonieta: "Cada terra uma heroína / Inglaterra tem Julieta / A França tem na história / Joana d'Arc e Antonieta / O Brasil também tem duas / Sara e dona Risoleta" (Pereira, s.d.). Ora, para além da personagem de Shakespeare, como não atentar para os aspectos que diferenciam as mulheres escolhidas como heroínas francesas e brasileiras? Não considerando as diferentes clivagens políticas das personagens, encontraremos, de um lado, figuras como a lendária combatente da Guerra dos Cem Anos, que teria dado a vida pela libertação nacional na luta contra os ingleses, e a rainha Maria Antonieta que, se estava do lado contrário dos revolucio-

---

[380] Carvalho (1998a:89-92). O estudo de Maurice Agulhon mencionado é Agulhon (1989).

nários de 1789, teve sua importância na precipitação do grande acontecimento da história francesa, podendo ser lembrada para além do seu papel de esposa de Luís XVI. De outro lado, encontraremos duas mulheres cuja projeção em termos nacionais se deveu mais efetivamente à morte de seus maridos, esses sim tendo ocupado (ou sido eleitos para ocupar) o cargo mais importante da República brasileira. Mais do que a imagem de protagonistas da história, como acontece no caso de Joana d'Arc (e, num viés conservador, de Maria Antonieta), naqueles de Sara Kubitschek e Risoleta Neves suas personagens são indissociáveis da figura da esposa, que sofre a imensa dor da perda, mas se mantém fiel e forte diante do trágico acontecimento. Seria o caso de refletir, portanto, até que ponto essa não era uma representação de "heroicidade" da mulher brasileira com profundas raízes na memória nacional. Até porque, conforme já se destacou, do número relativamente inexpressivo de mulheres que apareciam nas notas biográficas produzidas pelos membros do IHGB no século XIX, muitas delas tinham se tornado célebres por seu casamento com um ilustre "herói nacional" (como Catarina Álvares, Bárbara Heliodora ou Estela Sezefreda, por exemplo).[381] Aquela não parecia, portanto, uma elaboração peculiar do momento, mas uma construção memorialística de mais larga duração (e que pouco considerava, é claro, a atuação guerreira ou revolucionária de outras mulheres da história brasileira).

A comparação de Risoleta Neves com a figura de Maria remete ainda para o modo como a Virgem foi sempre representada com nuances distintas dentro do espaço múltiplo que constitui o catolicismo. Embora sua imagem como mãe certamente esteja presente tanto na doutrina oficial da Igreja quanto na devoção popular, neste último caso ela geralmente assumiria maior destaque no seu papel de "mãe do povo" (e, assim como os santos, seria considerada com capacidade "intercessora" e milagrosa) (Souza, 1996:89). Além de frequentemente não aparecer numa posição inferior à de Jesus Cristo, Maria também tenderia a ganhar mais destaque

---

[381] Ver Enders (2000:52-53). Das mulheres mencionadas, Bárbara Heliodora foi casada com o inconfidente Alvarenga Peixoto, Catarina Álvares foi o nome pelo qual passou a chamar-se a índia Paraguaçu, que se casou com o náufrago português Diogo Álvares Correia, e Stela Sezefreda foi uma atriz e bailarina que se casou com o ator João Caetano.

na religiosidade popular por sua figura materna do que por ser "imaculada" (dogma da doutrina católica que a concebe como a única desprovida de qualquer pecado original) (Souza, 1996:89). Portanto, é a imagem da mãe aquela que realmente possui relevo na devoção popular, explicando a força com que a Virgem atuaria dentro do imaginário católico brasileiro e, mesmo, sua importância como definidora da própria identidade nacional. Assim, se a padroeira é protetora dos brasileiros, ela o é sobretudo na figura da "mãe do povo", do mesmo modo que Risoleta Neves aparecia representada em algumas das cartas aqui analisadas (afinal, qual imagem poderia fazer mais sentido na exaltação da viúva de Tancredo?).

Por outro lado, se a representação de Maria como mãe ajudaria a transformá-la num símbolo importante na definição da identidade nacional, é de se considerar como a valorização da figura feminina como perpetuadora dos valores da pátria é algo também duradouro na história brasileira. Esse era um dos temas importantes aos quais as mulheres estavam associadas desde o século XIX, aparecendo como principais transmissoras dos sentimentos relativos à "terra natal" nas biografias do Instituto Histórico e Geográfico Brasileiro (Enders, 2000:52-53). Juntamente com o papel de mãe, sempre prezado, estava o ideal da pátria (a "mãe-pátria"), configurando uma representação que, sem dúvida, podia ser igualmente canalizada com bastante força simbólica para a figura de Risoleta Neves. Aqui também a representação feminina poderia ser comparada ao ideal da "Mãe da Nação" (como fora chamada Risoleta numa carta enviada por uma moradora de Ituverava, São Paulo).[382] Na verdade, a imagem de "mãe dos brasileiros" torna-se realmente significativa por configurar algo mais do que as representações associadas à figura de Risoleta: ela remete a toda uma percepção da nação enquanto parte da família Neves, cujos membros mais visíveis iam tornando-se ícones importantes na definição daquilo que corresponde aos próprios valores da nacionalidade. Muitas das pessoas que escreviam tais cartas se percebiam quase como parte da família

---

[382] "No dia belo [em] que comemoramos o 'Dia das Mães', [eu] não poderia deixar de enviar uma simples mensagem muito sincera [...] que, neste dia, Deus e a nossa Mãe Celeste cubram-na de bênçãos especiais, que nós temos a senhora como a nossa 'Mãe da Nação [...]". Ver Carta a Risoleta Neves. Ituverava (SP), 6 de maio de 1985, Fot. 1300-1301.

de Tancredo, construindo forte grau de intimidade não somente com sua figura, mas com a de Risoleta e de outros membros, como os filhos e netos do presidente.

É claro, portanto, que à imagem de Risoleta como "mãe dos brasileiros" correspondia aquela de Tancredo como "pai da nação", conforme apareceria em muitas das correspondências aqui analisadas. Uma moradora do Rio de Janeiro, por exemplo, assim procurava exaltar Risoleta em sua carta: "A senhora tornou-se o Símbolo da Mãezinha Brasileira para milhões de filhos dessa nossa Pátria Amada. Já nos sentíamos filhinhos queridos do nosso Pai Democrata, o querido Presidente Dr. Tancredo de Almeida Neves" (pouco mais de um mês depois, ela escreveria novamente saudando o "nosso Paizinho Democrata" e "D. Risoleta, herdeira dos filhos brasileiros do nosso Presidente Tancredo").[383] No mesmo sentido, para uma advogada também do Rio de Janeiro, que percebia nas imagens do "povo rezando e chorando" o "impulso das milhares de almas irmanadas na melhor das intenções", Tancredo "foi amado como um pai tão verdadeiro e acima dos verdadeiros, pois qualquer pai luta pelos filhos, mas ele foi além, devolveu a dignidade perdida, transformando cada brasileiro em verdadeiro cidadão".[384] Já um outro missivista, por outro lado, dizia ter chorado e se desesperado muito pela morte daquele "que eu amei como se fosse meu pai. Apesar de não ter o conhecido, mais parecia que ele já era da minha família".[385]

Sem dúvida, em muitas das cartas aqui analisadas a identificação com a figura do pai ou do ente querido aparece com destaque: "Quando, no dia 21 de abril, acabou-se nossa esperança, foi terrivelmente doloroso. Pra mim, foi como se fosse o meu pai, e até hoje eu não me conformo", destacaria uma mulher de Belo Horizonte.[386] "21 de Abril de 1985 [...] Quanta tristeza nos nossos corações [...] Sentimos, como se fosse também um pedaço de nossa família", eram as palavras de uma moradora de Bu-

---

[383] Carta a Risoleta Neves. Rio de Janeiro (RJ), 6 de maio de 1985, Fot. 1273. Carta a Risoleta Neves. Rio de Janeiro (RJ), 20 de maio de 1985, Fot. 1458.
[384] Carta a Risoleta Neves. Rio de Janeiro (RJ), 17 de junho de 1985, Fot. 1402-1404.
[385] Carta a Risoleta Neves. Santo Antônio do Norte (MG), 27 junho de 1985, Fot. 1558-1560.
[386] Carta a Risoleta Neves. Belo Horizonte (MG), 26 junho de 1985, Fot. 1519.

riti (MA).[387] "Que me lembre, só chorei duas vezes sobre a morte de não parentes, quando morreram Pio XII e Tancredo", escreveria uma mulher de Ribeirão Pires (SP).[388] "Nunca o vi, mas parecia-me muito conhecido, pois, sendo filha de mineiros, sentia-me sua neta, ou até sua filha, pois eu o admirava muito [...] Um beijo e um abraço de sua neta", escrevia uma mulher de Osasco (SP) para Risoleta Neves.[389] "Chorei como [se] fosse meu pai verdadeiro"; "estamos órfãos de pai"; "nós o amamos como um pai, como carne de nossa carne", "que nosso Deus do Amor guarde tua alma imortal junto do seu peito de pai querido", eram palavras que também poderiam ser encontradas em algumas das cartas deixadas no túmulo de Tancredo Neves após a sua morte.[390]

A exploração do sofrimento dos parentes de Tancredo Neves, cada vez mais frequente nos meios de comunicação, certamente constituía um elemento fundamental no fortalecimento desse sentimento de proximidade com sua figura. Conformando imagens de fácil apelo dramático, ela também repercutiria nas cartas aqui analisadas, demonstrando como a representação da dor enfrentada pelos filhos e netos do presidente possuía uma enorme força simbólica na criação de laços de solidariedade e identificação com seus familiares. Na correspondência de uma missivista de Barra Mansa (RJ), por exemplo, se poderia perceber a comoção que tais imagens criavam em algumas pessoas: "Sua neta Andréa e seu irmão Aécio, a gente sentia o amor que eles tinham pelo vovô Tancredo", destacava ela. "E, naqueles rostos, cansados e tristes, dava vontade de correr até eles e dizer-lhes: coragem filhos, pois temos certeza [de] que, junto de Deus, o vovô de vocês estará velando por nós aqui na terra", complementava.[391]

Por certo, a exposição televisiva das imagens da dor e do sofrimento dos familiares (que se tornaria muito mais frequente após os funerais do presidente) conformava um repertório de representações com enor-

---

[387] Carta a Risoleta Neves. São Luís (MA), 30 junho de 1985, Fot. 1581-1582.
[388] Carta a Risoleta Neves. Ribeirão Pires (SP), 5 de maio de 1985, Fot. 1209.
[389] Carta a Risoleta Neves. Osasco (SP), 24 de junho de 1985, Fot. 1498-1499.
[390] Ver, respectivamente, Carta sem data e local indicados, Fot. 802. Carta de 18 de julho de 1985, sem local indicado, Fot. 0572. Carta de 21 de julho de 1985, Porto Alegre (RS), Fot. 0580. Carta de 4 de janeiro de 1985, Rio de Janeiro (RJ), Fot. 501.
[391] Carta a Risoleta Neves. Barra Mansa (RJ), 22 de junho de 1985, Fot. 1486-1489.

me potencial de cristalização na memória coletiva. Aos poucos, elas iam tomando lugar "na iconografia sagrada do luto nacional", para usar uma expressão criada por Éric Fassin (que analisou a constituição da memória coletiva sobre a morte de John Kennedy na sociedade norte-americana) (Fassin, 1999:299). Assim como no caso de Kennedy, aqui também as expressões e os gestuais dos familiares de Tancredo ajudariam a compor um material de enorme carga simbólica, que seria muitas vezes utilizado nas reportagens que procuravam rememorar os acontecimentos. Acompanhadas das músicas, cores e hinos que consagravam uma determinada representação da Nova República, tais imagens solidificavam uma representação de Risoleta Neves como alguém que tinha atuado como mãe dos brasileiros, fortalecendo os elos de identificação com o presidente morto e seus familiares:

> Hoje, revendo algumas reportagens sobre o Dr. Tancredo, seus comícios, as faixas, o Hino, as mãos dadas, a senhora pedindo ao povo calma, consolando a cada brasileiro como se fosse nossa mãe de verdade, consolando os filhos que acabaram de perder o pai. E, relembrando tudo isso, sem querer senti as lágrimas rolarem, e neste momento, na rádio, tocava o Hino na voz de Fafá e, em seguida, "Coração de Estudante". Não pude conter a emoção e, em cada lágrima que caía dos meus olhos, é como se, em cada uma delas, ia um pedacinho de mim. É uma mistura de alegria e ao mesmo tempo de tristeza, de solidão e presença, e percebi que o Dr. Tancredo está dentro de mim mais vivo do que pensava [...].[392]

O depoimento, de uma correspondente de apenas 16 anos, parece indicativo da importância que certas imagens assumiam na construção da memória sobre a morte de Tancredo Neves. Várias vezes reprisadas em reportagens dos dias e semanas seguintes, elas ajudavam a compor uma "narrativa" sobre aqueles acontecimentos que, ao ser "acessada", podia tornar novamente presentes os sentimentos experimentados no momento da morte do presidente. Acompanhadas das músicas e de todo o repertório

---
[392] Carta a Risoleta Neves. São José dos Campos (SP), 18 de junho de 1985, Fot. 1428.

de símbolos da Nova República, essas imagens parecem ter causado impacto em muitas pessoas, inclusive no que concerne ao público mais jovem, provavelmente mais suscetível à identificação com as representações de Tancredo e Risoleta como as figuras paterna e materna: "perdemos um pai e ficamos órfãos, mas, de repente, nós fomos nos apegando a você e, de repente, você passou a ser a paixão do povo brasileiro", escrevia a Risoleta outra jovem, de 18 anos. Dizendo que aqueles foram "os dias mais tristes" de toda a sua vida, ela complementava: "mas, de tudo isso, ficou uma música que marcou muito para mim: Coração de Estudante, com Milton Nascimento, pois esta música passou a ser tocada em todas as emissoras, a todo momento".[393]

São realmente diversas as correspondências que indicam a importância das transmissões televisivas na composição de representações sobre Tancredo Neves e sua família. Em muitas das cartas enviadas a Risoleta, os remetentes destacavam que tinham acompanhado tudo pela televisão: "acompanhei tudo pela televisão e entreguei tudo nas mãos de Deus";[394] "acompanhei todo o seu sofrimento pela tevê, rezando todo dia pela sua saúde, mas, depois de tanto sofrimento, Deus o chamou, paciência";[395] "eu há vários anos vinha acompanhando todo o trabalho do Dr. Tancredo e, ultimamente, acompanhei tudo, tudo pela televisão";[396] "moro numa pequena cidade do interior de São Paulo: Vera Cruz. Daqui, através da televisão, pude acompanhar, dia por dia, ou melhor, notícia por notícia, o doloroso calvário por que passou ao lado de seu marido e nosso querido presidente".[397] "Acompanhamos, através dos meios de comunicação, toda a sua vida de luta e glória", destacava também um correspondente que deixava uma carta no túmulo de Tancredo.[398]

O ato de acompanhar os acontecimentos pela televisão remete também ao modo como um conjunto de pessoas modificava sua rotina diária, ou mesmo participava intensamente dos rituais de homenagem ao presi-

---

[393] Carta a Risoleta Neves. São Jerônimo (RS), 5 de maio de 1985, Fot. 1193.
[394] Carta a Risoleta Neves. Mogi Guaçu (SP), 28 de junho de 1985, Fot. 1573-1575.
[395] Carta a Risoleta Neves. Cajati (SP), 5 de maio de 1985, Fot. 1197.
[396] Carta a Risoleta Neves. Mirassol (SP), 6 de maio de 1985, Fot. 1217.
[397] Carta a Risoleta Neves. Vera Cruz (SP), 28 de junho de 1985, Fot. 1571.
[398] Carta de 26 de maio de 1985, sem local indicado, Fot. 0519.

dente morto de dentro do próprio ambiente doméstico. Algumas mulheres, por exemplo, mencionavam que teriam deixado de lado suas "tarefas de casa" para obter mais informações sobre Tancredo: "durante a doença do senhor, foi um verdadeiro martírio para o mundo inteiro. Eu deixava qualquer afazer para acompanhar os boletins sobre a saúde do senhor", era o conteúdo de uma das cartas deixadas no túmulo do presidente.[399] "Desincumbida que estava de afazeres e obrigações do dia a dia, pude acompanhar pela televisão todo o movimento, desde o resultado da eleição no Colégio Eleitoral [...] até o sepultamento do nosso querido e inesquecível Presidente", escrevia uma maranhense que tinha sido operada no Rio de Janeiro.[400] Do mesmo modo, os gestos de Risoleta em momentos importantes dos rituais, ainda que observados pela televisão, não deixavam de fazer sentido e possuir enorme carga simbólica: "No momento em que a senhora abraçou a bandeira brasileira que coloria o caixão do nosso inesquecível Presidente, Dr. Tancredo Neves, os seus braços fortes abraçaram todos os brasileiros, do mais forte ao mais fraco", ressaltava um missivista a Risoleta Neves.[401]

Esses e outros casos, na verdade, nos demonstram como os eventos que envolveram a morte e os funerais de Tancredo Neves se aproximam daquilo que já foi chamado de "acontecimentos mediáticos" (*media events*).[402] Rompendo a banalidade da programação televisiva cotidiana, eles estimulavam a formação de um consenso e de princípios de identificação coletiva por meio dos próprios aparelhos eletrônicos. Esse é o caso, principalmente, dos funerais de Tancredo Neves, que se enquadram naqueles tipos de cerimônias públicas que tendem a não perder sua "aura" pela transmissão televisiva, atuando no sentido da própria transferência do espaço público para dentro do ambiente doméstico.[403] Reforçando os

---

[399] Carta de 29 de junho de 1985, Salvador (BA), Fot. 1166.
[400] Carta a Risoleta Neves. São Luís (MA), sem data, Fot. 1340-1345.
[401] Carta a Risoleta Neves. Local não identificado, 4 de maio de 1985, Fot. 1299.
[402] Ver Dayan e Katz (1999). Dos mesmos autores, consultar também Dayan e Katz (1983).
[403] A definição de "acontecimentos mediáticos" refere-se efetivamente às cerimônias públicas transmitidas pela televisão, não englobando a notícia de um importante acontecimento (como a morte do presidente, por exemplo). Por isso, somente os funerais de Tancredo Neves caberiam de fato na definição. Sobre o assunto, além dos mencionados textos de Daniel Dayan e Elihu Katz, consultar Mesquita (1993).

valores da coletividade e atuando em favor da integração nacional, tais eventos rituais acabam, inclusive, conformando formas peculiares de "recepção" coletiva (como a reunião de grupos de amigos ou familiares para assisti-los pela televisão).[404] Sem dúvida, sua análise nesse sentido ultrapassaria os objetivos deste trabalho, mas cabe destacar que algumas das cartas estudadas também indicam como os valores construídos nos funerais de Tancredo Neves não perdiam sua intensidade por terem sido experimentados a partir da transmissão televisiva.

Algumas pessoas que relatavam terem assistido aos acontecimentos pela tevê, inclusive, mencionavam sua tristeza nos dias dos funerais do presidente e aquilo que teriam feito na mesma data: uma mulher de Ipiranga (Recife), diante da emoção sofrida com a morte de Tancredo Neves, teria escrito pela primeira vez um poema, justamente na manhã do dia 23 de abril (data relativa ao segundo dia das homenagens fúnebres, em Brasília).[405] Já uma moradora de São Paulo mencionava ter recebido a música "Súplica da Nova República" como uma "mensagem espiritual" na noite do dia 24 de abril (data em que Tancredo Neves seria finalmente sepultado, em São João del-Rei).[406] Uma correspondente, que escrevia uma semana depois dos funerais, também dizia ser "testemunha do amor que foi demonstrado em São Paulo, Brasília, Belo Horizonte e São João del-Rei" (cidades por onde foi conduzido o corpo do presidente), agradecendo a Tancredo e Risoleta pelo orgulho que teria passado a sentir do "Brasil, terra abençoada que Deus nos deu".[407] Seria importante, nesse caso, um investimento na análise dos funerais de Tancredo Neves como fenômeno mediático, abordagem impossível de fazer nos limites deste trabalho (os analisaremos num enfoque diverso, num dos capítulos da parte seguinte), mas que pode ser aqui sugerida como outro caminho importante para a compreensão daqueles acontecimentos.

Ainda no que concerne ao papel da televisão, por outro lado, o material aqui analisado parece igualmente indicativo do modo como ela ajuda-

---

[404] Sobre a recepção televisiva, ver Dayan (2009).
[405] Carta a Risoleta Neves. Recife (PE), 19 de junho de 1985, Fot. 1441-1443.
[406] Carta a Risoleta Neves. São Paulo (SP), 19 de junho de 1985, Fot. 1445-1447.
[407] Carta a Risoleta Neves. Sem local indicado, 6 de maio 1985, Fot. 1251-1252.

va a produzir um sentimento de grande proximidade com os membros da família Neves. Trazidas para dentro do ambiente doméstico pelas telas de tevê, as imagens da dor dos familiares (particularmente no caso de Risoleta, que passou a centralizar as atenções depois de Tancredo) estimulavam não apenas o sentimento de solidariedade, mas a sensação de que todos que acompanhavam os acontecimentos partilhavam de uma mesma coletividade e viviam uma mesma experiência. Portanto, é também da transferência dos valores coletivos (ou da imagem da nação enquanto uma grande família) para dentro do espaço do privado que se trata. O modo como algumas pessoas escreviam para Risoleta, dizendo ter estado "bem juntinho de você e de toda sua maravilhosa família durante a enfermidade do nosso querido e saudoso Dr. Tancredo", nesse sentido, parece bastante sintomático.[408] O mesmo se pode dizer de outras cartas semelhantes, que também expressavam forte grau de intimidade e a sensação de ter vivido "juntamente com Risoleta" aquela experiência: "Sofremos juntas esta saudade danada daquele carequinha simpático, que conseguiu unir os pedaços de uma nação que já se considerava perdida".[409]

Como se pode notar, o modo como a missivista se referia à figura de Tancredo Neves sugeria elevado grau de intimidade, aspecto que apareceria também em diversas outras correspondências. Nas cartas deixadas no túmulo do presidente, ele era muitas vezes tratado como o "amigo Tancredo" ou o "amigo Dr. Tancredo" (além do mais recorrente "Santo Tancredo", conforme poderemos destacar). Uma mulher de Salvador, por exemplo, começaria e terminaria de forma curiosa sua correspondência: "Ao grande e desconhecido amigo, Dr. Tancredo de Almeida Neves [...] Da amiga e admiradora desconhecida".[410] "Inesquecível amigo Tancredo Neves", "grande Amigo Dr. Tancredo", "meu grande amigo Dr. Tancredo A. Neves" e "amigo do Brasil" eram formas de tratamento igualmente expressas na documentação.[411] O uso do pronome doutor, recorrente nos meios de

---

[408] Carta a Risoleta Neves. Sem local e data, Fot. 1332-1333.
[409] Carta a Risoleta Neves. Divinópolis (MG), 24 de agosto de 1985, Fot. 0685.
[410] Carta de 29 de junho de 1985, Salvador (BA), Fot. 1166.
[411] Ver, respectivamente, Carta de 18 de agosto de 1985, São João del-Rei (MG), Fot. 0666. Carta de 18 de agosto de 1985, sem local indicado, Fot. 0594. Carta sem data e local indicados, Fot. 0596. Carta sem data e local indicados, Fot. 0511.

comunicação, na verdade, sugeria ao mesmo tempo respeito e proximidade com o presidente morto, dadas as peculiaridades do seu emprego no caso brasileiro (que pode ser percebida, por exemplo, no uso do "Dr. Getúlio" para referir-se à figura ao mesmo tempo distante e íntima do presidente gaúcho). Cada vez mais utilizado após o adoecimento do presidente, ele também apareceria de forma peculiar em outra carta deixada no túmulo da igreja de São Francisco de Assis. Nela, uma mulher, que pedia para que Tancredo olhasse por sua família, se desculpava por não tratá-lo como doutor: é "porque você faz parte da minha família", justificava.[412]

Portanto, além das comparações com as figuras do pai ou da mãe dos brasileiros, muitas outras formas de tratamento que sugeriam proximidade apareciam nas cartas. Uma mulher que escrevia a Risoleta, por exemplo, dizia que ela "deixou-me ser muito amiga, uma amiga sem ainda não [sic] conhecermos pessoalmente, mas creio que a estima e [a] admiração é profunda e sincera".[413] Outros se diziam "fãs" de Tancredo e Risoleta, palavra que talvez sugira ainda mais a importância que os meios de comunicação possuíam na criação de certa forma de idolatria de suas personagens.[414] O que de fato se pode perceber em boa parte da documentação, portanto, é como, por meio da tevê, se podia construir um forte sentimento afetivo em pouquíssimo tempo: "Dona Risoleta, a finalidade desta é levar ao conhecimento da senhora o grande amor que, com o pouco conhecimento que temos da senhora e do Dr. Tancredo, aprendemos a amá-los, como todo o povo brasileiro", era o conteúdo de uma das correspondências estudadas.[415] "Como sempre vejo em imagens de televisão, acho vocês todos muito bondosos e gostaria que fizesse com que eu conhecesse todos [os filhos?] da senhora", pedia um remetente a Risoleta Neves.[416]

---

[412] Carta sem data e local indicados, Fot. 0545.
[413] Carta a Risoleta Neves. Ituverava (SP), 6 de maio de 1985, Fot. 1300-1301.
[414] "D. Risoleta, estou escrevendo esta porque era grande admiradora e fã do Dr. Tancredo", justificava uma correspondente. "Mais uma de suas fãs", era o modo como uma outra remetente terminava sua carta a Tancredo. "Beijos à minha fã e mãe", finalizava uma missivista em uma carta a Risoleta. Ver, respectivamente, Carta a Risoleta Neves. Mirassol (SP), 6 de maio de 1985, Fot. 1217. Carta sem data e local indicados, Fot. 1027. Carta a Risoleta Neves. Rio das Flores (RJ), 6 de maio de 1985, Fot. 1260-1262.
[415] Carta a Risoleta Neves. Cuiabá (MT), 17 de junho de 1985, Fot. 1419.
[416] Carta a Risoleta Neves. Rio das Flores (RJ), 6 de maio de 1985, Fot. 1260-1262.

Com efeito, estamos aqui num plano onde a criação de vínculos afetivos pouco se relaciona com a admiração pela atuação política no sentido propriamente dito. Tudo, nas cartas analisadas, remete à esfera do privado, e os traços ressaltados para enaltecer as figuras de Tancredo e Risoleta Neves perpassam por elementos como seus bons sentimentos, sua honestidade, sua humildade. Mais do que no campo da ação política, é no das intenções e da personalidade que o discurso presente nessas correspondências ganha sentido. São muitos os exemplos para ambos os casos que poderíamos citar aqui. No de Risoleta, além das cartas já mencionadas (que exaltavam sua fibra e dignidade, por exemplo), parece significativa a de um homem de 26 anos, que dizia ter dois filhos e fazer parte do "povão sem classificação econômica". Depois de pedir desculpas por "tratá-la como se fosse de casa", ele completava: "Não é uma homenagem de um ídolo distante. É só uma maneira de dizer: Eu a adoro muito. Eu admiro sua pessoa, sua integridade, teu jeito simples de sentir".[417] Portanto, era no campo da espontaneidade e da sinceridade, conforme supostamente mostradas no vídeo, que se amparavam tais impressões, fortalecendo o ideal de uma mulher que consegue expressar diretamente seus sentimentos e aquilo que configura o mais íntimo da sua personalidade (conforme se poderia notar por sua atuação no âmbito do privado: o amor demonstrado pelo marido adoecido, a preocupação em consolar os demais familiares, entre outros).

No mesmo sentido, muitos outros correspondentes que elogiavam Tancredo ressaltavam sua própria distância da política: "sempre fui uma pessoa apolítica porque no Brasil não existe política e sim politicagem", dizia um homem de 25 anos, que passou a maior parte de sua vida em movimentos católicos.[418] Já um remetente, que destacava só recentemente ter descoberto "a cultura, a envergadura moral e o porte político" de Tancredo Neves, reconhecia que acompanhava "apenas de longe" a política.[419] Uma mulher de 37 anos, que nunca tinha votado para presidente, também se expressava da seguinte forma:

---

[417] Carta a Risoleta Neves. São Paulo (SP), 18 de junho de 1985, Fot. 1530-1534.
[418] Carta a Risoleta Neves. Fortaleza (CE), 25 de junho de 1985, Fot. 1530-1534.
[419] Carta a Risoleta Neves. Ribeirão Pires (SP), 5 de maio de 1985, Fot. 1209.

Sempre fui cética quanto às intenções e ações políticas no Brasil [...], mas considerando-me uma pessoa razoavelmente bem informada. [...] O Dr. Tancredo me fez acreditar que honestidade, coerência e idealismo são possíveis e viáveis neste país. Que é possível e viável permanecer humano, sensível, voltado para as pequenas realidades — enquanto envolvido com as realidades maiores.[420]

Assim como esse documento, vários outros indicam que as qualidades ressaltadas em Tancredo Neves remetiam para sua atuação no plano do privado. Na carta que enviou a Risoleta, um morador de Recife (PE) destacou o que teria aprendido com ela e seu marido: "Dele, aprendi muito, principalmente por sua humildade, inteligência, [ilegível] e simplicidade. Da Sra., aprendi também por sua garra, coragem e fé, que tanto nos comoveu e envaideceu".[421] "Estou agradecida ao tão humano Dr. Tancredo", escrevia uma missivista a Risoleta Neves.[422] E vale dizer que, mesmo nas cartas deixadas no túmulo do presidente, as justificativas de pedidos à sua alma muitas vezes se amparavam em elementos semelhantes: "com sua boa fé, de ser um bom homem, como um ser humano, que Deus faça de sua alma um santo Tancredo", pedia uma mulher que não se identificava.[423] "O Sr. é bom, humilde e, por isto, vou fazer-lhe um pedido", argumentava um homem que queria encontrar seus parentes em São João del-Rei. "Sei que você é muito bondoso e gosta de ajudar as pessoas", mencionava uma mulher que pedia inteligência e coragem para enfrentar seus estudos e o trabalho.[424]

O conjunto de cartas aqui analisado, portanto, apesar de ser um material limitado, nos indica uma dimensão relevante da construção da imagem pública de Tancredo Neves na conjuntura da sua morte, que também seria depois dramatizada nos funerais de São Paulo, Brasília, Belo Horizonte e São João del-Rei. Nele, é possível perceber como determinados elementos atuaram em favor da composição de uma representação que

---

[420] Carta a Risoleta Neves. São João del-Rei (MG), 28 de junho de 1985, Fot. 1568.1568
[421] Carta a Risoleta Neves. Recife (PE), 26 de junho de 1985, Fot. 1537-1538, Fot. 1209.
[422] Carta a Risoleta Neves. São Paulo (SP), 17 de junho de 1985, Fot. 1415.
[423] Carta sem data e local indicados, Fot. 0601.
[424] Carta sem data e local indicados, Fot. 0865.

se formava em paralelo àquela do grande herói da história nacional: aqui, sua figura se associa às imagens do "pai", do "amigo", do "bom marido", do homem que possui os mais dignos sentimentos e intenções. O adoecimento, a exposição de familiares nos meios de comunicação, a cobertura intensiva das emissoras de televisão, tudo isso ajudava a conformar a imagem de alguém que era "bom" menos pela solidez dos seus projetos de transformação do país do que por sua atuação no âmbito do privado, verdadeiro lugar onde se expressaria sua personalidade "humana" e seus sentimentos mais nobres.[425]

Nesse caso, o lugar ocupado pela família Neves foi fundamental e a figura de Risoleta assumiu a conotação simbólica de verdadeira avalizadora dos sentimentos mais fraternos daquele "bom homem". Aparecendo como principal representante dos Neves e colocando-se no próprio lugar de Tancredo, sua imagem estava indissociavelmente ligada àquela da mãe e da esposa que, com seu sofrimento, expressava de forma direta e espontânea os valores que davam sustentação e solidez a uma família. Assim, no momento da sua morte, uma relativa despolitização da figura de Tancredo Neves poderia se somar às representações heroificadoras da sua personagem, que se pautavam na sua atuação em importantes momentos da história nacional e nas recorrentes comparações com o suposto sacrifício de Tiradentes. Das mobilizações populares das campanhas pelas eleições diretas até aquelas dos grandiosos funerais, vários elementos foram colocados em jogo, ajudando a conformar uma configuração complexa entre as dimensões pública e privada da sua figura. Desse modo, a morte do herói poderia ser também a morte do "pai", do "amigo", do "Dr. Tancredo": em última instância, todos pareciam fazer parte de uma grande família, que sofria com a perda daquele que se constituía como seu principal representante.

---

[425] Para uma reflexão importante sobre a valorização da personalidade e das intenções no mundo da política, consultar (o já mencionado) Sennett (1988).

PARTE III

Ritualizações do poder e imaginário nacional: os funerais de presidentes

Em outra parte deste livro já destacamos como o processo de transformação dos funerais de importantes figuras públicas em liturgias cívicas deve ser compreendido como fruto de uma determinada historicidade. A celebração de um personagem por aquilo que ele supostamente representaria do desenvolvimento de uma coletividade nacional depende da constituição de cadeias imaginárias que permitam compreender seus símbolos e partilhar da certeza da sua existência. Foi principalmente a partir da segunda metade do século XVIII que um conjunto de variáveis históricas se complementaram e possibilitaram a consolidação de tradições cada vez mais fomentadoras da crença nas raízes imemoriais daquela recente criação coletiva (a própria nação). Tal fato, aliás, justificou a centralização das pesquisas de alguns dos principais estudiosos do fenômeno no século XIX, geralmente percebido como o momento de auge não apenas da confecção de toda a parafernália simbólica nacionalista, mas também da maior produção dos rituais de enterramento e do comemoracionismo cívico. E não há dúvida de que aquela foi uma marca do Oitocentos, que acompanhou muitas outras mudanças a ela diretamente relacionadas (a "disciplinarização" da história, o surto de biografias, a redefinição ou construção de novos lugares de memória, como as bibliotecas e os museus nacionais, são apenas algumas delas).

No caso brasileiro, os funerais de alguns presidentes brasileiros do pós-1930 se tornaram grandes celebrações nacionais, com uma participação popular dificilmente vista em outras cerimônias semelhantes ao longo dos séculos XIX e XX. Trata-se também, por outro lado, de transformações relevantes nos modos de representação da figura presidencial, remetendo diretamente ao problema do lugar do poder e das disputas pelo imaginário político, certamente uma das principais preocupações dos próximos capítulos: neles, os funerais de presidentes são considerados instrumentos importantes à reflexão sobre as redefinições sofridas pela cultura política republicana desde fins do Oitocentos. Além disso, sua análise, naturalmente, remete às características peculiares que envolveram a história de cada um daqueles que ocuparam o cargo máximo da República, aspecto que será considerado, sobretudo, na análise nos funerais daquele que foi escolhido como o presidente civil que inauguraria a Nova República. Antes disso, no primeiro capítulo, apresentaremos um estudo mais panorâmico dos funerais de presidentes do pós-1930, o que poderá fornecer elementos para pensar como tais eventos podem ser relevantes à discussão sobre as mudanças nas formas de representação e compreensão do poder presidencial após o fim da Primeira República.

Ao longo do primeiro capítulo, portanto, se poderá perceber como uma intensa participação popular caracterizou as homenagens prestadas a figuras como Juscelino Kubitschek e João Goulart, mortos durante o regime militar e sob o impacto do silêncio político a que tinham sido submetidos. Como contraponto, a análise dos funerais de alguns presidentes militares do período pós-1964 permitirá perceber os casos em que a utilização de um enorme aparato simbólico de "panteonização" visava sobrepesar o pequeno apego popular (ou mesmo aqueles nos quais o que sobressairia seria apenas o silêncio e o desejo de ser esquecido). Embora o fundamento analítico que atravessa qualquer descrição densa seja menos evidente neste primeiro capítulo, importantes aspectos nele apresentados serão retomados no segundo, que se concentra de fato no caso de Tancredo Neves. Procurando esboçar uma forma de abordagem mais focada nas preocupações apresentadas ao longo do livro, o segundo capítulo constitui a parte central da pesquisa.

CAPÍTULO 1

Os funerais de presidentes do pós-1930

Momento solene, um cortejo fúnebre sugere silêncio e circunspecção. Ritual ordenado, dele é geralmente esperado respeito e devoção ao morto, algo que deveria se reverter numa roupagem de sisudez, reverência por meio da dor silenciosa. Essas, entretanto, não foram as características mais marcantes dos funerais de alguns dos mais populares presidentes do pós-1930 da história brasileira, a começar pela figura simbólica de Getúlio Vargas. Certamente um dos presidentes mais lembrados da história do país, Vargas tornou-se um mito e sua memória ainda hoje é objeto de disputas no espectro político, confundindo-se com a própria conformação de uma identidade nacional. Seu enterro, por outro lado, tornou-se um evento peculiar, inaugurando formas até então imprevistas de honrarias fúnebres dedicadas a um chefe de Estado brasileiro, haja vista o modo inusitado com que a intensa participação popular transformaria os protocolos simbólicos que geralmente caracterizam esse tipo de ritual.

O caráter peculiar do acontecimento de 24 de agosto, é claro, juntamente com a projeção popular da imagem carismática de Vargas são elementos fundamentais na explicação dessas peculiaridades, que transformariam o cerimonial fúnebre a ele dispensado num evento altamente significativo do ponto de vista político. Tendo os acontecimentos que envolveram o suicídio do presidente já sido sobejamente analisados,[426]

---

[426] São inúmeros os trabalhos de historiadores, jornalistas, ou mesmo políticos envolvidos nos acontecimentos que procuraram reconstruir os eventos em torno do suicídio de Getúlio

entretanto, poderemos partir efetivamente para os aspectos que singularizaram seus funerais, movimento analítico importante para pensarmos nas mudanças que esse tipo de cerimonial assumiria no caso de alguns presidentes do período posterior à Primeira República. Conforme pretendemos indicar, eles podem expressar mais do que o modo como os condicionantes políticos da conjuntura transformaram a estrutura de um ritual geralmente marcado pela previsibilidade da sua rígida ordenação, apontando para as novas formas de compreensão e representação do poder inauguradas com Getúlio Vargas, seja no sentido do investimento simbólico na sua figura desde o Estado Novo, seja por conta dos elementos que particularizaram os momentos de sua permanência no poder a partir de 1930.[427]

Os cortejos fúnebres de Getúlio Vargas e a intimidade com o poder

Na manhã do dia 24 de agosto de 1954, horas depois do disparo com o qual Getúlio Vargas selou sua vida, a capital da República tornou-se palco de intensas agitações por conta do suicídio do presidente. Muitas pessoas, ao saberem da sua morte, foram imediatamente ao Palácio do Catete, onde permaneceram horas em busca da oportunidade de ver o corpo. As ruas do Rio de Janeiro, próximas à sede do governo, também foram tomadas por populares desde cedo. Divulgada pelas emissoras de rádio pouco antes das nove horas da manhã, a notícia se difundiu no momento de maior tráfego de automóveis dos bairros para o centro da cidade, ocasionando confusões no trânsito em diversas partes. Na praia do Flamengo, muitos carros particulares, táxis e coletivos pararam em plena avenida e "seus passageiros, estupefatos, se dirigiram aos passageiros de outros car-

---

Vargas, parecendo desnecessário fazer qualquer levantamento. Para uma crônica política dos acontecimentos, consultar Silva (2004). Para uma análise mais profunda de elementos da conjuntura, consultar os textos contidos em Gomes (1994).

[427] Conforme analisado no capítulo 2 da parte I do livro.

ros, procurando por pormenores, informações, como se não quisessem dar crédito ao que ouviam nos rádios dos automóveis".[428]

À tarde, ocorreram distúrbios mais violentos, quando "centenas de pessoas, armadas de pedaços de madeiras e dando vivas ao presidente morto, percorreram as ruas da cidade, rasgando cartazes de propaganda dos candidatos antigetulistas".[429] Grupos da Polícia, do Exército e da Aeronáutica foram chamados para conter a população, mas, ainda assim, foram intensas as manifestações, com a depredação de diversos edifícios de grupos identificados como responsáveis pela crise do governo Vargas. Entre as várias construções que sofreram ameaças e apedrejamento no centro da cidade, estavam a Rádio Globo, a Tribuna da Imprensa e a Embaixada Americana. Outros estados como São Paulo, Belo Horizonte e Recife também foram alvos de agitações. No primeiro deles, por exemplo, uma passeata saída dos sindicatos dos metalúrgicos e têxtil pela tarde resultaria também na destruição de vidraças de restaurantes, cinemas e outros estabelecimentos comerciais.[430] As mais graves ocorrências, entretanto, se dariam em Porto Alegre, onde a população, desde cedo, saiu às ruas apedrejando e incendiando os escritórios centrais de partidos oposicionistas e vários edifícios, como os do jornal *Diário de Notícias*, da Rádio Farroupilha e do National City Bank.[431]

Além dessas manifestações mais violentas contra os grupos opositores, a morte de Vargas fomentaria outros acontecimentos de forte densidade dramática nas imediações do Palácio do Catete e nos diversos outros momentos que comporiam suas honrarias fúnebres.[432] Estatísticas mais otimistas de órgãos de imprensa getulistas, como o jornal *Última Hora*,

---

[428] DISTÚRBIOS nas ruas em consequência da morte do sr. Getúlio Vargas. *Correio da Manhã*, Rio de Janeiro, 25 ago. 1954. Primeiro Caderno, p. 3.
[429] AGITAÇÃO nas ruas de norte a sul. *Manchete*, Rio de Janeiro, p. 28, 30 ago. 1954 (Edição extra: Os funerais de Vargas em São Borja).
[430] SILÊNCIO, o Brasil está de luto! *Última Hora*, Rio de Janeiro, 25 ago. 1954. p. 6.
[431] GRAVES ocorrências em Porto Alegre. *Correio da Manhã*, Rio de Janeiro, 26 ago. 1954. p. 5.
[432] Os assim chamados "motins urbanos" que ocorreram com a morte de Getúlio Vargas, e que se estenderiam também pelo dia 25, já foram estudados por Jorge Ferreira (1994). Sua análise, naturalmente por pautar-se em preocupações diversas, não se voltou mais propriamente para os demais acontecimentos que demarcariam os funerais de Getúlio Vargas.

mencionaram cerca de um milhão de pessoas que teriam passado nas proximidades da sede do governo até a manhã do dia 25, quando terminou a visitação pública ao corpo do presidente falecido.[433] E outros órgãos de imprensa também destacariam que, desfilando ininterruptamente por cerca de 15 horas diante do esquife, os populares teriam formado extensas filas para o velório, que "atingiam desde a Glória até Botafogo".[434] Aliás, mesmo jornais que tiveram atuação intensa na chamada "crise de agosto de 1954", acirrando suas críticas ao governo de Getúlio Vargas nas semanas que antecederam sua morte, acabavam se rendendo à emotividade demonstrada pelas pessoas presentes na hora em que seus restos mortais foram colocados em exposição.[435]

Assim, ao passo que o *Diário de Notícias* caracterizava como "indescritível" a descida do corpo à câmara mortuária, quando centenas de pessoas "começaram a entoar, numa só voz, o hino nacional" e "lágrimas cobriam os rostos de quase todos", o *Correio da Manhã* ressaltava o caráter "verdadeiramente tocante" das cenas ali presenciadas: o jardim do Palácio fora "forrado quase inteiramente de coroas de flores naturais" e, no interior do salão, "choravam homens, mulheres e crianças. Pessoas de todas as classes sociais, ali presentes, tinham os olhos cheios de lágrimas. Espetáculo em verdade impressionante".[436] Há que se dar certo crédito, portanto, às descrições do órgão getulista sobre o momento do início da visitação pública ao corpo de Vargas no Palácio do Catete:

> O corpo do Presidente Vargas só desceu para a câmara mortuária às 17 horas e 30 minutos [...]. Na rua, o ambiente era indescritível — anunciada, a princípio, a visitação pública para as 13 horas, muito antes já em todas as ruas adjacentes a multidão se instalara em filas duplas e triplas

---

[433] ÚLTIMO encontro do povo com o seu grande presidente morto. *Última Hora*, Rio de Janeiro, 25 ago. 1954. p. 2.
[434] GETÚLIO recebe a última visita do povo. *Manchete*, Rio de Janeiro, p. 5, 30 ago. 1954 (Edição extra: Os funerais de Vargas em São Borja).
[435] Sobre a posição dos principais jornais do Rio de Janeiro e São Paulo na chamada "crise de agosto de 1954", consultar Abreu e Lattman-Weltman (1994).
[436] Ver, respectivamente: A VISITAÇÃO pública ao corpo do sr. Getúlio Vargas. *Correio da Manhã*, Rio de Janeiro, 25 ago. 1954. p. 1, EM CÂMARA ardente, no Catete, o corpo do falecido presidente. *Diário de Notícias*, Rio de Janeiro, 25 ago. 1954. p. 5.

sem fim [...]. Quando este deu entrada no salão, a massa humana não se conteve: "Ouviram do Ipiranga as margens plácidas..." — cantaram todos com a voz embargada, e as senhoras prorromperam em pranto incontrolável. Os homens sensíveis também choravam convulsivamente [...].[437]

Carregado por alguns dos auxiliares diretos do governo, o esquife saiu à rua na manhã do dia 25, e logo em seguida um enorme cortejo fúnebre começou a deslocar-se em direção ao aeroporto Santos Dumont. Dali, o corpo de Getúlio Vargas seguiria de avião para as cerimônias de sepultamento em São Borja, sua cidade natal do interior do Rio Grande do Sul. Algumas fotografias do período registraram a enorme multidão que passou a acompanhar o deslocamento do cortejo, destacando-se uma imagem de capa do jornal *O Globo*, publicada na tarde do mesmo dia (imagem 2).[438] Além de demonstrar como mesmo os jornais oposicionistas acabavam se rendendo à grandiosidade do evento, a fotografia seria reproduzida na revista *Manchete*, que caracterizaria aquela como "uma das maiores manifestações populares jamais verificadas no Brasil".[439] Empurrado sobre uma carreta fúnebre, o féretro demorou 40 minutos para chegar ao aeroporto, com o ritmo do cortejo praticamente ditado pela multidão. Ao longo do percurso, foram frequentes os casos de crises nervosas e de desmaios, assim como já tinha ocorrido nas imediações da sede do governo, onde mais de mil pessoas tinham sido atendidas até as últimas horas do dia 24.[440]

---

[437] ÚLTIMO encontro do povo com o seu grande presidente morto. *Última Hora*, Rio de Janeiro, 25 ago. 1954. p. 2.
[438] Vespertino, o periódico *O Globo* circulou na tarde do dia 25. No dia anterior, os ataques à sede do jornal impediram sua comercialização (assim como aconteceu com a Rádio Globo).
[439] O ADEUS dos cariocas. *Manchete*, Rio de Janeiro, p. 9, 30 ago. 1954 (Edição extra: Os funerais de Vargas em São Borja).
[440] EM CÂMARA ardente, no Catete, o corpo do falecido presidente. *Diário de Notícias*, Rio de Janeiro, 25 ago. 1954. p. 5. Segundo o jornal *Última Hora*, nas 12 primeiras horas de visitação ao corpo no Palácio do Catete, mais de 2.100 desmaios teriam sido contabilizados, sendo um deles fatal e 20 casos graves. ÚLTIMO encontro do povo com o seu grande presidente morto. *Última Hora*, Rio de Janeiro, 25 ago. 1954. p. 2.

O corpo da Nova República

Imagem 2

Cortejo fúnebre de Getúlio Vargas do Palácio
do Catete até o aeroporto Santos Dumont (25/8/1954)

Fonte: Arquivo André Carrazzoni, CPDOC-FGV.

Imagem 3

**Manifestações populares durante
os funerais de Getúlio Vargas (25/8/1954)**

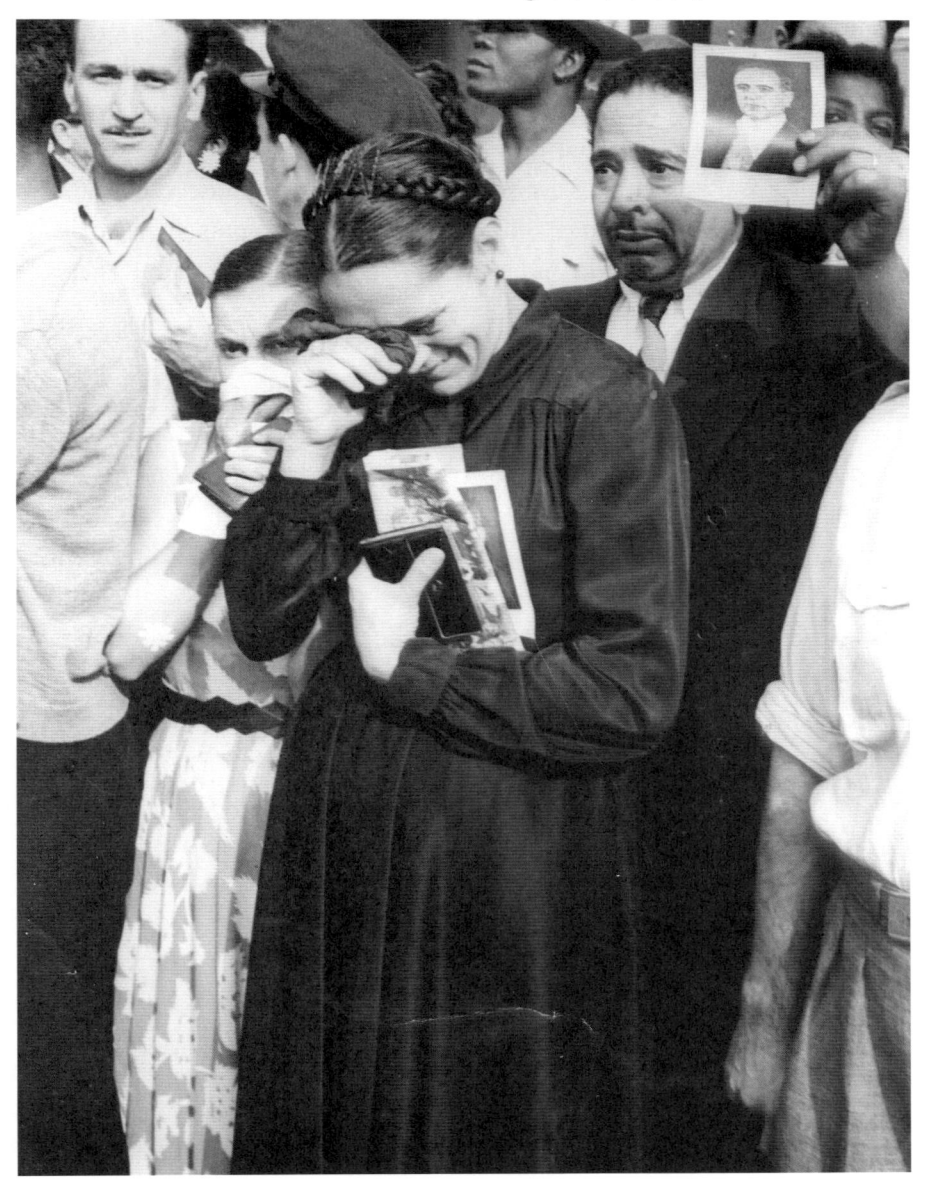

Fonte: Arquivo André Carrazzoni, CPDOC-FGV.

Mas foi mesmo na chegada ao aeroporto que aconteceram as cenas mais significativas, nas quais os populares procuraram ditar os próprios rumos das homenagens a Getúlio Vargas. Contida por tropas da Aeronáutica e do Exército, a multidão se aglomerava em frente à área militar quando o cortejo ali parou: "cordões de isolamento, além dos fuzis apontados, indicavam o campo de pouso. Mas, indiferente a isso, a multidão arrebatou o caixão da carreta e ingressou no aeroporto, cantando o Hino Nacional", destacou o jornal *Correio da Manhã*.[441] Somente com muito custo, portanto, os soldados conseguiram retomar o ataúde, reconduzi-lo à carreta e levá-lo para o local onde parava o avião. Depois que este decolou, vários incidentes ainda puderam ser verificados por conta da repressão policial às manifestações populares.[442]

A chegada dos restos mortais de Getúlio Vargas a São Borja já estava sendo esperada por um grande número de pessoas vindas de diversas partes do Rio Grande do Sul, quando então o avião com a urna mortuária pousou no aeroporto. À abertura da porta da aviação, novas cenas inusitadas se sucederam, com populares não deixando que o caixão fosse conduzido numa carreta: "o povo não se contém e invade o campo, querendo chegar até o esquife, que nos ombros é levado para a Prefeitura", destacaria a revista *Manchete*.[443] O trajeto de cerca de quatro quilômetros, do aeroporto até a Prefeitura Municipal de São Borja, foi feito a pé, contando, além das autoridades e amigos presentes, com uma "grande massa popular que acompanhou o cortejo em prantos".[444] Depois de ser velado por cerca de 10 horas na sede do governo de São Borja, o esquife seguiu novamente em cortejo ao cemitério, onde o sepultamento ocorreria já ao meio-dia de 26 de agosto. No trajeto, cerca de 40 mil pessoas, "ora cantando o Hino Nacional, ora rezando o terço", formaram o cortejo fúnebre,

---

[441] CANTANDO o Hino Nacional. *Correio da Manhã*, Rio de Janeiro, 26 ago. 1954. 2º Caderno, p. 1.
[442] O POVO rompe o cordão de isolamento. *Última Hora*, 25 ago. 1954. p. 4. (2. ed.).
[443] RUMO a São Borja. *Manchete*, Rio de Janeiro, p. 14, 30 ago. 1954 (Edição extra: Os funerais de Vargas em São Borja).
[444] A CHEGADA a São Borja. *Correio da Manhã*, Rio de Janeiro, 26 ago. 1954. Segundo Caderno, p. 1.

sendo verificadas novamente várias homenagens e cenas de comoção de populares.[445]

As imagens dos funerais em São Borja são realmente indicativas dos elementos mais importantes que demarcariam as homenagens a Getúlio Vargas. Os cordões de isolamento feitos por populares, a multidão acompanhando de perto o esquife sendo carregado nos ombros de familiares, as pessoas por cima de jazigos e túmulos do cemitério municipal para ver o sepultamento: todos esses elementos, somados aos acontecimentos da capital federal, demonstram uma participação popular até então jamais vista nos funerais de qualquer outro chefe de Estado da história brasileira. Na verdade, diferentemente daquilo que se poderia verificar nos funerais de figuras ilustres da Primeira República, a pompa e a circunstância foram os elementos menos importantes na consagração fúnebre de Getúlio Vargas.[446] As honrarias militares da saída do Palácio do Catete e os aviões da Força Aérea Brasileira foram recusados pela família, que preferiu a trasladação do corpo pela aeronave de uma empresa particular de aviação (a Cruzeiro do Sul tinha oferecido antes um aparelho). Apenas as honras de estilo, com os tiros de canhão do Forte Copacabana, adornavam as homenagens para aproximá-las do cerimonial dispensado a um chefe de Estado, mas as condições de sua morte impossibilitariam qualquer representação oficial nas suas exéquias (haja vista a indesejável presença daqueles que assumiram o governo). Sem representações oficiais nos cortejos (cujo aparato oficial praticamente se reduziu aos batedores que conduziram a carreta ao Santos Dumont e às fileiras de soldados dos cordões de isolamento), somente seus correligionários poderiam ser vistos diante

---

[445] Os dados de 40 mil pessoas, possivelmente exagerados, são fornecidos pela revista *Manchete*. Ver: O CAMINHO do cemitério. *Manchete*, Rio de Janeiro, p. 20, 30 ago. 1954. (Edição extra: Os funerais de Vargas em São Borja). Apesar dos exageros das estimativas de alguns jornais que cobriram os funerais dos presidentes que analisaremos nesta parte do livro, optamos por reproduzi-las no texto em alguns momentos para não o sobrecarregar de ressalvas desnecessárias, apontado as maiores incongruências quando pertinente. Além disso, em certos casos, poderemos confrontar tais afirmativas com as fotografias existentes nos mesmos jornais, conforme se poderá notar ao longo do texto.

[446] Consultar discussão feita no capítulo 1 da parte I.

de seu túmulo, proferindo eloquentes discursos que juravam manter vivos seus ideais.[447]

Aliás, se não contariam com suntuosas cerimônias oficiais, os funerais de Getúlio Vargas também não se beneficiariam das liturgias religiosas que geralmente caracterizam as cerimônias do tipo. Por ter atirado contra o próprio peito, Getúlio Vargas foi sepultado sem as missas de extrema-unção e encomendação do corpo no Palácio do Catete, além de ter seu gesto final criticado pelo jornal oficial do Vaticano (*L'Osservatore Romano*) por ser contrário aos "costumes cristãos do povo brasileiro".[448] Mesmo as missas posteriores em sufrágio de sua alma seriam proibidas no Rio Grande do Sul, por conta do suicídio, sendo permitidas no Rio de Janeiro desde que "sem publicidade pelos jornais e pelo rádio e sem manifestações exteriores".[449] Portanto, se houve uma "consagração apoteótica" nos funerais de Getúlio Vargas, como destacou interessadamente o jornal *Última Hora*, ela se deveu às manifestações populares, e não aos mecanismos de "panteonização" mobilizados, todos eles muito aquém do que se poderia esperar do cerimonial fúnebre de um presidente da República.

Sem dúvida, a natureza inusitada dos acontecimentos que envolveram a morte do presidente, encurralado pelas exigências de renúncia após cerca de três semanas de virulentos ataques em quase toda a imprensa, é um elemento central para a compreensão do caráter dramático que assumiram suas honrarias fúnebres. A constante ameaça de um golpe militar, frequentemente solicitado pela UDN e por outros grupos oposicionistas após o episódio da rua Tonelero, transformaria seus funerais num acontecimento político de grande importância, sendo evidente que as investidas populares dos dias 24 e 25 de agosto se voltavam contra os grupos percebidos como responsáveis pela sua morte (seja

---

[447] Vários correligionários discursaram em frente ao túmulo de Getúlio Vargas, entre eles João Goulart e Tancredo Neves. O maior destaque foi o discurso extremamente emocional de Osvaldo Aranha, prometendo manter acesos os ideais do falecido presidente.
[448] Ver: CENSURA. *Correio da Manhã*, Rio de Janeiro, 26 ago. 1954. As missas de extrema-unção e de encomendação do corpo eram feitas, geralmente, no lugar principal de velório, contendo autoridades da religião do presidente (no caso de Getúlio Vargas, a religião católica).
[449] Segundo nota do acerbispado do Rio divulgada no *Correio da Manhã*, Rio de Janeiro, 26 ago. 1954.

pelo próprio fato do suicídio, ou mesmo pela suspeita de assassinato que sempre acerca acontecimentos do tipo). Para além dessa dimensão mais óbvia, entretanto, é possível perceber como suas exéquias também dramatizavam uma forma diferenciada de relação com o poder por parte dos setores populares, na qual os mecanismos rituais que apenas distanciam a figura do líder têm seu sentido subtraído diante da necessidade de uma experimentação mais direta e imediata de contato com o governante.

Conforme já destacamos em outro momento, as condições singulares da construção da imagem pública de Getúlio Vargas inauguraram uma forma de representação do poder presidencial fortemente personalizada, na qual as relações de intimidade e hierarquia com sua personagem se combinariam de modo peculiar dentro do período republicano da história brasileira. Apesar dos aspectos que particularizariam sua figura, ela pode ser tomada como aquela que mais fortemente encarnaria elementos recorrentes nas imagens públicas de alguns outros presidentes do pós-1930, e que também se materializariam em seus funerais. Depois de Getúlio Vargas, somente Juscelino Kubitschek, João Goulart e Tancredo Neves, guardadas as diferentes proporções, teriam funerais nos quais os populares se tornariam claramente o elemento principal, conformando-se como atores fundamentais na ressignificação dos aspectos próprios ao cerimonial. Nesses casos, o que se pode perceber é uma verdadeira reelaboração dos rituais, cujo ritmo passaria a ser praticamente ditado pelos populares, sendo pouco relevante pensá-los apenas a partir dos mecanismos intencionalmente elaborados para consagração cívica daquele personagem. Na verdade, eles ganhariam novos significados à luz da experiência então vivida que, aliás, em todos esses casos, envolveria também condicionantes políticos que transformariam as cerimônias em manifestações contra atitudes consideradas golpistas ou autoritárias. Tais elementos não se excluem, e apareceriam em todos os casos mencionados: naqueles de Juscelino Kubitschek e João Goulart, por exemplo, o afastamento compulsório da vida pública seria um elemento marcante, assim como a intransigência do governo militar para evitar a elaboração de faustosos funerais.

Os funerais de Juscelino e João Goulart: emotividade e tentativas de silenciamento

Depois de Getúlio Vargas, Juscelino Kubitschek foi o que contou com a mais expressiva participação popular em seus funerais, se considerarmos todos aqueles que já tinham ocupado o cargo presidencial na história brasileira até então. Vítima de um acidente na via Dutra em 22 de agosto de 1976, quando o Opala em que viajava chocou-se com um caminhão, Juscelino demonstraria uma legitimidade popular que contrastava com os vários anos de ostracismo em que esteve afastado da vida pública pelo regime militar. No dia seguinte ao ocorrido, cenas de forte carga simbólica puderam ser verificadas nas homenagens à sua memória prestadas nos cortejos fúnebres do Rio de Janeiro e de Brasília, os quais reuniram um número bastante expressivo de pessoas. As cenas envolvendo populares, na verdade, já podiam ser percebidas pouco depois de as transmissoras de rádio começarem a divulgar a notícia do acidente, por volta de meia-noite do dia 22, quando algumas pessoas passaram a se dirigir ao Instituto Médico Legal para se informar sobre a hora da chegada do corpo do ex-presidente ao Rio de Janeiro.[450]

Foi em torno do edifício da revista *Manchete*, na praia do Russel, no entanto, que as cenas mais significativas puderam ser presenciadas. Calculado em torno de 5 mil o número de pessoas que participaram do velório do ex-presidente, o episódio foi marcado por cenas de grande emoção, porquanto "gritos e choros intermitentes eram ouvidos com frequência por todo o saguão do edifício da *Manchete*"[451]. Na rua, por sua vez, milhares de acompanhantes cantavam o "Peixe vivo", os hinos Nacional, da Independência e à Bandeira, tendo o velório durado poucas horas, devido aos pedidos de um funcionário do Ministério da Justiça para que Dona Sarah antecipasse a trasladação do corpo por "motivos de segurança".[452] Somente depois de os populares terem exigido carregar o esquife do ex-presidente em seus próprios ombros, entretanto, o cortejo fúnebre saiu

---

[450] NO RIO, o povo formou o cortejo até ao aeroporto. *O Globo*, Rio de Janeiro, 24 ago. 1976. p. 8.
[451] NOS BRAÇOS do povo emocionado, o adeus ao Rio. *Folha de S.Paulo*, São Paulo, 24 ago. 1976. p. 5.
[452] JK sepultado em Brasília. *Folha de S.Paulo*, São Paulo, 24 ago. 1976 (matéria de capa).

em direção ao aeroporto Santos Dumont. Foram cerca de três quilômetros de cortejo, a pé, com frequentes vivas a JK. Um repórter da *Folha de S.Paulo* conseguiu captar bem o clima do evento, resumindo em poucas linhas muitos aspectos dos acontecimentos então verificados:

> A saída da sede da revista *Manchete* foi difícil. [...] Nos edifícios, as janelas eram tomadas rapidamente. Dos ônibus desciam pessoas dispostas a engrossar o cortejo. No trânsito parado [...] não se ouviam buzinas nem reclamações. Havia, sim, uma necessidade de cantar, de exteriorizar os sentimentos de forma mais viva. E assim foi: o Hino à Bandeira emocionou e o Hino à Independência, com seu estribilho ecoando de uma forma extremamente emocional — "ou ficar a Pátria livre ou morrer pelo Brasil" — provocava arrepios na multidão.[453]

Após a chegada ao aeroporto, diversas cenas semelhantes se verificaram, tendo os populares ocupado todas as instalações do Santos Dumont, enquanto cantavam ainda mais alto o Hino Nacional, gritavam "viva Juscelino" e muitos outros exibiam fotografias do ex-presidente. Apesar dos esforços policiais, dezenas de pessoas ainda conseguiram invadir a pista do aeroporto. Dali, os restos mortais de Juscelino seguiram para o Galeão e depois para Brasília, onde um cortejo ainda mais espetacular se verificou. Quando a aviação deu entrada no aeroporto da capital, cerca de 30 mil pessoas já aguardavam a chegada do corpo para fazerem suas homenagens, sendo o féretro seguido até a catedral de Brasília por milhares de veículos e cerca de 40 motociclistas com roupas coloridas, que exibiam uma faixa com os seguintes dizeres: "A Juscelino, a nossa gratidão".[454] Episódio semelhante ocorreria apenas nos funerais de Tancredo Neves, também acompanhado por uma grande quantidade de motocicletas transformadas em batedores não oficiais.

---

[453] NOS BRAÇOS do povo emocionado, o adeus ao Rio. *Folha de S.Paulo*, São Paulo, 24 ago. 1976. p. 5. Ver também: MULTIDÃO canta "Peixe vivo" na Igreja. *Jornal do Brasil*, Rio de Janeiro, 24 ago. 1976. p. 13.

[454] MULTIDÃO espera 12 horas para homenagear Juscelino. *Jornal do Brasil*, Rio de Janeiro, 24 ago. 1976. p. 13, BRASÍLIA sepulta Kubitschek às 23 e 40. *O Estado de S. Paulo*, São Paulo, 24 ago. 1976. p. 4.

À chegada do corpo de Juscelino na catedral para a missa de corpo presente, uma enorme multidão já aguardava nas imediações. Logo após o início da cerimônia, ela foi interrompida "com a entrada de centenas de pessoas que romperam o cordão policial aos gritos de 'JK, JK, JK' e de crises de choro".[455] Enquanto autoridades religiosas pediam aos presentes para "não se esquecerem que ali era a casa de Deus", uma multidão invadia o templo e "as flores das coroas — que se estendiam em tapete do altar até a entrada da catedral — eram atiradas sobre o caixão" por diversas pessoas.[456] Foram pelo menos 20 minutos de interrupção, sem que os presentes conseguissem sequer ouvir os clamores dos padres que auxiliavam na missa em favor do restabelecimento da ordem. Assim, nem os três choques da Polícia Militar e os três da Polícia Especial, com 500 policiais, conseguiram conter os ímpetos dos populares que se comprimiam do lado de fora da catedral metropolitana gritando o nome do ex-presidente, os quais já somavam cerca de 50 mil pessoas.[457] No momento de saída do cortejo para o cemitério Campo da Esperança, outras cenas desse tipo se conformariam, demonstrando que, apesar da inferioridade no número de populares em relação aos funerais de presidentes como Getúlio Vargas e Tancredo Neves, as exéquias de Juscelino foram também marcadas por gestuais de enorme apelo simbólico.

Uma das cenas mais significativas foi, provavelmente, a verificada quando da saída do esquife da catedral metropolitana. Qual gesto poderia ser mais marcante para a construção biográfica de um ex-presidente do que o de uma multidão emocionada que, rompendo todas as formações protocolares da cerimônia, demanda carregar em seus próprios braços sua urna mortuária?

A saída do cortejo da catedral após a missa foi muito lenta. A multidão queria levar o caixão de Juscelino nos braços até o cemitério e não con-

---

[455] SEPULTAMENTO em Brasília só ocorreu às 23h 30m. *O Globo*, Rio de Janeiro, 24 ago. 1976. p. 7.
[456] MULTIDÃO canta "Peixe vivo" na Igreja. *Jornal do Brasil*, Rio de Janeiro, 24 ago. 1976. p. 13. Ver também: FORA da catedral, 50 mil rezam em silêncio. *O Estado de S. Paulo*, São Paulo, 24 ago. 1976. p. 4.
[457] Ibid., SEPULTAMENTO em Brasília só ocorreu às 23h 30m. *O Globo*, Rio de Janeiro, 24 ago. 1976. p. 7.

cordava com a utilização de um caminhão de bombeiros. Aos gritos de "a pé, a pé", impediam a partida do cortejo. [...] Dona Sarah, então, ocupou o microfone da catedral e pediu aos responsáveis pelo cortejo que atendessem à reivindicação popular. "Juscelino foi feito pelo povo. Seu corpo pertence ao povo", afirmou a mulher do ex-presidente.[458]

Saindo da catedral metropolitana, o cortejo fúnebre seguiu em direção à rodoviária de Brasília e depois ao cemitério Campo da Esperança, "numa marcha de 15 quilômetros, feita por mais de 60 mil pessoas, na qual se confundiam palmas, lágrimas e vivas".[459] No percurso de cerca de quatro horas, segundo o *Jornal do Brasil*, caminhava uma multidão "superior até a que se comprimiu no roteiro por onde passaram os campeões do mundo de 1970, tida como a maior concentração popular já registrada na capital federal".[460] A certo momento do cortejo, a multidão exigiu que o carro fúnebre com o esquife desligasse o motor e ele foi empurrado por toda a extensão da avenida W-3, principal artéria comercial da cidade. Nenhum carro oficial, nem mesmo batedores, acompanhava o cortejo, com seu ritmo completamente ditado pelos populares. No trajeto, milhares de pessoas cantavam novamente o Hino Nacional, o Hino de Brasília, cânticos religiosos e as músicas folclóricas "Peixe vivo" e "Oh, Minas Gerais".[461]

Na chegada ao cemitério, novas cenas demonstrariam a efetiva participação popular nos funerais, transformado num misto de cortejo fúnebre e manifestação política contra a ditadura militar:

[...] a apenas 500 metros da sepultura, o esquife não conseguiu se locomover. Ali, na entrada do cemitério, cinco mil pessoas exigiam um contato mais prolongado com o caixão antes de ser enterrado, enquanto gritavam por "Queremos Liberdade" ou o nome do ex-presidente. No final da noi-

---

[458] SEPULTAMENTO em Brasília só ocorreu às 23h 30m. *O Globo*, Rio de Janeiro, 24 ago. 1976. p. 7.
[459] JK sepultado em Brasília. *Folha de S.Paulo*, São Paulo, 24 ago. 1976. p. 1.
[460] MULTIDÃO canta "Peixe vivo" na Igreja. *Jornal do Brasil*, Rio de Janeiro, 24 ago. 1976. p. 13.
[461] BRASÍLIA sepulta Kubitschek às 23 e 40. *O Estado de S. Paulo*, São Paulo, 24 ago. 1976. p. 4.

te, o contingente da Polícia Militar tentou forçar a retirada do caixão da entrada do cemitério, para levá-lo à sepultura, mas foi contido pela multidão que, então, desafiava os policiais [...] outra multidão, que chegou a superar, no final da tarde, o número de 50 mil pessoas, à beira do túmulo, aguardava o caixão, mas ignorando que ele era retido metros adiante.[462]

Soldados da Polícia Militar ainda tentaram controlar a entrada de populares no cemitério, fechando o portão, mas a ideia foi deixada de lado quando as cercas de arame que o envolviam começaram a ser colocadas abaixo sob gritos de ordem e liberdade. Segundo os jornais do período, pelo menos 20 mil pessoas teriam penetrado no Campo da Esperança e, enquanto o corpo baixava à sepultura, ouviam-se novamente cânticos folclóricos, hinos e manifestações políticas.[463] Assim, apesar das investidas policiais, procurando acelerar os cortejos e restringir as manifestações populares, o que se perceberia nos funerais de Juscelino é uma verdadeira ressignificação dos elementos que compunham aquele tipo de ritual, de modo semelhante ao que havia acontecido nas homenagens a Getúlio Vargas ainda nos anos 1950. Desconstruído no seu sentido solene e hierárquico, o funeral de JK parecia ser ditado mais efetivamente pela vontade popular do que pelos protocolos que compõem os cerimoniais de homenagem àqueles que foram presidentes da República.

Na verdade, apesar da decretação de luto oficial e da concessão das honrarias de chefe de Estado, várias iniciativas do governo demonstrariam uma preocupação em esvaziar o sentido simbólico daquele acontecimento. Ao contrário do que era usual, Juscelino foi homenageado com luto oficial de apenas três dias e, no dia dos seus funerais, não foi decretado feriado nacional.[464] Nas

---

[462] Ibid.
[463] SEPULTAMENTO em Brasília só ocorreu às 23h 30m. *O Globo*, Rio de Janeiro, 24 ago. 1976. p. 7.
[464] A legislação existente, que regulava os cerimoniais fúnebres com honras de chefe de Estado, tratava apenas dos casos de presidentes falecidos no exercício do cargo, para os quais o luto máximo era de oito dias. Não obstante, no caso da morte de um ex-presidente, tinha se tornado usual conceder oito dias de luto oficial, como aconteceu com Castelo Branco, em 1967, Costa e Silva, em 1969 (para os quais, além disso, o governo logo decretou ponto facultativo, estendido até o dia do enterramento, no caso de Castelo, e feriado nacional, no caso de Costa e Silva), Café Filho, em 1970, e Eurico Gaspar Dutra, em 1974. Para a legislação que regulava

cerimônias, não havia qualquer representante do governo e seu velório, assim como diversas partes dos cortejos, foi acelerado devido às recorrentes iniciativas das autoridades presentes. Mesmo Armando Falcão, ocupante da pasta da Justiça que por duas vezes tinha sido ministro de Juscelino, não fez qualquer declaração sobre a morte do ex-presidente e o luto oficial só foi consentido após várias discussões de Geisel com seus ministros.[465]

Mais do que no caso de Juscelino, seria o de João Goulart, falecido poucos meses depois, aquele que mais sofreria com as tentativas de restrição da participação popular em seus funerais. Morto em uma de suas fazendas da Argentina na madrugada de 6 de dezembro de 1976, Jango estava submetido ao exílio por mais de 10 anos, por conta das imposições e cassações promovidas no início do regime militar. Além de não decretar luto oficial, o governo impossibilitou que seu velório fosse realizado no Rio de Janeiro, São Paulo ou Porto Alegre, proibindo também a veiculação de maiores informações sobre a vida política do ex-presidente quando sua morte fosse divulgada pela Rádio Jornal do Brasil ou pela TV Globo.[466] Assim, João Goulart seria o único ex-presidente do pós-1930 a não contar com qualquer cerimonial oficial de homenagem a um chefe de Estado, sendo a permissão para o sepultamento em São Borja, provavelmente, uma medida que visava também minorar o impacto político do acontecimento (já que proibir o enterro em solo brasileiro poderia aumentar a repercussão da morte de um ex-presidente cassado pelo regime militar).

Com efeito, a imposição de restrições apareceria em vários momentos dos funerais de João Goulart, mas, ainda assim, a participação direta da população seria bastante marcante. Após atravessar a ponte internacional de Paso de

---

a matéria no momento da morte de Juscelino, ver Decreto nº 70.274, de 9 de março de 1972.

[465] JK sepultado em Brasília. *Folha de S.Paulo*, São Paulo, 24 ago. 1976 (matéria de capa), DOS HOMENS públicos, o reconhecimento e o respeito. *Folha de S.Paulo*, São Paulo, 24 ago. 1976. p. 12.

[466] O *Jornal do Brasil* denunciou ambos os aspectos na sua edição do dia 7 de dezembro daquele ano, inclusive reproduzindo o teor da ordem recebida por telefone do Departamento de Polícia Federal: "De ordem superior fica proibida a divulgação, através do rádio e da televisão, de comentários sobre a vida e a atuação política do sr. João Goulart. A simples notícia do falecimento é permitida, desde que não seja repetida sucessivamente". Ver as matérias: CENSURA limita rádio e TV ao falecimento e GOVERNO só permite enterro em S. Borja. *Jornal do Brasil*, Rio de Janeiro, 7 dez. 1976. p. 18 e 19.

Los Libres, o cortejo fúnebre que saiu da Argentina com o corpo do ex-presidente sofreu restrições para não parar no município de Uruguaiana, apesar das cerca de mil pessoas que aguardavam a chegada dos restos mortais de João Goulart.[467] O mesmo aconteceria no principal acesso rodoviário à cidade de Itaqui, onde "um grupo de soldados da Brigada Militar, de braços abertos, impedia o trânsito naquela direção".[468] Ao invés da carreta militar contendo cadetes acompanhando os despojos, como previsto no cerimonial de sepultamento de chefe de Estado, seu corpo era conduzido numa Chevrolet Veraneio preta, precedida de uma caminhonete da Polícia Rodoviária Federal com uma lanterna vermelha em cima da cabine a piscar continuamente. Atrás do féretro, dois veículos transportavam dona Teresa Goulart e outros membros da família de Jango, ao passo que centenas de outros automóveis iam crescentemente aumentando o cortejo em direção a São Borja.

Na chegada à cidade natal de João Goulart, mais de mil pessoas gritavam seu nome ao presenciarem o esquife ser retirado da caminhonete que o conduzia.[469] A cena se repetiria na entrada da igreja São Francisco de Borja, para onde o corpo foi conduzido e onde ficaria exposto à visitação pública. Apesar de os soldados da Brigada Militar e de o Exército terem tentado organizar a entrada das pessoas que queriam ver o corpo, "no primeiro momento, tudo foi conturbado e os populares entraram desordenadamente no templo, aos gritos de Jango, Jango, Jango", segundo o jornal *O Estado de S. Paulo*.[470] Às 10 horas da manhã do dia 7, quando tinham se passado pouco mais de 12 horas de velório no local, 15 mil pessoas já haviam assinado o livro de presenças, número que aumentaria bastante até o momento da saída em cortejo ao cemitério.[471] Ali também as restrições se verificariam: não foi permitida a instalação do sistema de rádio com alto-falantes na igreja e o pároco responsável impediu que fosse colocado um tapete vermelho no corredor central, argumentando que João Goulart somente poderia ser velado naquele local como

---

[467] POVO espera na fronteira. *O Estado de S. Paulo*, São Paulo, 7 dez. 1976. p. 4.
[468] GOULART morreu do coração, na Argentina. *Jornal do Brasil*, Rio de Janeiro, 7 dez. 1976. p. 18.
[469] Ibid.
[470] POVO espera na fronteira. *O Estado de S. Paulo*, São Paulo, 7 dez. 1976. p. 4.
[471] GOULART sepultado em São Borja. *Folha de S.Paulo*, São Paulo, 7 dez. 1976. p. 6.

sãoborjense, "abstraindo-se qualquer outro aspecto de classe ou político".[472] Durante o velório, ocorreriam cenas de forte significado simbólico, sobretudo após a chegada dos filhos de Jango, bastante emocionados. Após abraçar o ataúde do seu pai, Denise Goulart, em prantos, colocaria nele uma faixa com a palavra anistia, que lhe teria sido concedida por integrantes do Movimento Feminino pela Anistia (imagem 4).[473]

Na tarde do dia 7, após a missa de encomendação do corpo, os restos mortais de Jango foram levados para o sepultamento no cemitério municipal, onde já se encontrava enterrado seu padrinho político, Getúlio Vargas. Jornais mais otimistas estimavam em 50 mil o número de acompanhantes do féretro, enquanto outros destacariam 30, ou mesmo 5 mil pessoas.[474] O que as fotografias de fato registram é uma grande multidão na praça Quinze de Novembro, em frente ao templo, e um número expressivo de pessoas no cemitério. O cortejo, feito a pé, em cerca de uma hora e meia, e sob uma intermitente chuva que caía no local desde a madrugada do dia anterior, também foi marcado por momentos significativos. Alguns deles lembrariam os funerais de Getúlio e Juscelino, como destacou o *Jornal do Brasil* sobre a saída da igreja:

> Junto à escada, um carro fúnebre esperava para conduzir o esquife, mas o povo não deixou: surgiram outros gritos: "Jango fica conosco", "ele vai a pé". Os gritos se repetiram nas várias tentativas feitas por policiais militares para colocar o caixão no carro, o que não conseguiram diante da sistemática recusa da multidão.[475]

Conduzido sob gritos de "liberdade", "anistia" e "Jango", o ataúde foi levado para o cemitério, enquanto "os policiais tentavam inutilmente iso-

---

[472] JANGO morre na Argentina e é sepultado no Brasil. *O Globo*, Rio de Janeiro, 7 dez. 1976. p. 6.
[473] NO ENTERRO, o MDB pede reconciliação. *Folha de S.Paulo*, São Paulo, 7 dez. 1976. p. 5.
[474] Ver, respectivamente: GOULART sepultado em São Borja. *Folha de S.Paulo*, São Paulo, 7 dez. 1976. p. 6, TRINTA mil pessoas levam Jango a sepultura. *O Globo*, Rio de Janeiro, 7 dez. 1976. p. 8, SEPULTAMENTO de Goulart teve cortejo de 30 mil pessoas. *Jornal do Brasil*, Rio de Janeiro, 8 dez. 1976. p. 17, CINCO mil no enterro de Jango. *O Estado de S. Paulo*, São Paulo, 8 dez. 1976.
[475] SEPULTAMENTO de Goulart teve cortejo de 30 mil pessoas. *Jornal do Brasil*, Rio de Janeiro, 8 dez. 1976. p. 17.

lar o grupo que levava o caixão: o máximo que conseguiam era diminuir a marcha do cortejo".[476] Ao entrar no local de sepultamento, soldados da Brigada Militar fecharam o portão do cemitério com correntes, argumentando que aquela era uma medida de segurança, mas acabaram tendo que abrir a passagem devido à insistência das personalidades presentes.[477] Na beira do túmulo, discursariam Pedro Simon e Tancredo Neves, representando, respectivamente, o MDB regional e nacional, enquanto muitas pessoas colocavam-se por sobre os jazigos e túmulos para presenciar o evento. Os gritos e vivas a Jango continuariam até o sepultamento, ao mesmo tempo que manifestações contra a situação autoritária vigente somavam-se à indignação pelo modo como o ex-presidente voltava ao país, depois de anos de afastamento compulsório da vida pública.

Imagem 4

Tancredo Neves discursa em cerimônia de sepultamento de João Goulart no cemitério municipal de São Borja (9/12/1976)

Fonte: Arquivo Tancredo Neves, CPDOC/FGV.

---

[476] TRINTA mil pessoas levam Jango a sepultura. *O Globo*, Rio de Janeiro, 7 dez. 1976. p. 8.
[477] GOULART sepultado em São Borja. *Folha de S.Paulo*, São Paulo, 7 dez. 1976. p. 6.

Como se pode notar, alguns elementos dos funerais de João Goulart se assemelhariam bastante àquilo que foi dramatizado nas últimas homenagens a Getúlio Vargas e Juscelino Kubitschek. Na realidade, o que podemos perceber nas exéquias de todos esses presidentes é a constituição de um fenômeno característico das ressignificações da cultura política republicana no pós-1930, quando alguns desses eventos assumiriam um novo significado devido à participação direta dos populares envolvidos nos cortejos. Isto não quer dizer, é claro, que todos os presidentes a partir de então contariam com tais elementos em suas honrarias fúnebres (haja vista a análise dos funerais de alguns governantes militares do pós-1964, feita mais adiante), antes indicando que as formas de representação do poder presidencial tendiam a assumir outra natureza, fazendo com que determinados governantes passassem a ser mais efetivamente compreendidos como uma verdadeira encarnação da vontade popular. Para além de meros assistentes, os acompanhantes dos cortejos fúnebres mencionados assumem um papel fundamental, reelaborando o próprio ritual, cujo significado passa a depender dos aspectos colocados em jogo naquele momento específico: ao mesmo tempo que tais eventos se transformaram em acontecimentos políticos importantes por exteriorizar a insatisfação com a ordem política existente, eles parecem demonstrativos de uma forma nova de lidar com os elementos que simbolizam o poder.

Aquilo que tornariam os funerais desses presidentes verdadeiros espetáculos cívicos e políticos, nesse sentido, dependeria menos dos mecanismos de "panteonização" construídos para consagrar um personagem, por meio de um meticuloso e suntuoso cerimonial, do que dos significados simbólicos das ações e dos acontecimentos que caracterizaram aquele ritual como experiência, tendo em vista que todo comportamento humano é uma ação que significa, não devendo ser desprendido da historicidade de seu sentido numa interpretação que busque ultrapassar justamente a dicotomia entre ação e significado, enfatizando uma perspectiva histórica e etnográfica. Em eventos como esses, as atitudes daqueles que geralmente ocupavam o lugar de "assistentes do cortejo" parecem ter se tornado os elementos de consagração memorialística mais importantes, sobressaindo nas matérias jornalísticas do dia seguinte e demonstrando que as formas de legitimação do poder perpassam diretamente pelo modo com que ele é representado e acreditado.

Todos esses elementos apareceriam nos funerais de Tancredo Neves, indicando que ele não foi o primeiro a pautar-se pelas emotivas inversões dos elementos cerimoniais que a participação popular sugere. A mobilização emotiva dos símbolos nacionais que, entre os casos analisados, apareceria com mais vigor nas homenagens fúnebres de Juscelino Kubitschek, tornar-se-ia um aspecto marcante do primeiro funeral de chefe de Estado da Nova República. Antes de nos voltarmos mais detidamente ao assunto, parece importante analisar as exéquias de alguns presidentes militares, estas sim muito mais marcadas pela rígida ordenação de um ritual faustoso, visando sobrepesar o pequeno assédio popular.[478]

De faustosos funerais ao desejo de ser esquecido: as exéquias de presidentes militares

Distanciamento, respeito, contenção, hierarquia: essas são algumas das características que marcaram os funerais de presidentes militares do pós-1964. Diferentemente do que ocorreria nos casos mencionados, suas exéquias encenariam outras formas de aparição e representação do poder, muito mais próximas dos rituais fúnebres de importantes personagens da Primeira República analisados por alguns historiadores brasileiros.[479] Aqui, o caráter apoteótico do evento está mais relacionado à suntuosidade e à rígida ordenação cerimonial do que à consagração

---

[478] Dos presidentes civis mais populares do pós-1930, apenas Jânio Quadros teve suas exéquias transformadas num ritual minucioso, mas com relativamente pouca participação popular. Morto na noite de 16 de fevereiro de 1992, Jânio se encontrava em precário estado de saúde há bastante tempo, já tendo sofrido três derrames e se locomovendo somente com cadeira de rodas. Velado na Assembleia Legislativa de São Paulo, seu corpo saiu em cortejo até o Cemitério da Paz, no Morumbi, mas "não houve concentração de pessoas nas ruas durante todo o trajeto". A cerimônia no cemitério, por sua vez, teria sido tumultuada pelos aplausos e vaias aos políticos que chegavam, mas sem grande emotividade e com um público calculado em "cerca de duas mil pessoas" pelos jornalistas presentes. Ver: JÂNIO é enterrado em São Paulo com honras de chefe de Estado. *Folha de S.Paulo*, São Paulo, 18 fev. 1992. p. 5.

[479] Conforme analisado no capítulo 1 da parte I.

popular, em vários casos pretensamente sobrepesada pela pomposidade do arsenal cívico e militar mobilizado. Entre eles, Castelo Branco e Costa e Silva, por falecerem durante a ditadura, foram aqueles para os quais foram utilizados os maiores aparatos simbólicos de canonização fúnebre, contando com um enorme investimento nas solenidades feitas em suas homenagens.

No caso de Castelo, o caráter trágico e inusitado do acidente aéreo que o vitimou, naturalmente, tendeu a gerar uma maior comoção em relação a outros presidentes militares (o avião em que o político viajava foi inexplicavelmente atingido por um caça da FAB na região cearense, em 18 de julho de 1967). Juntamente com isso, o fato de ter morrido nos primeiros anos do regime faria com que seu enterro se beneficiasse do relativamente maior prestígio com que os governos militares ainda podiam contar naquele momento: além da existência de uma parcela da sociedade sempre disposta a valorizar as "intervenções saneadoras" dos meios castrenses na vida política, havia também o apoio dos meios de comunicação, boa parte deles ainda bastante empenhados em glorificar os "grandes homens" da "Revolução de 1964". Assim, apesar da quantidade muito menor de presentes (se comparado aos casos de Getúlio Vargas e dos outros ex-presidentes anteriormente mencionados), as exéquias de Castelo ainda se beneficiariam de alguma afluência popular, contrastando com os funerais dos três últimos presidentes militares, nos quais sobressairia apenas um cerimonial meramente protocolar, marcado pela indiferença e o esquecimento. Curiosamente, aquele que seria recorrentemente lembrado como um dos presidentes do pós-64 que menos se preocupava com a popularidade gozaria do enterro mais popular entre eles, ao passo que figuras como Emílio Médici e João Figueiredo, que tanto a prezaram, terminariam seus dias num momento em que a batalha pela memória já tinha sido praticamente perdida pelos militares. Torna-se importante, nesse sentido, produzir uma interpretação dos significados simbólicos de algumas das ações e ocorrências que comporiam as exéquias dos presidentes da ditadura brasileira, particularmente nos casos de Castelo Branco e Costa e Silva, que servem de importante contraponto àquilo que vimos destacando no tópico anterior.

Apoteose militar e público restrito: os funerais de Castelo Branco e Costa e Silva

Morto num desastre aéreo no Ceará, Castelo Branco contaria com o maior aparato cívico e militar até então utilizado nos rituais fúnebres de um ex-presidente brasileiro do pós-1930. Além do enorme contingente militar mobilizado, estimado em cerca de 15 mil soldados do Exército, da Marinha e da Aeronáutica, ele seria o primeiro ex-presidente a partir daquele período a ser homenageado com a decretação de luto oficial por oito dias, dois deles tornados pontos facultativos nas repartições públicas federais e autarquias sediadas na Guanabara e no estado do Rio de Janeiro.[480] Organizado pela Presidência da República, com a colaboração do Itamaraty, dos comandos do I Exército, do I Distrito Naval, da III Zona Aérea e do governo da Guanabara, o cerimonial chegou a prever, inicialmente, elementos bastante extravagantes na tentativa de torná-lo efetivamente apoteótico, como a utilização de uma carreta puxada por cavalos na condução da urna mortuária.[481] Descartada posteriormente a forçosa analogia com o poder imperial, ela parece demonstrativa da enorme disposição dos poderes instituídos em favor da sua "consagração fúnebre": afinal, Castelo teria sido não apenas o primeiro presidente da "Revolução de 1964", mas também o primeiro a falecer sob a ordem política por ela implantada no país.[482]

---

[480] Os dados sobre o contingente de 15 mil militares são fornecidos em: CASTELO baixa ao túmulo ao troar da artilharia e com o toque de silêncio. *Jornal do Brasil*, Rio de Janeiro, 21 jul. 1967. p. 3. Ver também: BRASIL ficará de luto por oito dias. *Jornal do Brasil*, Rio de Janeiro, 19 jul. 1967. p. 2. O luto de oito dias correspondia ao tempo máximo permitido pela legislação para a concessão do luto oficial, sendo geralmente estipulado para os casos de morte no exercício da presidência (como foi o caso de Getúlio Vargas). O maior luto oficial dedicado a um ex-presidente do pós-1930 tinha sido o de cinco dias pelo falecimento de Nereu Ramos, em 16 de junho de 1958.

[481] GENERAIS levaram a urna nos ombros. *O Estado de S. Paulo*, São Paulo, 20 jul. 1967 (matéria de capa).

[482] É importante notar que alguns dos elementos dos funerais de Castelo e outros ex-presidentes, que foram homenageados com "honras de chefe de Estado" (decretada pelo presidente da República), eram recorrentes nos cerimoniais do tipo. No caso dos ex-presidentes militares, além disso, eles contavam com as "honras militares", que tornavam o ritual ainda mais suntuoso. Apesar disso, havia um espaço importante para iniciativas visando enriquecê-los ainda mais do ponto de vista simbólico (o enorme contingente militar mobilizado, o tempo

O primeiro local utilizado nas homenagens de Castelo Branco foi a sede do governo cearense, o Palácio da Luz, onde seu corpo ficou exposto para visitação pública na noite do dia 18, durante cerca de cinco horas. Alguns jornais chegaram a mencionar "mais de 10 mil pessoas" que teriam passado diante do esquife do ex-presidente, não obstante as estimativas apresentadas pelos periódicos de grande circulação no período, tanto no caso dos funerais de Castelo Branco como de Costa e Silva, discrepem bastante das fotografias neles apresentadas, conforme destacaremos em outros momentos deste texto.[483] De qualquer modo, longas filas parecem ter se formado em frente ao palácio, de onde os restos mortais de Castelo seguiram depois para a Base Aérea de Fortaleza. No aeroporto de onde alçaria voo o *Avro* da FAB contendo o corpo do ex-presidente, "quase não havia público", destacaria *O Estado de S. Paulo*, justificando a ausência pela não divulgação do horário de embarque.[484] Outros jornais constatariam o mesmo fato, mas destacando que "o acesso à Base Aérea foi impedido à imprensa e populares".[485] Ali, apenas as honras militares, compostas pelas salvas de 21 tiros de canhão à chegada do corpo e por militares das três armas enfileirados, compunham o cenário no qual as autoridades presentes auxiliavam à colocação do ataúde na aeronave.

Seria com a chegada do esquife ao aeroporto Santos Dumont, no Rio de Janeiro, que as homenagens e os gestos mais significativos dos funerais de Castelo Branco começariam a tomar forma. Eram pouco mais de 15 horas quando o ataúde foi retirado da aviação por soldados da Aeronáutica, que o colocaram num carro fúnebre da Santa Casa de Miseri-

---

dedicado ao velório e a presença de várias delegações oficiais podem ser considerados bons exemplos nesse sentido). Ao longo do texto, o leitor poderá visualizar melhor algumas dessas peculiaridades.

[483] Ver: O DIA mais longo de Fortaleza até o Rio. *Jornal do Brasil*, Rio de Janeiro, 20 jul. 1967. p. 16. Como destacamos no tópico anterior, certos exageros também aparecem no que se refere aos cálculos dos funerais dos ex-presidentes ali analisados. Ainda assim, a discrepância com as imagens apresentadas nos mesmos jornais é muito menor do que aquela que se verifica nos casos dos dois primeiros presidentes militares. Exemplificaremos com imagens de outros momentos dos funerais.

[484] POVO não pôde ver a partida. *O Estado de S. Paulo*, São Paulo, 20 jul. 1967 (matéria de capa).

[485] O DIA mais longo de Fortaleza até o Rio. *Jornal do Brasil*, Rio de Janeiro, 20 jul. 1967. p. 16.

córdia. Logo depois, foi decidido que o corpo de Castelo seria levado nos ombros dos oficiais presentes, conforme relataria o *Jornal do Brasil*:

> Um grupo de oficiais queria levar o corpo de Castelo nos ombros, mas isso não estava previsto no protocolo da Presidência da República. E foi negado pelos responsáveis pelo cerimonial, somente acontecendo depois de consentido por Costa e Silva [...] com a retirada do caixão, Costa e Silva passou a comandar pessoalmente o carregamento [...].[486]

A imagem é fortemente sugestiva: diferentemente de Getúlio, Juscelino ou João Goulart, para os quais os populares concorreram pedindo para carregar a urna funerária, Castelo Branco seria conduzido nos ombros de oficiais militares, entre eles o presidente da República. Aqui, a iconografia que faz ressaltar as diferentes formas de aparição e representação do poder é de outra natureza, sobressaindo, mesmo na quebra de protocolos, elementos que enfatizam a hierarquia e a forma solene de lidar com ele. Seria pelas mãos dos membros da corporação militar que o esquife de Castelo seria conduzido, os quais o levariam em cortejo até o Clube Militar, para ser novamente exposto à visitação pública. E, no trajeto, todo ele envolto por filas de soldados "postados de meio em meio metro, formando uma muralha", destacaria *O Estado de S. Paulo*, "havia tanto silêncio que somente se ouvia o arrastar dos pés no asfalto".[487] Longe estava, portanto, a imagem de pessoas cantando hinos cívicos ou canções populares (como nos funerais de Juscelino e outros ex-presidentes anteriormente analisados). O que se via nos 40 minutos de cortejo, além de um ordenado contingente de militares, era a figura de Costa e Silva que, "por várias vezes, pediu que o pessoal da segurança afastasse os populares, para que não fosse quebrada a solenidade".[488]

---

[486] TRAJETO do aeroporto à avenida. *Jornal do Brasil*, Rio de Janeiro, 20 jul. 1967. p. 16. Ver também: COSTA e Silva carregou nas ruas a urna de Castelo. *O Globo*, Rio de Janeiro, 20 jul. 1967. p. 7, GENERAIS levam a urna nos ombros. *O Estado de S. Paulo*, São Paulo, 20 jul. 1967 (matéria de capa).
[487] Ibid.
[488] TRAJETO do aeroporto à avenida. *Jornal do Brasil*, Rio de Janeiro, 20 jul. 1967. p. 16.

Imagem 5

**Cortejo fúnebre de Castelo Branco do Aeroporto
Santos Dumont ao Clube Militar (20/7/1967)**

Fonte: Braz/CPDOC JB.

No Clube Militar, cenas semelhantes se repetiriam. Guarnecido com um contingente de 27 homens da Polícia do Exército, ocupados com a segurança interna do edifício, e 300 soldados da Polícia Militar fazendo a segurança externa, o clube teve seu salão de honra enfeitado com velas, coroas e cortinas pretas.[489] Do teto, pendia um lustre de cristal adornado com crepes e, no centro do salão, o corpo de Castelo aparecia coberto pela bandeira nacional, tendo por trás uma outra da Associação de Ex--Combatentes. Embora os jornais mencionem grande número de pessoas visitando o esquife, principalmente aqueles que produziram matérias enaltecendo a figura de Castelo Branco, por vezes eles deixavam escapar as discretas atitudes daqueles que desfilavam pelo salão Floriano Peixoto.

---

[489] POVO em massa nas ruas para o adeus ao Presidente morto. *O Globo*, Rio de Janeiro, 21 jul. 1967. p. 6.

Assim, para o *Jornal do Brasil*, que mencionava a presença de "cerca de 1.500 pessoas entre 18h30m e 21h30m", o corpo teria sido "velado pelos familiares e as mais importantes autoridades do país, sob grande emoção, o que contrastou com a reação dos populares, os quais demonstraram apenas curiosidade".[490] O jornal *O Estado de S. Paulo*, que contabilizaria "mais de 20 mil pessoas" no velório, por sua vez, destacaria que "o corpo era olhado com respeitosa atenção por homens, mulheres e crianças".[491] Ao contrário dos desmaios repentinos e dos populares em prantos que marcariam os funerais dos ex-presidentes anteriormente mencionados, portanto, eram o silêncio, a contenção e a manutenção de uma postura solene que caracterizariam os gestos mais corriqueiros diante dos restos mortais do primeiro presidente do regime militar.

O maior cortejo, entretanto, aconteceria mesmo com a condução do ataúde até o cemitério São João Batista. O corpo de Castelo já tinha sido velado por mais de 15 horas, se somado o tempo de visitação no Clube Militar e no Palácio da Luz, quando o cortejo se formou em frente ao primeiro local mencionado, na manhã do dia 20. Logo à saída, esquadrilhas de aviões da Força Aérea Brasileira, formadas por jatos *Paris* e caças *F-80*, seis aparelhos da Esquadrilha da Fumaça, seis aviões de treinamento NA, três vagões voadores, três caças-submarinos *Netuno* e três *P-16* do I Grupo de Aviação Embarcada, sobrevoaram a região.[492] Ao todo, 17 ruas foram interditadas no trajeto que ligava o Clube Militar ao São João Batista, e cerca de 5 mil homens das três forças militares foram postados nas beiras das calçadas, de cinco em cinco metros.[493] Formavam o cortejo, além do carro blindado do Exército com o esquife, que tinha sido utilizado na Segunda Guerra Mundial pelas tropas aliadas, todo o efetivo do Batalhão de Guardas, com 800 homens, 40 viaturas militares, tropas da Marinha e da Aeronáutica e a Polícia de Trânsito, sob a coordenação geral

---

[490] AMIGOS velam com grande emoção o ex-Presidente. *Jornal do Brasil*, Rio de Janeiro, 20 jul. 1967. p. 5.
[491] FLORES das crianças para Castelo. *O Estado de S. Paulo*, São Paulo, 20 jul. 1967. p. 5.
[492] CASTELO baixa ao túmulo ao troar da artilharia e com o toque de silêncio. *Jornal do Brasil*, Rio de Janeiro, 21 jul. 1967. p. 3.
[493] POVO desfilou diante do caixão para ver Castelo. *Jornal do Brasil*, Rio de Janeiro, 20 jul. 1967 (matéria de capa).

do chefe do Estado-Maior do I Exército. À frente do tanque que conduzia o corpo, dois jipes, um caminhão transportando pelotões armados com fuzis, e ainda veículos do Exército com as coroas de flores podiam ser vistos fazendo a abertura do cortejo. Ostentando a bandeira nacional, o carro conduzindo Costa e Silva era o quarto da fila, sendo escoltado por seis motociclistas-batedores da Polícia do Exército, três de cada lado.[494]

Deixando o Clube Militar, o cortejo seguiu pela rua da Glória até a praia do Flamengo, percorrendo depois a avenida Rui Barbosa, praia de Botafogo, rua da Passagem, rua General Polidoro e rua Real Grandeza, onde ficava o cemitério. Geralmente mobilizado nas cerimônias mais importantes do país e nunca antes para homenagear um presidente da República, o Batalhão de Guardas acompanhou o féretro até a praia de Botafogo.[495] Não obstante alguns jornais do período tenham mencionado "milhares e milhares de rostos tristes e silenciosos" ao longo do cortejo, usado fórmulas vagas como "povo em massa nas ruas" e, até mesmo, chegado a calcular em "mais de 50 mil pessoas" o número de acompanhantes, o que se percebe é um enorme contraste quando essas estimativas são comparadas com as fotografias que registraram o evento.[496] Nelas, o que sobressai é o número de autoridades e, principalmente, de militares, que formavam cordões de isolamento por trás dos quais pequenos grupos de pessoas se juntavam em alguns pontos. Não parece forçoso supor que muitas dessas pessoas tenham sido atraídas por simples curiosidade, haja vista a "apoteose militar" que se formava diante de seus olhos.

Com efeito, o que se percebe nos grandes jornais do período é uma tentativa constante de enaltecer a figura de Castelo Branco logo após a sua morte, indicando como esse tipo de evento, particularmente no caso de um ex-presidente, pode transformar-se num importante momento de construção memorialística. Além das matérias reconstituindo positivamente sua biografia, os grandes periódicos do Rio de Janeiro e de São

---

[494] O LONGO cortejo fúnebre. *O Globo*, Rio de Janeiro, 21 jul. 1967. p. 6.
[495] CARRO blindado levou o esquife. *O Estado de S.Paulo*, São Paulo, 21 jul. 1967. p. 5.
[496] Dados citados em: OS CLARINS, os canhões e o silêncio. *O Estado de S. Paulo*, São Paulo, 21 jul. 1967 (matéria de capa), POVO em massa nas ruas para o adeus ao presidente morto. *O Globo*, Rio de Janeiro, 21 jul. 1967. p. 6, CASTELO baixa à terra com salva de 21 tiros. *Jornal do Brasil*, Rio de Janeiro, 21 jul. 1967 (matéria de capa).

Paulo mantiveram o acontecimento como a principal manchete de capa por vários dias (diferentemente, por exemplo, de João Goulart, cujas notícias da morte e dos funerais tiveram muito menos espaço na imprensa). O jornal *O Globo*, por exemplo, um dos que mais enalteceria Castelo, continuou publicando matérias sobre o assunto até, pelo menos, o dia 24 de julho — ou seja, cinco dias depois do ocorrido. Na primeira página do dia seguinte ao acidente, por outro lado, o periódico reproduziu um quadro, intitulado "Um dos maiores brasileiros", que caracterizava Castelo como "um dos maiores brasileiros de todos os tempos", ressaltando que o ex-presidente teria retirado o Brasil de uma "era de desgoverno" ao julgar, "acertadamente", que "a derrubada do regime então vigente era um imperativo da História, um dever ao qual, como soldado e patriota, não se poderia furtar".[497] Também o *Jornal do Brasil*, a *Folha de S.Paulo* e *O Estado de S. Paulo* produziriam várias matérias e editoriais visando glorificar o ex-presidente nos dias seguintes à sua morte.[498] Assim, somente o jornal *Tribuna da Imprensa* destoaria dos demais, produzindo um editorial bastante ácido sobre a figura de Castelo Branco, fato que levaria Hélio Fernandes a ser confinado na ilha de Fernando de Noronha pela ofensa causada ao "glorioso marechal".[499]

---

[497] UM DOS maiores brasileiros. *O Globo*, Rio de Janeiro, 18 jul. 1967.

[498] Uma matéria do *Jornal do Brasil* do dia 19 reproduziu o editorial dos principais jornais do país publicados no dia seguinte à morte de Castelo. Resumidamente, podemos dizer que o *Jornal do Brasil* fortaleceria a imagem de um homem que tudo fez pelo interesse público, queria restabelecer o poder civil e negou-se a fazer um governo militarista: "recusou, com inegável altivez, o caminho de uma ditadura. Castelo semeou de fato para o futuro, em favor do Poder Civil e da normalidade democrática [...]"; a *Folha de S.Paulo* apresentaria o primeiro presidente do regime militar como aquele que "imprimiu à administração do país altíssimos padrões a que até certo ponto já nos desacostumáramos. Dignidade pessoal, austeridade no trato da coisa pública, inflexível determinação de cumprir o que entendia de seu dever", eram outras características de Castelo ressaltadas; já *O Estado de S. Paulo* destacaria a "perda eminentemente nacional" de tão "ilustre brasileiro", o caracterizando como um homem de "excepcional personalidade" e "passado brilhante". Ver EDITORIAIS comentam Castelo. *Jornal do Brasil*, Rio de Janeiro, 19 jul. 1967. p. 15.

[499] O editorial caracterizava Castelo como "um homem frio, impiedoso, vingativo, implacável, desumano, calculista, ressentido, cruel, frustrado, sem grandeza, sem nobreza, seco por dentro e por fora, com um coração que era um verdadeiro deserto do Saara". Ele também terminava destacando não haver lugar nem para um epitáfio, "a não ser que num assomo de sinceridade se pudesse escrever no mármore frio: 'aqui jaz quem tanto desprezou a humanidade, e acabou desprezado por ela'". Ver EDITORIAIS comentam Castelo. *Jornal do Brasil*, Rio de Janeiro, 19 jul. 1967. p. 15.

O último momento importante dos funerais de Castelo Branco aconteceria mesmo no São João Batista. O enorme contingente de soldados das três armas, somados aos jipes, carros militares e comboios que os conduziam, tornava a frente do cemitério um lugar provavelmente impressionante e intimidador. Antes da entrada, o cortejo foi recebido pela banda da Força-Tarefa da Marinha Britânica que, em visita ao Rio de Janeiro desde o dia anterior, prestou uma homenagem a pedido da Embaixada Inglesa no Brasil. Logo depois, as Associações de Ex-Combatentes da França, Polônia, Bélgica e Brasil prestariam também suas homenagens, colocando seus pavilhões em funeral.[500] Distribuídos por todo o cemitério e morros vizinhos, militares à paisana, equipados com rádios, armas e binóculos, mantinham comunicação direta com as centrais de operações dos três ministérios militares e da Polícia Militar.[501] Em torno do túmulo onde o ex-presidente seria sepultado, uma área de cerca de mil metros quadrados encontrava-se isolada por soldados do Exército e da Aeronáutica. Nada na organização do cerimonial aparentava preocupação com o acesso popular à área de enterro e, do portão principal do cemitério, só podiam passar familiares e autoridades: "os repórteres e o povo só conseguiram aproximar-se contornando os túmulos adjacentes à área isolada", destacaria o *Jornal do Brasil*.[502] Ainda assim, cerca de "duas mil pessoas" teriam presenciado o sepultamento, a julgar pela matéria do mesmo periódico (que provavelmente contabilizava também as autoridades presentes), mas tudo parece ter ocorrido sem grande emoção: o serviço médico de prevenção instalado pelo Exército "quase não chegou a ser utilizado" e "apenas duas senhoras se emocionaram demasiadamente e tiveram crises de choro".[503]

Mantido o aspecto solene, Castelo Branco foi sepultado quase ao meio-dia de 20 de julho, sob o toque de clarim, o sobrevoo da Esquadrilha da Fumaça e pondo fim aos disparos feitos de 10 em 10 minutos pelas baterias e canhões do Centro de Instruções Almirante Wandenkolk e do cruzador

---

[500] CORTEJO irá em carreta cercada por tropas em continência. *Jornal do Brasil*, Rio de Janeiro, 20 jul. 1967. p. 3.
[501] CASTELO baixa ao túmulo ao troar da artilharia e com o toque de silêncio. *Jornal do Brasil*, Rio de Janeiro, 21 jul. 1967. p. 3.
[502] Ibid.
[503] CARRO blindado levou o esquife. *O Estado de S. Paulo*, São Paulo, 21 jul. 1967. p. 5.

Almirante Barroso (que, desde o dia anterior, prestavam a homenagem da Marinha de Guerra).[504] Terminava assim um funeral muito mais marcado pela suntuosidade do aparato militar mobilizado do que pela expansividade das manifestações populares. A mobilização de 15 mil homens das três Forças Armadas, a formação de um enorme cortejo de veículos militares e oficiais, as homenagens da força naval britânica, o sobrevoo de caças e aviões militares, entre outros elementos complementados pelas imagens de Costa e Silva e outros oficiais carregando o esquife, ajudaram a compor uma iconografia que sintetiza outra forma de compreensão do poder, em que a intimidade e a relação direta são substituídas pelo silêncio e o respeito que compõem a solenidade. Somente nos funerais de Costa e Silva se poderia perceber a utilização de semelhante arsenal simbólico, discrepando assim das exéquias dos últimos presidentes militares, sepultados após o fim da ditadura. Portanto, uma descrição sucinta do ritual fúnebre a ele dispensado pode fornecer elementos significativos ao estudo das diferentes formas de representação do poder encenadas no pós-1930 da história brasileira, tendo em vista a pressuposição da indissociabilidade entre descrição e análise que fundamenta a perspectiva interpretativa adotada neste livro.

Assim como Castelo Branco, Costa e Silva morreu poucos meses depois de deixar a presidência da República (e, mesmo assim, não contou com um número de populares em seus funerais que se aproximasse daquele das exéquias de Juscelino ou Jango, mortos depois de mais de 10 anos de afastamento compulsório da vida política do país). Vítima de um enfarte fulminante na tarde do dia 17 de dezembro de 1969, o ex-presidente estava sob cuidados médicos no Palácio Laranjeiras depois de ter sido afastado do governo por ter sofrido uma "embolia cerebral" em fins de agosto daquele ano.[505] E ali mesmo, no salão de recepções do palácio, seu corpo seria colocado em câmara ardente e exposto à visitação pública,

---

[504] CORTEJO irá em carreta cercada por tropas em continência. *Jornal do Brasil*, Rio de Janeiro, 20 jul. 1967. p. 3.
[505] Costa e Silva adoeceu em 29 de agosto de 1969, mas a notícia da enfermidade só foi divulgada no dia 31 daquele mês. Em seu lugar, assumiram interinamente a Presidência três ministros militares que, em 14 de outubro, baixaram um Ato Complementar conferindo a ele todas as honras de chefe de Estado até a data em que deveria terminar o seu mandato (15 de março de 1971).

iniciada nos momentos finais do mesmo dia da sua morte. Vários elementos lembrariam as homenagens prestadas a Castelo Branco, a começar pelo rigoroso esquema de segurança montado em torno do edifício, sob responsabilidade da Polícia do Exército, e depois acrescido de contingentes da Polícia Civil e do Batalhão de Fuzileiros Navais.[506]

O número de pessoas que passou diante do esquife para ver o corpo de Costa e Silva, entretanto, parece ter sido ainda mais restrito que o de Castelo e, somente após as 10 horas e 30 minutos do dia seguinte, teria se formado uma "pequena fila à entrada do Palácio".[507] Por volta de 13 horas, o velório teria terminado e, no livro de presenças afixado no saguão do edifício, "cerca de 1.500 pessoas colocaram suas assinaturas".[508] Procurando evitar o constrangimento advindo de um possível esvaziamento do salão e também manter a ordem e a hierarquia tão prezadas pela instituição militar, um grande número de oficiais das três Armas revezavam-se para que, no local, "houvesse sempre um número mínimo de trinta militares de alta patente, além dos cadetes das três Armas, que compunham a Guarda de Honra".[509]

As atitudes dos populares no velório também sugerem gestos contidos, conforme se poderia notar pelas palavras utilizadas na reportagem do *Jornal do Brasil*, que destacou uma "multidão desfilando respeitosamente pelo corpo" do ex-presidente.[510] Dentro do ataúde, Costa e Silva envergava a farda de marechal, embora não houvesse obtido a quinta estrela, que teve que ser solicitada ao ex-ministro do Exército, Odilo Denys.[511] Sobre seu corpo, se poderia ver, em diagonal, a espada de comando, parcialmente

---

[506] PAÍS comovido presta último preito a Costa. *O Estado de S. Paulo*, São Paulo, 19 dez. 1969 (matéria de capa).
[507] AS LONGAS horas de vigília no Palácio Laranjeiras. *Folha de S.Paulo*, São Paulo, 19 dez. 1969. p. 3.
[508] Ibid. O *Jornal do Brasil* apresentou estimativa semelhante, mencionando 1.500 pessoas até as 12 horas, e O *Globo* calcularia que "mais de duas mil pessoas" teriam ido velar o corpo de Costa e Silva. Ver, respectivamente: VISITAÇÃO pública durou a noite toda. *Jornal do Brasil*, Rio de Janeiro, 21 dez. 1969. p. 3, VELÓRIO uniu a Nação na hora derradeira. *O Globo*, Rio de Janeiro, 19 dez. 1969. p. 8.
[509] POR toda a noite, os amigos velaram o corpo. *O Estado de S. Paulo*, São Paulo, 19 dez. 1969. p. 5.
[510] COSTA e Silva será sepultado às 17 horas com honras de chefe de Estado. *Jornal do Brasil*, Rio de Janeiro, 18 dez. 1969. p. 3.
[511] Ver: AS LONGAS horas de vigília no Palácio Laranjeiras. *Folha de S.Paulo*, São Paulo, 19 dez. 1969. p. 3.

O corpo da Nova República

coberta pelas rosas espalhadas dentro do caixão e, nas mãos cruzadas, um pequeno crucifixo de madeira (imagem 6). À volta do esquife, postava-se uma guarda de honra composta por quatro guardas-marinhas da Escola Naval. Também Castelo Branco tinha sido sepultado com suas insígnias e uma de suas fardas de marechal colocadas dentro do caixão, desejo que teria sido continuamente reiterado em vida para ressaltar a dedicação e a patente que chegou a ocupar na carreira militar.[512]

Imagem 6

Corpo de Costa e Silva exposto à visitação no Palácio das Laranjeiras (17/12/1969)

Fonte: Evandro Teixeira/CPDOC JB.

---

[512] Costa e Silva não recebeu a quinta estrela, correspondente à patente de marechal, por ter sido transferido para a reserva logo após ter sido promovido (quatro estrelas correspondem à patente de general). Ver: POVO e governo unidos no sepultamento de Castelo. *O Globo*, Rio de Janeiro, 20 jul. 1967 (matéria de capa).

Assim como no enterro do primeiro presidente da ditadura, por outro lado, seria mesmo no cortejo formado até o cemitério que se poderia perceber melhor o "espetáculo militar" elaborado para homenagear Costa e Silva. No trajeto de quase 10 quilômetros até o São João Batista, 5 mil homens das três Forças Armadas, envergando uniforme de gala sem condecorações, prestaram sua homenagem à passagem do féretro. Por entre as fileiras de soldados armados de fuzil ou mosquetão e as bandas militares colocadas ao longo do trajeto, as pessoas presentes veriam passar um tanque do Exército, contendo, no local da torre de metralhadora, uma plataforma servindo de leito ao caixão de Costa e Silva. Era o mesmo veículo que tinha conduzido os restos mortais do "primeiro presidente da Revolução", informavam duas placas colocadas nas suas laterais. Ao seu redor, 12 batedores do Corpo de Fuzileiros Navais iniciavam o cortejo que, depois do féretro, vinha acompanhado de cerca de 100 automóveis transportando autoridades civis e militares. Como se não bastasse, na rua das Laranjeiras seriam acrescidos ao cortejo 14 caminhões do Corpo de Fuzileiros Navais, contendo 56 soldados também em uniforme de gala, os quais passariam a seguir na frente do tanque, precedidos de quatro batedores da Guarda Civil.[513]

Também aqui os jornais analisados mencionariam um "grande número de populares", "milhares de pessoas" e, até mesmo, "dez mil pessoas" compondo o público que teria assistido à passagem do cortejo, não obstante as fotografias tenham registrado um número pouco expressivo de acompanhantes por trás dos cordões de isolamento.[514] Faltando apenas 10 minutos para a saída do Palácio Laranjeiras, "um grupo da Polícia do Exército afastou dezenas de curiosos, a maioria moradores do local, que

---

[513] Ver as seguintes matérias, que mencionam alguns dos elementos destacados: COSTA e Silva foi sepultado com a presença de todo o Governo Médici. *Jornal do Brasil*, Rio de Janeiro, 19 dez. 1969. p. 3, MILHARES viram passar o cortejo. *O Estado de S. Paulo*, São Paulo, 19 dez. 1969 (última página), 10 MIL pessoas nas ruas à passagem do cortejo. *Folha de S.Paulo*, São Paulo, 19 dez. 1969. p. 4.

[514] Ver, respectivamente: MILHARES viram passar o cortejo. *O Estado de S. Paulo*, São Paulo, 19 dez. 1969 (última página), 10 MIL pessoas nas ruas à passagem do cortejo. *Folha de S.Paulo*, São Paulo, 19 dez. 1969. p. 4, DEZ mil viram passar o cortejo. *Jornal do Brasil*, Rio de Janeiro, 19 dez. 1969. p. 3.

O corpo da Nova República

Imagem 7

Cortejo fúnebre de Costa e Silva ao São João Batista (18/12/1969)

Fonte: Ronaldo Theobaldo/CPDOC JB.

esperavam a saída do cortejo", constataria o *Jornal do Brasil* (indicando que não era grande o número de populares ali presentes).[515] Além disso, também nas atitudes descritas se poderia notar que a multidão mencionada "assistiu silenciosamente à passagem do corpo".[516] A presença de vários populares em trajes de banho, provavelmente voltando da praia, por outro lado, sugere que muitos deles eram atraídos pela curiosidade diante do enorme aparato militar montado no trajeto ao São João Batista.[517] Num dia ensolarado, a decretação do feriado nacional para a homenagem ao ex-presidente Costa e Silva pode ter sido aproveitada por muitos cariocas para o lazer nas praias da cidade (e, curiosamente, era entre 16 e 17 horas

---

[515] DEZ mil viram passar o cortejo. *Jornal do Brasil*, Rio de Janeiro, 19 dez. 1969. p. 3.
[516] Ibid.
[517] O jornal *O Estado de S. Paulo* mencionou a existência de muitos populares em trajes de banho. Ver: MILHARES viram passar o cortejo. *O Estado de S. Paulo*, São Paulo, 19 dez. 1969 (última página).

que o cortejo passava em direção ao cemitério, horário no qual muitos banhistas retornam às suas casas).

O que se pode notar novamente é uma grande disposição dos jornais para enaltecer o segundo governo do regime militar, algo visível não apenas nas notas biográficas e nos editorias, mas também nos próprios títulos das reportagens sobre os funerais. Novamente o jornal *O Globo* pode servir como melhor exemplo: "D. Iolanda chora com o povo ao ouvir a marcha de Chopin", "Velório uniu a Nação na hora derradeira", "Povo emocionado no adeus a Costa e Silva" foram algumas das manchetes dos dias seguintes ao acontecimento.[518] Nos outros jornais, por vezes, se podia notar uma centralização maior das manchetes em outros aspectos do cerimonial, assim como o uso de vagas expressões que denotam grande número de pessoas, mas não arriscam estimativas.[519] Além da boa disposição de alguns periódicos, por outro lado, aquele era sabidamente um momento de forte controle dos meios de comunicação, com a tesoura censória atuando intensamente no país. Assim, não é de se espantar a exaltação e a enorme cobertura da morte de Costa e Silva: além do feriado nacional, a programação das emissoras de televisão foi alterada, "transmitindo-se músicas clássicas enquanto o noticiário era quase todo ele dedicado à vida e morte do marechal Costa e Silva".[520]

No cemitério, muitos elementos semelhantes aos funerais de Castelo Branco também se repetiriam. Além daqueles que geralmente compõem as honrarias militares e de chefe de Estado (como o sobrevoo de aviões da FAB e da Esquadrilha da Fumaça, a salva de 21 tiros e o toque de silêncio por um corneteiro do Exército), a importância dada ao acontecimento pode ser vista no forte esquema de segurança montado, que contava com um enorme contingente militar. Assim o *Jornal do Brasil* descreveria a entrada do São João Batista:

---

[518] *O Globo*, Rio de Janeiro, 19 dez. 1969. p. 6, 8 e 9.
[519] Podem servir de exemplo nesse sentido as matérias de capa do *Jornal do Brasil* e do *O Estado de S. Paulo* do dia 19 ("Costa e Silva é sepultado diante de todo o governo como chefe de Estado" e "País comovido presta último preito a Costa").
[520] COSTA e Silva sepultado no Rio. *Folha de S.Paulo*, São Paulo, 19 dez. 1969 (matéria de capa).

Na Rua São João Batista, caminhões, jipes e jipões estavam colocados nas duas margens. Eles trouxeram soldados do Regimento Sampaio, toda uma companhia, para as honras militares [...]. Adiante, outras viaturas, da Marinha, que conduziram uma tropa de fuzileiros navais [...]. Um total de 5 mil policiais cuidavam do policiamento interno e externo, incluindo segurança, trânsito e honras, a partir do Palácio Laranjeiras até o interior do cemitério. Além destes, havia militares à paisana no serviço de segurança, e do DOPS. Do lado de fora, em pontos estratégicos, 20 radiopatrulhas faziam um serviço preventivo.[521]

O enorme contingente militar, os lugares estritamente demarcados e a ausência de um número expressivo de populares também caracterizariam os acontecimentos no São João Batista. Na verdade, a contar pelo próprio cerimonial, a presença popular parecia o menos importante (ou não esperada), pois os primeiros grupos que conseguiram chegar nos portões do cemitério foram logo afastados pelos policiais presentes.[522] Depois, a avenida principal que dava acesso ao São João Batista foi fechada e apenas um conjunto de pessoas, que teria investido tenazmente contra os soldados, conseguiu chegar aos portões do cemitério. Ainda assim, segundo o relato de *O Estado de S. Paulo*, o grupo acabou impedido de prosseguir pela Polícia do Exército que, de mãos dadas na praça fronteiriça ao cemitério, bloqueava a passagem: "Daí não passaram, e contentaram-se em ficar do lado de fora, para aguardar a saída das autoridades. Mesmo durante o esforço que fizeram para furar o bloqueio, os populares mantiveram profundo silêncio", finalizaria o jornal.[523]

De fato, os funerais de Costa e Silva, assim como os de Castelo Branco, dramatizavam não apenas uma forma diferenciada de aparição do poder ou a tentativa de sobrepesar a pouca afluência popular com um cerimonial grandioso e apoteótico: ele significava o último momento no qual um ex-presidente do "ciclo militar de 1964" poderia ser homenageado

---

[521] COSTA e Silva foi sepultado com a presença de todo o Governo Médici. *Jornal do Brasil*, Rio de Janeiro, 19 dez. 1969. p. 3.
[522] O POVO ficou de fora. *O Estado de S. Paulo*, São Paulo, 19 dez. 1969 (última página).
[523] Ibid.

com um ritual que fazia sentido para um público que o compreendia e o correspondia (ainda que tal correspondência remetesse a outra forma de encenação do poder, que sugere elementos como contenção, respeito, autoridade, hierarquia). Ainda que bastante restrito em relação àquele que se manifestaria nas exéquias de Getúlio, Juscelino ou Castelo (e, mesmo, muito pequeno se considerada a importância do cargo ocupado pelo homenageado), o público que assistia à passagem do cortejo, pelo menos em parte, compreendia a mensagem e fazia aquela manifestação de poder e autoridade ter algum sentido. Com o passar do tempo, aquela que já parecia uma cerimônia relativamente anacrônica, considerando-se o potencial simbólico mobilizado nas manifestações de "consagração fúnebre" de alguns dos mais populares presidentes do pós-1930, perderia por completo seu significado, gerando apenas indiferença, curiosidade ou constrangimento diante de tão meticulosa encenação de um poder que já não mais existia.

Símbolos do esquecimento e indiferença: os funerais de Médici, Geisel e Figueiredo

O último ex-presidente militar a contar com alguma presença popular nos seus funerais não governou durante o regime implantado no país com a deposição de João Goulart. Morto em 1974, o marechal Eurico Gaspar Dutra foi homenageado com todo o cerimonial de honraria militar e de chefe de Estado, depois de seu corpo ter sido velado no Palácio do Catete durante mais de oito horas, por um público calculado em "cerca de duas mil pessoas".[524] No cortejo formado até o cemitério São João Batista, onde prestaram homenagens tropas dos Fuzileiros Navais, do Regimento Sampaio e do Esquadrão de Polícia da Aeronáutica, uma viatura blindada do exército foi seguida por "familiares, três caminhões com coroas de flores, 12 choques da Polícia e do Exército e uma viatura-bandeira,

---

[524] DUAS mil pessoas prestam homenagem ao Marechal Dutra. *Jornal do Brasil*, Rio de Janeiro, 12 jun. 1974. p. 3.

além de carros de amigos do marechal"[525] (imagem 7). No cemitério, que também contaria com "cerca de duas mil pessoas", entre as quais vários representantes do governo federal e de outras esferas da administração pública, o ministro da Justiça Armando Falcão faria um exaltado discurso, enaltecendo o falecido marechal por ter lutado "de armas na mão contra a mazorca comunista em 1935" e "limpado" o Congresso Nacional do "bolsão subversivo que lá dentro se infiltrava" durante seu mandado presidencial.[526]

Embora a participação popular tenha sido muito mais restrita do que aquela presenciada nos funerais de Getúlio, Juscelino ou Jango, ela, ainda assim, discreparia bastante do que aconteceria nas exéquias dos demais presidentes militares a partir de então: indiferença, esquecimento, ou mesmo desejo de não ser lembrado (manifestado no pedido de uma cerimônia a mais simples possível) seriam os traços que mais marcariam suas honrarias fúnebres. Nelas, mais do que nunca, o aparato militar utilizado se chocaria com a ausência de um público que lhe conferisse sentido, fazendo sobressair uma iconografia do poder discrepante dos elementos simbólicos inaugurados com a chamada Nova República. Em última instância, o que se visualizava era uma forma de representação do poder que tinha se esvaziado em seu conteúdo legitimador: a contenção respeitosa e hierárquica que a solenidade sugere parecia remontar a um passado definitivamente morto, não lisonjeado nem mesmo pela lembrança (que remetia a elementos como a censura, a tortura e outros tipos de violência política).

Foi assim com o ex-presidente Emílio Médici, morto no Rio de Janeiro em outubro de 1985, em decorrência de "insuficiência respiratória e acidente vascular cerebral".[527] Passados pouco menos de seis meses dos

---

[525] Ibid.
[526] FALCÃO diz que Dutra foi um homem da lei e da ordem. *Jornal do Brasil*, Rio de Janeiro, 12 jun. 1974. p. 2.
[527] Tendo sofrido uma isquemia cerebral no início de agosto do ano anterior, quando ficou meses hospitalizado, Médici já se encontrava num precário estado de saúde, com parte do corpo paralisada e dificuldade para falar. Em fevereiro de 1985, foi novamente internado no Hospital Central da Aeronáutica e, a partir de então, passava quase todo o dia dormindo, pois até mesmo os programas de televisão o cansavam. Ver: MÉDICI será enterrado às 11 horas no São João Batista. *O Globo*, Rio de Janeiro, 10 out. 1985. p. 6.

grandiosos funerais de Tancredo Neves, Médici era sepultado numa cerimônia de apenas 20 minutos, na qual "não havia mais que 200 pessoas no São João Batista".[528] Também velado no Clube Militar, coberto de rosas vermelhas e um arranjo de orquídeas na mão, o corpo do ex-presidente foi visitado quase que apenas por amigos, parentes e ex-colaboradores de seu governo (imagem 8). Depois de cerca de uma hora de abertura à visitação, "apenas três populares haviam subido ao quinto andar para ver o corpo".[529] Às 22 horas, quando mais uma hora de velório havia terminado, contavam-se em nove o número de populares que passaram diante do caixão de Médici.[530] Dentro do salão onde o corpo estava exposto, por outro lado, "o silêncio só era quebrado pela troca de guardas, de meia em meia hora, e pela eventual entrada de visitantes, sempre acompanhados de um agente de segurança", destacava o jornal *Folha de S.Paulo*. Assim, "às 7h, o velório continuava 'triste e vazio', agora sem as visitas dos habitantes noturnos da Cinelândia", continuaria o mesmo periódico.[531] A pouca relevância dada ao episódio, além disso, poderia ser observada pelo contingente mobilizado para o local: "a segurança do Clube Militar estava sob a chefia do coronel Antônio Carlos Dick, que contava com oito homens, em sua maior parte junto aos elevadores".[532]

A mesma indiferença se poderia verificar no cortejo ao São João Batista. Enterrado como chefe de Estado, assim como todos os outros ex-presidentes militares, Médici chegou a gozar de todo o cerimonial correspondente, mas praticamente não havia público para presenciar o aparato militar utilizado. Assim, pouco depois das 10 horas do dia seguinte ao velório, saiu do Clube Militar o cortejo formado por 15 batedores em

---

[528] BATEDORES, vaia e aplauso. *Jornal do Brasil*, Rio de Janeiro, 11 out. 1985. p. 3. Ver também: MÉDICI é sepultado com 200 pessoas presentes. *O Estado de S. Paulo*, São Paulo, 11 out. 1985. p. 4, HONRAS de chefe de Estado e 200 pessoas; Médici sepultado. *Folha de S.Paulo*, São Paulo, 11 out. 1985. p. 10.
[529] O EX-PRESIDENTE Médici morre no Rio. *O Estado de S. Paulo*, São Paulo, 10 out. 1985. p. 4.
[530] No CLUBE Militar, a ausência do povo. *Jornal do Brasil*, Rio de Janeiro, 10 out. 1985. p. 13.
[531] NA MADRUGADA, visita da boêmia carioca. *Folha de S.Paulo*, São Paulo, 11 out. 1985. p. 10.
[532] NO CLUBE Militar, a ausência do povo. *Jornal do Brasil*, Rio de Janeiro, 10 out. 1985. p. 13.

motocicletas, 10 jipes e dois tanques Urutus, um com o esquife e outro carregando as coroas de flores, mas ele "atraiu um grupo de cerca de 300 pessoas, de onde partiram tímidas vaias, seguidas de aplausos também discretos".[533] Segundo o jornal *O Globo*, as ruas estavam praticamente vazias durante a passagem do cortejo fúnebre: "Em silêncio, o cortejo formado pelos Urutus, os jipes, batedores e duas dezenas de carros saiu em direção ao São João Batista, percorreu a Praia do Flamengo, a Praia de Botafogo e a rua São Clemente, sem nenhuma manifestação popular, atraindo a atenção apenas dos pedestres".[534]

De fato, morto logo depois de iniciada a chamada Nova República, Médici seria sepultado num momento em que algumas das principais mazelas do regime militar já tinham sido fartamente expostas (desde que começou a avançar mais rapidamente o processo de "abertura política", o qual ele, de fato, nunca prezara). Naquela conjuntura, tornava-se possível ler na primeira página dos grandes jornais do dia seguinte à sua morte matérias críticas ao seu governo, considerado como um período no qual o propalado milagre econômico não passou de um engodo e a repressão atingiu níveis dos mais altos, com a censura e a tortura de presos políticos acintosamente praticados.[535] Ao passo que os jornais se sentiam livres da tesoura censória, procurando reelaborar a memória e reavaliar o passado (em boa parte, também silenciando sobre o apoio dado aos governos dos primeiros anos do regime), o Congresso Nacional enfrentava uma forte divisão interna sobre a concessão ou não de alguma homenagem ao ex-presidente.[536] Por outro lado, no mesmo momento em que o corpo de Médici baixava à sepultura, o presidente José Sarney participava de uma

---

[533] BATEDORES, vaia e aplauso. *Jornal do Brasil*, Rio de Janeiro, 11 out. 1985. p. 3.
[534] AMIGOS e ex-Ministros vão ao sepultamento de Médici. *O Globo*, Rio de Janeiro, 11 out. 1985. p. 6.
[535] Ver, por exemplo, o artigo "O milagre e o tacape", de Carlos Chagas, publicado no *O Estado de S. Paulo*, São Paulo, 10 out. 1985.
[536] A votação na Câmara dos Deputados que aprovou o voto de pesar, a suspensão das atividades e o estabelecimento de uma data (a ser marcada) em homenagem ao ex-presidente Médici foi bastante tumultuada, devido ao resultado ter contabilizado votos de deputados que já não estavam no plenário. Apesar da insistência de alguns deputados pelo cancelamento do pleito, 149 parlamentares votaram a favor, 57 contra e outros 46 abstiveram-se. Ver: CÂMARA, em sessão tumultuada, aprova voto de pesar. *Jornal do Brasil*, Rio de Janeiro, 10 out. 1985. p. 14.

cerimônia em favor da memória de Tancredo Neves no Palácio do Planalto, recebendo vários de seus familiares para o lançamento de um selo e uma medalha com seu nome (e descumprindo, assim, o costume de cancelar todas as cerimônias oficiais pelo período do luto decretado pela Presidência da República).[537]

A morte de Médici tornava-se o retrato da perda da batalha pela memória, indicada na indiferença pelo cerimonial de homenagem a um homem que sempre prezou a pompa e o poder, mas morreu sem qualquer um deles. O mesmo homem que promoveu uma enorme festividade pelo Sesquicentenário da Independência, trazendo para o país os restos mortais de dom Pedro I, e que se tornou o mais popular entre os governantes militares, levantando a taça *Jules Rimet* para milhares de pessoas no parlatório do Palácio do Planalto após a vitória na Copa de 1970, foi o primeiro presidente militar a ser realmente sepultado com quase completa indiferença. Seus funerais, nesse sentido, discrepavam até mesmo dos de Castelo Branco e Costa e Silva, mortos em momentos mais propícios à exaltação dos principais nomes da "Revolução de 1964". Algo semelhante aconteceria com os outros ex-presidentes militares, mortos já na década seguinte.

Nos funerais de Ernesto Geisel, em 1996, o cerimonial de chefe de Estado foi também todo ele encenado, contraditando com um público calculado em "cerca de 80 pessoas" (praticamente todos amigos, ex-colaboradores, parentes e representantes do governo federal).[538] Em quantidade muito menor do que nos funerais de Castelo Branco ou Costa e Silva, os 250 oficiais do Exército, da Marinha e da Aeronáutica que se dividiram para prestar as homenagens ao ex-presidente formavam o maior grupo de pessoas presentes no acontecimento, que durou apenas 20 minutos. Mais uma vez, o aparato militar mobilizado para o ritual demonstrava ter caído em total vazio de significado e a encenação do po-

---

[537] José Sarney decretou luto oficial de oito dias pela morte de Emílio Médici, assim como também aconteceria depois, quando das mortes de Ernesto Geisel e João Figueiredo.
[538] Ver: FH evita enterro temendo protestos. *Jornal do Brasil*, Rio de Janeiro, 14 set. 1996. p. 10. Ernesto Geisel morreu na manhã do dia 12 de setembro de 1996, na Gávea, Rio de Janeiro. Contando 88 anos, o ex-presidente vinha lutando contra um câncer e já estava internado na Clínica São Vicente desde o dia 22 de agosto daquele ano.

der acabava por gerar apenas constrangimento diante da indiferença em relação ao homenageado. Talvez percebendo isso, a filha de Geisel pediu que a cerimônia fosse a mais simples possível, dispensando o carro de combate do Exército, um Urutu, que transportaria o corpo até o cemitério São João Batista, assim como os dois jipes e várias motocicletas das três Forças Armadas oferecidos pelo Comando Militar do Leste.[539] Naquela conjuntura, o aparelho militar, um tanque de aspecto soturno e intimidador, faria apenas lembrar a repressão do período mais intenso da ditadura, tendo se perdido por completo o sentido de ordem, autoridade e respeito que ele talvez ainda pudesse encenar para o público que assistia aos funerais de Castelo Branco ou Costa e Silva. Como forma de encenação do poder, ele poderia gerar apenas constrangimento e o sentimento do ridículo.

Já nos funerais de João Figueiredo, morto cerca de três anos depois de Geisel, o Urutu seria mantido e no cerimonial, além de todas as honrarias de chefe de Estado, seria acrescida uma homenagem de 26 cavalarianos do Regimento Andrade Neves, que acompanharam o caixão da entrada do cemitério do Caju (no Rio de Janeiro) até a sepultura. Aquele teria sido um desejo manifesto pelo ex-presidente, que era um oficial da cavalaria e grande aficionado por cavalos (imagem 10).[540] Além deles, um contingente de 500 homens das três Forças Armadas foi mobilizado para prestar as honrarias militares a um público de "cerca de 200 pessoas, na maioria militares e amigos da família".[541] Novamente, as salvas de três tiros de fuzil, a marcha fúnebre tocada pelas bandas militares e os 21 disparos de obuses ecoariam no vazio, numa cerimônia de sentido apenas protocolar e que não mereceu mais do que uma ou duas páginas nos principais jornais do país. O que ali se encenava, de fato, era a completa perda de significado de uma determinada forma de representação do poder, na qual os mecanismos de distinção e edificação estão relacionados aos dispositivos rituais que simbolizam apenas a contenção, a hierarquia e o respeito. Se eles ainda faziam algum sentido para o público que assistiu aos funerais de Caste-

---

[539] FAMÍLIA dispensa Urutu. *Jornal do Brasil*, Rio de Janeiro, 14 set. 1996. p. 10.
[540] FIGUEIREDO é sepultado com honras. *Jornal do Brasil*, Rio de Janeiro, 26 dez. 1999. p. 4.
[541] Ibid.

lo Branco ou Costa e Silva (mesmo àquela altura, relativamente restrito, se comparado àqueles de outros presidentes do pós-1930), agora, eles apenas simbolizariam quando tomados pelas mãos de populares e invertidos em seus sentidos originais, significando proximidade e intimidade com o poder (conforme já tinha ocorrido, com grande circunstância, nos funerais de Tancredo Neves, que analisaremos em seguida).

CAPÍTULO 2

O corpo da Nova República: os funerais de Tancredo Neves

À primeira vista, parece que nossa época é avessa, cada vez mais, a normas de precedência, nos critérios que governam a distribuição dos lugares nas cerimônias oficiais; a forma como devem ter os convites dirigidos a esta ou àquelas personalidades; o uso de trajes e condecorações, bem como de bandeiras e outros símbolos, chegando-se a apresentar tais exigências como prova de condenável apego a um passado definitivamente morto.
Miguel Reale, Prefácio de *Cerimonial para relações públicas* (Speers, 1984)

Quase dois meses já se passaram e, ainda hoje, permanecem no meu coração as imagens fúnebres e tristes do nosso herói. Sinto uma angústia profunda quando me lembro que Dr. Tancredo partiu.
[Carta a Risoleta Neves, 14 de junho de 1985.][542]

Os funerais de Tancredo Neves foram marcados por acontecimentos que, paradoxalmente, podem parecer muito próximos e muito distantes. Ao mesmo tempo que o pequeno recuo temporal nos faz partilhar certos códigos ou não nos espantarmos com a nitidez das imagens televisivas, como evento ele pode também causar certa estranheza, mesmo àqueles que o presenciaram mais diretamente: não é difícil imaginar sua perple-

---
[542] Fotograma 1377-1378, rolo 41, CTN pm c 1985.05.05, CPDOC/FGV.

xidade acerca do modo como atuaram (ou viram outras pessoas agirem) naquela conjuntura, sendo possível, até mesmo, verificar certo espanto em muitos daqueles chamados a descrever seus sentimentos e comportamentos diante do ocorrido. Essa talvez seja uma consequência natural de nossa propensão ao anacronismo: certas atitudes podem parecer incompreensíveis se não pensadas na atmosfera de sentimentos e expectativas que pautaram as ações dos sujeitos históricos envolvidos.

Assim, uma imensa barreira de anacronismo pode nos distanciar não apenas de sociedades temporalmente muito afastadas, mas também de acontecimentos recentes, principalmente se experimentados em momentos de mudanças particulares e extraordinárias. Aquele foi um desses momentos, e para compreendê-lo (até onde isso é possível) torna-se necessário um grande esforço histórico e antropológico de análise. Se as ações de determinados indivíduos podiam parecer quase como a de atores de um grande espetáculo, tal fato não se devia a uma "força maligna" que assim os fazia agir ou a uma falta de maturidade só alcançada pelo olhar em retrospectiva. Isso acontecia porque eles vivenciavam uma mesma atmosfera de mudanças profundas, marcada por acontecimentos cuja coincidência histórica transformava aquela conjuntura em peculiarmente excepcional.

Marcado por gestuais simbólicos bastante singulares, como a farta utilização dos símbolos nacionais por parte da população, o enterro de Tancredo Neves dramatizou uma série de ocorrências que caracterizaram aquela conjuntura histórica, sendo importante apontar os nexos relacionais entre tais acontecimentos e a enorme intensidade com que o corpo do presidente foi homenageado durante três dias praticamente inteiros de solenidades. Elementos como o uso constante dos símbolos nacionais para enaltecer Tancredo (sobretudo após as eleições indiretas), ou mesmo o forte significado religioso que sua imagem adquiriu pouco depois da internação hospitalar, são aspectos importantes para pensarmos como as cerimônias fúnebres conjugavam sentidos intensamente atribuídos à sua figura, simultaneamente representada como a de um grande estadista e de alguém bastante próximo, de um herói nacional e de um homem comum do interior de Minas Gerais. Nesse sentido, portanto, as relações entre as dimensões pública e privada da sua personagem poderão novamente fornecer uma porta de entrada para a nossa análise, agora efetivamente centrada nos próprios rituais.

A primeira parte deste capítulo privilegiará a descrição dos principais momentos que compuseram aqueles faustosos funerais. Paralelamente, se poderá notar um esboço inicial de nossa compreensão sobre os significados daqueles acontecimentos (já que, como nos ensinou Clifford Geertz sobre a "descrição densa", nunca há apenas a "rocha dura": sempre que descrevemos estamos também interpretando, dando significado a um conjunto de ocorrências históricas).[543] Uma análise mais efetiva dos rituais, entretanto, será feita na parte final do capítulo, onde retomo não somente os elementos tratados nos tópicos centrados na narrativa dos funerais, mas também vários outros abordados nas duas partes anteriores do livro. Seu objetivo, vale ressaltar, não é promover uma análise que contemple os vários sentidos construídos naquela experiência histórica, mas propor uma forma de encaminhamento para sua compreensão, conformando um quadro interpretativo que conjugue preocupações de natureza histórica e antropológica. Sempre uma aposta, conforme já destacamos, a interpretação histórica jamais poderá preencher todas as lacunas que fazem parte daquilo mesmo que chamamos de passado, aspecto que não a torna menos relevante e necessária.

Os funerais de São Paulo e Brasília

As cenas mais impressionantes dos funerais de Tancredo Neves começaram já na manhã do primeiro dia de solenidades, 22 de abril, com a condução do féretro pelas ruas de São Paulo. Segundo estimativas mencionadas em alguns dos principais jornais do país, 2 milhões de pessoas teriam participado do cortejo fúnebre, que demorou duas horas e meia para percorrer o trajeto de aproximadamente 12 quilômetros do Instituto

---

[543] É claro que Clifford Geertz não foi o único a chamar a atenção para o problema. Para sua perspectiva sobre o assunto, consultar Geertz (1973c).

do Coração até o aeroporto de Congonhas.[544] Com sua velocidade reduzida a menos da metade da programada, o caminhão vermelho do Corpo de Bombeiros que carregava o ataúde foi acompanhado por dois outros transportando a imprensa, 15 batedores da Polícia Militar e 40 carros com familiares e autoridades. Ao seu redor, uma enorme multidão se formou desde a saída do Incor, quando "populares começaram a correr ao lado do caminhão, com bandeiras brasileiras, lenços brancos, formando alas disciplinadas que estimulavam as palmas, as palavras de ordem e o canto do Hino Nacional por parte da multidão".[545] Assim, "com emoção e afeto", os "paulistas" teriam transformado "o plano formal, hierático, do cortejo de despedida ao presidente Tancredo Neves, em uma impressionante demonstração de interação emocional com o homem que se transformou em símbolo e esperança dos brasileiros".[546]

Após a entrada na avenida Brasil, uma das mais tradicionais da cidade, cerca de duas dezenas de pessoas passaram a carregar uma grande bandeira brasileira à frente dos batedores e, ao lado delas, várias outras gritavam e entoavam hinos e refrões. Aos poucos, dezenas de motocicletas não previstas no cerimonial iam também se misturando aos batedores oficiais, o mesmo acontecendo com um conjunto de ciclistas, que passaram a ladear a abertura do cortejo fúnebre. Perto do caminhão que conduzia o corpo, um grande número de populares corria agitando bandeiras, lenços brancos e cantando hinos ou gritando palavras de ordem:

> O ritmo da comitiva já era ditado inteiramente pela multidão. Seguia lentamente, ao som de "Oh, Minas Gerais", ou "Tá Chegando a Hora", em

---

[544] ADEUS em São Paulo leva 2 milhões às ruas. *Jornal do Brasil*, Rio de Janeiro, 23 abr. 1985. p. 4, NO ADEUS a Tancredo, dois milhões de paulistas. *O Globo*, Rio de Janeiro, 23 abr. 1985. p. 2. Mais comedida, a estimativa do jornal *O Estado de S. Paulo* mencionaria algo em torno de "um milhão a um milhão e meio de pessoas", enquanto uma reportagem da *Folha de S.Paulo* chegaria a destacar "algo perto de quatro milhões de pessoas", na "maior mobilização popular da história do país". Ver, respectivamente: TANCREDO, a maior emoção do povo. *O Estado de S. Paulo*, São Paulo, 23 abr. 1985. p. 4, VISTA aérea demonstra dimensões do cortejo. *Folha de S.Paulo*, São Paulo, 23 abr. 1985. p. 5.
[545] NO ADEUS a Tancredo, dois milhões de paulistas. *O Globo*, Rio de Janeiro, 23 abr. 1985. p. 2.
[546] Ibid.

O corpo da Nova República: os funerais de Tancredo Neves

Imagem 8

Cortejo fúnebre de Tancredo Neves em São Paulo (22/4/1985)

Fonte: Arquivo Tancredo Neves, CPDOC/FGV.

direção ao Monumento às Bandeiras, já no Parque do Ibirapuera. Os carros oficiais, sem condições de seguir o caminhão do Corpo de Bombeiros, começaram a procurar outros caminhos para chegar ao Aeroporto de Congonhas. O tenente-coronel da PM, Octávio, admitia que a multidão já controlava o cortejo e que era impossível retirar os milhares de populares que o rodeavam.[547]

Apesar do grande contingente de policiais destacados para a segurança do evento, ele parecia já completamente controlado pela multidão.[548] Na frente do Mausoléu ao Soldado Constitucionalista de 1932, no parque do Ibirapuera, o governo de São Paulo havia programado uma parada por dois minutos, visando relacionar a luta pela Constituinte (sempre apregoada por Tancredo e contida no ideal da Nova República) com o movimento ocorrido contra o governo de Getúlio Vargas ainda nos anos 1930. A alusão à luta dos paulistas por uma nova Constituição, cuja data adotada como marco inicial do movimento já havia se tornado a principal comemoração cívica do estado de São Paulo, entretanto, parece ter passado despercebida para muitas das pessoas presentes.[549] Num palanque oficial, centenas de autoridades estaduais e municipais, representantes do corpo consular, deputados estaduais e vereadores aguardavam a chegada do féretro. Entretanto, os carros oficiais que acompanhavam o caminhão do Corpo de Bombeiros (um deles, conduzindo o próprio governador) tiveram que seguir outro caminho por conta das intensas manifestações populares. Assim, não houve qualquer parada e a marcha fúnebre executada pelos 115 integrantes da banda da Polícia Militar tornou-se praticamente

---

[547] ADEUS em São Paulo leva 2 milhões às ruas. *Jornal do Brasil*, Rio de Janeiro, 23 abr. 1985. p. 4.
[548] O jornal *O Estado de S. Paulo* chegou a estimar em 4.500 o número de policiais, enquanto *O Globo* mencionaria 2.500 homens. Ver: A SEGURANÇA também chora. *O Estado de S. Paulo*, São Paulo, 23 abr. 1985. p. 12, NO ADEUS a Tancredo, dois milhões de paulistas. *O Globo*, Rio de Janeiro, 23 abr. 1985. p. 2.
[549] Tido como marco inicial do movimento, o dia 9 de julho é comemorado em São Paulo com desfiles militares e homenagens aos ex-combatentes (em março de 1997, durante o governo de Mário Covas, a data se tornou feriado estadual).

inaudível, "já que as pessoas, com uma capacidade sonora maior, entoavam o Hino Nacional e gritavam palavras de ordem"[550].

Na chegada ao aeroporto de Congonhas, outras cenas demonstrariam como não havia controle sobre as formações protocolares da cerimônia e como os ritos oficiais se tornariam os elementos simbolicamente menos importantes diante do que era ali encenado. Os cordões de isolamento e as formações de policiais militares não conseguiram conter a multidão, e somente com muito custo o carro fúnebre atingiu o acesso ao portão no final da ala nacional do aeroporto. Ali, estavam previstas honras militares, com a parada do cortejo e a salva de 21 tiros de canhão, mas o atraso no programa e a intensa participação popular forçaram a saída do caminhão do Corpo de Bombeiros logo após a execução da marcha fúnebre e com a salva de tiros apenas iniciada.[551] Novamente, foi necessário rever o cerimonial, com o cortejo seguindo diretamente pela pista até a ala oficial do aeroporto. Em outra parte, um grupo de aproximadamente 100 pessoas tentaria invadir a pista de decolagem e seria impedido por policiais militares. Gritando frases que demonstravam suspeição quanto ao verdadeiro motivo da morte do presidente, elas depois se reuniriam em frente à ala internacional, sentando-se no chão e cantando o hino nacional.[552] A ostensiva presença de militares, provavelmente associados à triste memória da repressão da ditadura, fortalecia as desconfianças e aumentava a tensão no local, tendo o evento terminado com a prisão de 27 pessoas e a depredação de parte das instalações do aeroporto.[553]

Após o cortejo de São Paulo, o esquife seguiu para Brasília, onde cenas semelhantes puderam ser observadas. Ali, mais do que nas outras cidades, o cerimonial em homenagem a Tancredo Neves remetia à simbologia do poder do Estado, solidificada nas construções arquitetônicas da capital,

---

[550] POPULAÇÃO avança e cortejo não para no Ibirapuera. *Folha de S.Paulo*, São Paulo, 23 abr. 1985. p. 6.
[551] ADEUS em São Paulo leva 2 milhões às ruas. *Jornal do Brasil*, Rio de Janeiro, 23 abr. 1985. p. 4.
[552] TUMULTOS e muitas prisões no aeroporto. *Folha de S.Paulo*, São Paulo, 23 abr. 1985. p. 7.
[553] NO EMBARQUE, violência e 27 prisões. *O Estado de S. Paulo*, São Paulo, 23 abr. 1985. p. 10.

O corpo da Nova República

Imagem 9

**Imagem aérea dos funerais
de Tancredo Neves em Brasília (22/4/1985)**

Fonte: Arquivo Tancredo Neves, CPDOC/FGV.

onde a ritualização política poderia ganhar real significado. Também ali, por outro lado, ficaria ainda mais evidente a discrepância entre a rigidez e a ordenação do cerimonial oficial e a expansividade típica das manifestações populares. Após a chegada do *Boeing* presidencial na Base Aérea de Brasília, o caixão de Tancredo foi colocado num tanque de guerra Urutu com 10 soldados, para que se iniciasse o cortejo até o Palácio do Planalto. Logo atrás, em rigorosa ordem de precedência, seguiriam 21 carros contendo autoridades e familiares. Calculado em 20 quilômetros, o percurso foi feito em cerca de quatro horas, com um acompanhamento de aproximadamente 300 mil pessoas.[554]

---

[554] TREZENTOS mil acompanham o féretro até o Planalto. *Folha de S.Paulo*, São Paulo, 23 abr. 1985. p. 10, TANCREDO, a maior emoção do povo. *O Estado de S. Paulo*, São Paulo, 23 abr. 1985. p. 4.

Ao longo do trajeto, várias cenas lembrariam o cortejo da capital paulista, com as pessoas tomando conta das ruas, cantando e mobilizando símbolos nacionais e atrasando a passagem do tanque, que demorou mais de duas horas para percorrer os 10 primeiros quilômetros. Segundo o *Jornal do Brasil*, desde as 12 horas dezenas de milhares de pessoas se dirigiam ao Eixo rodoviário de Brasília para esperar a chegada dos restos mortais de Tancredo:

> Nas fachadas e janelas dos prédios à margem do eixão — uma avenida de mais de seis quilômetros, com cerca de 30 metros de largura, inteiramente tomada pela multidão — bandeiras de Minas Gerais, do Brasil e lençóis brancos coloriam a tristeza da cidade. A população, emocionada, saiu de suas casas e apartamentos, na maior concentração popular jamais vista em todos os 25 anos de Brasília, comemorados sem festa no último domingo – dia da morte do Presidente.[555]

Seria nas cenas presenciadas em frente ao Palácio do Planalto, entretanto, que se poderia observar mais claramente o conflito entre as formas usuais de ritualização do poder, alicerçadas na contenção e na firmeza dos cerimoniais oficiais, e as novas atitudes populares diante dos símbolos nacionais. Guarnecida desde as primeiras horas do dia com pelotões da Polícia do Exército e dos Fuzileiros Navais, que haviam montado cordões de isolamento cercando a área, a praça dos Três Poderes começaria a receber, também pela manhã, um grande número de pessoas.[556] Ali, pouco antes do meio-dia, um grupo de populares começaria um movimento para que fosse posta a meio-pau a bandeira brasileira que, içada num imenso mastro construído no governo Médici, ficava permanentemente hasteada. Marca de um período que se queria apagar, quando os símbolos do poder estavam inacessíveis aos civis, a bandeira não podia ser baixada, a

---

[555] APELO do povo lembra que herança política é de paz e conciliação. *Jornal do Brasil*, Rio de Janeiro, 23 abr. 1985.
[556] TREZENTOS mil acompanham o féretro até o Planalto. *Folha de S.Paulo*, São Paulo, 24 abr. 1985. p. 10.

não ser que outra já estivesse em seu lugar.[557] A exigência para que fosse arriada, portanto, significava algo mais do que o desejo de respeito ao líder tragicamente desaparecido, indicando o clima efetivo de retomada dos símbolos nacionais das mãos dos militares, pelas quais eles tinham se tornado apenas objetos de reverência contida e silenciosa. No cerimonial de homenagem a um homem fartamente representado como uma encarnação da vontade popular, aos quais vinham sendo associados os símbolos nacionais de forma irreverente e carnavalizada, a imagem da enorme bandeira como um elemento distante e intocável poderia parecer simplesmente contraditória.

Foram vários os momentos do cortejo fúnebre em que houve animosidade entre a formalidade do cerimonial da Presidência e o sentimento de proximidade com os símbolos nacionais: ali, a presença de um tanque de guerra e de um grande contingente de policiais militares parecia apenas aumentar as suspeições acerca da morte de Tancredo Neves. Na verdade, os significados assumidos pelo rigoroso cerimonial militar encenado na capital federal ficavam sujeitos aos condicionantes específicos daquela conjuntura, ao modo como ele era colocado em prática na experiência histórica dos sujeitos envolvidos. Tido como um homem que lutou contra a ditadura dos generais, Tancredo, contraditoriamente, era celebrado num ritual político cuja organização protocolar fazia lembrar a pompa e a forma solene de lidar com o poder, remetendo mais aos mecanismos abstratos de representação da figura presidencial do que ao personalismo que se fortaleceu com as mudanças sofridas pela cultura política republicana no pós-1930.

---

[557] Segundo um decreto promulgado no governo Médici, a bandeira nacional da praça dos Três Poderes não poderia ser arriada, funcionando como "símbolo perene da Pátria sob a guarda do povo brasileiro". Mesmo no momento de sua substituição, o mastro não poderia ficar vazio, "devendo o novo exemplar atingir o topo do mastro antes que o exemplar substituído comece a ser arriado". Ver art. 24 do Decreto nº 70.274, de 9 de março de 1972. Sobre as manifestações populares para que a bandeira fosse arriada, ver: NA PRAÇA, queriam a bandeira a meio-pau. *Folha de S.Paulo*, São Paulo, 24 abr. 1985. p. 10.

Imagem 10
Funerais de Tancredo Neves em Brasília (22/4/1985)

Fonte: Arquivo Tancredo Neves, CPDOC/FGV.

De fato, desde o governo de Getúlio Vargas o presidencialismo se fortaleceria no caso brasileiro pela maior identificação da figura máxima do Executivo como uma representação das "aspirações nacionais" (entendida a categoria "nação" cada vez mais com o sentido de "povo" e não apenas como uma palavra abstrata e vazia de significados). Tal aspecto, conforme já analisamos, apareceria com vigor nos funerais de outros ex-presidentes do pós-1930, como Juscelino Kubitschek e João Goulart, por exemplo. No caso de Tancredo Neves, essa tendência de mais longa duração se somaria ao enorme investimento simbólico na sua imagem pública, sobretudo depois da vitória nas eleições indiretas de janeiro daquele ano. A partir de então, Tancredo passou a ser ainda mais relacionado aos símbolos nacionais, que tendiam a ser crescentemente compreendidos pelo prisma da emotividade e da intimidade com os segmentos populares. Durante meses apresentado como uma espécie de encarnação da própria nacionalidade, sua homenagem poderia parecer incompreensível numa liturgia marcada apenas por elementos formalizados e pouco irreverentes, sendo importante considerar que as práticas rituais ficavam sujeitas aos novos sentidos criados pelas manifestações populares, que modificavam e historicizavam a própria estrutura do cerimonial. Para além dos protocolos da Presidência, o ritual, como evento que só existe quando colocado em prática, envolvia muitos outros significados, certamente tão relevantes para a análise histórica quanto aquilo que pretendiam seus organizadores (ou que se reencenava por simples apego à tradição).

Do lado de dentro do Palácio do Planalto, com mais de duas horas e meia de atraso por conta das manifestações populares, um ordenado e meticuloso ritual começaria após a chegada dos restos mortais de Tancredo Neves. Desde a subida da rampa pelos cadetes que conduziam o ataúde até a abertura da tampa do visor da urna mortuária, tudo estava minuciosamente previsto no cerimonial. Aquela era a principal liturgia oficial, na qual tudo deveria ser solene e pré-programado: desde cedo, os locais de cada autoridade já estavam demarcados por cartões colados no chão e, no momento da entrada do corpo, se poderia ver "ministros perfilados de um lado, governadores do outro, a família à esquerda do tablado de veludo vermelho, e os outros poderes da Nova República à direita".[558] Ao todo, cerca de 2 mil pessoas ocupavam o salão de honra, entre políticos, autoridades, jornalistas e funcionários. Para adornar o local, todo ele estruturalmente demarcado pela simbologia das instituições republicanas, foram colocados dois grandes candelabros e uma imagem de Jesus Cristo de madeira trazidos do Museu de Arte Sacra de São Paulo. Colocados em primeiro plano, os símbolos religiosos apareceriam em todos os momentos das cerimônias, conforme poderemos demonstrar em outras partes deste capítulo. Em frente à representação de Cristo, que ficava junto à porta da rampa, uma essa de veludo vinho suportava o caixão, que tinha aos seus pés o Grande Colar da Ordem do Mérito Nacional e, ao seu lado, seis cadetes das três armas.[559]

---

[558] CAIXÃO é recebido com palmas e lágrimas. *Jornal do Brasil*, Rio de Janeiro, 23 abr. 1985. p. 3.
[559] Ver: NO PLANALTO, um ritual minucioso. *Folha de S.Paulo*, São Paulo, 24 abr. 1985. p. 10, MANIFESTAÇÃO popular atrasa a cerimônia no Palácio. *O Globo*, Rio de Janeiro, 23 abr. 1985. p. 7.

O corpo da Nova República: os funerais de Tancredo Neves

Imagem 11

Cerimônia de subida da rampa do Palácio
do Planalto com o corpo de Tancredo Neves (22/4/1985)

Fonte: Arquivo Tancredo Neves, CPDOC/FGV.

Imagem 12

Missa solene no salão nobre do Palácio do Planalto

Fonte: Arquivo Tancredo Neves, CPDOC/FGV.

Do lado de fora, um grande cerco de policiais resguardava a área e armações de ferro afastavam os populares por mais de 100 metros da entrada da sede do governo, cuja frente e a rampa de acesso estavam protegidas pela guarda de honra dos Dragões da Independência. Calculada em mais de 100 mil pessoas, a multidão promovia manifestações muito menos contidas e que demonstravam a construção de sentidos muito diferenciados daqueles que perpassavam as liturgias oficiais.[560] Na verdade, nas cenas presenciadas no cortejo fúnebre que antecedeu à cerimônia do Palácio do Planalto, vários significados provavelmente se conjugavam: desde a dor pelo desaparecimento do "grande líder", muitas vezes representado como uma figura santificada e que se expressava no desejo de aproximar-se para admirá-lo de forma resignada, até a indignação escondida na suspeição pela sua morte, geralmente transformada em movimento político que pretendia uma retomada daquilo que supostamente é do povo (não somente os símbolos nacionais e as construções que materializavam o poder em Brasília, mas também o corpo de Tancredo Neves, durante longo período representado como a própria encarnação da vontade nacional). A grandiosidade do evento, de fato, estava relacionada com essas diversas variáveis: ali havia espaço tanto para atitudes como a de pessoas que diziam acreditar que Tancredo estava abaixo apenas de Deus, e que ele continuaria a rezar pelos brasileiros junto a Tiradentes, Getúlio Vargas e Juscelino Kubitschek,[561] quanto para aquelas de um grande número de pessoas que, carregando uma bandeira brasileira de cerca de 40 metros de comprimento, gritavam palavras de ordem ("O povo, unido, jamais será vencido!", "O povo, na rua, a luta continua!", teriam sido alguns dos refrões pronunciados).[562]

---

[560] Os dados de 100 mil pessoas são mencionados em: TANCREDO, a maior emoção do povo. *O Estado de S. Paulo*, São Paulo, 23 abr. 1985. p. 4.
[561] Uma mulher de 54 anos, que chegou cedo à praça dos Três Poderes, teria afirmado aos repórteres que, "abaixo de Deus, só mesmo Tancredo Neves". Para ela, destacava a matéria, "Tancredo irá se juntar a Tiradentes, Getúlio Vargas e Juscelino Kubitschek e rezar pelos brasileiros". Ver: NA ESPLANADA dos Ministérios, adeus da população encheu ruas e gramados. *O Globo*, Rio de Janeiro, 23 abr. 1985. p. 6.
[562] BRASÍLIA vê Tancredo no palácio. *Jornal do Brasil*, Rio de Janeiro, 23 abr. 1985.

Imagem 13

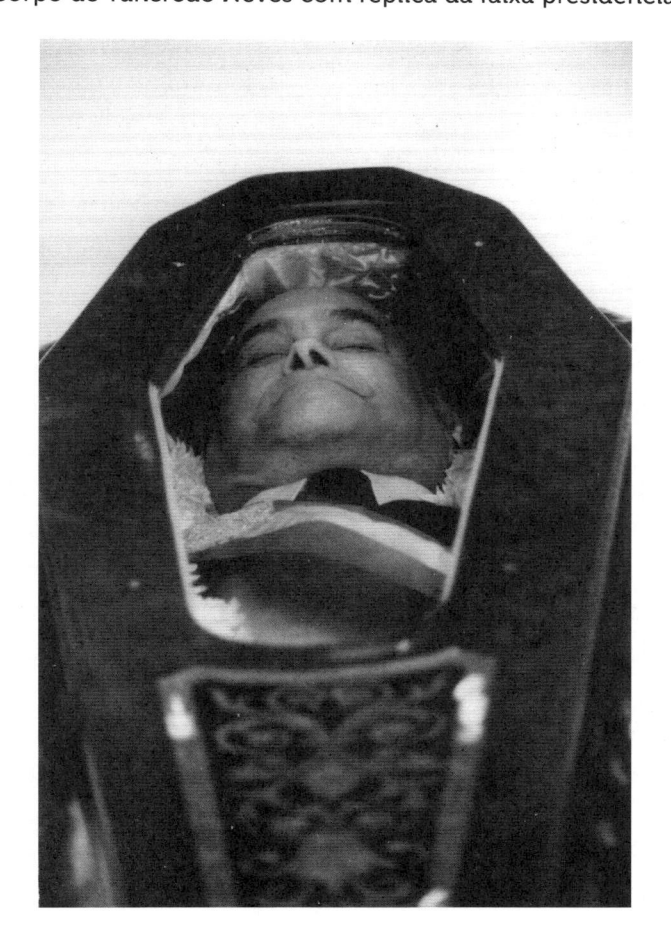

Corpo de Tancredo Neves com réplica da faixa presidencial

Fonte: Arquivo Tancredo Neves, CPDOC/FGV.

No Palácio do Planalto, distanciado dos gritos e ruídos da multidão, a atmosfera ritual era outra: contenção, silêncio e respeito demarcavam as homenagens fúnebres do cerimonial da Presidência e as liturgias religiosas. Naquele local, depois da missa de corpo presente celebrada pelo arcebispo de Brasília, o corpo de Tancredo Neves seria exposto à visitação pública até a manhã do dia seguinte. Além de subir a rampa da sede do governo nas mãos dos cadetes das três armas, uma réplica da faixa presidencial tinha sido colocada em seu corpo para simbolizar sua posse na Presidência da República.[563] Morto sem assumir o posto, Tancredo seria também enterrado com ela (que, curiosamente, não chegou a ser utilizada por José Sarney, devido à indisposição de João Figueiredo), e passaria a figurar nas principais galerias oficiais que recordam a história dos presidentes da República brasileira.[564]

Ao passo que a liturgia do Palácio do Planalto simbolizava virtualmente sua posse na Presidência, o início da visitação aos restos mortais de Tancredo Neves possibilitava a abertura da sede do governo aos setores populares. Aquele era o primeiro velório realizado no Palácio do Planalto e também a primeira vez que suas portas eram abertas ao público em geral, sendo calculado em mais de 40 mil o número de pessoas que desfilaram diante do esquife.[565] Exposto à visitação pública por cerca de 12 horas, seu corpo voltava a ser visto depois de semanas sem que qualquer imagem fosse divulgada, e levando à formação de uma fila "que chegou a alcançar dois quilômetros" em frente à sede do governo.[566] Depois de anos de governos militares, durante os quais aquela foi mantida como uma instituição que representava mais o poder do Estado do que a vontade popular, a entrada no palácio presidencial fortalecia o sentimento de retomada dos símbolos nacionais típico daquela conjuntura (agora, materializados na arquitetura da capital, toda ela cheia de significados). Assim, ela complementava-se à imagem de Tancredo como uma encarnação das aspirações nacionais, tornando íntimo e próximo aquilo que parecia pouco familiar e distante: o próprio poder.

A presença popular no palácio presidencial, com sua abertura para a visitação pública aos restos mortais do chefe de governo, na verdade, fazia parte do próprio protocolo previsto para as honras fúnebres de presiden-

---

[563] FAIXA presidencial é colocada em Tancredo. *Folha de S.Paulo*, São Paulo, 23 abr. 1985. p. 9.
[564] Consultar, por exemplo, a galeria de presidentes do site da Presidência da República: <www.planalto.gov.br/infger_07/presidentes/gale.htm>. José Sarney tomou posse interinamente na Presidência da República sem receber a faixa presidencial, pois João Figueiredo acabou saindo pela porta dos fundos do Palácio do Planalto (ver o capítulo 2 da parte II).
[565] OS MINEIROS, enlouquecidos pela dor. *O Estado de S. Paulo*, São Paulo, 24 abr. 1985 (matéria de capa).
[566] VELÓRIO abriu o Palácio ao povo. *Jornal do Brasil*, Rio de Janeiro, 24 abr. 1985. p. 5.

tes brasileiros.⁵⁶⁷ Naquela ocasião, entretanto, ela assumia um novo significado devido às peculiaridades do momento, fazendo o ritual de encenação do poder corresponder às expectativas de uma "nova era" (a Nova República), marcada pela reaproximação do poder às "aspirações do povo brasileiro". Nos rituais do dia seguinte, por outro lado, as contradições entre a rigidez e a ordenação do cerimonial oficial e as incontinências e emotividade dos gestos populares se tornariam novamente mais evidentes. Discrepando do cortejo fúnebre do dia anterior, no qual a presença de populares nas ruas da capital alterou os protocolos oficiais, a programação e os horários das cerimônias foram rigorosamente obedecidos.⁵⁶⁸

Entre eles, o momento mais importante constaria de uma missa de réquiem no Palácio do Planalto, iniciada às 9 horas da manhã do dia 23 e contando com a presença de 80 delegações estrangeiras (além, naturalmente, das mais altas autoridades brasileiras). Concelebrada por cinco cardeais e cinco bispos, que se revezaram nas orações, aquela correspondia à segunda missa de corpo presente das homenagens oficiais (e a terceira após a morte de Tancredo Neves, já que uma missa tinha sido rezada ainda no Instituto do Coração apenas para os familiares, médicos e enfermeiros). Outras aconteceriam ainda em Belo Horizonte e São João del-Rei, demarcando a forte presença do discurso religioso católico em todos os principais momentos dos funerais. Na verdade, embora a missa presidida por autoridade da religião do presidente seja um elemento previsto nas cerimônias do tipo, nunca nas exéquias de um presidente brasileiro o discurso religioso foi tão onipresente.⁵⁶⁹

---

⁵⁶⁷ O Decreto nº 70.274/72 (já mencionado), na parte sobre as cerimônias fúnebres de um chefe de Estado, estipulava que "o Chefe do Cerimonial da Presidência da República providenciará a ornamentação fúnebre do Salão de Honra do Palácio Presidencial, transformado em câmara ardente". O texto legislativo, entretanto, não mencionava os casos de morte de ex-presidentes ou daqueles que, eleitos, não chegaram a assumir o cargo. Nesse sentido, é curioso notar que nenhum dos ex-presidentes mortos após aquela data foi homenageado no Palácio do Planalto e que somente Tancredo Neves (que não chegou a assumir a função) foi velado na sede do governo. Ver art. 77 do Decreto nº 70.274, de 9 de março de 1972.
⁵⁶⁸ RÉQUIEM para quem "falou ao coração dos brasileiros". *O Globo*, Rio de Janeiro, 24 abr. 1985. p. 7.
⁵⁶⁹ Nesse ponto, o já mencionado decreto de 1972 previa apenas "cerimônias religiosas realizadas na câmara ardente por Ministro da religião do Presidente falecido, depois de terminada a visitação pública". Ver art. 81 do Decreto nº 70.274, de 9 de março de 1972.

Com efeito, apesar de os jornais terem constantemente destacado o ecumenismo das manifestações religiosas populares produzidas desde a internação de Tancredo Neves (como se poderia notar nas orações e preces feitas em frente ao Instituto do Coração), seus rituais fúnebres foram atravessados por uma constante tentativa de afirmação da religião católica. Apresentada como uma espécie de cimento da identidade nacional, a interpretação católica dos eventos que envolveram sua morte ultrapassou em muito aquilo que vinha sido usual nos rituais republicanos.[570] Nesse sentido, ela acabou se constituindo numa das principais narrativas que configuravam as disputas de memória acerca daquele acontecimento, já que a morte de um presidente tende a se tornar um importante momento de reavaliação da sua biografia e da trajetória nacional. Traçando a imagem de um país cujo caminho foi traçado pela Providência, a interpretação católica, de modo geral, estimulava uma espécie de participação resignada, ajudando a manter sob controle um capital simbólico explosivo em termos de manifestações populares, como o que se conformava em torno dos funerais de Tancredo Neves.

É esse o sentido que se pode apreender da homilia pronunciada pelo secretário-geral da CNBB, dom Luciano Mendes de Almeida, na missa de réquiem do Palácio do Planalto, a principal cerimônia do segundo dia de homenagens em Brasília. Interpretando os acontecimentos que envolveram a morte do presidente a partir de três momentos (os quais chamaria de "o cortejo, a calçada e o próprio caminho"), Dom Luciano construiria a imagem de um povo "humilde" e "simples", que "se reuniu na paz, sem violência, que deu as mãos, que aprendeu de novo a alegria de estar junto, comungando a mesma fé e os mesmos ideais".[571] Assim, com um renovado "espírito de congraçamento, sem dissidências, sem lembranças de ressentimentos", esse "povo bom, ordeiro, que caminha realmente aos olhos de Deus como

---

[570] Analisando o uso das liturgias católicas nos funerais de François Mitterrand, Danièle Hervieu-Léger defendeu a ideia (atribuída ao livro *La fête républicaine*, de Olivier Ihl) de que o regime republicano é estruturalmente inapto para a celebração da tradição e, por isso, a utilização das liturgias católicas se torna indispensável. A anterioridade e a sofisticação do equipamento cultural da Igreja discrepariam da fragilidade das tradições republicanas, já que a cidadania implicaria um começo sempre novo do lugar político (o que foi chamado de "princípio permanente de secularização da República"). Ver Hervieu-Léger (1999:97).

[571] Os principais trechos da homilia foram reproduzidos em: UM GRANDE anseio de conciliação. *Folha de S.Paulo*, 24 abr. 1985. p. 8.

quem confia em seu pai", foi a Deus entregue por Tancredo Neves, crescendo "na consciência de sua unidade" e de "sua própria fé". Eleita como principal fundamento da unidade nacional, a fé religiosa também aparecia como a base do espírito conciliador de Tancredo, comparado ainda às figuras de João Paulo I e Moisés. Confiando em "Deus amado como Senhor da História, Pai do Povo Brasileiro", portanto, o líder e seu povo faziam parte dos "bem-aventurados", os "mansos" e "pacíficos" prezados na homilia, que possuíam uma missão ditada pela Providência na história da humanidade:

> Concedei ao nosso povo, que ele soube reconhecer como um povo justo, esse povo sofredor, cheio de virtualidade, de qualidades, capaz de construir uma Nação que hoje tem uma missão neste mundo, missão de uma coragem sem agressividade, de uma mansidão feita de tolerância e compreensão, mostrando que há caminhos novos a serem realmente percorridos pela humanidade.[572]

Aquele era um momento bastante difícil do ponto de vista político-institucional, e não há dúvida de que havia um interesse de boa parte das autoridades políticas e religiosas em manter uma espécie de "leitura resignada" dos acontecimentos envolvendo a morte de Tancredo Neves. Além da forte comoção popular, os eventos ocorridos nas ruas de São Paulo e Brasília também demonstravam, em diversos momentos, a desconfiança e a animosidade de grande parte da população quanto aos arranjos que o projeto da Nova República poderia assumir a partir de então. Por outro lado, os principais meios de comunicação também costuravam suas próprias interpretações acerca dos acontecimentos. O que parecia peculiar, nesse caso, é que, a julgar pelos principais jornais do país (particularmente aqueles usados nesta pesquisa), existia uma grande sintonia quanto à necessidade de manter a ordem constitucional e estimular o apoio popular à figura de José Sarney. Havia, dentro desses setores, certa percepção de que era preciso canalizar a energia mobilizada naquele momento de forte comoção para os frágeis arranjos da Nova República, que parecia mais um ideal político sem propostas concretas do que um efetivo projeto de reestruturação do país.

---

[572] Ibid.

O corpo da Nova República

Após a segunda cerimônia religiosa do Palácio do Planalto, o corpo de Tancredo Neves seguiu novamente para a Base Aérea de Brasília, de onde seria enviado para outras homenagens em Belo Horizonte. Ao contrário do que aconteceu no dia anterior, a população era muito menos expressiva no cortejo formado até o aeroporto e acabou sendo mantida à distância pelo forte aparato de segurança designado para as solenidades.[573] Quando o corpo desceu a rampa do Palácio, carregado por seis cadetes, cerca de 3 mil pessoas, que pediram para acompanhar a passagem do féretro e não foram atendidas, aguardavam por trás dos cordões de isolamento.[574] No caminho pela Esplanada dos Ministérios, três tanques Cascavel, dois carros de combate Urutu e cinco jipes do Exército iniciavam o cortejo fúnebre, seguidos pelo blindado que conduzia o corpo de Tancredo Neves e mais 30 automóveis carregando parentes, autoridades e delegações estrangeiras.[575] O que se via com destaque, portanto, era apenas a suntuosidade de todo o aparato oficial, que se materializava nos comboios militares e luxuosos carros formando extensas filas pelas avenidas centrais da capital da República.

Em frente ao Ministério das Comunicações, foram realizadas as honras militares: enquanto os ministros se incorporavam à comitiva, fuzileiros navais disparavam tiros de festim e a banda do Batalhão da Guarda Presidencial executava a marcha fúnebre de Chopin. Das arquibancadas e palanques instalados nas calçadas, as autoridades e os populares presentes aplaudiam. Na chegada à Base Aérea de Brasília, soldados colocados nas principais vias de acesso ao aeroporto impediam a aproximação de populares e permitiam que todos os protocolos e horários previstos para a cerimônia fossem observados.[576] Com pompa e circunstância, portanto, as homenagens do segundo dia em Brasília reencenavam um cerimonial pouco afeito às novas formas de compreensão do poder estimuladas pelo ideal da Nova República, reme-

---

[573] FORTE policiamento impede as manifestações populares. *Folha de S.Paulo*, São Paulo, 24 abr. 1985. p. 9. Segundo o jornal, cerca de 40 mil pessoas teriam acompanhado o cortejo fúnebre até o aeroporto.
[574] O POVO pergunta: "Como poderei viver sem tua companhia?". *O Globo*, Rio de Janeiro, 24 abr. 1985. p. 7.
[575] UM CERIMONIAL solene dá início ao cortejo. *Folha de S.Paulo*, São Paulo, 24 abr. 1985. p. 9.
[576] DESPEDIDA de Brasília foi silenciosa. *O Globo*, Rio de Janeiro, 24 abr. 1985. p. 7.

tendo mais às práticas simbólicas de um "regime ritual herdado" do que às contingências daquela experiência histórica particular.

Os funerais de Minas Gerais: Belo Horizonte e São João del-Rei

O principal palco das manifestações populares do segundo dia de homenagens a Tancredo Neves foi em Belo Horizonte. Após a cerimônia de despedida de Brasília, seu corpo seguiu para a capital mineira, onde foi conduzido num enorme cortejo formado até o Palácio da Liberdade. Alguns jornais chegaram a estimar em mais de um milhão o número de pessoas que teriam saído às ruas da cidade para acompanhar o féretro, além das 5 mil que, desde cedo, esperavam a chegada do avião na praça da Base Aérea da Pampulha.[577] Num percurso de pouco mais de 15 quilômetros, feito em aproximadamente uma hora, um caminhão do Corpo de Bombeiros carregando o esquife foi acompanhado por duas carretas transportando jornalistas, três jipes da Aeronáutica, do Exército e da Polícia Militar, 40 carros oficiais e sete ônibus contendo parentes e autoridades. Ao todo, cerca de 4.600 policiais civis e militares foram colocados ao longo do trajeto, mas ainda assim não conseguiram conter as manifestações populares:

> Menos de um quilômetro depois do aeroporto, falhava a estratégia de segurança montada para que o povo não avançasse sobre o caminhão que levara a urna, andando já a 40 quilômetros horários. As pessoas avançavam, corriam ao lado do carro e eram, a muito custo, retiradas pelos policiais militares, que formavam um cordão enorme ao longo da avenida.[578]

Como era de se esperar, as cenas presenciadas em Belo Horizonte assemelhavam-se muito às de São Paulo e Brasília. Além das grandes multidões formadas nas ruas, que acenavam lenços, aplaudiam e cantavam hinos e refrões, as marquises e janelas de casas e edifícios por onde passa-

---

[577] UM MILHÃO acompanha o cortejo em Belo Horizonte. *Folha de S.Paulo*, São Paulo, 24 abr. 1985. p. 6.
[578] MINAS aplaude filho ilustre. *Jornal do Brasil*, Rio de Janeiro, 24 abr. 1985.

va o cortejo estavam repletas de pessoas portando faixas, atirando papel picado e exibindo bandeiras brasileiras. Do mesmo modo que na capital federal, muitos populares corriam ao lado do caminhão do Corpo de Bombeiros gritando e atirando flores sobre o caixão, que era também cercado por grupos que formavam espécies de batedores não oficiais: "além dos corredores, ciclistas e automóveis, o cortejo foi acompanhado também por mais de 2.500 motociclistas, jovens na maioria, buzinando sem parar".[579] Ao longo do trajeto, por outro lado, um grande número de faixas colocadas pelo governo de Minas Gerais exaltavam Tancredo e fortaleciam sua identificação com a região, lembrada como terra de Tiradentes e berço da nação brasileira ("Tancredo e Tiradentes, dois mineiros e um só compromisso: a liberdade", reproduzia uma delas).[580]

Imagem 14

Passagem do corpo de Tancredo Neves pelas ruas de Belo Horizonte

Fonte: Arquivo Tancredo Neves, CPDOC/FGV.

---

[579] NA DESPEDIDA, emoção igual à da vitória no Colégio. *O Globo*, Rio de Janeiro, 24 abr. 1985. p. 3.
[580] QUALQUER dia amigo, a gente vai se encontrar. *Folha de S.Paulo*, 24 abr. 1985. p. 7.

O corpo da Nova República: os funerais de Tancredo Neves

No Palácio da Liberdade, os restos mortais de Tancredo Neves ficariam expostos à visitação pública, após uma missa ser realizada na sacada do edifício. No saguão da sede do governo mineiro, o esquife seria colocado ao lado de dois resplendores mortuários cedidos pela Santa Casa de Misericórdia e tendo, à sua frente, o Grande Colar da Inconfidência. Após ter sido agraciado com a mais alta condecoração da República brasileira (o Grande Colar da Ordem do Mérito Nacional), Tancredo Neves passava a ser também homenageado com a principal distinção honorífica do governo de Minas Gerais. A forte presença policial, entretanto, continuava a gerar conflitos na frente do palácio governamental: "O tumulto não foi evitado e o povo não parecia se acalmar a cada momento em que chegava mais uma das várias companhias do 16º Batalhão de Choque da Polícia Militar", destacava o *Jornal do Brasil*. "Os populares, a todo momento, protestavam contra a presença ostensiva da polícia, pois gritavam que queriam 'ver o Tancredo.'"[581]

De fato, ali na frente do Palácio da Liberdade se tornariam ainda mais claras as tensões que permearam os funerais em Belo Horizonte, onde uma estrutura cerimonial discrepante do modo como o poder passava a ser simbolizado deixava pequeno espaço às manifestações de emotividade popular. O corpo passando velozmente pelas ruas da capital, a quantidade enorme de militares, a preocupação ostensiva com o isolamento da área, que resguardava apenas a algumas pessoas a possibilidade de ver o caixão com o devido vagar (vários convidados passeavam dentro dos jardins do Palácio enquanto o público em geral esperava a abertura dos portões) constituíam elementos que indicavam um regime ritual pouco caloroso e muito distante das novas formas de compreensão do poder que se propunha inaugurar com a Nova República. Nesse sentido, pouco depois de o locutor anunciar a retirada da bandeira que cobria o caixão de Tancredo Neves, uma multidão avançou sobre as grades de proteção colocadas pela polícia na parte externa do palácio e arrombou o portão central, deixando dezenas de pessoas pisoteadas.[582] Apesar dos esforços do governador

---

[581] POLICIAMENTO não bastou. *Jornal do Brasil*, 24 abr. 1985.
[582] Pelo menos cinco pessoas teriam morrido no episódio, além das centenas que passaram pelo serviço de emergência. Ver: MINEIROS derrubam o portão. *O Estado de S. Paulo*, São

Hélio Garcia para conter a população, somente quando a viúva Risoleta Neves tomou o microfone e improvisou um discurso completamente intimista e emotivo, a multidão pareceu acalmar-se para dar início à visitação ao corpo de Tancredo Neves.[583]

Colocando-se novamente no próprio lugar do marido, o discurso de Risoleta permitia um reencontro com a construção simbólica acerca de uma personagem que falava diretamente ao povo, sem mediações ou ritualismos, assim como tinha acontecido com Tancredo Neves nos meses anteriores. Tendo acima da sua cabeça, presa à sacada do Palácio, uma imagem em madeira de um Jesus Cristo barroco, que foi ali colocada para a cerimônia religiosa, Risoleta representava, àquela altura, a própria imagem da dor e da dignidade, fazendo relembrar o discurso que tinha feito no domingo de Páscoa, do altar da capela do Hospital das Clínicas, agradecendo às preces em favor da melhoria de Tancredo. Não derivando daquele momento, a atmosfera de proximidade e intimidade com sua figura já vinha sendo construída desde a vitória nas eleições indiretas, mas se fortaleceu após o adoecimento do presidente, quando o sofrimento dos seus familiares passou a ser mais largamente explorado nos meios de comunicação.[584] Nesse sentido, foram várias as matérias jornalísticas que destacaram o enorme controle emocional de Risoleta Neves, recuperando imagens como a da dignidade diante da dor, da aceitação religiosa do destino, de alguém que "não fraquejou em nenhum momento da longa vigília".[585] O mesmo se pode dizer em relação à suposta discrição dos outros familiares, como os netos e filhos do presidente, apresentados a partir da imagem de uma família de fibra por sua intensa convicção religiosa: "Eles estão calmos. É uma família de muita fé", resumiria o padre Leocir Pecini, após a missa celebrada ainda no Instituto do Coração de São Paulo.[586]

Paulo, 24 abr. 1985. p. 6, TUMULTO deixa quatro mortos e 271 feridos. *Jornal do Brasil*, 24 abr. 1985. p. 8.

[583] DA SACADA do Palácio, da. Risoleta acalma a multidão. *Folha de S.Paulo*, São Paulo, 24 abr. 1985. p. 5, SÓ a voz de D. Risoleta consegue deter a multidão. *O Globo*, Rio de Janeiro, 24 abr. 1985. p. 2.

[584] Tratamos do assunto no capítulo 3 da parte II.

[585] RISOLETA, a mulher forte. *O Estado de S. Paulo*, São Paulo, 24 abr. 1985. p. 5. Ver também: NO VELÓRIO, força até para transmitir palavras de consolo. *O Globo*, Rio de Janeiro, 24 abr. 1985. p. 2.

[586] NA DESPEDIDA, da. Risoleta agradece a São Paulo. *Folha de S.Paulo*, São Paulo, 23 abr. 1985. p. 8.

Imagem 15

Risoleta Neves discursando da sacada do Palácio da Liberdade
com a imagem de Jesus Cristo crucificado na parte superior (23/4/1985)

Fonte: Arquivo Tancredo Neves, CPDOC/FGV.

Depois de ficar exposto à visitação pública por 15 horas no Palácio da Liberdade, tendo sido visto por um número calculado em "mais de 90 mil pessoas", o corpo de Tancredo Neves seguiu para as cerimônias fúnebres em São João del-Rei.[587] Ali, as solenidades em sua homenagem se descolariam da simbologia do poder estatal para adentrar mais intensamente na atmosfera familiar e religiosa: o cerimonial da Presidência se encerraria e os principais momentos das liturgias fúnebres ficariam a cargo da Venerável Ordem Terceira de São Francisco de Assis (da qual ele tinha sido ministro jubilado). Contraditando com o cerimonial de Brasília, aquele foi um ritual projetado

---

[587] A estimativa de mais de 90 mil pessoas é mencionada em: URNA deixa o Palácio de helicóptero. *O Estado de S. Paulo*, São Paulo, 25 abr. 1985. p. 5.

para a participação mais efetiva de familiares e amigos, que dariam seu último adeus ao presidente (grau de intimidade que, na pequena São João del-Rei, poderia ser expandido simbolicamente para todos os são-joanenses). Assim, toda a liturgia e os elementos simbólicos mobilizados remetiam à proximidade com Tancredo, celebrando-se menos o estadista do que o homem comum do interior de Minas Gerais, o membro da família Neves, cujas gerações anteriores já tinham fincado raízes duradouras naquela cidade interiorana. Ali homenageava-se o "Dr. Tancredo", forma de tratamento que, embora já fosse utilizada anteriormente e remetesse para sua antiga atuação como advogado na região, passou a ser repetida com mais frequência após seu adoecimento, sugerindo um forte grau de intimidade com sua figura.

No cortejo formado pelas ruas de São João del-Rei, uma "multidão calculada em mais de 100 mil pessoas" também transformaria os funerais do presidente numa grande "festa cívica": "faixas reproduzindo as suas frases, *posters*, cartazes, bandeiras, gritos de viva e uma chuva de papel picado e pétalas de flores" poderiam ser vistos ao longo do trajeto até a Igreja de São Francisco de Assis.[588] Para controlar as manifestações populares, uma verdadeira operação militar foi montada, contando com pelo menos 1.300 policiais (600 do Batalhão de Infantaria do Regimento Tiradentes e 700 do Batalhão da Polícia Militar). Assim um jornalista da *Folha de S.Paulo* descreveria o evento:

> Ao longo de todo o trajeto de seis quilômetros, percorrido em duas horas, com uma longa parada no Solar dos Neves, a mesma cena se repetiria. Logo na saída do aeroporto, já havia gente em cima das árvores, segurando faixas — "Fique com Deus eterno presidente" —, agitando bandeiras. Centenas de soldados do Exército, espalhados pelos descampados e morros à beira da entrada da cidade, não tiveram o que fazer. Com toda a força da emoção, a terra de Tancredo prestou sua última homenagem.[589]

---

[588] VIVAS e flores. Em São João, a festa do adeus. *O Globo*, Rio de Janeiro, 25 abr. 1985. p. 5.
[589] NO SOLAR dos Neves, o momento de maior emoção. *Folha de S.Paulo*, São Paulo, 25 abr. 1985. p. 8. Para os dados antes mencionados sobre o número de policiais, ver: NAS RUAS, músicas sacras e faixas. *Folha de S.Paulo*, São Paulo, 24 abr. 1985. p. 10.

No percurso por onde passou o cortejo fúnebre, o tom intimista e familiar das celebrações de São João del-Rei se tornaria ainda mais visível: o sobrado em que Tancredo nasceu, à esquina da rua Getúlio Vargas; a Igreja de Nossa Senhora do Pilar, na qual foi batizado; a Escola Estadual João dos Santos, onde cursou o primário; o Restaurante Rex, onde almoçava nos domingos em que voltava à cidade natal e a moradia de vários integrantes da família Neves compunham o cenário ao longo do trajeto.[590] Como indicação da sua vida pública, a passagem pela Câmara Municipal e pela Prefeitura da cidade complementariam o percurso, que contaria também com várias referências históricas daquela localidade, inclusive naquilo que elas fortaleciam o mito em que se transformara — como na passagem pela avenida Tiradentes, relembrando as comparações com o "herói da Inconfidência Mineira". Na verdade, a conformação desse trajeto repleto de referências íntimas tinha a ver com o importante papel da família Neves no próprio planejamento do cerimonial, todo ele reconstruído de acordo com o desejo de Risoleta e dos outros parentes mais próximos de Tancredo.[591]

Com efeito, a julgar pelas matérias jornalísticas do período, não foi apenas a passagem pela cidade natal e o sepultamento na Igreja de São Francisco de Assis que corresponderam ao desejo da família Neves (a escolha do lugar de sepultamento pela família, de acordo com a vontade anteriormente expressa pelo morto, era algo usual nas cerimônias do tipo, embora não constasse na legislação pertinente).[592] Também a passagem do féretro por Belo Horizonte, a viagem para São João del-Rei num avião da Força Aérea Brasileira (e não num helicóptero, como

---

[590] CORTEJO de Tancredo deixa solar com povo em prantos. *Jornal do Brasil*, Rio de Janeiro, 25 abr. 1985. p. 4.
[591] Em entrevista divulgada no dia 23, o coronel Rômulo Bini Pereira, comandante do 11º Batalhão de Infantaria (principal responsável pelo programa dos funerais em São João del-Rei, com a colaboração da Prefeitura e da Câmara Municipal), destacou que toda a programação do cerimonial naquela cidade seria submetida à apreciação da família Neves, que poderia decidir por mudanças. Ver: PRESIDENTE será enterrado amanhã às 16h. *Jornal do Brasil*, Rio de Janeiro, 23 abr. 1985. p. 7.
[592] É claro que houve exceções, como no caso da morte de João Goulart, cujo corpo não pôde passar pelo Rio de Janeiro ou Porto Alegre devido às imposições do governo militar (ver o capítulo anterior). O texto legislativo que regia a matéria é o já mencionado Decreto nº 70.274, de 9 de março de 1972.

previa inicialmente a organização do cerimonial) com vistas a possibilitar sua condução por um percurso mais amplo naquela cidade, entre outras mudanças ocorridas nas solenidades teriam se devido às demandas feitas pela família do presidente.[593] Na verdade, até então, nunca se tinha visto na história brasileira tamanha interferência da família na programação das exéquias de um homem que foi sepultado como um presidente da República. Fortalecendo a atmosfera de proximidade e intimidade com a figura de Tancredo Neves, tais interferências podem ser vistas em diversos momentos das cerimônias, como na parada para um "velório íntimo" no Solar dos Neves, momento de forte densidade simbólica e que alterou completamente a programação prevista para o cortejo fúnebre de São João del-Rei.

Decidida pela família, a parada no Solar dos Neves ajudaria a conformar imagens de forte apelo dramático nas exéquias de Tancredo Neves. Na própria chegada ao largo onde fica o antigo sobrado de estilo colonial, uma enorme quantidade de pessoas e faixas levantadas dificultavam a manobra do carro de combate Urutu que conduzia o esquife. Após seu transporte para dentro do casarão, as pessoas continuariam a gritar refrões e palavras de ordem do lado de fora, enquanto o corpo era velado por cerca de 80 pessoas, entre parentes e amigos íntimos.[594] Dentro do solar, o padre Antônio Lopes, antigo conhecido de Tancredo, o frei Beto, amigo da família, e dom Lucas Moreira Neves, seu primo e secretário da Congregação dos Bispos no Vaticano, fariam orações religiosas. Aquela era a quinta cerimônia religiosa dos funerais, se contabilizadas também as missas celebradas apenas para os familiares. Assim, a forte tradição católica dos Ne-

---

[593] A informação de que a passagem do corpo de Tancredo Neves por Belo Horizonte (de fato não prevista na programação oficial, divulgada logo depois de sua morte) se deveu a um pedido da família foi obtida em: A FAMÍLIA decide mudar o plano da Presidência. *O Estado de S.Paulo*, 23 abr. 1985. p. 16. Já no caso do helicóptero, ele estava previsto para levar diretamente o corpo do Palácio da Liberdade para São João del-Rei, mas foi utilizado apenas até a Base Aérea da Pampulha, sendo depois substituído por um avião Búfalo da FAB. A informação de que sua substituição pelo avião e o aumento do percurso do cortejo em São João del-Rei foram também demandas da família pode ser encontrada em: FAMÍLIA toma conta do cerimonial em São João del-Rei. *Folha de S.Paulo*, São Paulo, 25 abr. 1985. p. 6.

[594] Ver: NA INTIMIDADE do solar, D. Risoleta afaga e beija o rosto do marido. *O Globo*, Rio de Janeiro, 25 abr. 1985. p. 7, NO SOLAR dos Neves, o momento de maior emoção. *Folha de S.Paulo*, São Paulo, 25 abr. 1985. p. 8.

ves mantinha sua preponderância nas solenidades, havendo espaço ainda para um ritual bem nos moldes da sua rígida formação religiosa: logo depois das orações das três autoridades eclesiásticas, Jorge Neves faria um breve discurso em seu nome e dos demais irmãos homens de Tancredo, ao passo que "dona Zizinha" falaria pelas irmãs e mulheres são-joanenses e Breno Neves, pelos sobrinhos.[595] Numa cerimônia de pouco mais de 40 minutos, portanto, eram os valores simbólicos da família e da intimidade que eram colocados em primeiro plano, conforme de resto toda a atmosfera de proximidade e religiosidade que já demarcava a imagem da cidade interiorana de São João del-Rei.

Imagem 16

Corpo de Tancredo sendo retirado do carro
blindado para cerimônia no Solar dos Neves (24/4/1985)

Fonte: Arquivo Tancredo Neves, CPDOC/FGV.

---

[595] CORTEJO de Tancredo deixa solar com povo em prantos. *Jornal do Brasil*, Rio de Janeiro, 25 abr. 1985. p. 4.

Ainda nesse sentido, Risoleta Neves discursaria novamente para a multidão num tom emotivo e intimista, desta vez da própria sacada do solar: "Ele está aqui nesta casa onde viveu, nesta terra onde nasceu, juntamente com vocês. Foi por isso que eu não quis que ele passasse sem parar alguns minutos apenas, para rever o lugar onde viveu comigo, com os filhos, com os netos e com vocês, meus são-joanenses".[596]

A passagem do féretro por uma das residências da família, com a celebração de cerimônias religiosas apenas para os parentes e amigos mais íntimos, constituía um elemento inusitado dentro da história dos funerais de presidentes brasileiros. Ele indica a importância simbólica ganha pela esfera familiar e o largo espaço que Risoleta Neves e outros parentes mais próximos tiveram para fazer prevalecer suas demandas dentro do próprio cerimonial. Após a saída do cortejo em direção à Igreja de São Francisco de Assis, a viúva de Tancredo Neves solicitaria que a bandeira nacional fosse aberta sobre o caixão levado pelo carro fúnebre e teria que ser convencida por outros familiares de que o percurso não poderia ser feito a pé, sob o risco de comprometer a programação oficial.[597] Com a chegada do esquife na praça da igreja, por outro lado, outras iniciativas demonstrariam a forte preponderância das escolhas feitas pela família Neves nas homenagens de São João del-Rei.

O próprio sepultamento no cemitério da Igreja de São Francisco de Assis, como já mencionamos, correspondia ao desejo da família de Tancredo, possibilitando a encenação de toda a liturgia de enterramento daquela ordem religiosa.[598] Por outro lado, até mesmo a tradicional ritualística da irmandade seria alterada, com o corpo sendo conduzido do Urutu até a porta da igreja por familiares (como ministro jubilado, Tancredo deveria ter sido carregado ao interior do templo por integrantes da ordem, que teriam acesso à urna mortuária ainda na praça onde estacionou o carro

---

[596] Ibid.
[597] NAS CERIMÔNIAS, a mesma preocupação com os detalhes, sua característica. *O Globo*, Rio de Janeiro, 25 abr. 1985. p. 7.
[598] Numa entrevista concedida no primeiro dia de homenagens a Tancredo, Breno Neves (seu sobrinho mais velho) teria dito que aquele era um ritual do qual a família não abriria mão. Ver: IRMANDADE presta honras a seu ministro jubilado. *O Globo*, Rio de Janeiro, 23 abr. 1985. p. 10.

fúnebre). Em vários outros momentos, por sua vez, se poderia perceber a forte presença da família, que interferiu diversas vezes no cerimonial: pouco após a chegada na igreja, Risoleta Neves pediu que um ministro da ordem de São Francisco transmitisse uma mensagem à multidão prometendo que Tancredo somente seria sepultado depois que o último são-joanense pudesse vê-lo.[599] Na missa religiosa, por outro lado, também se poderia ver a participação direta da família, com o neto de Tancredo, Aécio Neves, lendo a epístola de São Paulo e transmitindo a mensagem de que "ninguém de nós vive para si mesmo".[600] Do lado de fora da igreja, num altar improvisado, 12 padres de São João del-Rei e das cidades vizinhas celebravam missas acompanhadas pelos populares, naquela que já se constituía na sexta cerimônia religiosa feita em homenagem ao político mineiro.[601]

Lugar de forte afirmação da família e do discurso religioso, a cerimônia de São João del-Rei realmente conferia outra dimensão aos funerais de Tancredo Neves. Naquele local, além da forte tradição católica encorpando a imagem de uma família de intensa convicção religiosa, se podia verificar um cerimonial composto por elementos que insinuavam proximidade e intimidade com o presidente morto. Ao entrar na igreja para ver seu corpo, as pessoas se colocavam diante de um cenário composto por imagens de santos, fazendo lembrar a todo instante as relações entre a figura de Tancredo e a "mensagem providencial" da qual sua morte parecia portadora.[602] Diferentemente dos símbolos da República que ornavam toda a estrutura do Palácio do Planalto, ali eram as imagens de São Francisco de Assis e Nossa Senhora da Conceição que figuravam no altar principal, não havendo muito espaço para outras que representassem seu lugar simbólico na história da Presidência. Naquela cerimônia,

---

[599] FAMÍLIA toma conta do cerimonial em São João del-Rei. *Folha de S.Paulo*, São Paulo, 25 abr. 1985. p. 6.
[600] NA ÚLTIMA missa, a emocionada despedida da Irmandade. *O Globo*, Rio de Janeiro, 25 abr. 1985. p. 3.
[601] IGREJA ficou lotada desde cedo. *Jornal do Brasil*, Rio de Janeiro, 25 abr. 1985. p. 4.
[602] Anne Rasmussen (1999:61-79) acentuou como, conjugando convenções heroicas e cânones cristãos, a morte parece sempre portadora de uma mensagem providencial. No caso de Tancredo Neves, pelas particularidades diversas vezes aqui destacadas, tal dimensão parece ter sido particularmente importante.

de fato, a simbologia religiosa mantinha grande preponderância, de modo diverso ao que aconteceu no salão de honra do Palácio do Planalto (onde foi colocada uma imagem de Jesus Cristo crucificado para as cerimônias religiosas, contrabalançando apenas parcialmente o predomínio de toda a iconografia republicana). Dentro da Igreja de São Francisco de Assis, as pessoas se deparavam com uma ritualística peculiar, passando pelas imagens de figuras religiosas como São Luís IV, São Pedro de Alcântara, São Lúcio, Santa Bona e Santa Margarida, que figuravam nas suas laterais. Em volta da essa onde repousava o caixão, quatro castiçais de prata portuguesa de mais de 200 anos poderiam ser observados, além do enorme lustre de cristal bacará que pendia do teto, iluminando todo o espaço interior do templo.[603] Pelas estimativas oficiais, cerca de 50 mil pessoas teriam passado diante do esquife, apesar do grande número de populares que não conseguiu chegar perto da urna funerária devido ao término da visitação.[604]

Após a leitura da epístola por Aécio Neves, começaria a homilia proferida por dom Carlos Mesquita, dando continuidade à missa de corpo presente celebrada dentro da igreja. Indicando novamente a onipresença da interpretação católica nos funerais, o bispo de São João del-Rei destacaria que "o sangue que jorrou do Presidente Tancredo Neves nas sete incisões sofridas irá contribuir para a redenção da pátria".[605] Argumentando que "sem sangue não há redenção", dom Carlos Mesquita também compararia Tancredo Neves a São Francisco de Assis e pediria aos brasileiros para que aceitassem os desígnios de Deus:

> Sofrendo como Cristo no corpo e na alma, doutor Tancredo Neves se assemelhou muito ao seu querido São Francisco de Assis, que recebendo no Monte Alverne, no corpo, as chagas de Cristo, santificou a Igreja e sua santa Ordem. [...] Deus ouviu as preces de todos os brasileiros, aceitando o sacrifício dele; não fazendo a nossa, mas a vontade que mais correspon-

---

[603] CORTEJO de Tancredo deixa solar com povo em prantos. *Jornal do Brasil*, Rio de Janeiro, 25 abr. 1985. p. 4.
[604] POVO aceitou com calma fim da visitação. *O Globo*, Rio de Janeiro, 25 abr. 1985. p. 5.
[605] VIGÁRIO liga sangue a redenção. *Jornal do Brasil*, Rio de Janeiro, 25 abr. 1985. p. 4.

desse à do Pai, como Cristo na agonia pediu que se afastasse Dele o cálice da morte se fosse possível — mas que prevalecesse a vontade divina.[606]

Além da resignada leitura católica dos acontecimentos, os momentos finais dos funerais de São João del-Rei também evidenciaram sua importância no fortalecimento da identidade mineira como base da nacionalidade. Após o término da visitação pública, o corpo de Tancredo Neves foi conduzido para o sepultamento no cemitério atrás da Igreja de São Francisco de Assis, onde diversas autoridades discursaram à frente de um conjunto de pessoas formado, sobretudo, por parentes e amigos da família.[607] Entre elas, estava o presidente José Sarney que, assim como vários outros, enfatizou os mitos que envolviam a história mineira: "o Brasil te conhece pelo sangue de teus mártires e pela paixão pela liberdade", diria Sarney, interpelando diretamente a região de Minas Gerais.[608] Prometendo continuar os ideais de Tancredo, o então presidente destacou principalmente os legados de "tolerância" e "conciliação" supostamente deixados por ele, sempre tidos como elementos típicos da identidade mineira.

O mais interessante, entretanto, foi o discurso do ministro da Justiça, Fernando Lyra, que falou em nome de todos os ministros de Estado. Mencionando que em São João del-Rei "ainda se ouve o balbuciar conspiratório dos Inconfidentes", e que "não há nesta velha cidade uma só torre, uma só pedra que não nos fale da pátria", Fernando Lyra fez associações diretas entre Tancredo Neves e Tiradentes:

> Todos nós, Dr. Tancredo, somos o seu ânimo e o ânimo de Joaquim José. Vamos fazer a Nação que quiseram porque, chamados à razão e à dignidade por este sacrifício repetido, sabemos hoje que a pátria só é pátria se for

---

[606] BISPO de S. João: "O sangue de Tancredo une a Pátria". *O Globo*, Rio de Janeiro, 25 abr. 1985. p. 3.
[607] Na beira do túmulo de Tancredo discursaram as seguintes autoridades: Marcelo Santiago Costa (desembargador), Fernando Lyra (ministro da Justiça), Cid Valério (prefeito de São João del-Rei), Ulysses Guimarães (presidente da Câmara dos Deputados e do PMDB), Hélio Garcia (governador de Minas Gerais) e José Sarney (presidente da República).
[608] SARNEY a Tancredo: "Sua esperança será a nossa". *Jornal do Brasil*, Rio de Janeiro, 25 abr. 1985, "ELE deixa o legado da conciliação". *O Globo*, Rio de Janeiro, 25 abr. 1985. p. 2.

construída para todos. [...] Este é o nosso compromisso, selado sob este céu que cobre os mártires da Independência e da Democracia brasileira.[609]

Também o ministro da Minas e Energia, Aureliano Chaves, faria considerações semelhantes em outro momento do cerimonial, destacando que São João del-Rei era uma "cidade-símbolo do Brasil": "Símbolo porque é daqui o mártir da Liberdade, Tiradentes. E é daqui o hoje símbolo, o hoje mártir da Democracia, Tancredo Neves".[610] Assim, ao mesmo tempo que os funerais de São João del-Rei dramatizavam os sentimentos de proximidade e familiaridade criados em relação à figura de Tancredo Neves, eles impulsionavam também a imagem da cidade como símbolo da identidade mineira e da própria nacionalidade. Eleita como lugar simbólico dos ideais libertários dos inconfidentes, aquela não se constituía apenas como uma região que seria lembrada pelo sepultamento de Tancredo Neves: na verdade, esse evento já era interpretado a partir das camadas de memória que sedimentavam a história de São João del-Rei. As recorrentes imagens que as câmeras de televisão projetavam ao cobrir os funerais, explorando o céu azul e as montanhas da Zona da Mata, conformavam uma paisagem do interior mineiro toda cheia de significados, alçando aquela localidade ao posto simbólico de berço daquilo que mais autenticamente configuraria a identidade nacional.[611] Ali, de alguma forma, estariam fincados os valores mais importantes da pátria, os quais teriam nutrido a luta e o sacrifício dos dois grandes mártires da história nacional (Tiradentes e Tancredo Neves).

E os significados que se procurava produzir, associando importantes momentos da história do país à figura de Tancredo Neves, não parariam por aí: por volta de 23 horas daquele mesmo dia, seu corpo foi sepultado

---

[609] O DISCURSO de Lyra. *Jornal do Brasil*, Rio de Janeiro, 25 abr. 1985.
[610] AURELIANO: "Tancredo é o mártir da democracia". *O Globo*, Rio de Janeiro, 25 abr. 1985. p. 6.
[611] Esse tipo de tomada de câmera foi frequente na transmissão que a Rede Globo fez dos funerais, conforme se pode verificar no vídeo *Tancredo Neves — o presidente da democracia*, existente no fundo "Tancredo Neves" do CPDOC/FGV, classificação "TN vídeo 005", fita 4 (no capítulo seguinte, discutiremos com mais detalhes o papel da tevê nesse sentido). Sobre a paisagem como uma construção humana, elaborada a partir de elementos culturais que trazem consigo diversas camadas de memória, ver Schama (1996).

num jazigo de número 84, assim escolhido para fazer lembrar sua presença nas campanhas pelas eleições diretas para presidente (cujo auge se deu nos primeiros meses do ano de 1984). Naquela cerimônia, todas as imagens se conjugavam: a da heroicidade dos inconfidentes, a da simplicidade de um homem do interior de Minas Gerais, a da intimidade com um presidente cuja família já tinha sete de suas gerações enterradas sob o solo do mesmo cemitério. Nas imagens transmitidas pela televisão, a reelaboração do ritual perpassava pela interrupção da narração num momento de forte carga simbólica: durante cerca de 15 minutos, o vagaroso trabalho do coveiro João Aureliano, cimentando a sepultura e tendo ao seu redor autoridades e familiares de Tancredo Neves, foi veiculado sob o silêncio da própria solenidade.[612] Momento de "comunhão quase mítica", em que a comunidade se sente participante de uma "totalidade unificada", aquele instante parecia funcionar conforme aquilo que já foi chamado de "momento síntono", no qual a suspensão do tempo profano pela criação de cadeias de solidariedade imaginárias é fomentada por gestuais específicos, como minutos de silêncio ou imobilizações coletivas.[613]

Uma interpretação histórica dos funerais de Tancredo Neves

Os elementos anteriormente destacados nos permitem perceber os diferentes momentos dos funerais de Tancredo Neves, cada um deles perpassados por significados bastante singulares dentro da conjuntura histórica em que foram experimentados. Às liturgias oficiais dos primeiros dias, com destaque para toda a ritualização do poder em Brasília, seguiram-se os cerimoniais íntimos e religiosos de São João del-Rei, fechando o ciclo de três dias de homenagens praticamente ininterruptas. Passando

---

[612] Os funerais de São João del-Rei foram transmitidos pela Rede Globo de Televisão e, no momento mencionado, o repórter Carlos Nascimento interrompeu a narração para que as imagens transmitissem apenas o trabalho do coveiro. Sobre o assunto, consultar: *Jornal Nacional* (2004:174).
[613] Comuns a diversas formas de rituais cívicos, segundo Fernando Catroga (2006b:209), tais momentos simbólicos são geralmente convocados por sinais sonoros, como toques de sinos, de sirenes, de apitos de comboios e de automóveis.

por quatro cidades diferentes (uma delas, capital da República, e outras duas, capitais de importantes estados da federação), o corpo de Tancredo Neves foi objeto de uma "consagração fúnebre" sem precedentes na história do país, contando com homenagens atravessadas por uma intensa participação popular e uma cuidadosa preparação cerimonial. Aqueles, portanto, foram dias de verdadeira "comunhão nacional", sendo importante considerar também os milhões de expectadores que assistiram aos funerais pela televisão, ajudando a conformar um momento no qual os próprios fundamentos da nacionalidade e as formas de compreensão e representação do poder foram colocados em jogo na sociedade brasileira.

Além dos vários dias dedicados à memória do presidente, outros dados das solenidades também impressionam: a julgar pelas estimativas oficiais (conforme divulgadas nos principais jornais do país e mencionadas ao longo do item anterior), cerca de 4 milhões de pessoas teriam participado dos cortejos fúnebres, que teriam se deslocado por um trajeto de mais de 50 quilômetros nas ruas das quatro cidades brasileiras. Contando com um enorme aparato militar e com um número de policiais civis e militares muito superior ao de 10 mil homens, as cerimônias teriam possibilitado que mais de 180 mil pessoas visitassem o corpo de Tancredo Neves, velado em três diferentes locais (as sedes do governo federal, do governo mineiro e a Igreja de São Francisco de Assis). Foram mais de 35 horas dedicadas apenas à visitação pública aos seus restos mortais, num conjunto de solenidades nas quais várias missas foram celebradas em seis cerimônias religiosas, que contaram com grande parte das maiores autoridades eclesiásticas do país (contabilizadas aqui também as celebrações religiosas feitas apenas com a presença de amigos íntimos e familiares). Retomando as palavras de Armelle Enders, nunca na história do país o corpo de um homem parece ter se confundido tanto com as aspirações da população, nem encarnado tão inteiramente a nação (Enders, 1999:328).

Sem dúvida, os rituais fúnebres de Tancredo Neves dramatizavam uma série de ocorrências que caracterizaram aquela conjuntura histórica, sendo importante considerar as particularidades de cada um dos momentos que compuseram os cerimoniais. Tomando por base as liturgias oficiais dos primeiros dias, particularmente aquelas da capital do país, podemos constatar como os elementos rituais que deveriam funcionar para acentuar a hierarquização do poder tiveram seus significados praticamente subvertidos mediante a intensa participação popular. Parecia impossível, naquele momento, atuar como mero expectador da pedagogia cívica do cerimonial e os símbolos máximos do poder foram visivelmente subtraídos de seu valor original: as imagens de pessoas mobilizando a bandeira nacional ou subindo a rampa do Palácio do Planalto denotavam a discrepância entre os signos formalizados do ritual que homenageia um chefe de Estado e os significados que eles assumiam naquele momento. A forma pressuposta para a "encenação ritual" poderia não ter se alterado muito em relação àquilo que era previsto para os cerimoniais oficiais, mas seu significado, certamente, ficava sujeito à sua colocação em prática pelos sujeitos históricos. Rígida, solene e cerimoniosa era a ditadura militar e os generais presidentes, com seus rituais cívicos pouco calorosos, suas indumentárias e condecorações abstratas. A Nova República jamais poderia sê-lo, quanto mais depois de corporificada num homem apresentado como um "herói de carne e osso", e não como um distante general, que mais poderia fazer ecoar a imagem dos líderes meramente simbólicos de cadernos escolares e monumentos de praças públicas. Com suas insígnias incompreensíveis ao homem comum, os militares foram também derrotados simbolicamente no final do regime e esse constitui um dos elementos históricos dramatizados nos funerais de Tancredo Neves. Na verdade, para uma interpretação mais profunda acerca daquilo que os funerais colocavam em jogo, é importante considerar um conjunto complexo de variáveis históricas, algumas de maior e outras de menor duração dentro da história brasileira.

Retomando o que já destacamos em outro momento, portanto, podemos dizer que os elementos dramatizados nos funerais têm que ser compreendidos a partir dos condicionantes históricos que eles punham em evidência: além daqueles específicos da conjuntura de fim da ditadura militar, as composições peculiares das exéquias de Tancredo Neves remetiam às configurações singulares que a figura presidencial assumiu no pós-1930 da história brasileira. No primeiro caso, vários são os aspectos que analisamos em outra parte deste trabalho e que aparecerão nos funerais: desde sua identificação com a campanha das diretas, passando pelo modo como os símbolos nacionais foram sendo mais intensamente relacionados à sua figura após a vitória no Colégio Eleitoral (quando Tancredo se tornou, virtualmente, o primeiro presidente civil após o ciclo militar) até os sentidos de intimidade e religiosidade fortemente projetados sobre sua personagem após a internação hospitalar, na véspera da cerimônia de posse na Presidência da República.

No segundo caso, são as mudanças que acercam a representação do poder presidencial a partir da figura de Getúlio Vargas que não podem ser desprezadas: nas redefinições por que passou a cultura política republicana, a legitimidade do ocupante do cargo máximo da República se tornou particularmente dependente da sua imagem como uma encarnação da vontade nacional, como materialização da soberania e da "índole" do povo brasileiro. Aqui, o líder não demarca sua distinção apenas pela pompa, mas se identifica com as massas, havendo cada vez menos espaço para rituais extremamente abstratos e codificados (como aqueles que eram feitos para a encenação pública quando a ideia de público apontava mais para um grupo restrito e aristocrático, único capaz de compreender o sentido das insígnias e os símbolos do poder colocados em jogo nas liturgias oficiais). A composição da mensagem, numa sociedade crescentemente marcada pelos meios de comunicação massivos, se assentaria de modo progressivo numa formatação direta, acessível a todos e supostamente sem intermediários (como aquela da imagem televisiva, amparada no desejo de ser mediana para se tornar disponível a qualquer tipo de audiência).[614]

---

[614] Como se pode notar, destacamos as mudanças nas formas de ritualização do poder presidencial como um dos fenômenos que integram a cultura política do pós-1930, utilizando esta última categoria de forma bastante livre e ampliada. Nossa intenção, destacada na introdução do livro, de evitar uma definição mais estrita do conceito, visa justamente possibilitar um uso menos enrijecido e mais adequado ao objeto de pesquisa, não excluindo a percepção da possível pluralidade das culturas políticas existentes numa sociedade e de sua inter-relação com outros fenômenos relativos ao plano dos mitos, da memória e do imaginário. Além disso, vale ressaltar novamente que as mudanças conformadas a partir do governo Vargas aqui apontadas ultrapassam a dimensão da sua figura em particular, guardando relação com esse conjunto mais amplo de elementos históricos que configuram o que temos chamado de cultura política do pós-1930.

Assim, é importante considerarmos também essas mudanças de mais longo alcance, que remetem à constituição de uma nova forma de representação do poder na qual há intimidade com os símbolos que o representam, como a bandeira e o hino nacional (ou, ainda, o presidente da República, como cargo máximo de encarnação do poder). Nesse novo contexto, portanto, o simbolismo do ritual de homenagem ao chefe de Estado tende a modificar seu significado, embora tais mudanças possam não ser acompanhadas de grandes alterações no regime de cerimoniais herdado, que continuam com sua estrutura solene, hierarquizada, abstrata. Desse modo, as cerimoniosas honras militares, logo depois de um regime autoritário que tanto prezou essa forma de representação do poder, podiam contradizer com o sentido de retomada dos símbolos nacionais pelos civis, conforme procuramos destacar na descrição de vários momentos dos funerais de Tancredo Neves.

Na verdade, os símbolos do poder pareciam ganhar maior significado justamente por serem desfigurados, desprezados em seu sentido original mais profundo, profanados: as imagens das pessoas rompendo os cordões de isolamento e cantando o hino nacional possuíam um significado muito mais relevante em termos de legitimação do poder do que as mensagens contidas na pedagogia do cerimonial. Isso não quer dizer, é claro, que havia um único sentido original, que foi subvertido, mas justamente que o sentido/significado depende do momento histórico vivido: os cerimoniais dispensados a Tancredo Neves em São Paulo, Belo Horizonte e, sobretudo, Brasília, naquilo que compreendiam de liturgia oficial, somente discrepavam mais efetivamente daqueles de outros ex-presidentes por conta do tamanho do arsenal simbólico utilizado (a morte paulatina deixou bastante tempo à elaboração meticulosa dos rituais e a amplitude do pacto político empreendido possibilitou a mobilização de uma quantidade enorme de pessoas e cerimônias). Afora alguns elementos peculiares, como a onipresença do discurso religioso católico em todos os principais momentos das solenidades e as prerrogativas dadas à família para decidir sobre os rumos de algumas das principais liturgias que comporiam as homenagens.

Portanto, para além daquilo que pretendiam os formuladores das cerimônias, é importante refletir também sobre os significados atribuídos ao corpo de Tancredo Neves naquela conjuntura histórica específica, quando as próprias formas de compreensão do poder e do sentido da comunidade política como construção simbólica foram colocadas em jogo. Atentar para essa dimensão subjetiva dos funerais nos permite compreender melhor por que o corpo de um homem foi tão intensamente homenageado num cerimonial de três dias consecutivos, que reuniu milhões de pessoas nas ruas de quatro cidades brasileiras e mobilizou um arsenal simbólico de "panteonização" jamais visto em outras solenidades semelhantes: o que se cultuava ali não era o corpo físico de Tancredo, mas o que ele representava simbolicamente em termos de uma redefinição da nacionalidade, de uma possível releitura do sentido da história do país e dos seus mitos fundadores.

Não deve ser casual, então, que tanto tenha se falado, na mídia, sobre uma ressignificação dos símbolos nacionais naquela conjuntura, pois havia um sentido metafórico nos novos gestuais que se utilizavam do hino e da bandeira nacional, que pareciam confirmar uma espécie de redirecionamento para a história do país. Este era, possivelmente, o significado mais forte conferido ao projeto de uma "Nova República": ele deveria simbolizar uma "refundação" das instituições republicanas, uma reelaboração pela qual os símbolos do poder que materializam o corpo coletivo da nação deixavam de ser compreendidos como representações vagas e abstratas para se tornarem próximos, íntimos do povo, encarnação da própria soberania popular. Durante três dias consecutivos voltada sobre si mesma, a nação (como "comunidade imaginada") colocava em pauta o contrato simbólico que a constitui, reforçando os laços identitários a partir da redefinição de seus próprios fundamentos. Assim, cultuar o corpo daquele que parecia melhor representar tal mudança era cultuar esse pacto simbólico num sentido metafórico, procurando fugir da imprevisibilidade por meio da suspensão provisória da própria história, de modo semelhante ao sentido que Mona Ozouf percebeu em sua análise sobre o fenômeno das "festas cívicas" da Revolução Francesa.[615]

---

[615] Retomamos aqui algumas ideias de Mona Ozouf (que discutimos no capítulo 1 da parte I), nas quais a autora procurou pensar as festas cívicas da Revolução Francesa como uma tentativa de parar o tempo e eternizar o presente, fugindo da imprevisibilidade que as rápidas

O interessante, nesse caso, é que não parece ter havido contradição entre esse sentido metafórico do corpo de Tancredo Neves representando o corpo político da nação e aquilo que Jacques Julliard (1999:27-58) chamou de "privatização" da figura presidencial em sua análise dos funerais de François Mitterrand, na França. Assim como no caso do presidente francês, também aqui se pôde verificar uma grande exacerbação da dimensão privada da figura presidencial (algo já evidenciado logo após a eleição de Tancredo Neves pelo Colégio Eleitoral, com a valorização de aspectos relacionados à sua personalidade, mas muito mais fortalecido com seu adoecimento, pouco antes da posse na Presidência da República). Tais aspectos, aliás, foram dramatizados nas cerimônias de São João del-Rei, totalmente marcadas pelo papel da família e pelo sentimento de intimidade e proximidade com a figura de Tancredo. Conforme destacamos no item anterior, ali, na cidade interiorana de Minas Gerais, eram outros os elementos históricos colocados em jogo com mais relevância, que discrepavam das liturgias oficiais de Brasília: a onipresença de uma atmosfera religiosa e familiar remetia mais para a imagem do homem comum da Zona da Mata, que trazia consigo os mais autênticos valores da nacionalidade, do que para aquela da impessoalidade do homem público que ocuparia o cargo máximo da República. Para aprofundarmos o problema, entretanto, é importante destacar algumas das principais ideias de Jacques Julliard, sobretudo naquilo que permitem elaborar analogias para pensar o caso brasileiro.

Baseado na análise de Alain Boureau e Jacques Revel, Julliard procurou retomar o problema do fim da teoria dos dois corpos do rei para pensar o caso de François Mitterrand.[616] Para ele, a exposição da degradação corporal e do sofrimento do soberano, mais visível a partir do advento do absolutismo, demarcariam uma ruptura com a teologia política medieval, que assegurava a autonomia do corpo místico do rei em relação ao corpo material. Foi essa concepção sobre uma menos nítida distinção entre os

---

mudanças ocasionavam na sociedade francesa. Sua perspectiva visava, justamente, chamar a atenção para essa dimensão subjetiva das festas revolucionárias, geralmente desconsideradas pelos historiadores. Ver Ozouf (1976a).

[616] Ver Boureau e Revel (1999:113-133). A discussão sobre os dois corpos do rei está baseada na obra clássica de Ernst Kantororicz (1998) sobre a teologia política medieval.

corpos político e material do soberano, aliás, que lhe permitiu traçar um paralelo entre a "publicização" do apodrecimento corpóreo de Luís XV no final de seu reinado e o caso de François Mitterrand, cujo sofrimento pôde ser amplamente acompanhado pelos franceses durante longo período e sua morte marcadamente anunciada pelos meios de comunicação antes mesmo de efetivar-se.

Essa valorização do corpo mortal do soberano ampara também sua tese de que estaríamos vivendo uma "verdadeira privatização da simbologia estatal", com a morte de Mitterrand, ao lado de outros casos como o da princesa Diana, funcionando como um exemplo desse processo. Emergindo juntamente com essa privatização, por outro lado, estaria uma espécie de religiosidade da vida cotidiana, marcada pela valorização não de uma alteridade radical a Deus (como representava o corpo místico do soberano na teologia política medieval, que remetia ao corpo de Cristo, em contraposição ao corpo físico), mas de um culto da identidade humana. Assim, para Julliard, seria inadequado pensar na teoria dos dois corpos do rei diante das investidas de François Mitterrand em elementos de sua personalidade ou no caráter privado de sua morte. A exposição do corpo adoecido e a morte anunciada do presidente francês apontariam, antes de mais nada, para uma espécie de desconstrução da política como espaço público, à maneira daquilo que Richard Sennett (1988) identificou como uma mudança mais geral das sociedades ocidentais a partir de meados do século XIX. Isso explicaria, inclusive, o número relativamente pouco expressivo de franceses nos funerais do presidente Mitterrand.

No caso brasileiro, por outro lado, a "privatização" da figura presidencial não pareceu estar referida apenas à desconstrução da política no sentido do "homem público", mas sim ter somado-se a ela. Também aqui, sem dúvida, a presença da doença teve um papel importante na "humanização" de Tancredo Neves, percebido cada vez mais como um homem que, como qualquer outro, estava sujeito aos imperativos do destino, devendo ser objeto de compaixão e solidariedade.[617] Não obstante, se a doença fortaleceu sobremaneira a ênfase no caráter privado da sua figura

---

[617] Sobre o assunto, além da parte II do livro, consultar Soares (1993).

política, remetendo diretamente ao sentido da nação como uma família, esse aspecto não parece ter se chocado com o significado dado ao seu corpo martirizado como uma alegoria do próprio corpo político da nação. O sentido de "refundação" da República que o culto ao corpo de Tancredo Neves representava não parece ter sido anulado pela ênfase dada aos elementos privados da sua personalidade que seu adoecimento e morte tinham colocado em pauta.

É importante destacar, portanto, que essa tendência à privatização da política, precipitada pelos eventos envolvendo o adoecimento do presidente, se acompanhava de toda a mobilização popular que se expressava desde o movimento em favor das eleições diretas, possuindo também um sentido de modernização das instituições democráticas e de aumento dos canais coletivos de participação na República. Ou seja, um significado eminentemente político, demonstrando novamente como as relações entre público e privado na história brasileira não seguem uma essência, mas assumem conotações particulares, muitas vezes marcadas por grandes ambiguidades (como a tendência à privatização do poder e do aumento do espaço público de participação). Talvez por isso o corpo de Tancredo Neves tenha sido tão amplamente consagrado durante um funeral de vários dias: ele também poderia representar a "refundação" da República, agora reconstruída no sentido de uma maior participação popular, do aperfeiçoamento das instituições representativas e democráticas.

Com efeito, diante das tendências à privatização do poder já indicadas, a inesperada morte de Tancredo Neves parece justamente ter aberto caminho para a constituição de um espaço de manifestação da política num sentido semelhante ao conferido por alguns analistas à *democracia moderna*, na qual o próprio lugar do poder se tornaria vazio, não suscetível à incorporação num governante que lhe fosse consubstancial.[618] A morte daquele para o qual tinham sido direcionadas de forma intensa as tendências à personalização do poder presidencial na cultura política republicana parece ter criado o paradoxo do culto a um corpo que não era, de fato, um corpo para o qual os riscos de incorporação do

---

[618] Conferir, principalmente, Lefort (1991a, 2011).

poder continuavam presentes, estabelecendo um clima de indeterminação radical, que se assemelharia àquilo que Claude Lefort entenderia como fundamento da política na época democrática. Se, nas *formas de sociedade* caracterizadas por fundamentos teológico-políticos ou por tendências totalitárias, o corpo sempre se constituiu em inimigo da democracia, no caso em análise, a disputa pelo corpo de Tancredo parecia configurar um momento breve em que o corpo político da nação, inapreensível e indomesticável, tornou-se objeto de disputas de forma particularmente dramática, impulsionando a elaboração de discursos que buscavam sobrepesar a perda de substância da sociedade sacralizando as instituições, dada a impossibilidade de formular um enunciado como fundamento da comunidade política.

Que a manifestação da política num sentido semelhante ao destacado por Lefort para a democracia moderna tenha se tornado possível apenas num momento dramático, trágico e de curta duração, talvez seja um aspecto relevante de análise, que indica tanto a necessidade de historicizar as leituras elaboradas no plano da filosofia política, quanto as particularidades das disputas em torno da construção imaginária de uma comunidade política no caso brasileiro. O mesmo se poderia ressaltar em relação à análise de Jacques Rancière, com sua conceituação aproximada de política e democracia, em que a última não é efetivamente caracterizada como uma forma de governo, mas como um movimento que, deslocando sem cessar os limites do público e do privado, impossibilitaria a encarnação de seus princípios num governante, abrindo espaço para um jogo contínuo de formas de subjetivação que impediriam justamente as tendências sempre existentes à privatização do poder, tendo em vista um momento em que todos os enunciados de fundamentação da comunidade política tornam-se essencialmente contestáveis (Rancière, 2005). Nada parece mais próximo dessa caracterização do que a radical indeterminação vivenciada no momento da morte de Tancredo Neves, quando as estruturas formais da política foram colocadas em questão de forma tão dramática que o espaço de luta pelas formas de subjetivação política ganhou singular significado, já que se tratava de um poder que, não passível de incorporação, se tornava essencialmente indomesticável.

Talvez se possa dizer, inclusive, que o corpo inerte do presidente funcionava como expressão extraordinária do poder que o dispositivo da representação pode alcançar em condições nas quais a democracia se tornava um valor sintetizador das expectativas de mudanças. Refiro-me, nesse caso, às semelhanças com os elementos identificados por Louis Marin (1981) como característicos da representação em seu estudo clássico sobre a monarquia absolutista francesa. Por um lado, poderíamos destacar a dissimulação de uma ausência que caracteriza o efeito de presença da representação, particularmente significativa no caso da denegação da morte que o corpo de Tancredo Neves colocava em jogo de forma dramática. Por outro, poderíamos ressaltar o poder instituinte da representação, cujo efeito-poder é a representação mesma: tratava-se efetivamente da disputa por um corpo que, como representação, fundamentava a transformação da força em potência, envolvendo a luta pela institucionalização da possibilidade do uso da violência por meio de um novo arranjo político e jurídico que se pretendia assegurar (Marin, 1981:11 e ss.).

Como símbolo máximo da Nova República em construção, o corpo de Tancredo Neves conformava-se como representação em torno da qual se disputava o poder que lhe é inerente, em sentido semelhante ao dado por Marin: o poder como reserva de força não utilizada, que permanece em estado de se despender, e que fortalece o próprio sistema representativo na medida em que transforma em lei essa potência latente (Marin, 1981:11 e ss.). Em termos imediatos, portanto, tratava-se da disputa pela capacidade do uso da força institucionalizada num novo arranjo político-jurídico, o que ocorria após um período no qual o uso da violência assegurado pelas normas legislativas parecia ter sido feito contra a própria sociedade. É claro, entretanto, que esse tipo de disputa não se configurava apenas no plano das ações concretas, mas também do imaginário, por meio das lutas de classificações e dos mecanismos pelos quais se fundamentam os diversos tipos de violência simbólica.[619]

---

[619] Discutimos alguns textos importantes para pensar o papel instituinte do imaginário no primeiro capítulo, ao tratar do problema do nacionalismo, que poderiam ser aqui retomados. Evitaremos fazê-lo, indicando apenas que elementos importantes para esse tipo de reflexão foram apontados ao tratarmos de autores como Cornelius Castoriadis, Bronislaw Baczko, Marshall Sahlins, Fredric Jameson e Pierre Bourdieu.

Por outro lado, é importante ter cautela no estabelecimento de relações muito estreitas entre a mobilização popular das campanhas pelas eleições diretas e as manifestações verificadas nos funerais de Tancredo Neves. Apesar dos laços visíveis entre ambos os acontecimentos, não se deve desconsiderar que a primeira foi muito menos marcada pela mencionada "tendência privatista" do poder, não havendo espaço inclusive para a adoção de uma única liderança que carreasse para si a responsabilidade por todo o projeto de transformação nacional (já que os políticos participantes se aglutinavam com uma "caravana" de artistas, sem que qualquer um deles fosse projetado como o único representante do movimento). Era impossível, na campanha das diretas, algo como aconteceu quando da morte de Tancredo Neves: a reiterada representação do desamparo de um povo que, a não ser por intermédio de seu grandioso líder, não possuía qualquer outro meio de ação para mudar seu trágico destino.[620]

Talvez tenha sido o cruzamento de imagens que, num primeiro momento, poderiam parecer contraditórias o principal elemento explicativo da expressividade dos funerais de Tancredo Neves: eles pareciam representar, ao mesmo tempo, uma grande mobilização popular e uma atitude conciliadora, uma reivindicação dos símbolos nacionais e uma crença no poder superior de um líder que encarnava os sentimentos da nação. Nisso, aliás, as contradições do momento estavam em uníssono com as imagens paradoxais projetadas sobre o político mineiro, representado tanto como sintonizado com as aspirações do "homem comum", com quem era identificado, quanto como o grandioso estadista adorado por ser dotado de uma personalidade excepcional. Considerados nesse sentido, portanto, os funerais aqui analisados dramatizavam os elementos colocados em jogo desde as campanhas pelas eleições diretas, quando uma reconstrução da imagem pública de Tancredo começou a ganhar mais espaço nos meios de comunicação. Os diversos momentos que analisamos na segunda parte deste livro, caracterizados pela ênfase nas dimensões pública e privada

---

[620] A simples consulta de alguns dos principais jornais do país naquela conjuntura permite perceber como eles reiteravam constantemente ideias como essas, as quais eram também recorrentes no meio televisivo (o programa *O martírio do Dr. Tancredo*, exibido pela Rede Globo de Televisão e analisado no capítulo seguinte, pode ser tomado como um exemplo nesse sentido).

da sua imagem, constituem ingredientes importantes para a compreensão daquilo que foi dramatizado em seus funerais.

Nesse tipo de leitura, portanto, Tancredo Neves poderia ser, ao mesmo tempo, certa mistificação e uma profunda consciência dos setores populares, funcionando nos moldes dos arquétipos de uma sociedade de massas em que os heróis são cada vez mais parecidos com os "homens comuns" e assumindo também os contornos de um grande estadista disposto a morrer em sacrifício pela redemocratização do país.[621] Próximo e distante, homem comum e herói nacional, excepcional porque santo, mas não afastado porque santo milagroso das causas populares, a imagem de Tancredo Neves remontava ao forte entrelaçamento entre público e privado, só vista com tamanha carga simbólica naquela figura cujo nome e sobrenome já indicam a ambiguidade de sua imagem: Getúlio Vargas (simultaneamente o amigo Gegê e Vargas, o grande estadista). Aliás, é curioso notar que, dos presidentes brasileiros do pós-1930, apenas Getúlio Vargas e Tancredo Neves tenham tido seus funerais caracterizados por duas cerimônias bastante distintas, uma na capital da República e outra na cidade interiorana onde nasceram (acentuando, respectivamente, as dimensões pública e privada das suas figuras). Enquanto o corpo de Getúlio Vargas seguiria do velório no Palácio do Catete para as homenagens na Prefeitura de São Borja, os presidentes do ciclo militar seriam praticamente todos velados e enterrados na própria cidade do Rio de Janeiro.[622] Nem mesmo Juscelino Kubitschek e João Goulart gozaram de cerimônias tão distintas: o primeiro foi enviado diretamente do edifício da *Manchete*, no Rio, para o sepultamento na capital que teria construído, enquanto o corpo do segundo foi impossibilitado de passar por qualquer uma das grandes cidades brasileiras, indo do exílio diretamente para São Borja. Tais elementos, certamente pontuais, talvez sejam indicativos de semelhanças pouco observadas entre

---

[621] Sobre a construção de heróis que se assemelham ao "homem comum" numa sociedade massificada, ver, além do já mencionado texto de Jacques Julliard, Morin (1975), Eco (1987).
[622] O único entre os presidentes militares que chegou a ser velado fora do Rio de Janeiro foi Castelo Branco, que morreu num acidente aéreo no Ceará e ficou exposto à visitação pública por cerca de cinco horas no Palácio da Luz, em Fortaleza. As principais cerimônias em sua homenagem, entretanto, foram mesmo no Rio de Janeiro, com o velório no Clube Militar e o sepultamento no cemitério São João Batista (conforme analisado no capítulo anterior).

as imagens de Tancredo Neves e Getúlio Vargas, sobretudo naquilo que elas associavam das dimensões pública e privada de suas personagens.

Algo semelhante ao anteriormente observado se poderia dizer da representação de Tancredo Neves como um "homem comum": por um lado, tal aspecto tinha um sentido simbólico eminentemente contrário à sobriedade dos militares que, com suas pompas acerca do poder, dificilmente aceitariam uma carnavalização das suas figuras. Por outro, sobretudo após seu adoecimento, ela remetia também a uma relativa despolitização de Tancredo, que passou, cada vez mais, a ser representado como um personagem cuja proximidade está relacionada com laços de afetividade e solidariedade que ultrapassam o campo político, como uma espécie de amigo ou parente próximo (aproximando-se aqui da recorrente imagem de alguém que era bom "porque não era político").[623] Com a morte de Tancredo, por outro lado, essas tendências à privatização do poder, conforme já indicado, seriam confrontadas com a existência de um corpo inerte, abrindo espaço para as disputas em torno de um corpo político que, perdendo substância ao conferir ao poder um lugar vazio, estava sujeito às figurações por meio das quais se buscava sacralizar as instituições, ou mesmo entificar sujeitos coletivos como o "povo", símbolo máximo da indeterminação do poder por sua capacidade de representar a todos e a ninguém ao mesmo tempo. Nesse sentido, a disputa pelo corpo de Tancredo Neves, que caracterizou seus funerais, era análoga ao sentido conferido ao povo em diferentes narrativas que, buscando lidar com as indeterminações da nova configuração das formas de representação do poder, o tornaram objeto central de suas histórias, muitas vezes fazendo confundirem-se o corpo de Tancredo, o corpo político da nação e o povo como lugar incorpóreo em que se poderia conferir alguma substância às indeterminações da comunidade política.

---

[623] Sobre o assunto, ver Sennett (1988:317e ss.).

PARTE IV

O povo no lugar do corpo do morto: narrativas sobre a nacionalidade

Por um lado, no sentido etnológico e quase religioso do termo, a escrita [da história] representa o papel de um *rito de sepultamento*; ela exorciza a morte introduzindo-a num discurso. Por outro lado, tem uma função *simbolizadora*; permite a uma sociedade situar-se, dando-lhe, na linguagem um passado, e abrindo assim um espaço próprio para o presente: 'marcar' um passado, é dar um lugar à morte, mas também redistribuir o espaço de possibilidades, determinar negativamente aquilo que está *por fazer* e, consequentemente, utilizar a narratividade, que enterra os mortos, como um meio de estabelecer um lugar para os vivos. [Certeau, 2002:107]

Ao final de sua reflexão sobre a "operação historiográfica", Michel de Certeau estabeleceu comparações entre a escrita da história e os ritos mortuários, ressaltando a função existencial da historiografia como prática cultural dissimuladora da própria finitude humana. Também uma prática ritual de simbolização do tempo, a "operação historiográfica" se assemelharia aos cemitérios das cidades, ou mesmo a outras "formas não científicas", como o elogio fúnebre e os enterramentos, exorcizando a morte e estabelecendo, performativamente, um sentido para a existência dos vivos. Embora se referisse a condicionantes antropológicos mais gerais da "operação historiográfica", sua reflexão não poderia ser sugestiva para problematizar uma narrativa histórica que, elaborada justamente no momento seguinte à morte de Tancredo Neves, estabelecia uma representação do passado e funcionava como uma prática cultural de ritualização do luto?

De fato, a morte do homem para o qual os símbolos republicanos tinham sido projetados de forma íntima e intensa, ao tornar vazio o lugar do poder, estimulou não apenas as disputas por seu corpo nos funerais analisados, mas também a figuração narrativa de sujeitos coletivos como o povo como entidade que, metaforicamente, tomava o lugar do próprio corpo político da nação como construção imaginária (tal como havia acontecido com o corpo morto de Tancredo). Tornado sujeito central de enredos que acentuavam o componente trágico de seu destino, ou mesmo sua redescoberta e seu papel ativo de agente político, o "povo brasileiro" apareceria como o personagem principal de narrativas que, em última instância, disputavam o próprio lugar do poder ou, num sentido mais apropriado para pensar o componente imaginário que enraizava as configurações poéticas dessas mesmas narrativas: expressavam as recomposições nas formas de representação do poder presidencial, manifestando as expectativas e desejos de refundação do pacto que conferia sentido à comunidade política.

Nesse caso, os próprios valores da grandeza que garantem perenidade ao poder, conferindo-lhe uma dimensão antropológica, e que haviam se manifestado na glorificação do político Tancredo Neves como homem de gestos valorosos e capaz de imolar-se pela nação, acentuavam a proximidade de diferentes formas de representação do passado em relação ao gênero do elogio, não obstante seja relevante considerar a maior mescla de gêneros que caracteriza o que alguns autores chamaram de época democrática, já que uma visão menos hierárquica da sociedade estaria relacionada com uma sensibilidade política pela qual a preocupação com grandes classificações e hierarquizações dos gêneros de discurso assume uma forma muito menos normatizada.[624] Tal fato não impediria a elaboração

---

[624] Sobre a perenidade do poder em sua dimensão antropológica e o discurso do elogio como seu correlato literário, ver Ricoeur (2007:274 e ss.). Para uma interpretação sobre a maior mes-

de narrativas que, em certos casos, pela própria natureza dos gêneros de discurso produzidos, acentuavam o sentido trágico conferido à história nacional, dentro da qual o "povo brasileiro" podia figurar como um personagem que ocupava lugar central, tornando-se sujeito da história e motor explicativo da temporalidade que tais representações históricas projetavam para o desenvolvimento de uma nação que, apesar dos infortúnios do presente, precisava continuar sendo construída como expectativa.

Analisaremos, em seguida, três diferentes narrativas sobre a morte de Tancredo Neves, todas caracterizadas pelo papel central conferido ao "povo brasileiro", geralmente identificado com os componentes políticos de grandeza já supostamente incorporados no político mineiro. A primeira delas corresponde a um programa produzido pela Rede Globo de Televisão e transmitido na própria noite da morte do presidente. Projetando elementos do clima de "redescoberta do nacional" que permeava aquela conjuntura, o *Jornal Nacional* de 21 de abril foi, certamente, um programa planejado com bastante antecedência pela emissora. Retomando imagens intensamente projetadas nas semanas anteriores e conjugando-as com uma retrospectiva que encadeava aqueles eventos de forma peculiar, o programa, ao mesmo tempo que sintetizava aspectos fundamentais da transmissão televisiva do período, conformava uma imagem do país com forte poder de identificação e conteúdo emocional.

Isto porque, às representações acerca da vida e da morte do presidente, conjugavam-se imagens sobre o modo de ser do brasileiro que rezou e sofreu por Tancredo, repercutindo leituras sobre a nacionalidade cujas origens remetem para tradições forjadas ainda no século XIX da história brasileira. Por outro lado, as próprias características da televisão como meio de comunicação, ao exigir a elaboração de uma mensagem acessível às pessoas das mais diferentes regiões do país, auxiliavam na construção de uma "imagem mediana", amparada em elementos que, embora diversos, podem ser facilmente identificáveis como caracteristicamente nacionais. A exploração de imagens do interior do Brasil, por vezes contrasta-

---

cla de gêneros diversos na época democrática, caracterizada pela menor preocupação com o regramento dos discursos advinda de uma visão de mundo menos hierárquica, conferir Rancière (2009).

das com o cosmopolitismo da capital ou de outras regiões metropolitanas, acentuava uma representação da nação com forte carga dramática e grande capacidade de identificação: imagens de um povo sofrido, humilde, fraterno e resignado somaram-se ao retrospecto dos acontecimentos envolvendo a morte do presidente e fazendo confundirem-se as representações de um sobre as do outro.

Nesse caso, mais do que em qualquer outro, Tancredo Neves assumiu uma característica mítica tal como caracterizada pelos estudiosos do fenômeno: à representação do personagem correspondia toda uma imagem da nação, uma percepção sobre o modo de ser dos brasileiros e daquilo que constitui sua trajetória específica como comunidade nacional. Assim como a figura do sr. Pinay fomentava toda uma representação da França nos anos 1950, exaltadora do ideal de estabilidade e das virtudes do trabalho, da poupança e da gestão escrupulosa das contas públicas (Girardet, 1987:68), a imagem predominantemente ressaltada de Tancredo Neves fundamentava representações de uma nação católica, conciliadora, avessa a conflitos. Era ela que possibilitava a identificação feita entre os supostos traços que marcariam sua personalidade e aquilo que conformaria o próprio "modo de ser" do brasileiro. Era ela que viabilizava também outra característica não menos importante da narrativa mítica, que sustentava a força simbólica do programa mencionado: a projeção de uma imagem que tornava possível lidar com as contradições de uma sociedade que saía de forma pactuada de um regime militar marcado pela violência política — que, vale dizer, incluía a tortura física e o extermínio de opositores entre seus "métodos repressivos".[625]

O segundo capítulo examina um conjunto significativo de folhetos de cordel para pensar outra forma de representação do passado nacional produzida no momento da morte de Tancredo Neves. Os acontecimentos de março e abril de 1985 pareciam oferecer uma narrativa vigorosa para esse tipo de literatura, e não é à toa que a intensa produção de folhetos sobre o tema tenha levado alguns analistas a identificar aquele como

---

[625] A capacidade da narrativa mítica de reconciliar as contradições de uma coletividade foi apontada por Alessandro Portelli (2002) em seu estudo sobre a memória coletiva do massacre nazista em Civitella Val di Chiana.

um dos eventos mais tratados pelos poetas populares. As peculiaridades de uma forma de enredo fortemente marcado pelos traços de uma narrativa heroica, centrada na luta entre o Bem e o Mal, se mostravam em sintonia com os eventos daquela conjuntura, na qual a representação de um personagem arquetípico (tão ao gosto dos cordéis) parecia não contradizer a realidade. Permeada por traços de messianismo, a literatura cordelista encontrava em Tancredo Neves e em sua morte um novo personagem, que ocupava, assim, um lugar que antes já fora representado, entre outros, por Getúlio Vargas, cujo suicídio também inspirou uma quantidade impressionante de folhetos.[626] Além disso, o papel anti-heroico frequentemente designado pelos cordéis ao "povo brasileiro" (em sua luta cotidiana contra inúmeras adversidades) casava-se com o sentido trágico daqueles acontecimentos, fomentando uma narrativa sobre a história do país igualmente sintonizada com características marcantes dessa forma de literatura.

Assim, fortemente permeada pelo sentimento de um povo que sofre cotidianamente com a miséria e o desamparo, a narrativa dos folhetos projetava um sentido trágico à história nacional, compreendida como a luta incessante do povo brasileiro por uma liberdade nunca alcançada.[627] As sete cirurgias às quais foi submetido Tancredo Neves forneciam uma moldura fantástica para o sistema de valores religiosos que atravessava a

---

[626] Segundo dados mencionados por Orígenes Lessa (1982:63-64), folhetos como *Vida e morte de Getúlio Vargas*, de José João dos Santos, e *Vida e tragédia do presidente Getúlio Vargas*, de Antônio Teodoro dos Santos, teriam tido, na época, uma tiragem de 200 mil e 280 mil exemplares, respectivamente. Já o autor Delarme Monteiro da Silva teria vendido cerca de 40 mil exemplares de um folheto sobre a morte de Getúlio Vargas na própria tarde seguinte ao suicídio.

[627] Não cabe aqui fazer maiores discussões sobre o conceito de tragédia, utilizado de forma apenas alusiva para destacar a semelhança com elementos considerados típicos daquele gênero. A alusão, de todo modo, ultrapassa o problema da morte sacrifical do herói, remetendo ao sentido mais profundo geralmente identificado na tragédia clássica: o impulso à reflexão sobre a condição humana, compreendida como fruto da relação entre as leis divinas e as escolhas do homem (o que impediria que o trágico fosse definido apenas pelo sentido de fatalidade ou pelas escolhas equívocas do herói que determinariam, em muitos casos, o fim catastrófico que compõe o enredo). Os cordéis, nesse caso, remeteriam menos para a condição humana em sua generalidade do que para aquela do povo brasileiro em sua trajetória de constantes "fins aterradores", possivelmente geradores dos sentimentos de "terror e piedade", conforme a definição aristotélica de tragédia. Ver Aristóteles (1993), Romilly (2000:147 e ss.).

literatura de cordel, justificando a identificação e as analogias entre aqueles eventos e as provações do martirológio cristão.[628] Já a sua morte em 21 de abril conformava um desfecho final bastante propício àquela forma poética, para além de evidenciar uma continuidade na batalha pela libertação nacional, já que o recurso à tópica da "chegada ao céu" de personagens heroicos (que, "lá de cima", também podem atuar pela redenção do povo) é igualmente uma constante nos folhetos. Batalha esta, aliás, que, conforme representada nos cordéis, já tinha mobilizado outro personagem cujas semelhanças com Tancredo Neves o destino também parecia ter tido a intenção de evidenciar: conterrâneo de Tiradentes, admirador e mobilizador convicto da memória do inconfidente, conforme já destacamos, Tancredo Neves morreu no mesmo dia daquele que é considerado o principal "herói cívico" da história brasileira e que, assim como ele, supostamente se sacrificou para libertar o país do jugo de um destino que o atraiçoa. É nesse sentido, inclusive, que se deve compreender a retomada, não somente de Tiradentes, mas também de Getúlio Vargas pelos autores de cordel no momento da morte de Tancredo Neves. As comparações e as remissões a esses outros "heróis nacionais", portanto, ocuparão grande parte do segundo capítulo.

No terceiro capítulo, analisaremos o livro *Redescobrindo o Brasil: a festa na política*, de Marlyse Meyer e Maria Lucia Montes, publicado poucos meses após a morte de Tancredo Neves. Também nesse caso o "povo brasileiro" se tornava personagem central de uma representação histórica que, ao tratar dos funerais presidenciais, estabelecia uma narrativa sobre toda a trajetória nacional, na qual o tema do luto, transformado em festa, fornecia um novo sentido ao epílogo trágico conferido aos acontecimentos políticos. Mais do que qualquer outro, este capítulo permitirá confrontar os três diferentes tipos de narrativas indicados, ressaltando como a disputa pelo imaginário político se materializava em formas de produção

---

[628] Mark Curran (2003:48) identifica na literatura de cordel um "sistema de inspiração religiosa, baseado sobretudo no catolicismo tradicional", destacando tal marca como característica mais visível do tempo de Leandro Gomes de Barros, mas que permaneceria em toda a produção do século XX. A própria noção de "catolicismo tradicional", assim como sua associação às raízes ibéricas deste tipo de literatura, entretanto, parece carecer de maior precisão (discutiremos ambos os aspectos no capítulo respectivo).

de sentido sobre o passado que traziam elementos de um repertório em comum, não obstante os significados distintos conferidos a eles e as formas específicas de composição de suas respectivas linguagens, certamente relevantes para a compreensão das representações históricas então produzidas. Um aprofundamento neste último sentido será feito tanto quanto possível, embora um tratamento mais sistemático dessas diferentes formas de linguagem demandasse um esforço analítico que ultrapassaria muito as limitações deste livro.[629] Por outro lado, o modo como o problema é aqui enfrentado permitirá colocar em questão, ainda que de forma preliminar, as próprias formas da representação histórica, tendo em vista não apenas a análise da narrativa histórica elaborada por Meyer e Montes sobre os funerais presidenciais, mas a sugestão de uma comparação de fundo com a própria interpretação que elaboramos daqueles eventos a partir do uso bastante específico que fizemos da noção de "descrição densa", de Clifford Geertz.

---

[629] O estudo mais sistemático da especificidade dessas formas discursivas (aquilo que Michel de Certeau chamou de "formalidade das práticas"), apesar de trazer ganhos importantes, inviabilizaria um tratamento do imaginário político e sua aproximação com uma poética do saber como aqui pretendido. Pierre Rosanvallon, em suas reflexões sobre o político, parece ter percebido de forma pouco restritiva os ganhos e perdas envolvidos no uso de diferentes materiais como fontes históricas. De certa forma, o estudo da figuração da categoria povo brasileiro, se considerado numa perspectiva ampliada, guarda também alguma semelhança com sua proposta de uma história conceitual do político, inclusive, por sua intenção de tratar numa perspectiva histórica temas caros à filosofia política, tornando sua abordagem mais atenta às descontinuidades e à própria historicidade. Conferir Certeau (1994 e 2002) e Rosanvallon (1995).

CAPÍTULO 1

Um programa sintetizador:
O martírio do Dr. Tancredo

> Outros presidentes impuseram-se à nação pelas armas ou pelo voto. [...] Tancredo, no entanto, dispensaria soldados e sufrágios diretos ao se identificar na hora culminante com o caráter brasileiro, essa mistura de energia e moderação, altivez e transigência, atitude pessoal conciliadora igual à natureza coletiva de uma nação que sempre resolveu pacificamente seus conflitos, isto é, mediante conciliação recíproca. [...] A comovente demonstração de solidariedade a que o país assiste acentua a evidência de que a admirável fibra do Brasil — a sua fibra para resistir e renascer — consiste no fato de que o Brasil é na realidade o povo brasileiro. [Juarez Bahia. O sonho brasileiro. *Jornal do Brasil*, 16 abr. 1985. p. 11][630]

O trecho em epígrafe, parte de um artigo publicado no *Jornal do Brasil* em abril de 1985, evidencia uma percepção da figura de Tancredo Neves semelhante à de muitas outras análises feitas na conjuntura da sua morte. De autoria do jornalista Juarez Bahia, o texto aproximava presumidos traços da personalidade do adoecido presidente com um suposto "caráter brasileiro", tornando-se ainda mais relevante por apontar toda uma visão

---

[630] BAHIA, Juarez. O sonho brasileiro. *Jornal do Brasil*, Rio de Janeiro, 16 abr. 1985. p. 11.

daquilo que constituiria a "natureza coletiva" da nação. Identificando o Brasil ao seu "povo", Bahia chamava atenção para um personagem que acabou se tornando um dos objetos mais importantes de discussão naquele momento: justamente o "povo brasileiro", muitas vezes representado a partir dos elementos positivos que o singularizariam. Assim, tratar-se-ia de um país "cujo coração é cristão e cujas lágrimas e sofrimentos se transformam em otimismo e criatividade",[631] que deveria continuar buscando o "destino da sua própria vocação", apesar da tragédia que parecia estar vivendo. Naturalizando imagens que têm elas próprias sua história de construção e reconstrução, o texto do jornalista serve apenas para exemplificar como o adoecimento e a morte de Tancredo Neves estimulavam a elaboração de narrativas que expressavam as tentativas e anseios de reincorporação do poder num momento em que a própria comunidade política foi colocada em questão de forma particularmente dramática.

Uma dessas narrativas, sem dúvida com uma capacidade muito maior de repercussão, foi veiculada na noite da morte do presidente por um programa da Rede Globo de Televisão. Intitulado *O martírio do Dr. Tancredo*, o *Jornal Nacional* do dia 21 de abril colocou em jogo não apenas as reconstruções por que passava a memória de Tancredo Neves, mas também uma leitura daquilo que constituiria a nacionalidade. Trata-se de toda uma reelaboração da imagem do "povo brasileiro", que se utilizava das reações populares à tragédia envolvendo Tancredo para figurar uma representação específica desse sujeito coletivo, colocado no centro das disputas em torno do próprio corpo imaginário da comunidade política. Ao lado da morte do presidente, evento de grande importância que impulsionava reformulações da sua biografia, a repercussão do seu adoecimento era igualmente interpretada como um acontecimento histórico, fornecendo ingredientes para uma releitura do sentido da história nacional. No esforço de reconstituição do ocorrido, por outro lado, um material histórico de mais longa duração acabava sendo mobilizado, sobretudo no que diz respeito às representações que, desde o século XIX, se conformavam sobre a cordialidade e outras características positivas do "povo brasileiro".

---

[631] Ibid.

A retomada de importantes mitos fundadores da nacionalidade, portanto, caracterizou todo o programa, sendo imprescindível se interrogar sobre o modo como ele se inseria no campo de embates em torno do imaginário político que envolveram a morte do presidente. Antes de analisarmos os principais elementos desse discurso, entretanto, é fundamental fornecer algumas informações sobre o programa e a imagem que ele construía de Tancredo Neves.

O programa sobre a morte do presidente

Na noite de 21 de abril de 1985, pouco depois de anunciada a morte de Tancredo Neves, a Rede Globo levou ao ar uma edição especial do *Jornal Nacional* com cerca de quatro horas de duração.[632] Planejado com grande antecedência, o telejornal mobilizou quase toda a equipe de jornalismo da emissora e teve Luís Edgar de Andrade, então chefe de redação, como seu principal responsável.[633] Escalado quase 10 dias antes da morte do presidente, Andrade passou a atuar exclusivamente na produção do programa, centralizando as principais atividades necessárias à sua elaboração, incluindo a escolha das equipes e a checagem dos *scripts* e das matérias nos equipamentos de videoteipe (*Jornal Nacional*, 2004:174). Sua nomeação foi feita no dia 12, demonstrando que a morte de Tancredo já era percebida como praticamente inevitável, mas indica também um elemento característico da história recente: a antecipação do evento pela mídia que, muitas vezes lido de antemão como um "fato histórico", já se constitui *a priori* como um "natimorto" ou um "lugar de memória".[634] Esse seria, sem dúvida, um caminho possível de análise, que não será privilegiado aqui devido aos limites da abordagem proposta. O mesmo se poderia dizer do

---

[632] O conteúdo completo do programa pode ser consultado no vídeo *Tancredo Neves — o presidente da democracia*, existente no fundo "Tancredo Neves" do CPDOC/FGV, classificação "TN vídeo 005", fita 2 (0:00:02-4:05:47).
[633] As informações sobre o programa foram obtidas em *Jornal Nacional* (2004:172-176).
[634] As expressões são do conhecido texto de Pierre Nora (1993), que abre a coleção também intitulada *Les lieux de mémoire*. Do mesmo autor, consultar Nora (1976).

fenômeno da "morte anunciada" analisado por Anne Rasmussen (1999) para o caso do presidente francês François Mitterrand.

Para nossos propósitos, importa chamar a atenção para a intensa atuação dos meios de comunicação na cobertura da hospitalização e da morte do presidente. No caso da Rede Globo, o *Jornal Nacional* das semanas anteriores já vinha centralizando seu noticiário quase inteiramente nas mudanças do estado de saúde de Tancredo.[635] O mesmo se dava com os telejornais de outras emissoras e, na noite de 21 de abril, praticamente todas elas alteraram radicalmente suas programações para transmitir ao vivo as últimas ocorrências. A TV Cultura, por exemplo, passou a manter-se 24 horas no ar e a Rede Bandeirantes aboliu os comerciais para cobrir os eventos diretamente de São Paulo e de Brasília.[636] Estratégias semelhantes foram estabelecidas pela Rede Manchete, pelo Sistema Brasileiro de Televisão (SBT) e pela TV Record. Nem mesmo durante a visita do papa João Paulo II a várias cidades brasileiras, em meados de 1980, as emissoras de televisão e rádio teriam permanecido por tanto tempo transmitindo os acontecimentos ao vivo.[637]

Intitulado *O martírio do Dr. Tancredo*, o telejornal da Rede Globo foi ao ar logo depois do programa *Fantástico*, que tinha noticiado a morte do presidente poucos minutos antes, com imagens transmitidas diretamente do Instituto do Coração, em São Paulo. Para além do papel de mártir atribuído a Tancredo, expresso no próprio título escolhido, o programa iniciava com a imagem de uma cruz, projetada sobre o fundo de um céu azul, na parte superior, e uma faixa verde e amarela, na inferior. Acompanhando essa cena de abertura, cânticos religiosos perdurariam ainda por alguns segundos à aparição do apresentador Sérgio Chapelin.[638]

---

[635] Além de perpassar praticamente todo o noticiário, o assunto ocupava integralmente o último bloco do programa, de 15 minutos. Ver *Jornal Nacional* (2004:172).
[636] RÁDIO e TV alteram suas programações. *O Estado de S. Paulo*, São Paulo, 23 abr. 1985. p. 6.
[637] Ibid.
[638] Além do texto narrado por Sérgio Chapelin, os depoimentos, entrevistas, poesias e manifestações de atores políticos ou populares transcritos em seguida fazem parte do mesmo programa da Rede Globo. Para evitar o excesso de referências, citaremos em nota somente quando for realmente conveniente ou quando omitido, em nosso próprio texto, o nome do personagem que se manifestou do modo relatado. Quando houver aspas, mas isso não ocor-

A acentuação do caráter religioso atribuído ao episódio e à própria figura do presidente morto marcou todo o telejornal daquela noite, conforme aprofundaremos em outros momentos deste capítulo. À primeira vista, de fato, impressiona a forte carga simbólica e emotiva que caracterizou o programa.

Na primeira parte de *O martírio do Dr. Tancredo*, uma retrospectiva mostrava os fatos considerados mais importantes no período da internação até a morte do presidente. Entre eles, figuravam a leitura oficial do primeiro boletim médico; o bilhete que escreveu a José Sarney parabenizando-o por sua correção na condução do governo; a divulgação da primeira foto de Tancredo internado e a dramática transferência de Brasília para São Paulo. Na segunda, havia um grande número de pronunciamentos de autoridades, depoimentos e homenagens, que seguiam o enfoque religioso do programa: d. Paulo Evaristo Arns, d. Eugênio Salles, d. Luciano Mendes de Almeida e o rabino Henri Sobel apareceram com destaque. Também foram muitos os escritores e artistas entrevistados, como Dias Gomes, Lygia Fagundes Telles e Grande Otelo. Já no caso dos políticos, havia desde o ex-oposicionista do regime militar e então governador de São Paulo, Franco Montoro, até Armando Falcão, ex-ministro de Ernesto Geisel.

Em ambas as partes do programa, saltam aos olhos a exaltação e heroicização de Tancredo Neves. Não somente supostos traços positivos da sua personalidade eram recorrentemente destacados, como sua trajetória política era projetada de forma teleológica, sob a ótica da predestinação do salvador da nação brasileira: "Dr. Tancredo Neves era um homem público predestinado, um homem que tinha uma missão e que iria cumpri-la a qualquer custo", destacava o apresentador a certa altura do programa. Percebido como alguém que "tinha consciência do momento histórico em que estava vivendo" e "um entendimento da história política do país" mais profundo do que o de outros atores sociais, Tancredo Neves aparecia no

---

rer, é porque prosseguimos na transcrição da narração do apresentador Sérgio Chapelin (ao qual, é claro, não se pretende atribuir a autoria do texto do telejornal). Devido ao próprio caráter do programa, que sintetizava muitos elementos dos jornais das semanas anteriores, o texto pode conter algumas repetições de aspectos já tratados nos capítulos da parte II, mas que são indispensáveis para que o leitor tenha uma visão mais completa do telejornal.

programa com traços de uma representação que se tornou comum sobre sua personagem naquela conjuntura: ele era aquele que podia ler na história o que os outros não viam, uma espécie de intérprete profético do destino coletivo, que carregava em si o passado e o futuro de seu próprio povo.[639] Nesse sentido, todos os seus gestos eram tidos como excepcionais, como foi o caso dos encontros com chefes de Estado estrangeiros após sua vitória nas eleições indiretas.

Assim, a narração da viagem de Tancredo Neves, que passou por nove países em 15 dias, acentuava que "todos os chefes de Estado e de governo que estiveram com ele sabiam que estavam diante de um homem especial". Alguém que seria "capaz de dialogar com os principais líderes do mundo, de igual para igual", narrava Sérgio Chapelin. O encontro com o papa, no Vaticano, foi particularmente destacado, sendo ressaltado como "uma deferência que nenhum outro presidente brasileiro teve nos últimos 20 anos. Uma deferência reservada ao estadista, ao homem de Estado Tancredo Neves". Certamente, nesse ponto, o catolicismo do presidente era mais um elemento importante na construção positiva de sua imagem, inspirando o teor religioso que caracterizou todo o programa. Já no que concerne ao encontro com os presidentes François Mitterrand, Raúl Alfonsín e diversos outros líderes de países estrangeiros, mais alguns elementos que caracterizariam sua personalidade eram também invocados. Assim, o texto narrado por Sérgio Chapelin não deixava de chamar a atenção para algo que teria se evidenciado naquela viagem: sua "cordialidade com os chefes de Estado estrangeiros". Tendo sido "recebido por todos os membros importantes do governo americano", Tancredo Neves era exibido como um "estadista que se colocava em pé de igualdade com o grande credor".

Excepcionais, sob esse ponto de vista, eram também as reações do presidente à doença que o havia acometido. Nesse caso, além de reproduzir uma frase que marcou diversas matérias jornalísticas do período, na qual Tancredo teria pedido a Deus, no dia da sua internação, forças para não

---

[639] Tancredo Neves se aproximava aqui de um dos arquétipos que Raoul Girardet (1987:78-79) identificou como os quatro modelos de autoridade do imaginário político francês contemporâneo. No caso francês, o "arquétipo do profeta", como ele denominou, teria sido fartamente utilizado nas representações de personagens como Napoleão e, mais recentemente, Charles de Gaulle.

decepcionar o povo brasileiro, o telejornal procurou ressaltar uma resistência incomum do seu organismo às sete cirurgias pelas quais teria passado. Como corolário dessa força dificilmente encontrada numa pessoa de 75 anos, destacava-se o seu bom humor diante de tamanhas adversidades. Assim, por um lado, mencionava-se que aquelas foram "cirurgias que o presidente enfrentou com heroísmo", ou que os médicos teriam dito que ele "é um homem de ferro" na luta contra a doença. Por outro, ressaltava-se qualquer gesto do presidente como algo espetacular, que comovia a todos os brasileiros:

> Todos apostavam na recuperação do Dr. Tancredo. E o presidente Tancredo também apostava [...]. Até mesmo num momento bem difícil, quando mandou um recado com as mãos. O mais eloquente de todos os gestos de torcida foi feito por ele no dia em que recebeu a visita do presidente em exercício, José Sarney.[640]

De fato, a visita de José Sarney a Tancredo Neves, no Hospital de Base de Brasília, teria sido saudada com um gesto otimista deste último, levantando o polegar sobre a mão fechada para indicar, possivelmente, um suposto controle da situação em que se encontrava. Repetido no pronunciamento de um presidente em exercício acanhado por "quebrar a liturgia do cargo", o ato de Tancredo Neves foi igualmente tido como "espetacular": "o gesto acabou sendo repetido por todos, em todo lugar", narra o apresentador Sérgio Chapelin, enquanto imagens de populares, em diferentes locais do país, com um semblante de alegria e o polegar direito levantado, eram exibidas por alguns segundos. Era mesmo na martirização, por outro lado, que encontraríamos mais facilmente o estabelecimento de uma imagem heroica de Tancredo Neves, particularmente no que diz respeito à exploração da dramaticidade da situação em que se encontrava desde a internação no Hospital de Base de Brasília. As descrições detalhadas dos difíceis momentos do tratamento, de todas as suas reações, acompanhadas de desenhos ilustrativos que expunham imagens do intestino, do

---

[640] O trecho é da narração do próprio apresentador, Sérgio Chapelin.

pulmão e de outros de seus órgãos, conformavam provavelmente algumas das cenas de maior impacto ao telespectador que assistia ao programa. Junto com elas, mencionava-se uma grande soma de termos médicos (diverticulite, apendicite, leiomioma etc.), muitos dos quais tinham passado a fazer parte da rotina dos brasileiros no período logo seguinte à sua hospitalização.

Conforme já destacamos, autores que analisaram casos com certas semelhanças ao de Tancredo, nos quais uma grande soma de imagens expôs diariamente a perecibilidade do corpo do presidente (que tendia, assim, a ser igualado ao organismo de qualquer outra pessoa), destacaram uma paradoxal acentuação da sua heroicidade diante dos setores populares.[641] É difícil avaliar o problema no caso de Tancredo Neves, mas é certo que a intensa projeção de imagens como essas pelos meios midiáticos, por cerca de 40 dias, possuía uma grande força simbólica. Era a figura do mártir, da morte sacrifical pela nação, por outro lado, que se tornava realmente o elemento mais poderoso de todo o dispositivo simbólico mobilizado naquelas semanas de março e abril de 1985, não obstante o caráter múltiplo do arsenal de significados então produzidos. O grau de dramaticidade angariado em *O martírio do Dr. Tancredo*, nesse sentido, apenas conforma-se como um dos pontos culminantes de um processo mais longo de significação e construção simbólica, sintetizando uma série de elementos já presentes em noticiários dos dias anteriores.

A associação entre som e imagem proporcionada pela tevê, aliada ao caráter trágico do acontecimento, portanto, configuravam um programa com forte grau de sensibilização. Na verdade, algumas características próprias à forma de comunicação televisiva favoreciam o tom emocional do telejornal: conforme já se destacou, as técnicas modernas do audiovisual se coadunam quase perfeitamente com as peculiaridades de eventos como a morte de figuras de grande projeção nacional, fornecendo elementos que permitem uma construção relativamente fácil de imagens com forte apelo na opinião pública.[642] E, nesse ponto, o aspecto grave dos jornalistas

---

[641] Refiro-me ao texto de Jacques Julliard (1999), que introduz o livro *La mort du roi*, discutido no capítulo 3 da parte II para tratar do mesmo tema.
[642] Para Jacques Julliard (1999:53), por exemplo, a televisão "é naturalmente necrófila".

era complementado por afirmativas bastante eloquentes feitas durante o programa, como a descrição da força da doença e das reações convulsivas do organismo do presidente após a sétima e última operação: "Diante de tamanha força, num corpo tão debilitado, os médicos chamam estas convulsões de 'a coisa'. E dizem também que o presidente é um homem de ferro", narrava Sérgio Chapelin.

Pouco antes, a autoridade das palavras dos médicos tinha sido também invocada para embasar uma afirmação que remete novamente ao fundo de religiosidade que perpassava todo o programa: "Os médicos do Instituto do Coração dizem que o que está acontecendo com o presidente Tancredo Neves não está escrito nos manuais de medicina". Em seguida, podíamos assistir às chocantes imagens da chegada do presidente em São Paulo, na transferência para o Hospital das Clínicas, em 26 de março, com o rosto coberto na descida da maca. E, ao final, as descrições emocionais do narrador sobre o desfecho daquela tragédia:

> Hoje, o organismo doente e cansado não aguentou. O martírio do presidente Tancredo Neves. A infecção. Uma cirurgia atrás da outra. Cheio de cortes, enlaçado por mil fios, o presidente é um solitário na Unidade de Tratamento Intensivo do Instituto do Coração, onde chegou na manhã de terça-feira, 26 de março.[643]

A exploração religiosa do episódio acompanhou o programa em diversos momentos e marcou os meios jornalísticos durante todo aquele período da internação e da morte do presidente. Finalizando o quadro descrito, após Sérgio Chapelin mencionar que, "mais de um mês depois da primeira operação no Hospital de Base de Brasília, o martirizado corpo do presidente Tancredo Neves não resistiu mais", ouvem-se cânticos religiosos e visualiza-se a imagem de uma cruz do cemitério da Igreja de São Francisco de Assis, em São João del-Rei, onde o presidente seria sepultado (ali, já estavam enterrados os restos mortais do pai e da mãe de Tancredo). O arquétipo mobilizado ao longo do programa, portanto, é claramente o

---

[643] O trecho é da narração do próprio apresentador, Sérgio Chapelin.

mito cristão da redenção pela morte do messias. Além da imagem da cruz com a qual se inicia o telejornal, uma outra marcava a troca de quadros a certa altura, justamente contendo a imagem de Jesus Cristo crucificado no Calvário, com o título "O Brasil reza e sofre com Tancredo" na parte superior. Na verdade, podemos identificar, pelo menos, três elementos que remetem à religiosidade e que marcaram o programa: a associação de Tancredo Neves a arquétipos religiosos, a ênfase no catolicismo do presidente e a exploração das profundas demonstrações de fé do povo brasileiro (este último, tema do próximo item, por remeter ao problema central do capítulo).

No primeiro caso, o programa apenas dava continuidade ao processo de santificação de Tancredo que também caracterizou as reportagens feitas por diversos outros meios jornalísticos no período. As referências a aspectos relacionados às figuras de Jesus Cristo e de outros líderes religiosos (que marcaram, por exemplo, algumas edições das revistas semanais publicadas após a internação do presidente)[644] caracterizaram o programa em diversos momentos, para além das imagens da crucificação e outras que já destacamos. Menções diretas ao "calvário do Dr. Tancredo", ou mesmo a aparição do rabino Henry Sobel afirmando que Moisés foi um líder pelo seu ideal, embora não tenha conseguido chegar à Terra Prometida, conformam, nesse sentido, analogias bastante óbvias feitas entre a figura de Tancredo Neves e arquétipos religiosos. Por outro lado, a concepção da "redenção" pela sua morte também marcou o telejornal, aparecendo particularmente nos discursos e depoimentos prestados por populares e autoridades públicas logo após o seu falecimento. Um emocionado pronunciamento do presidente da Câmara dos Deputados, Ulysses Guimarães, por exemplo, mencionava a "ressurreição" de Tancredo Neves nos ideais democráticos, remetendo-se, em seguida, diretamente a ele: "Entregue a Deus pelo seu santo, São Francisco, você vai inspirar a salvação do Brasil". Já o governador de São Paulo, Franco Montoro, aparecia destacando que Tancredo Neves "ofereceu seu sacrifício para realizar

---

[644] Os títulos das capas de algumas revistas no período servem para ilustrar a questão: "Passos de um calvário inútil", "Vigília da Ressurreição"; "O Calvário de Tancredo". As revistas são, respectivamente, *IstoÉ* (10 abr.), *Senhor* (10 abr.) e *Afinal* (8 abr.). Ver Fausto Neto (1989).

a conciliação do país".[645] Num dos momentos sintetizadores da expressividade do documentário, por sua vez, a primeira professora do presidente, Carmelita Viegas, era filmada nas ruas de São João del-Rei afirmando achar que Tancredo Neves seria "o redentor" da nação brasileira.

Já a religiosidade do presidente constituía outro elemento importante na construção da sua imagem santificada. Na narração de sua visita ao Vaticano, por exemplo, o jornalista Celso Freitas mencionava que aquele era também "o encontro com a fé mais profunda do presidente, a fé católica". Já o texto narrado por Sérgio Chapelin caracterizava Tancredo Neves como um "homem profundamente religioso", um "homem de fé", "que tinha suas devoções". Assim, num quadro do programa voltado somente para a devoção do presidente, o apresentador lia, em sua homenagem, uma oração de São Francisco de Assis, traduzida por Mario de Andrade. Por outro lado, as várias aparições de Risoleta Neves pedindo às pessoas que continuassem suas orações em favor da recuperação do presidente, sem dúvida, acentuavam a imagem positiva de um "homem de profunda fé católica". Atuando no mesmo sentido e fortalecendo o significado religioso que adquiriu o episódio, por sua vez, teríamos a fala do irmão do presidente aos jornalistas depois da quinta cirurgia a que ele foi submetido, fartamente explorada pelos meios de comunicação: "Eu tenho fé em Deus e espero que a ressurreição de Tancredo se faça por um milagre". Exibindo em seguida imagens de pessoas comuns rezando e se desesperando dentro e fora de igrejas brasileiras, o programa colocava em pauta essa que foi de fato uma questão que marcou os noticiários do período, qual seja, a da espera por um milagre.[646] Como pano de fundo, a voz austera de Sérgio Chapelin complementava o quadro: "O milagre da ressurreição foi invocado centenas, milhares de vezes. O calvário do Dr. Tancredo comovia os brasileiros".

---

[645] O pronunciamento de Ulysses Guimarães foi feito na Câmara dos Deputados, pouco depois da morte de Tancredo Neves. A declaração de Franco Montoro também foi dada logo após a morte do presidente e exibida em rede nacional.
[646] Na edição de 15 de abril daquele ano de 1985, a revista *Fatos* se referia diretamente à questão no seu título de capa: "Povo espera um milagre". Já a revista *Afinal* do dia 9 do mesmo mês intitulava-se "Só um milagre poderia salvá-lo. Jorge Neves".

À semelhança do líder: as provas de fé de um povo ordeiro e cristão

A exploração das manifestações de religiosidade da população brasileira foi, com certeza, um dos elementos mais frequentes e comoventes de *O martírio do Dr. Tancredo*. Imagens como as de pessoas chorando e rezando pelas ruas, das missas e orações dentro de igrejas, dos rostos de cidadãos comuns, vestindo roupas simples e com semblante de preocupação diante de imagens de santos, foram correntes durante todo o telejornal. Acompanhando as cenas, a narração do apresentador não deixava espaço para qualquer sentimento distinto, sendo onipresente a afirmação de que "todos os brasileiros", "todo o país", "todo mundo" rezava e sofria por Tancredo Neves. Assim, à exibição cronológica das mudanças no seu quadro de saúde, seguiam-se comentários como este: "O martírio do Dr. Tancredo. Um rosário de preces cerca o presidente que o povo todo queria ver. Enquanto não podia vê-lo, todo o povo rezava e sofria com ele".

A própria repercussão da hospitalização e da morte de Tancredo, portanto, se tornava um evento de grande importância, ocupando um papel central no noticiário e conformando a situação curiosa em que as reações sobre o ocorrido tendiam a ser percebidas também como um "acontecimento histórico".[647] A constante veiculação de imagens de uma grande comoção nacional, por outro lado, tem sabidamente forte poder de sensibilização, aumentando ainda mais a emoção gerada pelo adoecimento do presidente (e fomentando um ciclo vicioso no qual a frequente projeção do drama parece tornar um acontecimento ainda mais dramático do que ele se apresenta). O crescimento do número de preces e orações na Semana Santa, quando se intensificaram as expectativas de recuperação, pode servir de exemplo nesse sentido. Ocupando grande espaço no programa, o evento favorecia a produção de comentários sobre a fé e a emoção do "país inteiro": "Tempo de Quaresma. No país inteiro, orações, fé em Deus", narrava Sérgio Chapelin, para em seguida serem exibidas imagens de pessoas rezando, de uma senhora com um crucifixo na mão e orando na rua,

---

[647] Um caso semelhante nesse sentido foi o da morte do presidente francês François Mitterrand, conforme analisado no texto de Anne Rasmussen (1999) já mencionado.

além de outras fazendo preces dentro de templos religiosos. Em outro quadro, referindo-se às esperanças mobilizadas no Sábado de Aleluia e no Domingo de Páscoa, o apresentador também mencionava: "Sábado de aleluia, as esperanças reacendem [...]. O caminho, Instituto do Coração/ Hospital das Clínicas, é acompanhado pelo Brasil inteiro. [...] Domingo de Páscoa. Domingo de Ressurreição. Todos rezam pela saúde do Dr. Tancredo". Em outra cena, às imagens de pessoas chorando em desalento, de um homem escutando um "radinho de pilha" à procura de novas notícias sobre a saúde do presidente, seguia-se novamente a voz grave do apresentador ao fundo: "Tempo de oração, todo mundo torcendo. Apesar da doença, a confiança não desapareceu".

O mais importante nessa exploração das reações de populares era a imagem da nação que se configurava, remetendo, em última instância, para uma interpretação daquilo que caracterizaria o "povo brasileiro". Para além da exibição das imagens mencionadas, de populares orando e rogando pela saúde do presidente, o programa acentuava também o caráter plural das práticas religiosas mobilizadas, algo que não se chocava com o forte conteúdo católico que perpassou o telejornal como um todo. Projetava-se, na verdade, a imagem de um país cujas diversas religiões se uniram para rezar pelo presidente, fomentando-se não somente a ideia de uma unidade indivisa de apoio a Tancredo, mas a representação de uma nação não permeada por quaisquer conflitos religiosos. Partindo apenas do programa, é possível acreditar que uma espécie de "ecumenismo natural" marcaria o povo brasileiro, algo que complementaria a visão mais geral de uma população fraterna e sem contradições. É nessa medida que podemos compreender a narração feita por Sérgio Chapelin do momento seguinte à operação de Tancredo Neves: "O país fica preocupado e se une numa grande vigília, uma vigília de orações. Rezas do Brasil de todos os credos, de todas as cores, de todas as idades". É possível perceber aqui a projeção da imagem de uma nação sem conflitos, inclusive no plano racial e entre as pessoas de diferentes faixas etárias, mas deixemos para aprofundar essa questão mais adiante.

Por ora, nos interessa ressaltar a concepção de que uma comunhão religiosa tomou conta do país. Pouco depois da cena mencionada, são exibidas imagens de diferentes segmentos religiosos e de suas orações em favor da saúde de Tancredo Neves. Em Salvador, aparece uma mãe de santo, a Mãe Laurinda, com uma foto do presidente nas mãos e rogando a Oxalá que o fizesse "reagir com força, com o espírito digno, forte, para trabalhar". Em São Paulo, é mostrado um grupo de umbandistas rezando e, numa praça do Rio de Janeiro, o pastor evangélico Luiz Barcelos aparece pregando, dizendo que foi Deus que escolheu Tancredo Neves, logo, nada poderia abalar o presidente. A seguir, exibem-se as imagens de um conjunto de senhoras recitando um sutra budista em favor de Tancredo Neves. São mostrados ainda os instantes de uma missa na Arquidiocese de São Paulo, pessoas desesperadas, com as mãos na cabeça, chorando e rezando na Igreja Matriz do Pilar, em São João del-Rei, e orações no interior da Catedral de Brasília. Para fechar o quadro, Sérgio Chapelin destaca, no mesmo sentido do que viemos afirmando: "O povo brasileiro sofreu e rezou. Rezou ainda mais quando Dr. Tancredo, no Instituto do Coração, viveu outro momento do seu martírio".

Na verdade, a representação de uma sociedade na qual diversas práticas religiosas voltavam-se harmonicamente para a saúde de Tancredo Neves pode ser percebida como um complemento da imagem mais geral que o programa fazia da sociedade brasileira. Terra sem conflitos, o país era apresentado como uma nação cujo "povo", desde o começo da doença, agiu de forma solidária, cordial e amiga em relação ao presidente: "O povo brasileiro foi amigo e carinhoso desde o começo. Logo depois da primeira operação, o movimento no Hospital de Base de Brasília mostrava o desejo que todos tinham de confortar, de animar o presidente". Complementado pelas imagens de pessoas empunhando faixas em favor da recuperação de Tancredo Neves, esse comentário, narrado por Sérgio Chapelin, estava afinado com uma difundida representação da coletividade que perpassou fortemente aquela conjuntura, qual seja, a de uma população fraterna, permeada por um profundo sentimento cristão de solidariedade com o próximo. Nesse caso, portanto, ela se mostrava em uníssono com os pronunciamentos de lideranças católicas feitas durante o programa, sendo apresentada como um sentimento mais amplo que definia a identidade da sociedade brasileira. Entrevistado por Carlos Nascimento em frente ao Instituto do Coração, o secretário geral da CNBB, d. Luciano Mendes de Almeida, mencionava a necessidade de "sermos cada vez mais unidos, unidos como fomos nestes dias, numa expressão forte de fé, de confiança em Deus e num desejo de caminharmos assim para a transformação do nosso país num país que seja cada vez mais unido, amigo". Esta era a tônica também, num certo sentido, do pronunciamento de d. Evaristo Arns, cardeal-bispo de São Paulo:

> Durante os 38 a 39 dias do martírio do presidente Tancredo Neves, o Brasil inteiro se transformou num templo de preces e num lugar de união de todo o povo brasileiro [...]. Ele ressuscita no coração de cada brasileiro, nos transmitindo a sua missão, o seu compromisso, de transformar nossa pátria numa grande fraternidade, onde todos colaboram e onde cada qual olha para o presidente e diz: "o que ele fez, eu quero fazer".

Com efeito, o que se percebe ao longo do programa é a construção de uma visão bastante positiva do "povo brasileiro", que aparece sempre como solidário, fraterno, unido e de bons sentimentos. Tais imagens, por outro lado, devem ser compreendidas em sua devida complexidade, ultrapassando a dimensão mais evidente da necessidade de projetar otimismo num momento de forte crise política e institucional. Na verdade, muitas das ideias-força que marcaram o programa refletiam representações sobre a identidade nacional com duradouro lastro histórico. Vale a pena, nesse sentido, percorrer rapidamente algumas das principais leituras sobre a nacionalidade que ajudaram a estabelecê-las, ainda que tal esforço seja feito de forma limitada, devido à extensão do tema e aos objetivos mais específicos deste capítulo. Num plano geral, elas nos remetem aos mitos forjados por toda uma produção letrada que se preocupou em definir as bases da nação ainda no século XIX.

O período iniciado pouco depois da Independência, geralmente identificado como romantismo, é, sem dúvida, primeira matriz geradora, por fornecer imagens marcantes, entre elas a que procurou fundamentar a identidade da jovem nação na composição mestiça de sua população (conforme já presente na obra de José de Alencar que, no entanto, acabava excluindo o negro dessa mistura índio-europeia) (Ver Ricupero, 2004:XXXII). Nesse sentido, sem dúvida, o marco principal foi a dissertação do naturalista bávaro Karl Friedrich Philipp von Martius, ganhadora do concurso "Como se deve escrever a história do Brasil?" promovido pelo Instituto Histórico e Geográfico Brasileiro logo após a sua fundação, cuja proposta de "história filosófica" se fundamentava justamente na presença de três raças distintas como elemento que singularizaria a nação brasileira.[648] O mito das três raças (que estabelecia como fundamento da história nacional o amálgama entre os elementos europeu, indígena e africano), por sua vez, resvalaria constantemente para a idealizada representação de uma convivência harmônica entre elas, ajudando a conformar a imagem de uma história incruenta e de um congraçamento coletivo que particularizaria a trajetória do país.[649]

O caráter otimista desta representação da nação, entretanto, seria confrontado pelas teorias racistas e cientificistas de fins do Oitocentos, que percebiam nos índios e nos negros os grandes males que impediriam o progresso e a civilização. São conhecidas, nesse sentido, as obras de autores como Nina Rodrigues, Sílvio Romero e Euclides da Cunha, que, quando não condenavam o futuro nacional por conta da mestiçagem, apresentavam uma visão fatalista do destino coletivo por conta das influências

---

[648] Sobre o IHGB no século XIX, ver, entre outros, Guimarães (1988), Guimarães (1995).

[649] Seria anacrônico tentar encontrar no texto de von Martius um esboço mais efetivo do "mito da democracia racial", mas vale ressaltar seu argumento de que a incorporação das duas outras raças pelo branco europeu (tido, é claro, como verdadeiro "motor" do processo civilizatório) como parte da nacionalidade é um aspecto que singularizaria a nação brasileira: "E até me inclino a supor que as relações particulares, pelas quais o brasileiro permite ao negro influir no desenvolvimento da nacionalidade brasileira, designa [sic] por si só o destino do país, em preferência de outros estados do novo mundo, onde aquelas duas raças inferiores são excluídas do movimento geral, ou como indignas por causa de seu nascimento, ou porque o seu número, em contrapartida com o dos brancos, é pouco considerável e sem importância". Martius (2010:66). Vale notar que Varnhagen, em sua importante *História geral do Brasil*, além de defender que a paulatina eliminação dos índios no Brasil se deveu mais à miscigenação do que à violência, ressaltou também que a escravidão do negro africano foi feita "com mais suavidade do que em nenhum outro país da América, começando pelos Estados Unidos do Norte [...]". Varnhagen (1979:74).

Um programa sintetizador: O martírio do Dr. Tancredo

nefastas do ambiente geográfico.[650] Já o início do século seguinte, em contrapartida, traria novas leituras sobre o caráter nacional que procuravam contrabalançar o pessimismo: na esteira das comemorações do IV Centenário do "Descobrimento", um conjunto importante de personagens consagrados na vida pública mostrar-se-ia imbuído do ideal patriótico de contribuir para a construção de uma imagem positiva do país e dos brasileiros. O momento, nesse sentido, parece importante no fortalecimento de algumas idealizações que, muito tempo depois, apareceriam também no programa da Rede Globo.

Livros como *Por que me ufano do meu país*, do conde Affonso Celso, foram publicados no período e atribuíam a "excelência moral do povo brasileiro" ao seu "caráter pacífico, hospitaleiro, autêntico e ordeiro", aspecto que já teria se manifestado na "hospitalidade" com que os índios teriam recebido os portugueses (Wanderley, 1998:216-222). Era a mistura racial, novamente, que embasava a representação do caráter positivo do brasileiro, remarcando uma retomada da visão mítica acerca da "cordialidade" com que os "selvagens" abriram caminho para a "civilização" (já presente na Carta de Pero Vaz de Caminha, que fundou a idealização do contato pacífico entre índios e europeus no primeiro momento da colonização). Ideias semelhantes manifestariam muitos outros importantes intelectuais da associação criada para organizar as comemorações do IV Centenário: para Paulo de Frontin, por exemplo, as reformas sociais e políticas "sem sangue ou luta fratricida", como teria acontecido na Independência, na abolição e na República, constituiriam o "fato mais notável da nossa evolução nacional".[651] O *Livro do Centenário*, publicado em quatro volumes entre 1900 e 1910, constitui fonte fundamental das ideias de importantes pensadores envolvidos com as comemorações, sendo recorrente a representação do caráter bom e solidário do homem brasileiro, assim como aconteceria em outras relevantes publicações do mesmo período (como *O problema nacional brasileiro*, de Alberto Torres, por exemplo,

---

[650] Muitas obras já trataram do assunto. Para apenas um exemplo, consultar Ventura (1991).
[651] Wanderley (1998:168-169). Para o advogado Bulhões de Carvalho, num discurso produzido no mesmo ano da publicação do livro de Affonso Celso (1900), a "hospitalidade dos selvagens" estaria também na base do "caráter pacífico do povo e liberal das suas classes conservadoras" (ibid., p. 237).

onde o "homem genuinamente brasileiro" é apresentado como "sensível, generoso, nobre, hospitaleiro e trabalhador") (Wanderley, 1998:214).

As imagens positivas do homem brasileiro seriam retrabalhadas nos anos 1920, quando o amálgama de diferentes culturas seria retomado para conformar-se como vetor principal da brasilidade. Jovens pensadores do Sudeste do país, envolvidos na Semana de Arte Moderna de São Paulo, em 1922, sobressairiam nessa valorização da multiplicidade de "nossas raízes".[652] Na década seguinte, por sua vez, a obra de Gilberto Freyre, *Casa-grande & senzala*, complementaria o quadro de valorização da mistura entre brancos, índios e africanos, ressaltando positivamente o papel do negro e ajudando a consolidar a imagem de um convívio harmônico que desembocaria no chamado "mito da democracia racial".[653] Por outro lado, a implantação do Estado Novo elevaria ao *status* de ideologia oficial vários desses elementos, tidos como fundadores da identidade nacional: "a valorização da mistura racial, a crença no caráter benevolente do povo, o enaltecimento do trabalho, uma certa ideia de nação — baseada nos princípios da coesão e da cooperação" (Fico, 1997:34).

Muitos dos temas que remetem à tópica do otimismo em relação ao país seriam depois retomados na propaganda levada a cabo pelos governos militares[654] e reencenados nas celebrações dos "500 anos dos 'Descobrimentos'" (em ambas as ocasiões, vale ressaltar, a televisão teve papel relevante, demonstrando ter se tornado um dos principais instrumentos de reconstrução de uma identidade nacional). Enfim, trata-se de um material histórico em diversos momentos acessado e reelaborado, que tendeu crescentemente a sair dos estreitos limites do mundo intelectual e acabou por fornecer referenciais à constituição de uma imagem da nacionalidade com largas semelhanças àquela que foi mobilizada na conjuntura da mor-

---

[652] Mario de Andrade, em *Macunaíma*, projetaria a imagem do herói que reúne qualidades africanas, indígenas e europeias, e Oswald de Andrade, com a teoria da antropofagia, representaria um país cuja riqueza e peculiaridade estariam relacionadas à capacidade de devorar as diferentes civilizações que aqui teriam se encontrado. Ver Queiroz (1989:21-22).
[653] Sobre o mito da democracia racial, ver DaMatta (1981).
[654] Fico (1997). O livro de Carlos Fico é importante, não apenas por analisar a reinvenção deste "material histórico" durante a ditadura militar, mas por refazer, de modo muito mais pormenorizado, o extenso caminho das distintas leituras otimistas construídas sobre a nacionalidade.

te de Tancredo Neves. Mais do que o mito das três raças, entretanto, foram as outras imagens da nação (a ele relacionadas) que ganharam mais evidência no programa da Rede Globo: a generosidade e o caráter afável do brasileiro, sempre solidário, cordial, resolvendo as crises nacionais de forma pacífica e ordeira. De outro lado, a ausência de conflitos e a tendência para convivência harmônica dentro de um quadro de profundas diferenças ganhavam importância no plano religioso, onde grupos com crenças muito distintas pareciam solidarizar-se em orações pelo presidente.

Outro elemento do programa, que apresentava efetivamente uma representação do país e daquilo que supostamente caracterizaria seu povo, era o sentimento de um sofrimento em comum, algo que marcaria os brasileiros talvez para além do próprio "episódio Tancredo". É assim que podemos compreender, ao longo de todo o telejornal, não apenas as imagens de pessoas chorando ou rezando em desespero, mas a fácil identificação de que essas pessoas conformavam as camadas populares, os setores mais claramente excluídos das riquezas do país. Eram essas pessoas, acima de tudo, que apareciam orando e sofrendo pelo presidente. Num sentido mais amplo, por sua vez, toda a nação parecia conjugar um passado comum de espoliação, de desacertos políticos ou de infelicidades providenciais. Realmente, vivia-se um momento de saída do regime militar, marcado pela violência policial e pelo desmantelamento das instituições democráticas, o que aumentava as expectativas e as incertezas políticas. Entretanto, a evocação de um sofrimento compartilhado parecia ultrapassar essa lembrança do período autoritário, que permaneceu pouquíssimo referido no programa. Na verdade, ambas as representações da coletividade, expressas nas imagens de uma sociedade fraterna, sem conflitos e, de outro lado, na concepção de um sentimento comum de sofrimento que a caracterizaria, nos remetem para a identificação feita entre a figura de Tancredo Neves e a nação brasileira.

Diversos discursos convergiam nesse sentido, associando Tancredo Neves ao suposto caráter positivo do seu povo. Assim, no texto narrado por Sérgio Chapelin, o presidente surgia como "alguém que sintetizava os sentimentos dos brasileiros", "alguém com grandeza comparável ao tamanho do Brasil". A ideia de uma semelhança dos seus sentimentos com os dos brasileiros, por outro lado, aparece também na narração de um verso do poeta Affonso Romano de Sant'Anna (feita por Fábio Peres) que, referindo-se a Tancredo, destacava que ele e o povo brasileiro possuíam "um só coração". Já o governador de São Paulo, Franco Montoro, afirmava que "Tancredo Neves é o símbolo da identidade nacional" e que sua luta encarnava "o sofrimento, a resistência e a unidade do povo brasileiro".[655] De fato, a referência aos sentimentos dos brasileiros presentes em Tancredo Neves nos remete para as representações de um povo sofrido, cordial, fraterno, unido, que já mencionamos. Nesse caso, o presidente encarnaria, de modo exemplar, essa espécie de brasilidade: carinhoso, companheiro e, mais do que qualquer outro, sofredor, martirizado. Fechava-se, então, o ciclo da associação da sua imagem àquela do povo ou da nação, sem dúvida já mobilizada antes do dia 21 de abril, mas que sua morte tornava muito mais evidente, pois ela possibilitava trazer à tona uma reconfortante representação dos brasileiros: acometidos pelo destino, o sofrimento pode ser um forte elemento de identificação, nesse caso.

Num sentido semelhante, a sintonia entre a figura de Tancredo Neves e o "modo de ser" do brasileiro aparecia também na convicção de que foi ele quem acabou evidenciando aquilo que caracterizaria a "nossa gente". Assim como no artigo de Juarez Bahia transcrito na epígrafe, aqui também a idealização do presidente estava referida à sua identificação com o "caráter nacional", que teria se manifestado principalmente nos momentos finais de sua vida. Ou seja, a aproximação entre Tancredo e o suposto modo de ser do "seu povo" tornava-se uma interpretação mais corrente do que poderia parecer à primeira vista, aparecendo também em vários depoimentos veiculados no programa: "Ele deixou a grande lição de compreensão do que é a nossa gente, com nossas fraquezas, mas com nosso grande destino", era a resposta do governador de Santa Catarina à pergunta de um repórter sobre a principal lição de Tancredo Neves.[656] Já numa entrevista de Alzira Vargas, talvez possamos perceber a utilização da palavra que, de algum modo, expressa em sua semântica o ideal de que existem características realmente peculiares ao "povo brasileiro": a

---

[655] Pronunciamento já mencionado neste capítulo.
[656] O governador de Santa Catarina era Esperidião Amim naquele momento.

Um programa sintetizador: *O martírio do Dr. Tancredo*

noção de brasilidade. Espécie de fundamento da identidade nacional, a palavra aparecia na fala de Alzira aos repórteres da Rede Globo, quando ela mencionava que Tancredo Neves "nos deu uma lição de brasilidade, e cada um de nós brasileiros temos agora o dever de manter acesa a chama que ele nos deixou".

Dois outros quadros do programa podem ser vistos como exemplos dessas representações sobre Tancredo Neves e o povo brasileiro. O primeiro deles foi a leitura de um poema de Giuseppe Ghiaroni pelo comediante Chico Anysio. Mais do que qualquer outra homenagem a Tancredo, ela acabava por sintetizar vários dos elementos que viemos ressaltando:

> Hoje eu canto uma cantiga que parte do coração com uma ternura imensa
> Cantiga para Tancredo, que nos libertou do medo, que nos salvou da descrença
> Éramos tão sofredores, tão grandes as nossas dores e as alegrias tão breves
> Na própria terra em degredo, até que veio Tancredo, Tancredo de Almeida Neves [...]
> Como ovelhas sem pastor e crianças sem amor, já nem sonhávamos mais
> Mas, eis que ao peso da cruz, vimos brilhar uma luz, vinda de Minas Gerais
> Era a luz da liberdade, era a nossa identidade que encontrávamos de novo
> Nem os ódios nos consomem num dia em que o povo é um homem e o homem é um povo [...]
> Tancredo ao ser presidente nos fez povo novamente, novamente uma nação
> Deu-nos fé, fé brasileira, que é dom da terra mineira, São João del-Rei, a lembrança
> A glória de uma cidade, é São João da Saudade, São Tancredo da Esperança![657]

---

[657] O poema de Giuseppe Ghiaroni foi reproduzido em alguns jornais do período (ver, por exemplo: VERSOS exaltam o legado de Tancredo: esperança. *O Globo*, 23 de abril de 1985. p. 11) e depois passou a integrar também o *Memorial Tancredo Neves*, em São João del-Rei. Exposto na última das nove salas do memorial (inaugurado em 1990 para homenagear Tancredo), intitulada "O sentimento do brasileiro", o poema pode ser lido ao som do Hino Nacional interpretado por Fafá de Belém e de Coração de Estudante na voz de Milton Nascimento, que formam o som ambiente. Na mesma sala, estão reproduzidas também as manchetes dos principais jornais do país sobre a morte do presidente.

Com efeito, o trecho destacado da poesia remete claramente para uma identificação entre a nação e Tancredo Neves, afinal, "a luz vinda de Minas Gerais" que o presidente representava "era nossa identidade", assim como "o povo é um homem e o homem é um povo". Sem ódios que nos consomem, assim como o conciliador Tancredo Neves, éramos também um povo sofredor: "tão grande eram nossas dores e as alegrias tão breves" até que Tancredo aparecesse. Vivendo em nossa própria terra em degredo, por outro lado, precisávamos do São Tancredo da Esperança para dar-nos "fé brasileira", reavivar nosso sentimento de identidade. Comparados a uma "ovelha sem pastor e crianças sem amor", os brasileiros aparecem ainda como pueris ou infantilizados, necessitados de um guia que os liberte do "peso da cruz" que carregam. Uma leitura semelhante, nesse sentido, pode ser feita de outro quadro certamente bastante emocional do telejornal. Complementada por imagens igualmente fomentadoras dessa identidade, a interpretação do Hino Nacional por Fafá de Belém na parte final do programa é realmente impactante.

Após a cantora afirmar em uma entrevista que o "nosso país é um grande país, com um grande povo e um grande futuro", inicia-se o clipe musical do Hino Nacional. Por entre as recorrentes tomadas de câmera na cantora emocionada entoando o hino, são exibidas imagens de forte intensidade emocional: num primeiro momento, aparece a figura de Tancredo Neves discursando, seguida de imagens da bandeira nacional, hasteada e tremulando por alguns segundos. Pouco depois, veiculam-se imagens do sofrimento do povo e de edificações que, de algum modo, simbolizariam algo tipicamente brasileiro. Uma mulher chorando, pessoas comuns em desespero, a Catedral de Brasília e o Congresso Nacional ao pôr do sol. Começa a entrar em cena então a parte mais emotiva do clipe: Risoleta Neves com ar preocupado, o balançar do enorme sino da Igreja de São Francisco de Assis, uma mulher negra com uma criança no colo, o choro de uma senhora já idosa e um rosto de desesperança. Seguem-se pessoas orando à volta da imagem de Cristo, uma mão que segura um crucifixo, uma mulher com uma vela, uma outra ajoelhada rezando. A forte imagem de centenas de pessoas embaixo de uma enorme bandeira nacional em Brasília é exibida logo a seguir, para novamente serem mostradas pes-

Um programa sintetizador: *O martírio do Dr. Tancredo*

soas desesperadas, um homem com as mãos na cabeça e uma senhora em prantos. Quase fechando o quadro, Tancredo Neves aparece sorrindo e acenando para a população. E, finalmente, a bandeira brasileira hasteada e a imagem de Fafá de Belém terminando de cantar emocionada.[658]

A simples descrição do clipe, como se vê, permite perceber sua identificação com aquilo que viemos destacando. Aparecem nele todos aqueles elementos antes mencionados: o sofrimento do povo, o forte sentimento de identificação fomentado pela figura do líder Tancredo Neves, a imagem de pessoas que precisam de um guia para direcionar suas expectativas de mudanças. Este último tema, do povo que precisa de um guia, aliás, esteve presente durante todo o programa. Afirmações como a feita por Sergio Chapelin, de que "imprensa, povo e família não sabiam o que fazer" quando da internação de Tancredo Neves no Instituto do Coração, foram bastante recorrentes. Por outro lado, ela foi objeto de outro quadro curioso do telejornal. Nele, a atriz Zilka Salaberry, bastante conhecida pela representação da personagem televisiva "Vovó Benta", contava uma fábula.[659] Era a história de um menino triste, que não tinha brinquedo. Uma fada aparecia e dava-lhe um balão cheio de esperança. O menino ficava feliz, vestia uma "roupinha verde e amarela" e saía correndo para pegá-lo. Entrava no ar então um desenho poético de Chico Caruso, feito para ilustrar a história: uma criança vestida de verde e amarelo segura um balão com o rosto de Tancredo Neves. Num determinado momento, o balão escapole da sua mão, voa e a criança começa a chorar. Finalmente, exibe-se por alguns segundos a imagem do balão subindo ao céu, até tornar-se uma estrela. Seria possível imagem mais clara da ingenuidade

---

[658] A gravação do clipe com Fafá de Belém cantando o Hino Nacional, na verdade, tinha sido produzida para ser transmitida no dia da posse de Tancredo Neves, numa edição especial do programa *Globo Repórter* intitulada "Brasil do meu coração". Dirigido por Diléa Frates, as imagens escolhidas para o programa traduziriam o clima de esperança na Nova República, com imagens de um povo alegre nas ruas mobilizando os símbolos nacionais. Com o adoecimento do presidente, o programa foi reeditado para ser transmitido pouco depois da sua morte, sendo o clima de festividade substituído por imagens que refletiam a dor e o sofrimento dos brasileiros. Ver: O HINO do Brasil na voz emocionada de Fafá. *O Globo*, Rio de Janeiro, 23 abr. 1985.

[659] "Dona Benta", ou "Vovó Benta", como era chamada, era uma personagem do programa infantil de televisão *Sítio do Picapau Amarelo*, uma adaptação da obra de Monteiro Lobato que foi exibida pela Rede Globo de Televisão entre março de 1977 e janeiro de 1986.

do povo brasileiro e da necessidade de um herói que trouxesse a felicidade em contraposição ao seu sofrimento?

A identificação entre Tancredo Neves e a nação, certamente, estava também relacionada com o papel conciliador atribuído à sua figura. A representação do político mineiro como conciliador por natureza foi fartamente explorada no programa. Logo após o apresentador Sérgio Chapelin mencionar que "o Brasil inteiro aprendeu com Tancredo o que é ser mineiro", exibia-se uma frase que evidenciava suas convicções: "Ser mineiro é ser conciliador. Se não for conciliador, não é mineiro". Para atestar o que era mencionado, portanto, recorria-se ao próprio discurso do personagem tratado: "ser moderado é ser assim como eu sou: descrente de radicalismos", era outra frase de Tancredo Neves (que de fato se autodenominava de "centro-esquerda" e de "inspiração cristã", como não deixou de ser evidenciado no programa). Nesse plano, a dimensão conciliadora da sua figura servia ao próprio processo de redemocratização na forma pactuada conforme se deu o caso brasileiro. A "opção Tancredo Neves", como já destacamos, representava uma saída da ditadura militar sem grandes rupturas, tendo em vista o temor de radicalização do processo político. O interessante, nesse caso, é como as expectativas em torno da campanha pelas eleições diretas foram sendo cada vez mais associadas a Tancredo Neves, que acabou passando a figurar como a única opção possível para uma mudança efetiva da realidade existente. É nesse ponto, cada vez mais, que o papel ativo da sociedade brasileira na redemocratização, indicado nas grandes mobilizações pelo voto direto, foi se mesclando à retomada de certos mitos da história nacional, conforme viemos destacando.

Assim, era possível exibir no programa depoimentos de personalidades e atores políticos que, embora estivessem comprometidos com o regime militar no momento anterior, produziam também um discurso em favor da conciliação nacional pela "via Tancredo Neves". Para esses segmentos, a vitória de Tancredo tinha representado uma garantia contra qualquer "revanchismo" pelos crimes cometidos durante a ditadura, assim como contra o possível julgamento político e moral dos atos perpetrados (já que se apregoava o esquecimento total desse passado). Ao passo que o presidente das Organizações Globo, Roberto Marinho, afirmava não estar

Um programa sintetizador: *O martírio do Dr. Tancredo*

preparado para a morte "daquele que encarnou, mais do que qualquer outro brasileiro, a esperança de recuperação de nosso país", o ex-ministro da Justiça do governo Geisel, Armando Falcão, destacava:

> Precisamos não esquecer, em nenhum momento, que a grande mensagem de Tancredo foi da conciliação, e é pela conciliação, pelo acordo, é pela união entre os brasileiros que nós haveremos de seguir os caminhos da estabilidade, que é condição essencial para que a vida dos brasileiros melhore de padrão e os grandes problemas nacionais possam encontrar as soluções mais adequadas.[660]

Com certeza, "o Brasil da concórdia", para tomar uma expressão utilizada durante o programa, traria muito mais garantias do que quaisquer mudanças radicais para os segmentos de algum modo comprometidos com o regime anterior. Afinal, conforme apresentado no telejornal, Tancredo Neves tinha sido o líder que guiou o país para a reconciliação, procurando transformá-lo à sua imagem e, assim, fazendo com que duas das representações que já mencionamos se complementassem. Por um lado, a imagem do líder que, finalmente, guiaria o povo brasileiro. Bom, amigo, solidário, mas atormentado pelas intempéries impostas pelo seu sempre trágico destino, esse povo precisava, mais do que nunca, de um guia que sintetizasse e expressasse os seus sentimentos mais profundos. Era este o papel atribuído a Tancredo: ele sabia, como nenhum outro, interpretar e lutar pelos anseios mais genuínos da população brasileira. Por outro lado, sua capacidade de capitalizar as aspirações da "nossa gente" era também excepcional porque natural: ela estava encarnada na sua figura conciliadora, não conflituosa. Assim, ambas as representações que viemos destacando, sobre a nação brasileira e sobre a figura de Tancredo Neves, se interpenetravam e se materializavam na imagem de um líder que é naturalmente o espelho do modo de ser do seu próprio povo. Cordial, solidário, avesso aos conflitos e martirizado: este era Tancredo Neves. Amigo, naturalmente

---

[660] A nota de Roberto Marinho foi lida pelo apresentador Sérgio Chapelin durante o programa e o pronunciamento de Armando Falcão também foi exibido em cadeia nacional no mesmo telejornal.

bom, conciliador e sofredor: este era o povo brasileiro. A capacidade para guiar a nação naquele momento difícil, portanto, parecia estar inscrita nas características próprias desta espécie de líder, que encarnava os traços mais genuínos da "sua gente".

Narrativa mítica e reconciliação nacional

Num momento em que o corpo morto do presidente eleito tornava-se o centro das disputas pela reconfiguração simbólica do corpo coletivo da comunidade política como construção imaginária, o programa da Rede Globo transmitia imagens que, funcionando como trabalho de luto, se tornavam reconfortantes, por mobilizarem todo um conjunto de representações sobre a nacionalidade presentes em uma produção cultural elaborada numa mais larga duração histórica. Assim como em outras formas de narrativa que analisaremos nos capítulos seguintes, o povo brasileiro figurava como sujeito central, já que se tornava impossível ignorar sua maior presença desde as campanhas pelas eleições diretas, ou mesmo as inúmeras manifestações em favor da recuperação de Tancredo Neves. Entretanto, como entidade abstrata, incorpórea, esse mesmo Povo poderia ser objeto de construções simbólicas de natureza muito diversas, fazendo com que a imagem de um povo naturalmente bom, conciliador e de espírito cristão do programa da Rede Globo seja apenas uma entre outras possíveis.

Nesse sentido, o uso que se fez dos símbolos e das cores nacionais nos comícios das diretas não era da mesma natureza daquele que se produzia em *O martírio do Dr. Tancredo*: é importante perceber como a revalorização do "povo brasileiro" podia se caracterizar pela retomada de mitos fundadores da nacionalidade que praticamente pausterizavam as manifestações populares. Isto, mesmo considerando toda a complexidade envolvida na produção de um programa como o aqui analisado, que não deve ser compreendido apenas como uma construção ardilosa ou idiossincrática de um único sujeito, que teria por intenção exclusiva manipular os brasileiros (tendo em vista as características próprias à linguagem televisiva,

Um programa sintetizador: *O martírio do Dr. Tancredo*

já em si propícias à produção de um programa de forte apelo dramático como aquele, a complexidade envolvida em sua produção, entre outros elementos que se poderia destacar nesse sentido).

Talvez se possa afirmar que a intensa valorização de uma espetacular rede de solidariedade em torno do presidente adoecido favorecia uma conciliação entre dois aspectos aparentemente contraditórios da sociedade brasileira: por um lado, a concepção de que, a partir do movimento pelas eleições diretas, o "povo" havia se tornado um importante ator político; por outro, a conformação de uma transição pactuada e pouco corajosa para a democracia. Nesses termos, a ênfase na imagem conciliadora de Tancredo Neves, na sua religiosidade católica, sintonizava-se com as representações acerca de uma nação fraterna e de forte sensibilidade cristã, estimulando uma espécie de reconciliação dos brasileiros consigo mesmos.[661] Auxiliando na projeção de uma imagem positiva da "nossa gente", cujo contraponto eram os tenebrosos caprichos do destino que a acometiam, o sofrimento e a martirização do presidente estavam na base de uma interpretação do país com grande potencial de identificação coletiva.[662]

Vale dizer, é claro, que a importância dispensada pelo programa à solidariedade do brasileiro que pedia, rezava e implorava aos céus pela recuperação do presidente não contraditava com as manifestações realmente verificadas no período. Não há como desconsiderar que um número significativo de pessoas permaneceu dias inteiros em frente ao Instituto do Coração à espera de notícias, que em várias regiões do país segmentos de diferentes matizes religiosos se reuniram em orações, ou mesmo que uma multidão impressionante compareceu emocionada aos cortejos fúnebres de Tancredo Neves. É justamente isto, de fato, que permite pensar no caráter mítico da imagem fortemente católica construída sobre a coletividade nacional no programa mencionado: longe de corresponder a uma história falsa, inventada, a narrativa mítica se constitui pelo significado amplia-

---

[661] Nos mesmos moldes daquilo que Alessandro Portelli (2002) identificou como característica fundamental de uma narrativa mítica, ao destacar sua propensão para conciliar as contradições de uma coletividade (conforme já destacamos na introdução da parte IV).

[662] Sobre o uso de narrativas fetichizadas e totalizadoras, que negam a perda recuperando o passado com mensagens exaltadoras ou otimistas, conferir LaCapra (2005:97).

do dado a um determinado evento, cuja força simbólica faz com que os sentidos a ele atribuídos tornem-se mais importantes ao analista do que uma perspectiva ingênua de confrontação pura e simples daquela narrativa com o conteúdo factual da documentação existente.[663] É nesse sentido, de fato, que o mítico não corresponde apenas ao ideológico (pelo menos se este for pensado somente como um falseamento da realidade), embora não anule a dimensão dos usos interessados do passado.

Parece claro, portanto, que as imagens projetadas no programa, ao mesmo tempo que se amparavam em dados da realidade, serviam de modo especial aos interesses daqueles que, por sua aproximação ou participação nos governos militares, se comprometeram mais diretamente com uma transição conciliada para a democracia. Tal aspecto, por outro lado, não impedia que as representações da nacionalidade presentes no programa também estivessem amparadas nos novos símbolos e gestuais que marcavam a chamada "Nova República" (talvez até mais do que certos elementos cada vez menos significativos que caracterizavam as cerimônias oficiais, como os tiros de canhão e os Dragões da Independência utilizados nos funerais de chefes de Estado). Naquele momento, se conformava uma verdadeira reatualização da simbologia republicana e os ícones da Nova República se tornavam objetos de disputas, assim como a imagem do "povo brasileiro" — ele mesmo, transformado num símbolo fundamental desse processo, que não podia mais ser ignorado. Assim como o hino nacional e as cores da bandeira, várias vezes mostrados no vídeo, essas diferentes representações sobre um suposto "modo de ser" do brasileiro tornavam-se fontes de narrativas distintas, que colocavam em questão o próprio lugar do poder e o significado simbólico da comunidade política, sendo formadas por elementos que não possuem um sentido permanente e a-histórico.

---

[663] Vários estudiosos dos fenômenos míticos e imaginários têm chamado a atenção para esse aspecto. Ver, entre diversos outros, Girardet (1987), Baczko (1985), Castoriadis (1982).

CAPÍTULO 2

A tragédia na poesia heroica: Tancredo e a nação na literatura de cordel

Por Tancredo muito orei
E pelo amado Brasil
Sofreu como Tiradentes / O Presidente civil
Que a Pátria deixou chorando
Neste 21 de abril.
[Homero do Rego Barros, *Tancredo de Almeida Neves, o mártir que não morreu*]

Eu acho que vim no tempo
Dei a vida à Nação
Fiz como Getúlio fez / Sacrifício por irmão
Só que ele se matou
Eu vim pela tensão.
[Franklin M. Nordestino, *O encontro de Juscelino com Tancredo no Paraíso*][664]

É difícil imaginar eventos da história do país mais propícios às peculiaridades da produção cordelista do que aqueles que marcaram a conjuntura da morte de Tancredo Neves. A conjugação de uma série de acontecimentos inusitados, que confluíam para a formação de uma representação he-

---
[664] O trecho corresponde à representação de uma fala de Tancredo Neves a Juscelino Kubitschek no mundo celestial.

roicizada daquele que teria sido o responsável pela transição da sociedade brasileira para a democracia, parece, ainda hoje, impressionante ao observador que se depara com a documentação do período. Para os padrões de uma forma de narrativa centrada nas tópicas do heroísmo, da luta contra o mal, da consagração moral da virtude e da coragem, os ingredientes da situação política pareciam mais do que suficientes. Por outro lado, sua reelaboração dentro dos padrões formais da produção cordelista não se fazia sem que fossem retomados certos mitos fundadores da nacionalidade e que permitiam a elaboração de um determinado sentido para a história do país. As referências a uma espécie de "tradição" de mortes sacrificais em favor da nação, muito presentes em vários folhetos, podem ser tomadas como exemplos nesse sentido.

A própria projeção mais intensa que a figura de Tancredo Neves começou a ganhar no noticiário impresso e televisivo, particularmente após a campanha pelas eleições diretas e sua escolha como candidato da oposição, já fornecia elementos bastante significativos para a produção cordelista. Até porque a temática da luta do Bem contra o Mal, que fundamentava os folhetos, podia contar com a constituição efetiva de uma disputa quase plebiscitária, tendo em vista o caráter dualista do pleito (considerando a escolha de Paulo Maluf, candidato visivelmente ligado ao já bastante desacreditado regime implantado pelos militares). E a intensa disputa entre os dois candidatos não deixou de ser representada nos folhetos, que tendiam visivelmente a condenar Paulo Maluf em contraposição à heroicização de Tancredo Neves.[665] De outro lado, o clima de euforia nacional com a vitória do homem que teria prometido a tão esperada "Nova República" também fornecia elementos para a proliferação de folhetos tratando dos recentes acontecimentos políticos.[666]

Foi realmente a morte de Tancredo Neves, entretanto, depois de um período prolongado de internação e das várias cirurgias que seu organismo sofreu, que forneceu instrumentos mais substanciais à literatura

---

[665] Ver, por exemplo, Silva, G. (1985), Mossoró (s.d.), Sena (s.d.). Devido ao número muito grande de folhetos citados ao longo do texto (às vezes, vários de um mesmo autor), optamos por não usar as expressões latinas indicativas de repetições (ibid., id. etc.) para não confundir o leitor. A opção de não as usar refere-se apenas aos folhetos de cordel.

[666] Ver, por exemplo, Barros (1985b), Basílio (s.d.c, s.d.b), Silva, O. (s.d.c).

de cordel. Segundo alguns analistas, aquele foi provavelmente o segundo evento da história do país mais representado nos folhetos, perdendo apenas para o suicídio de Getúlio Vargas, em 1954.[667] Este último, por outro lado, é apontado como um dos personagens que mais ocupou a imaginação dos poetas populares. O número de folhetos produzidos sobre ele superaria, inclusive, o de obras sobre figuras lendárias dentro da produção cordelista, como o cangaceiro Lampião, ficando abaixo apenas da quantidade de cordéis sobre a vida de Padre Cícero.[668] E a maior parte deles, efetivamente, refere-se à sua morte ou à carta-testamento, auxiliando ainda mais na constituição deste como um evento mítico com forte carga simbólica dentro das tradições políticas brasileiras.

O florescimento que a literatura de cordel experimentou nas conjunturas das mortes de Getúlio Vargas e Tancredo Neves explica, em parte, a grande proliferação de folhetos em ambos os períodos (Curran, 2003). Porém, a importância simbólica daqueles eventos e o modo como eles potencializavam o uso de elementos tipicamente valorizados na narrativa cordelista não devem ser menosprezados, tendo em vista o modo inusitado como a própria comunidade política como corpo imaginário foi colocada em questão com a morte de Tancredo Neves. Assim, amparados na larga retomada, pelos textos de cordel, de personagens que assumiram forte conotação mítica dentro da história do país (como Tiradentes e Getúlio Vargas, que servirá, em vários momentos, de comparação com Tancredo), pretendemos indicar que os folhetos podem ser analisados pela versão da história do Brasil que acabaram construindo. Figurando o povo brasileiro como sujeito central dessa história, tal como o programa televisivo analisado, os cordéis disputavam o imaginário político que conferia um lugar ao poder, elaborando uma leitura singular e eminentemente trágica da trajetória nacional.

---

[667] Curran (2003:217). Vale destacar que essas estimativas são pouco precisas devido ao caráter efêmero da produção cordelista. Considerando os folhetos sobre Tancredo Neves, o autor Veríssimo de Melo (1986) contabilizou mais de 100 obras, não obstante o número total de cordéis provavelmente seja bem mais numeroso.
[668] Lessa (1982:59). Ver dados retirados da segunda edição do livro de Orígenes Lessa (1982) e mencionados na introdução da parte IV.

Nossa abordagem dos folhetos, portanto, partirá de algumas preocupações bastante específicas, que longe estão de proporcionar uma visualização mais ampla das características formais e linguísticas desse tipo de literatura. Tais elementos não serão desconsiderados, nem são aqui compreendidos como irrelevantes, mas sua abordagem de forma mais profunda exigiria um investimento analítico impossível de realizar neste capítulo.[669] É importante, nesse caso, indicar que as insuficiências da análise aqui produzida não se confundem com uma forma de entendimento simplificada das obras literárias, que as caracterizaria apenas a partir de elementos exteriores ao texto, desconsiderando os componentes poéticos que conformam a especificidade da literatura de cordel.[670] Elas também não se confundem com uma valorização de abordagens que acreditam ser possível mapear os fundamentos inconscientes do ato poético que estruturaria qualquer texto de literatura independentemente das mudanças históricas e suas interferências no campo da linguagem (buscando esquadrinhar os elementos estruturantes da produção literária nas bases imaginárias do fenômeno mítico, por exemplo).[671]

Partimos do pressuposto de que existe uma interação complexa entre os acontecimentos históricos e a estrutura poética das obras literárias, tornando necessária uma análise atenta ao caráter plástico e multifacetado dessa relação, que não pode ser compreendida de forma determinista e unidirecional.[672] No entanto, os limites da reflexão aqui proposta, tendo

---

[669] O tipo de abordagem aqui produzido não pretende retirar a importância das observações feitas por alguns relevantes estudiosos do campo literário, que têm chamado a atenção para a fragilidade das análises que desconsideram as peculiaridades retórico-poéticas do gênero literário no qual um texto é vazado. Ver Pécora (2000).

[670] Refiro-me a um tipo de perspectiva na qual a análise dos impressos serve apenas à indicação de aspectos como as visões de mundo ou a ideologia de seus autores, reduzindo a obra a subproduto de condições sociais ou de uma intencionalidade geralmente definida como algo *a priori*, que se materializa nos textos (tornando impossível pensar, por exemplo, a consciência do autor como algo que se constrói *pari passu* à produção textual). Para um exemplo que se aproxima dessa perspectiva, ver Proença (1982).

[671] Para análises desse tipo no campo da literatura de cordel, ver Matos (1986), Ribeiro (1987). Para uma crítica veemente ao estudo a-histórico dos elementos estruturantes da produção poética (no caso, a análise tropológica dos textos históricos proposta por Hayden White), consultar LaCapra (1983).

[672] Um exemplo interessante de tratamento teórico nesse sentido é o da obra de Mikhail Bakhtin (2002), autor clássico do campo literário que tem influenciado importantes historia-

em vista o objetivo mais geral do livro, possibilitam apenas um investimento bastante tímido de pesquisa nesse sentido. Justamente por isso, evitaremos fazer uma caracterização mais geral da literatura de cordel, destacando brevemente o papel dos folhetos dentro desse tipo de produção literária, para em seguida analisar como as obras de importantes poetas populares representaram a morte de Tancredo Neves e construíram uma versão singular da história do país.[673]

Os folhetos dentro da produção cordelista

A poesia impressa na forma de folhetos brasileira, que, a partir dos anos 1960, passaria a ser chamada de literatura de cordel (por suas semelhanças com um tipo de produção literária já encontrada em Portugal), floresceu na região Nordeste do país após a segunda metade do século XIX. Sua origem é bastante controversa, mas grande parte dos analistas a relacionam com a literatura portuguesa que se desenvolveu a partir da tradição oral dos cancioneiros do período medieval e do Renascimento, que teria sido trazida para o Brasil durante a colonização. Alguns estudos recentes, entretanto, têm contestado maiores vinculações com a produção cordelista portuguesa, apontando a especificidade dos impressos brasileiros e sua autonomia em relação aos cânones da matriz lusitana (Abreu, 1999). Ain-

---

dores envolvidos com os estudos culturais. Em *Cultura popular na Idade Média e no Renascimento*, Bakhtin analisou a obra de Rabelais demonstrando como aspectos de uma cultura cômica existente desde a Idade Média e que estavam excluídos da cultura oficial caracterizaram o "realismo grotesco" que permeava seus textos, indicando como elementos históricos podem ser analisados a partir do modo como operam mudanças na própria linguagem (além de fundamentar a ideia de uma circularidade entre diferentes campos culturais). Nesse caso, portanto, as relações entre a influência histórica e a estrutura poética de uma obra são consideradas de forma dinâmica, plástica e complexa.

[673] Vale ressaltar que a análise poética da literatura de cordel é um grande desafio para a própria teoria literária, pois, como ressaltou Julie Cavignac (1997:61), mesclam-se nos folhetos vários gêneros simultaneamente: "*Il est vrai qu'il s'agit d'un phénomène difficile à cerner, car il ne s'intègre pas aux cadres de la théorie littéraire et présente simultanément plusieurs genres (poétique, épique, satirique, légendaire, mythique, etc.)*". Na abordagem dos cordéis, Cavignac valorizou, sobretudo, sua relação com as tradições orais da "cultura sertaneja", utilizando-se, inclusive, de entrevistas produzidas no interior nordestino. Sobre a relação entre poesia e oralidade, ver também Zumthor (2010).

da assim, permanece forte a concepção de que a influência do cordel português foi fundamental na constituição da literatura de folhetos no Brasil, aspecto que teria se mesclado às condições culturais e sociais peculiares da região nordestina, sobretudo no que concerne às formas de expressão e de poesia oral ali já existentes.[674] Apesar de a presença da oralidade caracterizar a literatura de folhetos, por outro lado, é importante destacar que o cordel é necessariamente uma produção impressa, diferenciando-se das pelejas ou desafios, "'cantados' pelos cantadores ou repentistas" (Galvão, 2006:27).

Embora a maioria dos autores de cordel seja originário de estados como Pernambuco, Paraíba, Ceará e Rio Grande do Norte, essa forma de produção literária proliferou também em estados economicamente mais desenvolvidos da região Centro-Sul do país, sobretudo nas décadas de 1970 e 1980, quando despertou grande interesse da classe média e de turistas estrangeiros (Curran, 2003:19). Nesse período, o cordel passou a ser mais fortemente valorizado como manifestação da "cultura popular brasileira", tornando-se objeto de estudos acadêmicos e de preocupações com sua possível extinção, tendo em vista as mudanças produzidas pelo crescimento urbano-industrial do país. Tais mudanças, por outro lado, levariam ao surgimento de novos poetas mais relacionados ao meio urbano, fato que se deveu também ao deslocamento de muitos outros de origem nordestina para regiões como o Rio de Janeiro e São Paulo. Ainda assim, segundo alguns pesquisadores, a identificação com os referenciais do público pobre nordestino continuou sendo um traço marcante da produção cordelista (Curran, 2003:19).

A literatura de cordel trata de temas muito variados, fazendo com que a elaboração de tipologias para classificar os diferentes tipos de impressos seja diversa e pouco consensual entre os estudiosos. De modo geral, entretanto, a divisão entre "folhetos" e "romances", já utilizada pelos próprios poetas, tem sido costumeira, inclusive como base para a elaboração mais pormenorizada de classificações por temas ou "ciclos".[675] Todas as obras

---

[674] Uma discussão das diferentes visões sobre o assunto pode ser vista em Galvão (2006).
[675] Para um resumo de algumas dessas diferentes formas de classificação, ver Galvão (2006:35-37). Na divisão feita pelos próprios poetas, os folhetos consistem nos impressos de

que utilizamos são "folhetos" e correspondem àquilo que já foi chamado de "ciclo circunstancial", ou seja, os impressos de até oito páginas, concentrados em acontecimentos políticos do dia ou fatos recentes.[676] Esse tipo de produção tem sido identificado como uma espécie de "jornalismo popular", concepção que se fortaleceu sobretudo a partir de fins dos anos 1960, depois que jornalistas e acadêmicos se voltaram mais fartamente para o estudo da literatura de cordel.[677] Alguns autores, inclusive, caracterizam os folhetos como uma espécie de "crônica poética" e "história popular" do século XX, que mescla verdade e ficção, recodificando elementos de uma cultura de massas para um público popular de consumidores locais que se identifica mais com seus referenciais (e, por isso, às vezes lhe dá mais crédito) ou não tem acesso aos grandes meios de comunicação.[678]

Para nossos propósitos, o fato de os folhetos analisados centrarem-se em acontecimentos do dia ou recentes é um aspecto importante, pois indica que a grande maioria dos impressos utilizados foi produzida na própria conjuntura do evento que procurou representar. Isso nos permite minorar, pelo menos, um dos problemas que caracterizam a pesquisa com esse tipo de publicação: uma quantidade enorme de folhetos não contém datação e, em muitos casos, nem mesmo consta o local em que foram produzidos ou o nome da editora ou gráfica responsável. Tal fato era de se esperar numa forma de produção bastante vulnerável e efêmera como a literatura de cordel,[679] assim como poderia se tornar um relevante empecilho num trabalho preocupado com o estudo dos folhetos em conjunturas específicas. Por outro lado, tratando-se de uma forma de produção circunstancial, é bastante provável que a maior parte dos folhetos que tomaram como tema

---

até oito páginas e os romances nos de 16 ou mais.
[676] A expressão é usada por Orígenes Lessa (1982:10-11), que divide os ciclos do cordel da seguinte forma: "ciclo heroico (que inclui obras épicas e trágicas), onde as obras dedicadas a Lampião destacam-se pela abundância quantitativa; ciclo histórico, onde se destaca Padre Cícero, se bem que muitas vezes tratado de maneira extrarreal; ciclo maravilhoso, onde predominam seres sobrenaturais e acontecimentos mágicos; ciclo religioso e de moralidade, ciclo de amor e fidelidade, ciclo cômico e satírico e, por fim, ciclo circunstancial".
[677] Toda esta discussão pode ser vista em Curran (2003:24).
[678] Ibid. Discutiremos melhor o tema na parte final do capítulo.
[679] Orígenes Lessa (1982:18) destaca alguns aspectos que demonstram essa vulnerabilidade da literatura de cordel. Em certos casos, por exemplo, os autores acabariam passando a propriedade da sua obra a um editor em troca de 100 ou 200 exemplares para a venda.

as mortes de Getúlio Vargas e Tancredo Neves tenham sido produzidos no momento logo seguinte aos próprios acontecimentos.[680] É, sobretudo, para esse tipo de produção circunstancial que nos voltaremos, analisando um conjunto grande de cordéis, em sua maioria centrados na exaltação de Tancredo a partir da sua comparação com outras importantes figuras dentro da "galeria dos heróis nacionais".

Tiradentes, Getúlio, Juscelino: outros heróis comparáveis a Tancredo

Depois de Tiradentes, foi Getúlio Vargas o personagem que mais forneceu elementos à comparação com Tancredo Neves na literatura de cordel. Em certa medida, o suicídio de Vargas, tendo sido um fenômeno que marcou tão profundamente a história do país, acabou se tornando uma espécie de metáfora a partir da qual as mortes de outros presidentes, como Tancredo Neves ou Juscelino Kubitschek, foram representadas nos folhetos. Na verdade, Tiradentes já tinha iniciado essa espécie de tradição de heróis que teriam sacrificado suas vidas pela nação, sendo sempre relembrado em momentos importantes, como aconteceu logo depois da morte de Getúlio. O tiro contra o próprio peito do presidente gaúcho assim como a execução do alferes que se tornaria mártir da Independência já constituíam eventos de grande conteúdo simbólico, fornecendo modelos que estimularam a imaginação dos poetas populares na conjuntura da morte de Tancredo Neves.

É possível, nesse sentido, encontrar alguns folhetos comparando Tancredo diretamente aos dois "heróis" mencionados: "Eu comparo Tancredo Neves/ Com o mártir Tiradentes/ O famoso Getúlio Vargas/ Que morreu horrivelmente/ Tancredo ao lado do povo/ Também mor-

---

[680] Vale destacar que, em certos casos, a conjuntura em que foi produzido o folheto é facilmente identificável por suas próprias características, para além da sua datação ou não. Por outro lado, o aprimoramento técnico da produção de folhetos faz com que aqueles produzidos nos anos 1980 contenham com mais frequência dados sobre a data ou o local de sua produção, conforme se poderá observar ao longo do texto.

reu pela gente" (Silva, O., s.d.a). Assim como Tancredo, Juscelino Kubitschek já tinha relembrado Getúlio e Tiradentes em 1976, aparecendo nos folhetos: pelo menos dois deles comparam sua morte com a de Vargas, um de José Soares, e o outro, de Olegário Fernandes da Silva. Publicado no próprio ano do acidente que vitimou JK, o primeiro refere-se ao fatídico mês de agosto: "A 24 de agosto/ Getúlio Vargas morreu/ a 24 de agosto/ Agamenon faleceu/ A 22 de agosto/ Juscelino pereceu" (Soares, 1976). O segundo compara Juscelino com Tiradentes e Getúlio: "E assim faleceu/ O nosso ex-presidente/ O que posso comparar/ Com o forte Tiradentes/ Oh seja um Getúlio Vargas/ Na nossa época presente" (Silva, O., s.d.b). Num folheto igualmente publicado em 1976, era Tiradentes que fornecia a "morte arquetípica": "Exemplo de Tiradentes/ Juscelino demonstrou/ Que morreu martirizado/ Mas o Brasil libertou/ Ele também foi mineiro/ Por amor ao brasileiro/ Também se sacrificou" (Mambiquara, 1976).

As figuras históricas de Tiradentes e Getúlio Vargas, portanto, foram bastante rememoradas pelos cordelistas tanto no momento da morte de Juscelino Kubitschek quanto de Tancredo Neves. Na verdade, todos os quatro personagens mencionados apareceram com frequência nos folhetos produzidos sobre os acontecimentos de abril de 1985. No caso de Vargas, algumas associações com Tancredo aparecem nos próprios títulos dos cordéis, particularmente naqueles que recorreram ao tema do encontro entre os dois heróis: *Encontro do presidente Tancredo com Getúlio Vargas no Céu*, de Manoel d'Almeida Filho; *O encontro do Presidente Tancredo com Getúlio Vargas*, de Francisco Zênio; *A palestra de Tancredo Neves com Getúlio Vargas no céu sobre a reforma agrária*, de Minelvino Franscisco Silva, são alguns deles. Em muitos outros, entretanto, a referência ao "mito Getúlio" para heroificar Tancredo aparecia representada no próprio texto do cordel, em meio às argumentações do poeta.[681]

A participação de Tancredo Neves no segundo governo de Vargas era um aspecto que favorecia a aproximação entre ambos. Era de se esperar,

---

[681] A recorrência do tema pode ser verificada nos seguintes folhetos: Silva, G. (s.d.a), Almeida Filho (1985), Barros (1985a), Nordestino (1985b), Santos, A. (1985b), Silva, O. (s.d.a), Silva, E. (1985), Santa Helena (1985a), Melo (2001), Nordestino (1985c), Perissinot e Santos, J. (s.d.).

portanto, que ela aparecesse também nos folhetos, como de fato aconteceu. Em *Tancredo de Almeida Neves, o mártir que não morreu*, Homero do Rego Barros destacava seu passado ligado a Getúlio Vargas: "Seu passado,/ que beleza!/ Vem do tempo do Getúlio,/ Que olhava o trabalhador,/ Da profissão ao pecúlio./ Foi ele um dos seus ministros,/ Disso tinha um certo orgulho" (Barros, 1985a). Já Franklin Maxado Nordestino mencionava sua participação como ministro da Justiça, destacando que "ele foi até Ministro/ No outrora gabinete/ Do doutor Getúlio Vargas" (Nordestino, 1985b). Manoel d'Almeida Filho argumentava em seu favor de modo semelhante: "Conhecido por Getúlio/ Pelo trabalho ilibado,/ Seu ministro da justiça/ Foi por ele nomeado;/ Há suspeita de ter sido/ Por Juscelino indicado" (Nordestino, 1985b).

O acontecimento de agosto de 1954, com toda a carga mítica que ganhou na história brasileira, entretanto, era o elo mais visível com Vargas dentro da trajetória de Tancredo Neves. No mesmo cordel anteriormente citado, Manoel d'Almeida Filho refere-se à sua presença junto ao caixão de Getúlio no funeral de São Borja, fato tão frequentemente relembrado na construção da sua biografia: "Foi isso em cinquenta e três/ Que Getúlio o nomeou,/ Porém em cinquenta e quatro/ Ele se suicidou;/ Tancredo lá em São Borja/ Junto ao seu caixão chorou". Num sentido semelhante, Expedito Ferreira da Silva procurou destacar como foi ali, a partir do suicídio de Getúlio, que Tancredo viu os efeitos da política: "Depois que Getúlio Vargas/ Deu forte tiro no peito/ Encerrando a sua vida/ Política que deste jeito/ Tancredo com novos rumos/ Viu na política o efeito" (Silva, E., 1985). O mais interessante, por outro lado, é a representação da relação com Getúlio como uma espécie de predestinação de Tancredo por parte do político gaúcho. O próprio Manoel d'Almeida Filho recorreu ao tema, num cordel que representava o encontro entre os dois heróis na "Quinta Morada" (recurso recorrente do cordel, de representar a chegada do herói no céu e seu encontro com santos ou outros personagens lendários). Nele, após falar a Tancredo de sua morte, Getúlio destacaria: "Porém lá deixei você/ Com a sua inteligência/ Para seguir minha obra/ E chegar à Presidência.../ Sempre defendendo o povo/ Da força da prepotência" (Almeida Filho, 1987).

Para além de um "legado de Getúlio", era no âmbito da morte em favor da nação que a referência à figura mítica de Vargas ganhava toda a sua plenitude. Mas, se em Tancredo o tema principal era a sua martirização, em Getúlio, o problema da traição tornava-se um aspecto fundamental. Na visão de Mark Curran, aliás, os folhetos de cordel sobre a morte de Getúlio Vargas se dividem em duas interpretações principais: uma remete às maquinações que teriam sido forjadas contra ele, associando sua morte a um atentado e enfatizando sua suposta luta defendendo a presidência da República; a outra destaca que Getúlio "morreu para evitar derramamento de sangue, isto é, uma guerra civil, portanto, para salvar o seu povo" (Curran, 2003:34-35). Certamente aqui encontram-se duas narrativas que alcançariam forte caráter mítico dentro das tradições políticas brasileiras. Podemos tratar uma de cada vez, começando pela última.

A imagem de um presidente que morreu para evitar que o sangue de seu povo fosse derramado pode ser percebida em diferentes títulos do cordel. Num folheto de Apolônio Alves dos Santos, chamado *Palestra de JK com Getúlio Vargas no céu*, o autor representava um encontro caloroso entre Getúlio Vargas e Juscelino Kubitschek, no qual ambos relatavam, "na eternidade", suas façanhas em favor da nação brasileira. Enquanto Juscelino descrevia a construção de Brasília e o acidente automobilístico que o vitimou em 1976, Getúlio Vargas assim justificava seu último gesto diante da imposição da renúncia: "Nessa hora meu amigo/ Me senti muito infeliz/ Fiz ali mil pensamentos/ E o mais certo que fiz/ Foi de me suicidar/ Para não se derramar/ Tanto sangue em meu país" (Santos, A., s.d.a). Num sentido semelhante, um folheto de Manuel Pereira Sobrinho destacava que, ao entrar no seu quarto momentos antes do suicídio, Vargas teria pensado: "E como me dediquei/ A viver para nação/ E para não ser deposto,/ Nem haver revolução/ Deus me queira perdoar,/ Que vou me suicidar/ Com um tiro no coração" (Pereira Sobrinho, s.d.). Já em *A morte do Presidente Vargas, o braço forte do Brasil*, Moisés Matias de Moura repete várias vezes que "Para não entrar em guerra/ E nem ver sangue na terra/ Getúlio suicidou-se":

O Brasil ficou de luto
Todo comércio fechou-se
Porque o braço mais forte
Do Brasil liquidou-se
Para não entrar em guerra
E nem ver sangue na terra
Getúlio suicidou-se [...]
Getúlio na última hora
Agoniado entregou-se
Depois de fazer mil planos
Abriu um quarto trancou-se
Para não entrar em guerra
E nem ver sangue na terra
Getúlio suicidou-se. [Moura, s.d.]

A imagem de um herói conciliador, que evita banhos de sangue, de certa forma, deve ser compreendida por sua conformidade com as próprias tradições da literatura cordelista, que sempre tendeu a enaltecer personagens mais conservadores em detrimento dos políticos mais radicais e extremistas (Lessa, 1982:38). Nos folhetos, inclusive, Vargas não aparecia como conciliador somente no momento de sua morte. Em *Nascimento, vida, paixão e morte de Getúlio Vargas* (cujo título já é indicativo, pois usava o recurso constante no cordel de comparar a trajetória do herói com a história de Cristo), Rodolfo Coelho Cavalcante destacava outros momentos marcantes do governo de Getúlio no mesmo sentido: "Getúlio Vargas na vida/ Nunca, nunca desejava/ Ver o sangue de seu povo/ Derramar-se, isso evitava/ Só declarou guerra ao Eixo/ Porque o povo gritava" (Cavalcante, s.d.c). E, mesmo o momento da sua queda, em 1945, com o fim do Estado Novo, podia ser interpretado num sentido semelhante, como no folheto *O suicídio do presidente*, de Manuel Pereira Sobrinho (s.d.): "Em 45, em outubro/ Pelas armas foi deposto/ Para não derramar sangue/ Saiu alegre e com gosto/ Em 1950, em uma eleição cruenta/ Retornou ao mesmo posto".

Mas se, por um lado, uma figura conciliadora parece mais próxima aos padrões mais comuns da produção cordelista, por outro, a representação do "líder" que possui tal característica ultrapassa o problema da sua recorrência na literatura de cordel. Isso porque tal idealização, num sentido mais amplo, parece frequente quando se trata de representar um herói nacional. Podemos dizer, na realidade, que havia uma grande sintonia entre esses dois aspectos, que se somavam às peculiaridades de Tancredo Neves como político mineiro. A imagem do homem público com enorme capacidade de negociação, propenso a encontrar soluções pacíficas e a evitar conflitos sangrentos, já constituía uma tradição mais duradoura na história brasileira. O assunto, inclusive, já foi tratado em outro capítulo, quando analisamos as representações enobrecedoras da figura de d. Pedro II e sua farta utilização nos discursos públicos do próprio Tancredo Neves.[682] O importante a destacar, portanto, é apenas a recorrência dessa forma de idealização do "herói brasileiro", que aparecia também nas representações sobre Tancredo produzidas pela literatura de cordel.

Aliás, a própria imagem de Tiradentes perdoando seus carrascos não deixa dúvidas quanto à força dessa representação do herói brasileiro, que não condena seus inimigos e evita banhos de sangue. E Juscelino Kubitschek também, quando representado nos folhetos, não discrepava dessa imagem: "Juscelino governou/ Sem guardar ódio de ninguém/ Sempre respeitou as leis/ E a constituição também/ Assim ele atravessou/ As fronteiras do além", destacava José Severino Cristóvão (s.d.), em *Biografia de Juscelino Kubitschek de Oliveira*. Esse seria mesmo o seu legado, segundo outro folheto sobre a morte de JK, de Expedito Ferreira da Silva (1985): "Sobre a mira do destino/ Ele de nós se afastou/ A lembrança de Brasília/ Para o céu ele levou/ Mas um coração sem ódio/ Para nós ele deixou". E a imagem de um Juscelino conciliador, por outro lado, também apareceria como traço de admiração do próprio Tancredo Neves, num cordel que relacionava diretamente os dois personagens. Em *O encontro de Juscelino com Tancredo no Paraíso*, de Franklin Maxado

---

[682] Ver a parte final do capítulo 3 da parte II.

Nordestino (1985c), ambos os conterrâneos se congraçavam, e Juscelino convidava Tancredo para morar no "Paraíso dos céus", que seria um lugar parecido com Minas Gerais. Dando conta dessa espécie de modelo de herói brasileiro (e, particularmente, mineiro), que perdoa os inimigos, Tancredo teria dito a Juscelino: "E você foi como Cristo/ Perdoando os ofensores/ Como fez em Aragarças/ Daqueles aviadores,/ Vencendo e convencendo/ Sem fazê-los perdedores".[683] O próprio Getúlio Vargas aparecia em outro cordel com esse espírito cristão de não guardar ódio de seus ofensores: "Parti sem ódio nem mágoa/ Para a verdadeira vida,/ Perdoei meus inimigos,/ Deixei a missão cumprida;/ Só lamentei ver meu povo/ Chorando a minha partida" (em vários cordéis, Vargas é representado perdoando seus algozes, inclusive em comparação a Jesus Cristo) (Almeida Filho, 1987).

Não surpreende, nesse sentido, as imagens de conciliador e solucionador dos problemas nacionais fortemente atribuídas a Tancredo Neves na literatura de cordel. Além de estarem relacionadas à sua trajetória política e às características peculiares do momento de transição para a democracia, elas constituíam temas relativamente recorrentes nos folhetos. No caso de Tancredo, por outro lado, toda a sua vida pública era assim representada. Em *O presidente Tancredo, a esperança que não morre*, Manoel D'Almeida Filho (1985) remontava ao tempo em que Tancredo Neves foi promotor para caracterizá-lo: "Mesmo como promotor/ Com a sua voz serena/ Em vez de atacar fazia/ Uma acusação amena/ Fazendo que o réu pegasse/ Uma sentença pequena". Em *Tancredo — o mártir da Nova República*, Juvenal Evangelista Santos (s.d.) assim representava sua figura: "Foi ministro duas vezes/ Conselheiro embaixador/ Como público ele foi um/ Grande pacificador/ Estadista brasileiro/ E um conciliador". Os mesmos contornos sua personalidade ganhava na obra de Manuel Basílio:

---

[683] O governo de Juscelino Kubitschek enfrentou duas tentativas de golpes promovidas por setores da Aeronáutica: a de Jacareacanga, em fevereiro de 1956, e a de Aragarças, em dezembro de 1959. Os dois movimentos foram facilmente sufocados e, ao final, Juscelino anistiou todos os envolvidos.

Foi um conciliador
Pacífico, calmo e gentil
Sua morte aconteceu
Em vinte um de abril
A data que Tiradentes
Morreu pelo nosso Brasil. [...]
Fundou a Nova República
Conciliou os partidos
Sua palavra trazia
Conforto para os vencidos
Em pouco tempo deixou
Os brasileiros unidos [Basílio, s.d.a]

No que diz respeito à conjuntura da sua morte, a imagem de Tancredo Neves como conciliador se embasava, particularmente, na ideia de que foi ele o responsável pela união nacional em favor de uma transição política pacífica para a democracia. Esse é também o teor da maioria dos títulos dedicados a Tancredo no cordel. Segundo um folheto de Expedito Ferreira da Silva (1985), *A morte do presidente Tancredo Neves: a dor que abalou o mundo*, Tancredo "foi eleito e aplaudido/ Da República um condutor/ Para uma transição/ Pacífica e de mais valor/ Retirando um regime/ Autoritário e temor". Em *Campanha, vitória e morte do presidente Tancredo*, Gonçalo Gonçalves Bezerra (1985) também destacava que "os políticos se uniram/ Esqueceram oposição/ Só se Pensava em Tancredo/ E no futuro da Nação/ Cada um rogava a Deus/ Concentrado em oração". Nenhum texto de cordel, entretanto, foi tão longe na representação da figura conciliadora de Tancredo Neves quanto *A chegada de Tancredo no céu*, de Manoel Santa Maria (s.d.). Ao chegar no Paraíso, o político mineiro teria logo demonstrado seu espírito conciliador de bom cristão: "As almas do purgatório/ Devem ser anistiadas,/ Após revisão das penas/ A que foram condenadas,/ Pois seja lá onde for,/ Me comove qualquer dor/ Das almas sacrificadas". E isso era pouco diante do que viria em seguida, com Tancredo unindo Deus e o Diabo, acabando com a guerra entre o Céu e o Inferno, e promovendo uma festança em que representantes do Bem e do Mal se contagiariam em clima de concórdia:

> Para o inferno seguiu
> Um porta-voz do céu
> Com uma mensagem de paz
> Redigida em bom papel:
> Satanás, e o Pai Eterno
> Mandaram tudo pro inferno
> E as brigas pro beleléu. [...]
> Foi o dia da concórdia,
> Sobre todos um só véu.
> Até Caim assassino
> Teve o perdão de Abel.
> Tancredo uniu descontentes,
> Contentou os dissidentes,
> Foi festa geral no céu. [...]
> Mesmo o diabo, lá em baixo,
> Não pôde mais se conter,
> Ao som febril dos tan-tans
> E vendo a terra tremer,
> Deixou de lado o espeto,
> Sem dominar o esqueleto
> Começou a remexer.

Outra dimensão da representação da morte em sacrifício pela nação, no que diz respeito a Getúlio Vargas, era a tópica da traição, fartamente representada na literatura de cordel. Na verdade, no momento mesmo da morte de Getúlio, o tema já se constituía como um elemento da tradição política nacional, pois remetia à traição de Silvério dos Reis aos Inconfidentes (para além, é claro, do sempre revivificado mito cristão da traição, de longuíssima duração e amplitude). Os acontecimentos de agosto de 1954, nesse sentido, ajudaram na reconstituição da memória de Vargas, muitas vezes representado como um homem de bons sentimentos, empenhado no desenvolvimento nacional, mas traído por vários de seus correligionários. Nesse ponto, inclusive, as construções míticas das figuras de Getúlio e Tancredo se distanciam, assim como seus gestos heroicos de sacrifício, cada um a sua maneira, remetem para dimensões simbólicas diferenciadas: de um lado, o grandioso e repentino ato final do estadista; de outro, a morte paulatina que vitima e privatiza, humanizando a figura de um "presidente" que não chegou a assumir o poder.

Ainda assim, ambos os casos remetem para elementos comuns, como a predestinação para atuar em favor da libertação nacional, aspecto que amparava a construção de uma verdadeira versão da história do país. Esse, portanto, é um elemento fundamental sobre a retomada de Getúlio Vargas e Tiradentes no momento da morte de Tancredo Neves, que poderemos aprofundar mais adiante. No momento, é importante destacar algumas representações cordelistas produzidas na própria conjuntura do suicídio de Vargas, enfocando justamente as tendências em favor da reelaboração da sua memória. Tal esforço nos permitirá destacar alguns aspectos importantes na comparação entre os casos de Getúlio e Tancredo, fazendo sobressair as diferenças nos processos de reconstrução memorialística que acompanharam as mortes de ambos os personagens.

Produzido poucos anos após o suicídio de Getúlio, um folheto de Mario Rodrigues de Carvalho parece representativo, pois formulava a imagem de um presidente inocente, que de nada sabia sobre o atentado da rua Tonelero, tendo sido traído por todos que o cercavam (desde seus familiares até os correligionários políticos). Da família, nem mesmo Alzira Vargas foi perdoada pelo poeta, por não estar junto do pai no momento de sua morte: "Também D. Alzira Vargas,/ Não agiu com correção!/ Seu dever era ficar/ Naquela desolação,/ Ao lado do pai amado,/ Não deixá-lo abandonado/ Depois da deposição". Dos correligionários, também João Goulart não teria agido honestamente, pois, depois de receber a carta-testamento, nada teria feito: "João Goulart, seu afilhado,/ Praticou alta traição!/ Recebeu o testamento,/ Que o "Velho" lhe deu na mão./ Botou no bolso, saiu,/ Nem sequer a carta abriu,/ Foi direto 'pro' colchão!". Abandonado e traído por todos, não restava outra saída a Getúlio Vargas e, por isso, seu suicídio teria tido o mesmo sentido de um assassinato:

"O suicídio de Vargas,/ Foi o mesmo que assassinato!/ Inimigo disse: esfola!/ Amigo: deixa que eu mato!/ De parte a parte há culpados,/ Os inimigos mais malvados/ Iscariotes de fato!" (Carvalho, 1960).

Diversos outros folhetos também dão conta do mesmo tema de um Getúlio sofrido, abandonado por todos. Eles parecem demonstrativos, em certa medida, da grande virada simbólica que o último gesto de Vargas realmente tinha propiciado, quando, às representações do "verdadeiro mar de lama" que invadia o Catete, sucederam-se as imagens de um homem já de idade avançada, que foi praticamente impelido a voltar ao poder em 1950 e que, por isso mesmo, sofreu os reveses da traição e das maquinações contra seu projeto nacionalista. O poeta Rodolfo Coelho Cavalcante, por exemplo, se reportou mais de uma vez ao tema. Em *Nascimento, vida, paixão e morte de Getúlio Vargas*, produzido ainda em setembro de 1954, Cavalcante (s.d.c) destacava: "Sofreu ele como sofre/ Todo Gênio neste mundo/ Foi vendido, injuriado/ Sofrendo golpe profundo/ Mas nas asas da vitória/ Era o seu gênio oriundo". Já *A morte do grande presidente Getúlio Vargas* parece sintetizar bem a imagem de um Getúlio traído e praticamente morto por seus algozes:

> Suicidou-se Getúlio?
> Não leitores, isto não!
> Mataram Dr. Getúlio
> Com a arma da traição
> Venderam-lhe e ameaçaram-lhe
> Ferido seu coração. [...]
> Como Cristo foi Getúlio
> Maltratado e oprimido
> Por Gregório traiçoado
> Por Climério atingido
> Por amigos desprezado
> Por parentes sucumbido. [...]
> Quem matou Getúlio Vargas?
> Não foram os trabalhadores
> Não foram os pequenos

Foram eles: os Doutores
Foi a política malsã
Dos políticos traidores![684]

O trecho do cordel nos remete ainda a outro elemento importante sobre a morte de Vargas: o acontecimento de 1954 teve um papel relevante no fortalecimento de um sentimento de suspeição a respeito das mortes inesperadas de políticos importantes, algo sempre recorrente no caso brasileiro. É claro, essa não é uma peculiaridade nacional, assim como seria ingênuo supor que Getúlio Vargas inaugurou um fenômeno até certo ponto corriqueiro no campo político. Não obstante, o caráter inesperado do suicídio, no momento em que Vargas parecia completamente derrotado por seus adversários e a enorme importância de Getúlio na política brasileira parecem o bastante para não menosprezarmos sua relevância simbólica. Assim, as suspeitas de 1954 poderiam ser revividas em momentos posteriores, entre eles, e com destaque, 1976 (não só pela morte de Juscelino, mas também de João Goulart) e 1985. E, nesse sentido, a representação do heroísmo de uma determinada trajetória, tema frequente da produção cordelista, não deixou de acentuar tais rumores, que fomentavam ainda mais a imaginação popular.

Assim, no momento logo seguinte à morte de Getúlio, um folheto de José Severo Lima (s.d.) mencionava, sem esconder certa suspeição, o destino de determinados políticos brasileiros: "Parece que há uma escolha/ Nos políticos brasileiros/ Que aos poucos Deus os chama/ Esse não foi dos primeiros/ Nem também posso dizer/ Que seja dos derradeiros". Já na conjuntura da morte de Tancredo Neves, por outro lado, Raimundo Santa Helena insinuava: "Morto, João Pessoa queda;/ Morto, Kennedy não fala./ O Diabo mandando vírus,/ Os ladrões mandando bala,/ Acidentes, quem não vê?/ GV, JK, CB,/ JG, CL... Mala". No mesmo cordel, ele também mencionava: "Lembrai-vos de João Pessoa/ Tiradentes, Juscelino!/ Não basta chorar os mortos,/ rezar e tocar o sino./ Temos que ser verticais,/ Ou o povo nunca mais/ Mudará o seu destino...".[685] Em certos folhetos,

---
[684] Cavalcante (1954). Parte do cordel foi reproduzida em Lessa (1982:71).
[685] Santa Helena (1985a). No trecho anterior, o autor se refere, respectivamente, às figuras de

aliás, é possível perceber a suspeição de que os melhores presidentes do país geralmente acabavam sendo vítimas de conluios (espécie de mal que parecia ter sempre marcado a história do Brasil). Um cordel de Apolônio Alves dos Santos, por exemplo, parece sugerir que as mortes de alguns presidentes não foram casuais: "Quando vem o Presidente/ Pra proteger a nação/ Esse é pressionado/ Quando não perde a razão/ Logo sofre um acidente/ De carro ou de avião".[686] Em *Torturados e a moral dos calados*, por sua vez, Raimundo Santa Helena (1987) recorria diretamente à ideia de assassinato: "A Deus peço proteção/ Pras almas dos 3 terceiros/ Sargentos assassinados/ Como outros bons mineiros:/ O Juscelino Tancredo/ Tiradentes tenho medo/ Da sorte dos brasileiros...".

Dificilmente os acontecimentos que envolveram a morte de Tancredo Neves possibilitariam retomar o tema da traição, tão caro às representações produzidas sobre os momentos finais de Tiradentes e Getúlio Vargas. É claro, por outro lado, que isso não impedia sua heroicização, que remetia a uma tópica igualmente cara à elaboração da imagem de um herói nacional: a de uma vida completamente submetida ao império da Providência. Nesse sentido, às reconstruções de sua biografia como a de um homem que surgiu com a missão de reconciliar a nação poderia se somar sua morte trágica, interpretada como um desígnio do destino com o objetivo de manter a união nacional em favor da superação dos graves problemas do país. Assim, em *O Brasil chora por Tancredo,* de Manuel Basílio, sua morte fazia parte dos planos de Deus, que por isso não atendeu aos milagres pedidos pela população brasileira: "Mas Deus não quis atender/ Os pedidos de ninguém/ Levou Tancredo do mundo/ Pra morar no Céu também/ Quem é dos planos de Deus/ Mesmo sofrendo vai bem". E complementava o poeta: "Foi um chamado de Deus/ Temos que nos conformar/ Porque o que ele fez/ Ninguém consegue mudar/ Mesmo assim é muito bom/ Ter muita fé e rezar" (Basílio, s.d.a). Em *Presidente Tancredo, servo de Deus segundo Moisés*, João de Souza Sobrinho (s.d.) tam-

---

Getúlio Vargas, Juscelino Kubitschek, Castelo Branco, João Goulart e Carlos Lacerda.
[686] Assim o autor complementava: "E logo de prontidão/ a morte vem faz um rapa/ é simulado um desastre/ e a vítima não escapa/ logo aquele protetor/ desaparece do mapa". Ver Santos, A. (1985a).

bém explicava o infortúnio pelo mesmo motivo: "Foi escolhido por Deus/ Para unir esta Nação/ Parece a história do livro/ Depois de Eva e Adão/ Para unir Israel/ Um conselheiro fiel/ Moisés irmão de Arão/ [...] Moisés em Israel/ E no Egito José/ No Brasil Dr. Tancredo/ Em Deus tinha muita fé".

Como se pode notar, a morte de Tancredo Neves, apesar de todas as preces em contrário e das evocações de um milagre, pôde ser representada nos folhetos de cordel não como uma desatenção de Deus aos anseios dos brasileiros, mas como a submissão das virtudes humanas aos objetivos imperiosos de uma força superior. Em certos casos, esse tipo de representação da morte presidencial estava associado às peculiaridades dos folhetos como formas poéticas que tematizavam o heroísmo, conforme um trecho sintetizador de um folheto de Raimundo Santa Helena (1984a), em que Tancredo Neves era representado como um herói destinado a conduzir o futuro da nação:

> Eu me atrevo a conduzir
> Esta pátria a seu destino
> Independência ou morte
> São palavras do seu hino
> Soberania de um povo
> Não vem por homem mufino [...]
> Quando olho esta bandeira
> Lembro-me do que ele diz
> Sinto-me muito orgulhoso
> Por nascer neste país
> Por que não tentar fazer
> O nosso povo feliz.

Com efeito, as peculiaridades da própria literatura de cordel, como forma poética que consagrou inúmeros folhetos à luta heroica de personagens lendários, somava-se com as leituras "providencialistas" do "destino nacional", que também se fortaleceram pela conjuntura peculiar da morte de Tancredo Neves. A ideia corrente de que a morte do presidente fazia parte dos planos divinos permitia lidar com o caráter trágico dos acontecimentos e projetar para o mundo celestial as expectativas de mudanças. Mas a construção de um sentido para a história nacional, no caso dos cordéis, não perpassava apenas por esse tipo de interpretação, remetendo também para um significado mais profundo da retomada de figuras como Tiradentes e Getúlio Vargas naquele momento, como destacaremos em seguida.

A morte do herói e o sentido trágico da história do país

A comparação entre a morte de Tancredo Neves e as de Getúlio Vargas e Tiradentes guarda também um sentido mais profundo, que ultrapassa a temática do sacrifício pela nação. Fartamente presente nos folhetos sobre Tancredo, a remissão a esses outros "heróis nacionais", na maioria dos casos, se relaciona com a possível consolidação de uma versão trágica da história do país, na qual o valor messiânico atribuído a determinados personagens contrasta com a convicção de uma nunca alcançada autonomia nacional. É por isso, de fato, que tal associação geralmente se acompanhava de uma narrativa que supunha uma história marcada pelo entrave de uma exploração internacional, pretendendo uma suposta independência jamais conseguida. Trata-se, portanto, de uma forma de conferir sentido à trajetória nacional que está para além da pura exaltação da figura de Tancredo Neves, mas que ganhou força justamente pelos acontecimentos envolvendo sua morte, em 21 de abril.[687]

---

[687] Conforme já destacamos, utilizamos a noção de tragédia de forma bastante alusiva, remetendo para aquilo que, na acepção clássica do gênero (conforme elaborada por Aristóteles e retomada por outros estudiosos), aponta não apenas para a morte em sacrifício do herói, mas para uma reflexão sobre a complexa relação entre as contingências das escolhas humanas e a fatalidade da existência (ou, em outros termos, entre a "Virtude" e a "Fortuna", que, no caso em pauta, remete para a ação do presidente/herói libertador e para os reveses da história nacional). Nesse sentido, vale ressaltar que o destaque que alguns dos folhetos analisados conferiram ao caráter catastrófico do destino nacional não os impossibilitou de chamar a atenção para os males advindos das escolhas feitas por setores da elite brasileira, supostamente interessados em manter uma situação de submissão à exploração internacional. Como num bom enredo trágico clássico, portanto, a fatalidade e as escolhas humanas se relacionam e não se excluem (é nesse sentido, inclusive, que deve ser entendida aqui a palavra destino, destacada por alguns

O suicídio de Getúlio Vargas, vale dizer, já tinha auxiliado sobremaneira na consolidação dessa visão mítica da história brasileira, haja vista a carta-testamento legada pelo político gaúcho ter se transformado numa de suas principais versões, uma verdadeira narrativa lendária que dava sentido à história política do país. Assim como a morte de Tancredo, portanto, o acontecimento de 24 de agosto de 1954 constituiu um momento importante no sentido de reascender, reforçar e mesmo metamorfosear certos mitos de fundação da nacionalidade, particularmente aquele da interrupção de "nosso destino" de nos tornarmos uma pátria livre das supostas amarras que nos cercam. Partindo da análise de um conjunto de folhetos sobre o fim trágico do presidente gaúcho, portanto, poderemos repensar as representações elaboradas sobre a morte de Tancredo Neves e a retomada da figura mítica de Tiradentes nos cordéis produzidos durante os acontecimentos de abril de 1985.[688]

Um folheto de Mario Rodrigues de Carvalho, produzido alguns anos depois da morte de Getúlio Vargas, pode servir como um primeiro exemplo. Em *Quem matou Getúlio?*, o cordelista tratou da famosa reunião ministerial convocada por Vargas na noite do dia 23 de agosto, representando do seguinte modo a fala do presidente aos seus correligionários: "Aqui manda o estrangeiro,/ Desde nossa descoberta./ O povo é sempre roubado,/ Porque deixa a porta aberta./ Ele não tem defensores./ Nem conhece seus senhores/ Mas... vai conhecer na certa". Logo em seguida, a mesma fala de Getúlio continuava fortalecendo essa forma de compreender a história do país: "Fui eleito pelo povo/ Quis defender a nação/ Construir um Brasil forte/ Debaixo de um só brasão/ porém o jugo estrangeiro/ Acorrenta o brasileiro/ Pelo pé, cabeça e mão" (Cavalho, 1960). Num sentido

---

autores como discrepante do enfoque que a tragédia grega dava às escolhas dos personagens). Ver Malhadas (2003).

[688] É interessante destacar como certas características da literatura de cordel, ressaltadas por Julie Cavignac, podem ser destacadas para melhor justificar uma análise como a proposta aqui, enfocando a narrativa sobre a história nacional produzida pelos folhetos. Para a autora, apesar de ser apresentada em verso, a literatura de cordel não tem seu conteúdo tão fortemente determinado por formalizações poéticas, apresentando um teor fundamentalmente narrativo, que a aproxima do conto na importância adquirida pelo enredo. O cordel, segundo ela, "*malgré as présentation en vers, il se rapproche davantage du conte, du point de vue de as de sa forme et de son contenu, que de la poésie*". Cavignac (1997:62).

semelhante, um cordel de Manoel d'Almeida Filho (s.d.) remontava à luta iniciada por Tiradentes para destacar sua continuidade com a atuação de Vargas:

> Tiradentes foi um mártir
> No Brasil foi o primeiro
> Morreu pela liberdade
> Do seu solo brasileir
> Depois o nosso Brasil
> Foi salvo do cativeiro [...]
> Getúlio foi o segund
> A passar as mesmas dores
> Pra salvar os operários
> Dos seus escravizadores
> Porém já deixou libertos
> Os homens trabalhadores.

É sintomático que a carta-testamento deixada por Getúlio Vargas tenha sido objeto de um grande número de folhetos de cordel na conjuntura da sua morte, quase todos explorando a temática de um povo que sofre cotidianamente os reveses da exploração internacional. Aliás, é mais difícil encontrar um folheto sobre Getúlio Vargas que não utilize a carta-testamento do que o contrário,[689] e alguns analistas destacam que autores como Amador Santelmo chegaram a vender 120 mil exemplares sobre o tema no momento logo seguinte ao suicídio do presidente.[690] Além disso, sendo o próprio conteúdo da carta-testamento tão forte em seu significado político, diversos poetas optaram apenas por adaptá-la a uma versão popular adequada às métricas do cordel. Muitos folhetos, portanto, con-

---

[689] Alguns títulos já são indicativos da presença da carta-testamento nos folhetos de cordel: Areda (s.d.b), Cavalcante (s.d.f), Gonçalves (s.d.), Helena (1987, 1983), M. A. P. e M. C. S. (s.d.), Nogueira (s.d.a), Santelmo (s.d.), Santo Amaro (s.d.c), Silva, D. (s.d.a), Silva, M. (s.d.a), Silva, P. (1954), Sousa (1955). Uma listagem mais completa sobre Getúlio Vargas na literatura de cordel pode ser obtida em Lessa (1982).

[690] O folheto é *Carta e biografia do ex-Presidente Getúlio Vargas* e sua enorme vendagem foi mencionada em Lessa (1982:63).

sistem apenas numa versão ritmada da carta, como é o caso, por exemplo, de *Meu sangue será vossa bandeira*, de Diomedes Dantas de Souza. No cordel, entre outros trechos marcantes da adaptação do documento supostamente deixado por Vargas, é possível ler passagens como a seguinte: "Lutei contra a exploração/ Guardem isto na memória,/ Venci todos os obstáculos/ Em tudo alcancei vitória,/ Hoje sou um suicida/ Prefiro sair da vida/ Para viver na História" (Souza, 1955). É também o caso de *Assim falou Getúlio*, assinado por Zé Gamela (s.d.), que enfocava mais diretamente o tema da exploração por grupos internacionais e da libertação do povo brasileiro:

> Tenho lutado, dia a dia
> Hora a hora, mês a mês,
> Para que a nossa Pátria
> Se destaque com altivez...
> E amparando nosso povo
> Com amor e sensatez. [...]
> Diante de tudo isso
> Se desenvolve a pressão,
> E as aves de rapina
> Se levantam em reação,
> Pra continuarem roubando
> As riquezas da Nação! [...]
> Cada gota do meu sangue
> Será uma chama imortal,
> Na consciência do povo
> Mantendo firme o ideal
> De libertar nossa Pátria,
> Do jugo internacional.

Outros autores optaram por adaptar parte do conteúdo da carta-testamento somente num trecho da sua obra, como fez Apolônio Alves dos Santos (s.d.b), na parte final de um folheto sobre os últimos dias de Vargas: "Daqui só sairei morto/ Partirei para o além/ Adeus povo brasileiro/

A quem eu queria bem/ Quero dizer sem agravo/ Povo de quem fui escravo/ Não será mais de ninguém". Seja como for, a maioria dos cordéis se remetia à carta-testamento, indício relevante da sua força como um importante meio de memória que continuou tendo papel significativo do ponto de vista simbólico nas definições da política nacional. Aliás, o apelo à memória era parte do próprio conteúdo da carta de Getúlio, sendo justamente a forma pela qual Vargas poderia continuar impulsionando as lutas dos trabalhadores brasileiros.

Sem dúvida, é possível ler na própria carta-testamento certos ecos de messianismo, ou ainda aspectos impulsionadores da crença (tão marcante depois, na morte de Tancredo) de que a continuidade da ação de Vargas não se daria apenas pela memória, mas por uma atuação efetiva "na eternidade". E alguns folhetos não deixaram de registrar o fenômeno, como numa passagem de um cordel de João Liberalino (s.d.), igualmente referida à carta de Getúlio: "Mas o povo não querendo/ nada mais posso fazer/ agora só o que falta/ é meu sangue oferecer/ passo-me pra vida eterna/ para lá os defender". O apelo à memória, nesse caso, poderia sugerir certa crença na persistência da atuação da alma de Getúlio em favor dos brasileiros. Interessante, nesse sentido, é o conteúdo de uma passagem de um folheto sobre a chegada de Vargas no céu, que assim se refere ao seu túmulo: "A tua tumba Getúlio/ ninguém se esquece dela/ se eu não morasse longe/ todo ano iria nela/ zelar pra sempre ser nova/ chorar em cima da cova/ e acender uma vela".[691]

A luta obstinada por uma autonomia nacional que nunca se completava e a correlata representação da morte em sacrifício pela pátria foram também os temas que mais fomentaram a comparação de Tancredo Neves com Tiradentes nos folhetos de cordel. Aliás, nenhum outro personagem da história brasileira parece ter sido tão comparado ao alferes da Inconfidência, aspecto que ia muito além das analogias feitas pela literatura de cordel, sendo sobejamente repetido nos noticiários nacionais.[692] Em

---

[691] Souza (1978). Em outro cordel, Getúlio Vargas foi representado como uma aparição, um personagem do passado que fez uma visita a Tancredo para dizer-lhe os rumos que deveria tomar em seu governo. Ver Zênio (s.d.).

[692] Discutimos o assunto na parte II do livro.

alguns folhetos, por outro lado, a relação entre os dois "heróis" aparece como uma temática que permeia toda a narrativa do poeta, como em *Tancredo e Tiradentes*, de Adalto Alcântara Monteiro, *O encontro de Tancredo com Tiradentes no céu*, de Franklin Maxado Nordestino, *Tancredo: o segundo Tiradentes*, de José João dos Santos e *O encontro de Tancredo com Tiradentes no céu*, de Expedito Sebastião da Silva. Várias outras obras dedicadas apenas a Tancredo Neves, entretanto, também aproveitaram para fazer analogias com a história do inconfidente mineiro.[693]

Vale destacar, portanto, alguns folhetos que recorriam ao tema da morte pela pátria para comparar o sacrifício de Tancredo com o de Tiradentes. Nas palavras de João José dos Santos (s.d.b): "Tancredo tornou-se um ídolo/ Dentre todos presidentes/ Um mineiro patriota/ E dos mais inteligentes/ Morreu ao bem do Brasil/ Em vinte um de Abril/ Um segundo Tiradentes". No mesmo sentido, Raimundo Santa Helena (1985b) destacava: "Tancredo e Tiradentes/ Tiveram a mesma sorte:/ Pelo povo deram a vida,/ Pelo Brasil deram a morte". Já Homero do Rego Barros (1985a) assim resumia a questão: "Repetindo Tiradentes,/ Neste 21 de abril/ Partiu o mártir Tancredo,/ Com seu Ideal viril/ De Democracia plena:/ Saiu da vida terrena/ Sonhando erguer o Brasil". Comparação semelhante tecia Adalto Alcântara Monteiro (s.d.a), em *Tancredo e Tiradentes*:

> Ambos serviram a Pátria
> Nos valores são iguais
> Ambos de São João Del Rey
> Filhos de Minas Gerais
> Um morreu faz pouco tempo
> O outro muito tempo faz.
> Tiradentes sofreu muito
> 3 anos encarcerado
> Depois que subiu à forca

---

[693] Entre as consultadas, podemos destacar: Almeida Filho (1987), Barros (1985a), Basílio (s.d.a, s.d.c), Melo (2001), Monteiro (s.d.b), Pereira (s.d.), Pessoa (1985), Santa Helena (1985a, 1984a, 1987), Santos, A. (1985b), Silva, E. (1985), Silva, O. (s.d.a), Souza Sobrinho (s.d.), Viana (1999).

> Esquartejado e salgado...
> Tancredo num hospital
> 7 vezes operado.
> Tanto um como o outro
> Amava muito a Nação
> Tiradentes desejava
> Acabar a escravidão
> Tancredo Neves queria
> Acabar a inflação.
> O Mártir da Inconfidência
> Foi enforcado no dia / 21 do mês de abril
> E o mártir da democracia
> Faleceu na mesma data
> Vítima de cirurgia.

Conforme mencionamos, ao tema da morte pela pátria se conjugava, na maioria das vezes, o da libertação nacional, pois, assim como Tiradentes, Tancredo não apenas se sacrificou com o objetivo de "erguer o país", mas para livrá-lo das amarras que supostamente impediriam seu desenvolvimento. Tais amarras poderiam aparecer de maneira pouco precisa, possivelmente remetendo ao fim da ditadura militar, como em algumas representações cordelistas: "Imitando Tiradentes/ Assim podemos dizer/ Todos dois eram mineiros/ O leitor pode escrever/ Morreram com lealdade/ Pela nossa liberdade/ É bom o povo saber" (Souza Sobrinho, s.d.). Na maioria das vezes, entretanto, era uma suposta exploração internacional, representada pela Coroa portuguesa, no caso de Tiradentes, e pelo seu "substituto" Fundo Monetário Internacional (o FMI), no de Tancredo, que fortalecia o imaginário de uma independência nunca plenamente alcançada. É nesse sentido também que alguns cordelistas, na esteira do tema sobre a chegada de Tancredo no céu, criaram um suposto encontro com Tiradentes, associando diretamente as duas figuras. Em *O encontro de Tancredo com Tiradentes no céu*, Expedito Sebastião da Silva representou o diálogo entre ambos, que ele teria visualizado quando foi transportado para o lugar da "bem-aventurança" durante um sonho. Ele começava pela fala de Tancredo ao inconfidente:

Tiradentes, eu sentia
Isto no meu coração
Recordava a tua luta
Em prol da libertação
Que pela pátria querida
Como um herói deste a vida
Sem nenhuma hesitação. [...]
Aquele teu ideal
Com todo respeito louvo
Pois sacrificaste a vida
Em benefício do povo;
Diz Tiradentes gentil:
Pra libertar o Brasil
Eu morreria de novo. [...]
Como eu, você, Tancredo
Tem a mesma teoria;
Somos duma só cidade
E morremos num só dia;
É uma coincidência
Eu, mártir da independência
Você, da democracia. [Silva, E., s.d.]

Em *O encontro de Tancredo com Tiradentes no céu*, Franklin Maxado Nordestino também recorria à representação do encontro celestial entre Tancredo Neves e Tiradentes para destacar uma continuidade na luta contra a exploração estrangeira. Uma das falas de Tiradentes parece bastante indicativa nesse sentido: "Eu sou este Tiradentes/ Que morreu ontem também/ Sou o seu mano patrício/ Que procurou fazer bem/ Lutar contra o português/ E tudo que não convém". Já a resposta de Tancredo, por sua vez, encaminhava-se na mesma direção: "Também, lutei contra forças/ Desse tal FMI/ Com multinacionais,/ Querendo tomar aqui/ Tudo que é do brasileiro/ Sem deixá-lo pronde ir" (Nordestino, 1985d). A autonomia em relação aos órgãos credores internacionais, é claro, já havia sido um tópico da própria campanha de Tancredo Neves, estando dentro da agenda de questões que movimentavam o meio político do país. Entretanto, sua morte teve também um papel fundamental na retomada do tema, ajudando a torná-lo um elemento importante dessa espécie de "esquema" de interpretação da história nacional.

Portanto, recuperar Tiradentes e Getúlio Vargas quando da morte de Tancredo Neves correspondia a resgatar uma narrativa lendária, reavivar sua força, acrescentar-lhe mais um capítulo. Constituía auxiliar na conformação de uma determinada versão da memória nacional, uma visão da "nossa história", expressa na remissão a certo passado (com personagens principais e eventos fundamentais escolhidos) que explica o suposto futuro de libertação ainda não alcançado. É interessante notar, nesse caso, como a releitura da atuação de Getúlio Vargas, por exemplo, se fazia a partir da exaltação de uma das dimensões da sua figura mítica, que corresponde menos à imagem do "Pai dos Pobres" do que àquela do lutador pela soberania nacional. Embora ambas estejam intrinsecamente ligadas (sendo sua distinção um mero recurso analítico), é possível diferenciá-las e perceber como um, entre os vários sentidos direcionados ao personagem histórico Getúlio Vargas, ganhou proeminência no momento da morte de Tancredo Neves, provavelmente aquele que de fato mais auxiliou na sua transformação em mito nacional.[694] Em outras palavras, a forte carga simbólica da morte de Vargas, sem dúvida, auxiliou na constituição da sua imagem como a de alguém que morreu pela libertação do país, possibilitando a identificação da sua trajetória com aquela da própria nação (ou seja, de uma luta obstinada por uma libertação cujo capítulo final compõe o cenário de uma tragédia). É nesse sentido, de uma total identificação entre Vargas e a nação, que podemos caracterizá-lo como um mito nacional e não apenas como um personagem mítico. E foi a esse mito nacional,

---

[694] Essa multiplicidade de sentidos é certamente um elemento importante para explicar a força do mito Getúlio Vargas. Para uma caracterização da narrativa mítica a partir da sua ambiguidade, ver Girardet (1987).

portanto, que a literatura de cordel recorreu na conjuntura da morte de Tancredo Neves.

Outros folhetos também se voltavam para a imagem da exploração estrangeira à qual o país sempre teria sido submetido, representando o brasileiro como um povo sofredor, marcado pelo fim trágico de seus supostos heróis libertadores.[695] Funcionando como uma espécie de síntese da história nacional, a ideia de que uma "força inversa" impediria uma libertação da pátria pode ser percebida num cordel de Francisco Zênio, que também representou o encontro entre os dois heróis, Getúlio e Tancredo. Nele, Getúlio é relembrado a partir do mito em que se transformou, auxiliando na conformação dessa narrativa de caráter linear e teleológico, que acabava dotando de sentido a história do país. Uma das falas de Getúlio Vargas a Tancredo Neves parece sintetizar bem a questão:

Eu quando fui presidente
O maior esforço fiz
Pra com destaque deixar
Equilibrado o país
Mas uma força inversa
Com atitude perversa
A pátria livre não quis [...]
Vendo a minha liberdade
De governar oprimida
Por pessoas que queriam
Subjugar-me na vida
Pra não cair no presídio
Recorri-me ao suicídio
Por ser a única saída. [...]
Governe este país
Sem ter rancor a ninguém
Ao povo sofredor

---

[695] É interessante notar que a composição de uma narrativa sobre a história do país com final trágico contraditava com as contínuas reinvenções da tradição heroica na literatura de cordel conforme analisadas por Mark Curran (2011:118), nas quais, "como sempre, tudo acaba bem".

Socorra fazendo o bem [...]
E pra nação libertar
Procure urgente pagar
A sua dívida externa. [Zênio, s.d.]

A constituição de uma narrativa sobre a trajetória nacional, na qual Tiradentes, Getúlio Vargas e Tancredo Neves figuravam como personagens míticos que representavam tentativas frustradas de libertação, pode realmente ser percebida em vários cordéis. Outro exemplo interessante é um folheto de João Batista Melo, sintomaticamente intitulado *500 Anos de pauladas e grilhões*. Na obra, o autor procurou dar conta de "toda" a história do Brasil, desde os chamados "Descobrimentos" até o governo de Fernando Collor. E a chave-explicativa que sintetiza sua interpretação é justamente a ideia de uma exploração internacional que impediu qualquer tentativa de tornar o país uma pátria independente. Como colorário, destacava-se a imagem de um povo sofrido, cujas tentativas de mudança desse malévolo destino de submissão a um poder externo perpassaram momentos fundamentais como as revoltas dos séculos XIX e XX, a punição a Tiradentes, a "traição" a Getúlio Vargas e a morte de Tancredo Neves. Enfim, uma narrativa que dá sentido à história do Brasil, com um início, meio e fim, pautada na ideia de uma espécie de predestinação à exploração estrangeira por parte dos brasileiros. Vale destacar alguns trechos que exemplificam tal interpretação do país:

Quando aqui tudo era paz
Terra, mar e céu de anil
Se vivendo sem queimadas
Nem ganância mercantil
A Europa aqui chegava
Trazendo cruz e fuzil [...]
Extraíram nosso ouro
E riquezas naturais [...]
Depois veio o Tiradentes
Querendo a Independência [...]

O Getúlio prometendo
Uma vida alvissareira
E quando se distraiu
Ela deu-lhe uma rasteira
Mas ele duro na queda
Voltou ao poder de novo [...]
Mas a elite vingou-se
Dando paulada no povo [...]
A esperança voltava
Sem truculência nem greves
Um Presidente civil
Naqueles dias tão leves
Aí mais uma paulada:
A morte de Tancredo Neves [...]
Aí o Brasil chorou
Morreu Tancredo, acredite!
A natureza, quem sabe
Ajudou a nossa elite
Com mais uma obra prima
A tal — "Diverticulite". [Melo, 2001]

Como se vê, não eram somente as elites e as potências estrangeiras as responsáveis pela usurpação sofrida pelos brasileiros: certa natureza também vinha atuando contra a libertação do povo. Esse sentido de tragédia, apresentada quase como uma essência da história do país e como algo que impede um futuro libertário, aparece também em *Encontro de FHC com Pedro Álvares Cabral*, de Arievaldo Viana (1999). No folheto, o autor representava a história de uma visão que o presidente Fernando Henrique Cardoso teria tido, quando visitava Porto Seguro (a "Terra do Descobrimento"). Chegando lá, Cardoso tomou uma misteriosa bebida oferecida por um pajé de uma tribo desconhecida, passou mal e foi transportado para outro mundo, onde se deparou com a esquadra de Pedro Álvares Cabral. No encontro, Cabral e Pero Vaz de Caminha censuraram a suposta venda que o presidente estava fazendo do Brasil aos estrangeiros, sendo depois seguidos das figuras de Tiradentes e outros inconfidentes, de Lampião e Antônio Conselheiro e, depois, de Tancredo Neves. Uma suposta fala de Cabral sintetiza bem aquilo que vínhamos destacando: "É assim/ Que queres desenvolver/ Um país tão promissor/ Que poderia crescer?/ Já fazem 500 anos/ De lutas e desenganos/ Sem o futuro ocorrer".

Embora os dois cordéis antes mencionados tenham sido produzidos num momento um pouco posterior, a ideia de "um futuro que não ocorre" por obra do destino ou de má sorte dos brasileiros foi bastante solicitada na conjuntura da morte de Tancredo Neves. No folheto *O presidente Tancredo, a esperança que não morre*, Manoel D'Almeida Filho (1985) contrapôs toda a esperança de recuperação que surgiu após a segunda operação do presidente aos desígnios do destino: "Porém o destino não/ Queria ser camarada:/ Fez no presidente/ Logo ser detectada/ Uma hemorragia interna,/ Talvez na parte operada". Já Manuel Basílio (s.d.a), em *O Brasil chora por Tancredo*, caracterizava o Brasil como um país sem sorte, mencionando o não atendimento às preces em favor da saúde do político mineiro: "Muitas preces foram feitas/ A doença foi mais forte/ Seu corpo não resistiu/ As investidas da morte/ Parece que o Brasil/ Tornou-se um país sem sorte". Franklin Maxado Nordestino (1985b), em *O Brasil de luto com a morte do presidente Dr. Tancredo A. Neves*, também se referia aos males de uma "vida enganadora" que sempre acometia os brasileiros: "Mas a doença maldita,/ Solerte e traidora/ Atacou-o na emoção,/ Ceifando a era vindoura,/ Deixando o povo frustrado,/ Mais uma vez derrotado/ Pela vida enganadora".

Parece existir certa sintonia entre a imagem de mais largo alcance sobre a trajetória do país e o sofrimento do brasileiro e algo típico da narrativa cordelista, que remete à tradição dos folhetos de focalizar o homem do povo, particularmente o homem humilde do campo. Na verdade, é sabido que o tema da representação do nordestino interiorano como símbolo do povo brasileiro é elemento constante de uma vasta produção cultural, ultrapassando o plano da literatura de cordel e perpassando um conjunto expressivo de obras literárias dos séculos XIX e XX. A criação da figura do Jeca Tatu por Monteiro Lobato, em fins da década de 1910, compõe um momento importante de reforço dessa tradição,[696] que ganharia novos contornos na esteira da busca dos elementos característicos da cultura nacional pelo movimento modernista dos anos 1920 e tenderia a ser incorporada pela propaganda política estatal de fins dos anos 1930.[697] O crescente processo de urbanização da sociedade brasileira talvez tenha diminuído o ímpeto no tratamento do tema, mas é certo que ele nunca deixou de atravessar diversas manifestações culturais, particularmente a literatura de cordel.

O problema da elevação do sertanejo a símbolo nacional pode ser relacionado à narrativa da história do país presente nos folhetos antes analisados, pois a tradição de tratar da miséria e da injustiça vividas pelo homem do interior nordestino certamente ajudou a configurar uma imagem igualmente trágica da trajetória do povo brasileiro de forma mais geral. A elaboração de uma versão da história nacional como uma luta pela independência que nunca se realiza, portanto, se alimentava de características próprias a toda a tradição literária cordeliana, pela qual inúmeros folhetos representaram as mazelas e injustiças que se repetem no ciclo cotidiano do sertanejo.[698] Não é surpreendente, inclusive, que ambos os aspectos se confundam em alguns cordéis, como em *Tancredo — o mártir da Nova República*, de Juvenal Evangelista dos Santos. No folheto, o autor tratou do sofrimento do povo brasileiro destacando mazelas bastante típicas do Nordeste do país: "Não há quem conte os abalos/ Que o Brasil tem sofrido/ Além da seca e inverno/ Perda de filho querido/ Cada soluço é um pranto/ Cada lágrima é um gemido". E sobre a morte de Tancredo como o contrário da nossa sorte, ele complementava: "Sofreu trinta e nove

---

[696] A figura do sertanejo, embora fosse tematizada por autores clássicos, como José de Alencar, Euclides da Cunha e Belisário Penna, se tornaria objeto de maiores debates a partir da caricatura elaborada pelo autor de *Urupês*, realçando a preguiça e a inércia do homem do interior, vítima da miséria e de condições precárias de higiene e de saúde (Jeca Tatu, assim, contradizia a idealização romântica valorizadora do vigor e da autenticidade do índio e do sertanejo). Lima (1999).
[697] Ver Queiroz (1989:21-22), Oliveira (2003:325-249). Para uma análise mais geral da "invenção" do Nordeste na literatura, ver Albuquerque Júnior (2011).
[698] Sobre a recorrência do tema das dificuldades de sobrevivência do sertanejo na literatura de cordel, ver Curran (2003:135 e ss.).

dias/ Batalhando contra a morte/ Os brasileiros rezando/ Pra Jesus lhe fazer forte/ Mas com a morte dele/ Contrariou nossa sorte" (Santos, J., s.d.).

O mais comum, por outro lado, era a representação da coletividade nacional como vítima dos desacertos da sorte e do destino. Em *Vida e morte de Tancredo Neves: o pai da Nova República*, Geraldo Amâncio Pereira (s.d.) assim resumia a suposta história trágica do país: "Refiro-me ao cidadão/ Tancredo de Almeida Neves/ A esperança de um povo/ Que vive de fome e greves/ E quando tem bons sonhos/ Além de utópicos são breves". No mesmo sentido, em outro cordel, de Expedito Sebastião da Silva (s.d.), os brasileiros podiam ser representados como "um povo que vive em desilusões completas". De fato, as frustrações causadas pela morte de Tancredo Neves realmente impulsionaram a elaboração de interpretações que conferiam um sentido de tragédia à história nacional, aspecto que, como já indicamos, também guarda relação com características próprias à literatura de cordel, com seus folhetos opondo mocinhos e vilões na luta pela superação das mazelas que afligem o povo brasileiro.

Nesse sentido, o mais relevante aqui não é considerar o cordel como algo que traduz de modo simplista um "imaginário popular" a respeito da morte de Tancredo Neves. O importante é perceber como os acontecimentos envolvendo o presidente pareciam sintonizados de modo impressionante com características daquela forma literária, fornecendo elementos intensamente utilizados pela imaginação dos poetas populares. Além disso, o processo de construção da imagem heroificada de Tancredo podia se servir, por exemplo, das figuras de Tiradentes e Getúlio Vargas, fartamente associadas à tópica da morte em sacrifício pelo país, inclusive nos próprios folhetos produzidos em momentos anteriores. O mesmo se poderia dizer de certo modelo conciliador de herói cívico, uma visão glorificadora de uma suposta tradição libertária mineira e, mesmo, da interpretação trágica de uma história marcada por uma independência nunca alcançada.

CAPÍTULO 3

O elogio do povo brasileiro: a narrativa histórica como poética do luto

A questão será para nós saber se, com o fim da monarquia de *Ancien Régime* e a transferência para o povo da soberania e de seus atributos, a historiografia pode eliminar da representação qualquer vestígio do discurso de louvor. Será perguntar ao mesmo tempo se a categoria grandeza e a de glória, que lhe é conexa, podem desaparecer sem deixar vestígios do horizonte da história do poder. [...] A democracia moderna pôs fim ao elogio do rei e à fantasmática a serviço do elogio? [Ricoeur, 2007:281]

Por isso, agora que a morte nos priva, dolorosa e irremediavelmente, do convívio com a astúcia e a coragem, a determinação e a paciência, a clara inteligência e a paixão cívica do extraordinário brasileiro comum que foi Tancredo de Almeida Neves, Presidente da República do Brasil, que ao menos nos sobre a lição de grandeza que, balizado pela vontade do povo, ele soube imprimir à sua vida. Para que, na história desta Nova República, instituições se criem, capazes de dar forma à sua esperança, e mais perenes, que nos assistam em nossa precariedade, ao nos confrontarmos com a fragilidade da vida, ainda que a vida de um grande homem. [Meyer e Montes, 1985:72]

Publicado poucos meses após a morte de Tancredo Neves, o livro *Redescobrindo o Brasil: a festa na política*, de Marlyse Meyer e Maria Lucia Montes, compunha-se de dois textos que tratavam dos acontecimentos recentes, ambos caracterizados pela concepção de que teria havido um retorno da festa na política após toda a movimentação popular em favor da campanha pelas eleições diretas para a Presidência da República. Embora o primeiro texto tivesse sido produzido e parcialmente publicado no ano anterior (ambos possuíam títulos homônimos ao do livro), ele era reeditado sob o argumento de que os "eventos ocorridos por ocasião da doença e da morte de Tancredo Neves" teriam reproduzido "os aspectos essenciais da 'festa cívica' analisados naquela oportunidade", o que, certamente, era um dos argumentos centrais do capítulo seguinte, que continha uma narrativa sobre os funerais presidenciais (Meyer e Montes, 1985:1).

O segundo texto, ao formular uma representação histórica da morte presidencial, reconstituía uma interpretação mais geral sobre a história nacional na qual o "povo brasileiro" aparecia como sujeito central de uma estrutura narrativa que possuiria vários elementos similares aos identificados no programa de televisão e nos folhetos de cordel já analisados. Ressaltar esses elementos é um dos objetivos principais deste capítulo, que permitirá, assim, elaborar interrogações sobre a representação histórica formulada no livro de Meyer e Montes e, por conseguinte, sobre nossa própria narrativa. Conforme já se destacou, tratava-se de um momento singular, em que os próprios fundamentos simbólicos da comunidade política foram colocados em questão pela morte presidencial, particularmente propício para se interrogar sobre as complexas relações entre essas diferentes formas de representação do passado.

O livro *Redescobrindo o Brasil: a festa na política*

Reivindicando a subjetividade como aspecto fundamental do conhecimento e buscando, em vários momentos, diferenciar-se do saber dos "especialistas", o livro de Meyer e Montes não pressupunha uma leitura completamente distanciada daqueles acontecimentos, embora não deixasse de apontar a utilização de uma "vasta documentação jornalística e de história oral relativa aos eventos".[699] Suas interpretações não eram colocadas num plano científico, ressaltando, inclusive, que, diante da "comoção da experiência vivida, o arsenal comum do cientista político se banaliza", além de, em muitos momentos, criticar uma interpretação do passado pela qual o "povo" seria tomado sempre como passivo, jamais tornando-se agente de um processo histórico entendido como de construção nacional. A subjetividade reivindicada, entretanto, não deixava de configurar um lugar de fala, sabidamente uma condição de possibilidade de qualquer representação do passado.

Tratava-se, em última instância, não de uma defesa do papel dessa mesma subjetividade como forma de gerar um descentramento em relação à experiência vivida, mas da postulação de um lugar diferenciado por sua ligação direta com a intensidade dos acontecimentos experimentados, com a atmosfera emocional de eventos que eram entendidos como incomensuráveis, impossíveis de serem definidos pelos parâmetros de qualquer análise científica. Diante da "brutal, indevida e inesperada irrupção do real mais absoluto, mais escandaloso" (Meyer e Montes, 1985:53), Montes e Meyer não deixavam de, indiretamente, sugerir um caminho supostamente mais plausível na tentativa de compreendê-lo: "Por isso nos vemos forçados a nos ater ao acontecido, colados aos eventos, para tentar, sem outro guia que esse próprio suceder, decifrar nele a sua lógica" (Meyer e Montes, 1985:5). Não se poderia deixar de perceber certa perspectiva irônica que perpassava o texto ao ressaltar a necessidade de deixar "aos especialistas a tarefa de inventariar e explicar as múltiplas dimensões simbólicas dos episódios por nós vividos" (Meyer e Montes, 1985:53).

Por certo, não apenas o ter visto diretamente autorizava o texto, mas também o fato de estarem imersas num mesmo plano de comoção cole-

---

[699] Meyer e Montes (1985:1). Marlyse Meyer e Maria Lucia Montes possuíam uma carreira acadêmica expressiva quando o livro foi publicado. Marlyse Meyer já havia obtido o grau de doutorado (1961) e de pós-doutorado (1975) em linguística, na Universidade de São Paulo (USP), e Maria Lucia Montes tinha terminado seu doutorado dois anos antes da morte de Tancredo, com uma tese sobre representação do social e do político na cultura popular, igualmente defendida na USP, mas na área de ciência política. O estudo da cultura popular foi tema de vários textos das autoras, em sua grande maioria publicados após o livro de 1985.

tiva, que repercutia num livro com citações de fontes das mais diversas (desde as jornalísticas, passando pelas falas de apresentadores de TV, de políticos ou dos médicos que cuidaram do presidente), aspecto que não deixava de simular o efeito da presença no mesmo lugar de outros expectadores de eventos que eram, no próprio texto, indicados como um grande espetáculo. A figuração do "nós" que atravessava o livro em muitos momentos, construindo um lugar para as autoras como parte de um coletivo que, geralmente designado no Povo, poderia remeter para outras entidades como a Nação ou a Nova República, conjugava-se com a reivindicação da necessidade de "considerar o espetáculo a partir das ruas, do ponto de vista do ator de carne e osso que o construiu como festa cívica" (Meyer e Montes, 1985:29).

Numa análise inicial do pequeno livro de Montes e Meyer, percebem-se vários elementos que se assemelham àquilo que ressaltamos na narrativa televisiva e nos cordéis analisados. O mesmo se poderia dizer em relação ao que foi dramatizado nos funerais de Tancredo Neves, ou mesmo nos acontecimentos do período logo anterior, caracterizado pela atmosfera de intimidade criada em torno do presidente adoecido e de Risoleta Neves. Esta última, por exemplo, ressaltada como uma "frágil e valorosa primeira dama que, em seu momento de dor, aceitava compartilhar o luto com seu povo" (Meyer e Montes, 1985:37), era novamente representada pela imagem do sofrimento e da dignidade, inclusive por referência ao seu pronunciamento no domingo de Páscoa: "Do mesmo modo, a alegria com que foram recebidas as palavras de Risoleta [...] mostraria o quanto ela era apenas o porta-voz, e o mais autorizado dentre todos, de um sentimento geral da Nação" (Meyer e Montes, 1985:40).

No caso de Tancredo, às referências ao "herói da democracia" que, fazendo renascer o "herói da independência", produziria "a reinvenção de uma formidável experiência de redescoberta do Brasil" (Meyer e Montes, 1985:69), se somariam todas as representações em torno da religiosidade e da intimidade do político mineiro. Assim como nas narrativas antes analisadas, uma suposta espontaneidade era destacada, numa leitura pela qual a participação na irmandade de São Francisco de Assis era apresentada como um dos "dados naturais" da sua biografia que somente teria sido realmente conhecido ao final dos acontecimentos, por conta dos funerais na cidade natal do falecido presidente (Meyer e Montes, 1985:56). Símbolo também de uma suposta autenticidade, manifesta no "compromisso de fraternidade e humildade que naturalmente leva ao amor ao pobre, mas nem por isso exime da obrigação de assumir as honras do mundo" (Meyer e Montes, 1985:56), a religiosidade acentuava novamente a imagem de intimidade do homem comum, afinado com o sentimento mais verdadeiro de seu próprio povo:

> Por isso a efígie que de Tancredo Neves se recortará contra o tempo guardará dele, nos traços do estadista, não o rei ou o Messias, mas a figura do Príncipe, aquele cujo poder se cria na medida em que se identifica com seu povo, um povo que só se constitui como povo e como ator político quando tem no Príncipe seu intérprete e porta-voz: o que ausculta seu sentimento e o traduz pela razão na palavra que mobiliza sua vontade, como força coletiva sem a qual não há Nação, Estado ou História. [Meyer e Montes, 1985:71]

Além da explícita referência à obra de Maquiavel, na figura do Príncipe como capaz de traduzir a vontade de seu povo, Meyer e Montes também remetiam para uma matéria jornalística de Mauro Santayanna, que caracterizaria Tancredo como "um admirável homem comum": "os homens excepcionais não são aqueles que sobressaem do quadro de seu tempo, mas os que o assumem com a consciência do necessário e do possível" (Meyer e Montes, 1985:71). Sem dúvida, o uso dessas referências poderia indicar uma leitura crítica do estabelecimento do mito, repercutindo a sensibilidade analítica das autoras na percepção das formas específicas de incorporação do poder dentro das configurações políticas particulares daquele período em que se anunciava a Nova República. Não obstante, tal como no programa de televisão já analisado, eram vários os momentos em que a identificação do político mineiro com o povo tornava-se argumento fundamental da narrativa: "Tancredo de Almeida Neves [...] fora legitimado em seu poder porque amado pelo povo. E amado por ter sabido dar forma e sentido à esperança que esse mesmo povo, em São Paulo, apesar da morte, se recusara a abandonar" (Meyer e Montes, 1985:50).

Nesse aspecto, o livro de Meyer e Montes poderia ser comparado à ambivalência que Claude Lefort encontrou na obra de Michelet, tendo em vista a conjugação de uma até então inigualável compreensão do "mistério da encarnação da monarquia", sugestiva, até mesmo, dos limites da aplicação empírica do modelo de Ernst Kantorowicz sobre os dois corpos do rei por reconstituir todo um "registro erótico-político" de identificação dos súditos com o monarca, com a tendência à sacralização de entidades imanentes do mundo político, como a Nação, a República, a Humanidade e, principalmente, o Povo, representado numa perspectiva teleológica pela qual a história da França era aquela da sua própria realização.[700] Na verdade, a impossibilidade da incorporação do poder num governante que lhe fosse consubstancial, para Lefort, caracterizava a chamada *revolução democrática*, justificando a sacralização das instituições e de entidades abstratas que, embora relativizassem os diagnósticos sobre uma crescente e inexorável desvinculação entre o político e o religioso, apontavam para a dinâmica própria de uma época em que os princípios de legitimação do poder seriam, a todo tempo, postos à prova.[701] A escrita de Michelet, portanto, era também representativa das novas formas de instituição do social do período pós-Revolução Francesa, que, apesar do descrédito aos fundamentos teológico-políticos das teorias medievais que permitiram analogias entre a figura real e o duplo corpo de Cristo, jamais deveria ser entendida como uma total ruptura com o passado, sem que houvesse qualquer permanência de formas anteriores de religiosidade.

Não obstante certa generalidade dessa interpretação quando projetada para toda a época democrática, talvez nunca, no caso brasileiro, o lugar do poder tenha se tornado vazio de forma tão dramática quanto no momento da morte de Tancredo Neves, justificando a comparação entre a ambivalência encontrada por Lefort nas obras de Michelet e certo paradoxo que se poderia ressaltar no livro de Meyer e Montes: a sensibilidade analítica

---

[700] Conferir Lefort (1991b:249-295).
[701] Conferir também Lefort (2011). Tratamos do tema na análise dos funerais de Tancredo Neves.

que permitia uma percepção dos mecanismos que, anteriormente, haviam justificado as tentativas de incorporação do poder por meio de uma forte construção simbólica em torno de Tancredo Neves era também utilizada em favor da sacralização de entidades coletivas incorpóreas, como a Nação, a República ou o Povo brasileiro. Como indicamos anteriormente, a enorme imprevisibilidade advinda do anticlímax que se tornou a morte daquele para o qual tinha sido direcionada toda a simbologia republicana, inclusive na sua dimensão de encarnação de sua nova fase (a Nova República), além de dramatizada em eventos importantes de seus funerais, impulsionava a elaboração de narrativas que, de certa forma, respondiam à perda de substância do próprio corpo imaginário da comunidade política.

Assim, de modo semelhante ao programa de TV analisado ou à poesia cordelista, o livro de Meyer e Montes estabelece uma representação histórica que, funcionando igualmente como trabalho de luto, tentava reconfigurar os mecanismos de sacralização que dão significado ao mundo político, conferindo um lugar ao poder a partir da sua reincorporação no líder que supostamente representava seu povo. Essa incorporação do poder na pessoa de um governante que, dramaticamente, não mais existia conjugava-se com a sacralização das entidades coletivas destacadas, gerando uma situação complexa, já que não se tratava apenas da construção simbólica da representação de um governante que encarnaria os anseios mais verdadeiros de seu povo. Ou seja, tratava-se do investimento na incorporação do poder num personagem que não mais estava vivo, cujo corpo físico já havia se tornado lugar de projeção simbólica de um conjunto de expectativas de mudanças desde, pelo menos, seus funerais. O livro de Meyer e Montes, de certo modo, dava continuidade a essa mescla entre trabalho de luto e disputa pelo lugar do poder nas novas conformações assumidas pela comunidade política.

A figuração de entidades como a Nação, que permitia conferir um lugar simbólico e indeterminado ao poder, está presente em vários momentos do livro de Meyer e Montes. Assim como no noticiário de televisão, são muitas as referências à unidade do sentimento de uma coletividade que, à forma de um personagem, assistia à tragédia que lhe era encenada. As menções ao "estupor e pranto de toda a Nação" (Meyer e Montes, 1985:22), à "tragédia vivida por toda uma Nação" (Meyer e Montes, 1985:51), ao "espetáculo extraordinário do qual toda uma Nação, entre o medo e a esperança, se viu compelida a participar" (Meyer e Montes, 1985:18), ou ainda ao "espetáculo retransmitido pelas emissoras de TV, a que assistia como que paralisada toda a Nação" (Meyer e Montes, 1985:22) são exemplos nesse sentido. O mesmo acontecia com outros personagens da narrativa, tal como a ainda "nova" e "frágil" "República recém-nascida, que deve enfrentar a gigantesca tarefa de remover do Estado o entulho de 20 anos de exceção" (Meyer e Montes, 1985:33).

Nesse sentido, assim como Tancredo e Risoleta Neves, a Nação e a República podiam figurar como personagens da narrativa de Meyer e Montes, da mesma forma que o povo brasileiro ou a cidade de São João del-Rei. Esta última, inclusive, era fundamental na identificação de Tancredo com o povo, conforme já mencionado, assim como na construção da imagem da intimidade e autenticidade do político mineiro:

> Nesse cenário enclausurado pelas montanhas de Minas, entre os penhascos onde nasceu, entenderíamos o sentido da sua tolerância, serena forma de consciência política, feita de paciência, tenacidade e ausência de ressentimento de quem sabe a matéria de que se constrói a história. Consciência nascida do espírito de meditação a que convida a paisagem, mas também, como lembraria ainda o ministro [Fernando Lyra], da força "dessas rochas geradoras da rebeldia contra os tiranos e da dignidade com que se edificam as nações". [Meyer e Montes, 1985:22]

Tal como as imagens de TV anteriormente analisadas, ao focarem o céu de São João del-Rei, repercutiam representações acerca daquela localidade como lugar da mais autêntica nacionalidade, o livro de Meyer e Montes não apenas formulava um elogio daquela cidade, mas a tornava expressão da identificação do povo com Tancredo, onde a esperança contida em sua "promessa se revelava, na certeza de uma verdade tangível e quotidiana da vida simples do povo da cidade, como compromisso com a história de uma Nação a construir, retomando o sonho de outro ilustre filho da terra [o Tiradentes]" (Meyer e Montes, 1985:50-51). Ali, Tancredo "fora legitimado em seu poder porque amado pelo seu povo" (Meyer e Montes, 1985:50), numa paisagem cuja descrição indicava a sedimentação de camadas de história:

> Cidade que, contra o céu e o perfil das palmeiras imperiais e das montanhas, desenhava a força do Aleijadinho, no traçado da igreja de São Francisco de Assis, onde ocorreriam as cerimônias da pompa do funeral. Ao som de Ribeiro Bastos, da Lira São-Joanense, da Opus Dei e da Sinfônica, orquestras e corais cujas origens remontam ao século do ouro e às tradições das corporações de artesãos que construíram a glória do barroco mineiro, o povo rezou pelo doutor Tancredo: os músicos, rivais, pela primeira vez tocavam juntos, em homenagem ao ilustre filho da terra. [Meyer e Montes, 1985:49]

Se, como Tancredo ou Risoleta, a Nação ou a República podiam figurar como personificações da representação histórica elaborada por Meyer e Montes, sem dúvida sua narrativa figurava outro personagem que, como sujeito principal, preexistia, mas aguardava o momento de sua verdadeira realização: o povo, que "esperava sua hora para desempenhar o papel crucial, sem que ninguém no *script* por fazer, conhecesse de antemão a sua fala" (Meyer e Montes, 1985:23). A narrativa dos funerais presidenciais, nesse caso, se fundamentava numa temporalidade relativa à constituição deste mesmo povo, num antagonismo entre os ritos estabelecidos pelo Estado e o sujeito principal daquela história: "nesse silêncio, mantido à distância por cordões de isolamento, o povo à espera" (Meyer e Montes, 1985:23). A caracterização da "festa cívica" como epílogo desse enredo voltado para a constituição do povo como herói de uma batalha na qual a política se constitui pelas ações de duas forças antagônicas (o povo e o Estado, ou a elite e o povo), por outro lado, traria especificidades ao fundamento trágico daquela narrativa.

Com efeito, analisada num plano mais profundo, a representação histórica dos eventos elaborada por Meyer e Montes constituía uma interpretação histórica que, de forma semelhante aos folhetos de cordel, figurava o povo brasileiro como sujeito principal de uma história nacional que se confundia com sua própria libertação, mas cujo desfecho acabava por transformar o final trágico num momento inaugural, de redescoberta desse mesmo povo, numa espécie de catarse que não funcionava como um reequilíbrio das coisas ou como um retorno a uma situação de opressão após o castigo do destino, mas como o início de um novo ciclo, que se expressava pela transformação do luto em festa, conforme se poderia notar por aquilo que teria sido encenado nos próprios funerais.

Verdadeiro elogio do povo brasileiro, o texto indica que tais manifestações se tornaram visíveis justamente nos momentos em que esse personagem central de suas histórias conseguiu impor sua própria vontade nos cortejos. Vários momentos da narrativa demarcariam esses lampejos festivos, de retorno da festa na política e redescoberta do Brasil: "Inesperada, quase inconcebível, a festa cívica explodia, enfim, mais uma vez, na rua [...]" (Meyer e Montes, 1985:23). Indicada por referência às obras de Rousseau, a "festa cívica" destacada por Meyer e Montes apontava a reconstituição de um verdadeiro sentimento nacional, aspecto que foi base, como se sabe, da noção rousseauniana de religião civil como fundamento de uma identificação com a pátria que era não apenas cognitiva, mas, sobretudo, enraizada em sentimentos e afetividades, plano que jamais se alcançaria senão por uma forma nova de religião política.[702] Para além do uso que Meyer e Montes fizeram da referência, como não deixar de perceber que a tendência à sacralização das instituições, ou mesmo de incorporação do poder na figura de Tancredo Neves ou do povo, com o qual era identificado, constituía uma resposta ao modo como foi colocado em questão de forma específica o próprio corpo da comunidade política? Como não pensar, inclusive, no amplo debate sobre a transferência da sacralidade do plano da religiosidade para o mundo da política?

Nesse caso, caberia ressaltar aqui a obra de Fernando Catroga, que buscou matizar as teses sobre a modernidade que, numa perspectiva cientificista, postularam um paulatino e inexorável declínio do religioso, assim como aquelas que apostaram num regresso de formas anteriores de sacralidade (Catroga, 2006b). Mesmo que não mais amparado num discurso

---

[702] Sobre a religião civil de Rousseau, conferir Catroga (2006b).

que, crente no julgamento final e na imortalidade da alma, invocava deidades, como aquelas presentes tanto na própria religião civil de Rousseau quanto nas festas da Revolução Francesa (com a figura de Robespierre e o culto do Ser Supremo), o Estado, em vários casos nacionais, continuaria a pôr em cena uma espécie de religiosidade cívica, que se mesclaria com a ênfase na educação nacional e que, na França, por exemplo, conformaria uma cultura republicana com forte teor laico, mas que não deixaria de recorrer a formas de sacralização de entidades imanentes da política, conforme se poderia perceber no próprio discurso micheletiano.

De fato, a indicação da permanência de fundamentos religiosos na cultura republicana não impediria o historiador português de ressaltar formas novas de sacralização do político, criticando, inclusive, as leituras que, fundamentadas na noção de invenção das tradições, apostariam numa "antropologia em que a condição humana fica excessivamente reduzida à sua dimensão racional, o que empobrece a compreensão das suas multímodas expressões históricas" (Catroga, 2006b:98). A questão principal, portanto, não se pautaria na permanência ou não do religioso, por vezes tratada de modo simplificado, mas no próprio fundamento da narrativa de Meyer e Montes como forma de sacralização de entidades do mundo político: como compreendê-lo como base da representação histórica que o livro estabelece? Não se deveria tomar por fundamento interpretativo dos eventos rituais relativos à morte de Tancredo Neves uma narrativa histórica que, ao invés da sacralização de entidades coletivas como a Nação, a República ou o Povo, colocasse efetivamente em questão o processo de sua própria constituição ou reconstituição? Poderemos retomar o problema ao final do capítulo.

O programa televisivo, a poética do cordel e a narrativa histórica: possíveis aproximações

Sem dúvida, a figuração do povo como sujeito central de uma narrativa acerca da história nacional constitui o elemento mais visível na aproximação entre a representação histórica produzida por Meyer e Montes e aquilo que foi analisado no programa *O martírio do Dr. Tancredo* e nos folhetos de cordel nos capítulos anteriores. Em última instância, trata-se da relação entre formas de composição narrativa e de representação do poder num momento em que toda a simbologia republicana, com seus elementos fundadores do pacto que dá sentido à comunidade política, tornou-se objeto de mais intensa disputa, tendo em vista a morte de Tancredo Neves, fartamente representado como encarnação de um projeto de reformulação da nacionalidade que se anunciava. Por outro lado, paralelamente à narrativa dos funerais elaborada por Meyer e Montes, na qual o sujeito-povo aparecia como fundamento da temporalidade com que se manifestava um sentimento de identificação nacional (que, tal como uma energia preexistente, parecia ter encontrado seu verdadeiro lugar nos cortejos), a representação histórica então formulada configurava outra temporalidade, de mais longa duração, mas não menos explicativa dos fundamentos daquela narrativa. E, tal como nos cordéis antes examinados, trata-se de uma narrativa que sintetizava toda a história nacional:

> Se algo, ao longo desta história [...] foi responsável pela criação e manutenção de uma mesma nação e um único Estado [...], a duas instituições se poderiam sem dúvida atribuir este verdadeiro milagre. Em primeiro lugar, a força das armas, do Estado português e daqueles que, em seu nome, garantiram a ocupação e defesa do território [...]. Depois, a força da fé católica, a começar pela Igreja dos jesuítas e, mais tarde, das demais congregações [...]. Foi ainda à sua sombra que o povo inventou sua cultura e suas festas e, teimosa e pacientemente, recompôs os fragmentos das heranças culturais destroçadas, num convício de cooptação e sincretismo de que nasceram em sua maior parte as manifestações de sua cultura neste país, desde as formas de religiosidade 'espúrias' de escravos e indígenas até as manifestações tidas como 'folclóricas', das devoções às danças, passando pela música e os folguedos. Nestas, e não em outras formas da cultura brasileira, é um elemento essencial a linguagem da fé e da emoção [...].
> [Meyer e Montes, 1985:66-67]

Como se pode notar, a síntese da história brasileira novamente se estruturava por um antagonismo profundo entre duas forças que se embatem, como no conflito mais visível entre a Igreja e o Estado, por um lado, e o povo, como sujeito que se redescobre a partir da festa na política, manifestando sua própria cultura, base fundamental da "cultura brasileira". Não obstante, por trás desse conflito mais visível, a estruturação temporal da narrativa de Meyer e Montes remete para um antagonismo mais profundo, que opõe a racionalidade das elites políticas à fé e emoção desse mesmo povo, cujas manifestações, mais espontâneas e verdadeiramente nacionais, se expressavam na linguagem do desejo, das expectativas, ou seja, em outra ordem simbólica, somente passível de compreensão por uma narrativa carregada de subjetividade como a que ambas as autoras formularam. Essa oposição estrutura todo o texto, sem dúvida caracterizado pela busca de uma linguagem adequada à forma emocional e afetiva de expressão desse personagem-sujeito-povo, que poderia remeter a uma espécie de "Brasil profundo", tal como aquele buscado no programa *O martírio do Dr. Tancredo*, e que no livro de Meyer e Montes é apresentado em alguns momentos como o "país real" contra o "país legal" da racionalidade das elites políticas (Meyer e Montes, 1985:69-70).

A comparação é pertinente também num outro sentido, já que esse "país real" se confundia, por vezes, com a imagem de "um Brasil misturado" (Meyer e Montes, 1985:70), que poderia enviar às representações da diversidade nacional como verdadeira essência do ser brasileiro presente no programa da Rede Globo, tal como a ênfase no sofrimento que enraíza as manifestações de religiosidade poderia fazer lembrar a relação entre a versão trágica da história nacional que os cordéis formulavam e toda a tradição daquela forma literária de tematizar as difíceis condições de vida do homem do campo. É nesse sentido que se pode entender a crítica às leituras que, "partindo de um olhar que da sociedade só vê a história de seu passado, e do povo a impotência", esqueceriam de fazer "uma pergunta que se fazem os filósofos e os teólogos", interrogando "por que e em que condições a religião pode aparecer como uma linguagem necessária, na vida de cada um de nós, independentemente da nossa posição social ou da nossa ideologia" (Meyer e Montes, 1985:59).

É importante ressaltar novamente que *O martírio do Dr. Tancredo* foi um programa sintetizador de elementos que ultrapassam uma simples invenção momentânea a partir de recursos midiáticos, confundindo-se com a mencionada busca por um "Brasil profundo", por aspectos que poderiam ser percebidos por qualquer brasileiro como especificamente nacionais. A narrativa que estruturava o programa se amparava em leituras do país preexistentes, facilmente compreensíveis e de forte identificação para um suposto "homem comum brasileiro", aquele indivíduo cujo sofrimento e a fé pareceriam esbarrar nos entraves que impedem o grandioso destino nacional. Esse homem idealizado, de fato, não está muito distante daquele outro do interior nordestino tão focalizado na poesia cordelista, configurando uma representação daquilo que constitui o povo brasileiro em sua essência, tal como no livro de Meyer e Montes, o que remete ao problema da circulação dessas imagens em diferentes campos culturais.

Alguns analistas já defenderam que a literatura de cordel "recodifica" para os referenciais de um "público popular" de determinada localidade uma "cultura nacional de massas", e que, no momento da morte de Tancredo Neves, os autores de folhetos se utilizaram fartamente das informações televisivas para formular suas obras.[703] Considerando esse tipo de análise, é importante destacar também que parece ter havido, por parte do programa de televisão estudado, a tentativa de projetar uma imagem próxima ao que se poderia chamar, com alguma simplificação, dos referenciais populares de leitura da realidade. É nesse sentido, portanto, que qualquer interpretação reducionista, que poderia identificar apenas a influência (ou manipulação, numa leitura ainda mais incisiva) do meio de comunicação mais poderoso sobre uma narrativa popular por vezes percebida (de modo igualmente simplista) como espontânea e dotada de uma pureza original, não pode dar conta do fenômeno. Tal consideração, é claro, não exclui a convicção de que a televisão tinha, naquele momento, uma capacidade muito mais intensa de objetivar sua mensagem do que qualquer outro meio de comunicação, mas chama a atenção para a interação dinâmica entre essas diversas formas de produção cultural. A comple-

---

[703] Ambas as posições se encontram em Curran (2003:24 e 217-218). Vale ressaltar que a própria noção de "público popular", utilizada pelo autor, já parece bastante imprecisa, inclusive considerando o aumento do consumo dos folhetos de cordel por parte de um público de classe média das grandes cidades nos anos 1970 e 1980 (processo, aliás, destacado pelo próprio Mark Curran).

xidade do fenômeno aponta mais para a circularidade das imagens do que para uma relação apenas unívoca e verticalizada.

É claro que, ao lado de certa visão providencialista da história brasileira e da exaltação de Tancredo Neves, que são alguns dos aspectos mais visíveis nos três diferentes materiais analisados, vários outros elementos os diferenciam. Enquanto o programa *O martírio do Dr. Tancredo*, ao construir uma imagem fetichizada do povo brasileiro como cristão, solidário, pacífico, formulava uma narrativa mítica que estimulava a leitura resignada dos acontecimentos, os folhetos de cordel podem ser interpretados, em seu sentido mais profundo, como uma manifestação de insatisfação com a realidade existente. Ao mesmo tempo que projetavam para o "outro mundo" as expectativas de mudanças, ou mesmo quando apresentavam grande pessimismo quanto às reais possibilidades de alteração das injustiças "deste mundo", os folhetos explicitavam também certo inconformismo, que não parecia conceder qualquer legitimidade à situação social e política que se apresentava como uma marca permanentemente negativa da história brasileira.[704]

Em certa medida, nos folhetos de cordel, esse tipo de leitura acabava compondo uma interpretação que pode ser considerada desmobilizadora, tendo em vista o estado praticamente inalterável com que as condições do país eram apresentadas. Ainda assim, tal compreensão da realidade difere bastante daquela presente em *O martírio do Dr. Tancredo*, pois não se demonstrava reconfortante, conciliadora, com tendência a contrabalançar a fragilidade da situação política com o enaltecimento do caráter positivo do "povo brasileiro". É claro que, se comparados ao livro de Meyer e Montes, os folhetos de cordel parecem realmente manifestar uma visão mais pessimista sobre o destino nacional. A visão igualmente trágica da história do país, no caso dos cordéis, estava saturada dos elementos que se relacionam à "dura" realidade de amplos setores da sociedade brasileira (principalmente a po-

---

[704] Talvez se possa destacar que a narrativa presente nos cordéis se aproximou daquilo que Dominick LaCapra (2005:65-103) caracterizou como uma tendência à transformação da perda numa ausência, já que a morte do político que foi objeto de relevantes expectativas estimulou a interpretação de que a história nacional seria, em si mesma, marcada por uma falta, que funcionava como fórmula de identificação do povo brasileiro.

pulação pobre do Nordeste do país) e que constituem temas constantes da produção cordelista. Não se deveria deixar de perceber, entretanto, que havia ali também uma leitura muito menos conformada do que aquela do programa da Rede Globo.

Repercutindo a ideia de uma luta por uma independência nunca alcançada, muitos folhetos colocavam a atuação de Tancredo Neves dentro de uma linhagem de "heróis nacionais", praticamente não referida no telejornal da Rede Globo (linhagem que incluía, além de Tiradentes, figuras como Getúlio Vargas e Juscelino Kubitschek, que também teriam se sacrificado pela nação). Assim, esta que é uma característica da literatura de cordel (como uma narrativa centrada na luta heroica de determinados personagens) ganhava também um significado diferenciado, pois remetia diretamente ao tema da exploração internacional como chave explicativa da história do país. Negligenciado em *O martírio do Dr. Tancredo*, o tema permitia aos autores dos folhetos construírem um sentido para a história brasileira que, ao mesmo tempo que se apresentava pessimista e trágico, amparava-se numa profunda insatisfação com a contínua presença de um futuro que se apresenta promissor, mas permanece impossibilitado de ocorrer.

Sem dúvida, o tema da exploração estrangeira, iniciada pela dominação portuguesa, assim como as referências a outros supostos heróis nacionais, como o Tiradentes, também apareciam no livro de Meyer e Montes. Entretanto, na representação histórica ali formulada a história do país não se realizava em outro mundo, mas por uma redescoberta do Brasil, por uma reescrita de toda essa trajetória da nação desde a chegada dos portugueses, tendo em vista a entrada em ação do povo brasileiro como seu verdadeiro personagem-sujeito. Nesse caso, a tese da transformação do luto em festa cívica não apenas contrabalançava o suposto final trágico do enredo, conferindo um lugar às expectativas formuladas em favor do início de um novo ciclo, mas indicava como a morte presidencial havia colocado em questão, de forma dramática, o próprio corpo da comunidade política como construção imaginária, disputada por meio da figuração do povo como aquele que surgia como sujeito histórico cujas condições políticas então vividas tornavam impossível ignorar.

Tratava-se, portanto, do próprio lugar do poder que estava em jogo, de uma disputa pelo imaginário político por meio de composições narrativas que, num plano simbólico, tentavam dar conta daquilo que confere dimensão antropológica ao político (ou, nas palavras de Clifford Geertz, respondiam à tendência do homem para "antropomorfizar o poder") (Geertz, 2009:182-219). De forma semelhante à sacralização de outras entidades como a Nova República e a Nação, a busca por essa espécie de "Brasil profundo", tal como apresentada no programa da Rede Globo ou no livro de Meyer e Montes, correspondia às tentativas de conferir substância à comunidade política reificando o Povo como sujeito coletivo que se tornava o centro das disputas pelo lugar do poder num momento de forte instabilidade institucional. Em outras palavras: às formas do imaginário político, disputado também nos funerais presidenciais, correspondiam formas de composição poética ou narrativa que, figurando sujeitos abstratos e incorpóreos, expressavam os conflitos acerca dos pactos que fundamentam a vida coletiva, tendo em vista a natureza do homem como animal simbólico.

Nesse sentido, o repertório comum de temas que aparecem nessas diferentes narrativas, além de relacionado com as condições históricas mencionadas e com leituras preexistentes sobre a nacionalidade, ganhava sentidos diferenciados, já que os componentes do mundo simbólico possuem sempre sentidos elásticos, cujos usos dependem também das intenções dos agentes históricos (Sahlins, 2003b). No caso da religiosidade popular, por exemplo, ainda que o livro de Meyer e Montes também reproduzisse determinados pronunciamentos de autoridades eclesiásticas várias vezes mostradas no vídeo pela Rede Globo, havia certamente um enfoque diferenciado no tratamento do assunto em relação ao *O martírio do Dr. Tancredo*. Até porque a valorização das expressões de fé de um suposto homem brasileiro que caracterizou não apenas o programa, mas também outros noticiários impressos e televisivos, foi acompanhada das suspeitas em relação a um suposto "fanatismo religioso", principalmente com a espécie de romaria que se formou ao túmulo de Tancredo Neves, na Igreja de São Francisco de Assis, nas semanas após a sua morte.

Em vários momentos do livro de Meyer e Montes, esse "Brasil profundo", com sua emotividade e fé religiosa, aparecia como o verdadeiro Brasil: "É com esse 'país real' que, queiramos ou não, há de se fazer a política no Brasil" (Meyer e Montes, 1985:70). "País real" que, na interpretação das autoras, não deveria ser confundido com a existência de "bárbaros primitivos" ou com uma "sociedade arcaica" (Meyer e Montes, 1985:70). A forma como tal caracterização constituía uma resposta a certas leituras existentes no período se torna clara no trecho seguinte:

> Enganavam-se, pois, as agourentas Cassandras que, pela voz dos assalariados da razão a serviço da *intelligentsia* e da formação da opinião pública, se assustavam com a súbita emergência de um "Brasil arcaico" que se supunha há muito enterrado, em meio à sociedade moderna de que nasce a Nova República: um país "medieval", de fanáticos e milagreiros que, por ignorância ou superstição, acreditam no poder da fé que remove montanhas e assim permanecem à espera da própria salvação pela ação de um líder carismático, messiânico, sob o estímulo e a manipulação dos meios de comunicação, interessados em manter a "alienação das massas". [Meyer e Montes, 1985:24]

O tratamento dispensado à religiosidade popular, sem dúvida, guardava diferenças em relação ao teor católico de *O martírio do Dr. Tancredo*, tendo em vista a relevância assumida no programa pelas imagens de um povo cristão, pacífico e ordeiro, ou mesmo a elaboração de uma narrativa cujo potencial de identificação se referia menos ao caráter festivo desse mesmo povo, que se redescobriria como sujeito da história nacional, do que num sofrimento em comum, que redime e dignifica, e que teria sido mais uma vez evidenciado pelo epílogo trágico advindo da morte do herói que encarnava a esperança. No livro de Meyer e Montes, como já indicado, a fé e a emoção, que constituem as formas principais de manifestação desse povo que representa o "Brasil real", embora também relacionadas com a frustração momentânea dos desejos de mudança, parecem mais diretamente referidas ao antagonismo que estrutura sua narrativa, opondo a essas formas supostamente autênticas e espontâneas de expressão certo racionalismo das elites políticas.

Trata-se, como já indicamos, de um conflito que sintetiza toda a história nacional, opondo razão e desejo, que impunha, inclusive, a necessidade às autoras de indicarem a ambivalência inscrita na tentativa de captar a linguagem excessiva e não familiar dessa emotividade: "nós, os donos da riqueza ou do prestígio, nós, os donos do poder [...] se nos vimos arrastados na linguagem da emoção e da fé desta narrativa do excesso [...] nem a fé nem a emoção são nossas linguagens sociais nativas" (Meyer e Montes, 1985:66). Tal aspecto, por outro lado, não impediria que Meyer e Montes, contrariando as interpretações acerca da manipulação popular pelos meios de comunicação, se colocassem como verdadeiramente sintonizadas com a voz desse mesmo povo: "considerar as coisas sob esse prisma nos levaria a ver no povo tão só uma massa passiva e sem vontade, quando paradoxalmente falamos em nome de sua 'verdadeira' vontade que, esta sim, contra reis e elites igualmente tirânicos, seria capaz de fazer história" (Meyer e Montes, 1985:29).

Seria possível se perguntar, como fez Jacques Rancière a respeito da escrita de Michelet, até que ponto a suposição de uma única vontade do povo não corresponderia à subvalorização do dissenso como dispositivo que permitiria colocar em questão as tentativas sempre existentes de incorporação do poder, tendo em vista a reivindicação pelo autor de uma poética da historiografia pela qual os enunciados atuariam justamente colocando em questão a produção de corpos coletivos imaginários (a Nação, a República, o Povo...) (Rancière, 1993). Essa perspectiva de Rancière, conforme já se destacou (Plot, 2014), se fundamentaria numa interpretação da democracia com muitas similaridades em relação à conceituação elaborada por Claude Lefort, tendo em vista a ênfase nas constantes reinvenções das fronteiras entre o público e o privado que caracterizaria a *revolução democrática*, não obstante a específica relação que Rancière estabeleceria entre democracia e todo um novo regime estético-político.[705]

A retomada do tema no livro *La haine de la démocratie*, em que aquela seria pensada por Rancière não como forma de governo, mas relacionada

---

[705] Conferir, especialmente, Rancière (2009).

a novos modos de subjetivação política, é certamente indicativa nesse sentido. Aqui, conforme procuramos ressaltar, entendemos que as teses de Lefort poderiam ser particularmente pertinentes à compreensão de um momento específico, relativo à morte presidencial, quando as estruturas formais da política foram colocadas em questão por condições históricas muito determinadas. De todo modo, torna-se importante retomar algumas teses de Rancière, não apenas pela proximidade de concepções com Lefort, mas para dar continuidade à interrogação sobre a representação histórica produzida por Meyer e Montes e, por conseguinte, sobre a própria narrativa que produzimos sobre os funerais presidenciais.

De fato, significando a própria impureza na política, para Rancière, a democracia conformaria um jogo perpétuo de invenção de formas de subjetivação que contrariariam as tendências sempre existentes de privatização do poder, remetendo justamente para o impedimento da encarnação de seus princípios num governante (Rancière, 2005:69 e ss.). A caracterização da democracia como o movimento que deslocaria sem cessar os limites do público e do privado corresponderia justamente às necessidades estético-políticas de uma historiografia cujas próprias estruturas poéticas deveriam estar sintonizadas com formas novas de subjetivação que não impedissem o surgimento do dissenso pelo estabelecimento da unidade de novas comunidades imaginárias. Torna-se difícil, entretanto, responder se as pressuposições de Rancière acerca de uma nova poética voltada para a desincorporação das comunidades imaginárias não esbarrariam em especificidades próprias à historiografia, que a aproximam de outros ritos de recordação que também possuem sempre algum fundamento identitário. Ainda que deva ser tomada como meta, tal fundamentação não ultrapassaria suas potencialidades críticas, sobrevalorizando seu componente racional em detrimento da função de atender às demandas do homem pela criação de corpos coletivos imaginários?

Seria duvidoso supor que a própria representação histórica que elaboramos sobre os funerais presidenciais pudesse ultrapassar completamente esses mesmos condicionantes, tendo em vista as limitações que tornam a historiografia possível apenas por sua vinculação a um imaginário que se forma na relação com o outro e constitui a condição de expressão da sua linguagem. De todo modo, a problematização do modo como uma representação histórica produzida na conjuntura do luto nacional disputava com outras formas de discurso da época o esforço de figuração de entidades como o Povo, a Nação, ou mesmo a Nova República, reformulando e, ao mesmo tempo, expressando todo o imaginário e a simbologia que, conferindo sentido ao corpo político da nação, foi então colocada em jogo de forma dramática, talvez permita colocar em questão alguns condicionantes das próprias formas de elaboração da narrativa histórica.

Sem dúvida, o momento da escrita de Meyer e Montes era muito distinto daquele de Michelet, da mesma forma que a busca de uma linguagem carregada de subjetividade para transmitir uma experiência diretamente vivida traria especificidades ao texto das autoras, tornando simplista qualquer comparação pautada na interpretação de Rancière acerca de uma escrita que, tornando visível o povo como coletivo abstrato (em Michelet), acabava por silenciar esse mesmo povo, falando em seu nome (ou tomando o lugar do morto, na referência que Rancière fizera a Michel de Certeau). De todo modo, além de servir para demarcar a diferença da própria interpretação aqui elaborada,[706] o questionamento pode ser projetado para outra característica do livro de Meyer e Montes, compartilhada com *O martírio do Dr. Tancredo* e os folhetos de cordel antes analisados: a identificação do povo brasileiro com Tancredo Neves, entendido como único capaz de encarnar verdadeiramente esses excessos da fé e da emoção que constituem sua linguagem.

Como compreender, então, as referências à obra *O Príncipe*, de Maquiavel, indicadas sumariamente na parte anterior do capítulo? Vale apenas retomá-las, assim como a menção a Rousseau:

> [...] só o Príncipe torna possível sua existência, ao criar, para o povo e com o povo, o espaço em que se manifesta a consciência do cidadão e se

---

[706] Espero que, a este ponto do livro, tenha se tornado claro que o recurso à noção geertziana de "descrição densa" nos capítulos anteriores visava gerar um estranhamento em relação ao passado, de forma diversa ao modo como foi elaborada a representação histórica de Meyer e Montes, cuja reivindicação da subjetividade se pautava na experimentação direta do ocorrido. Por outro lado, seria importante considerar a relação entre a dimensão poética da historiografia e outras facetas da "operação historiográfica", problema impossível de tratar aqui (já que a noção de "descrição densa" não deixa de estar referida a um recurso literário). Tratei de forma preliminar do tema em Marcelino (2012).

elabora a verdadeira lei, a Grande Lei da sua Constituição: como sabia Rousseau, mais que palavra escrita em um texto, ela é a vontade e ideal inscritos no coração dos homens... [Meyer e Montes, 1985:72]

Tal como no programa da Rede Globo ou nos folhetos de cordel, a identificação entre o povo brasileiro e Tancredo Neves era, certamente, um elemento central do livro de Meyer e Montes. Assim, na morte do presidente se poderia perceber "o sentido da vida de um homem e o sentido de um ato de fé do povo" (Meyer e Montes, 1985:63), ou mesmo "a ressurreição do seu ideal como força do próprio povo" (Meyer e Montes, 1985:63). Em última instância, se poderia falar de uma inversão paradoxal do trágico, de forma afinada com a reconfiguração geral dos gêneros na época democrática (Rancière, 2009), já que o herói povo brasileiro só poderia se realizar por meio do herói Tancredo Neves, que traduziria seus verdadeiros sentimentos. Mesmo a inversão final, do luto em festa, não romperia com todo um ideário da grandeza pelo qual a política, como manifestação das forças antagônicas da razão e do desejo, se manifestaria pela ação de grandes homens, que são heróis porque homens comuns, podendo expressar de forma mais espontânea e autêntica a fé e a emoção que caracterizam esse sujeito povo brasileiro.

Num momento em que o corpo político da nação era colocado em jogo de forma dramática, por uma série de contingências históricas, toda uma economia da grandeza que aproxima a escrita histórica do elogio era colocada em jogo, conferindo significado a diferentes representações históricas cujas composições narrativas ou poéticas disputavam a personificação do povo, a ressignificação de coletivos abstratos, como a Nação ou a (Nova) República, enfim, o próprio lugar do poder como construção imaginária por meio da qual se expressa a dimensão antropológica do político. Torna-se difícil, portanto, acreditar que o elogio tenha efetivamente escapado às formas de representação histórica da época democrática, não obstante se torne clara a necessidade de colocar sempre em questão as próprias formas narrativas que permitem a incorporação do poder, mesmo sabendo que tal exercício somente se torna possível mediante fórmulas narrativas de produção de sentido que devem algo ao imaginário contemporâneo.

Considerações finais

Poucos meses depois da morte de Tancredo Neves, a primeira comemoração da Independência do Brasil após o fim do regime militar foi celebrada em Brasília. Vários elementos do clima de mudança da agenda simbólica nacional, que acompanhou a inauguração da chamada Nova República, foram colocados em primeiro plano. Em parte, é claro, eles se beneficiavam de iniciativas das autoridades políticas, que não queriam perder o capital simbólico gerado pelas peculiaridades do momento e, assim, estimulavam o tom mais assumidamente popular das comemorações. O próprio *slogan* dos festejos parece indicativo nesse sentido: "Independência é a gente quem faz", foi a frase escolhida para a Semana da Pátria daquele ano.[707] Outras iniciativas podem ser compreendidas de forma semelhante. Assim, no orçamento utilizado, também havia novidades, advindas da preocupação com a contenção dos gastos públicos num momento identificado como de austeridade. Portanto, nada comparável a certas comemorações feitas durante o regime militar poderia ser visto (como todo o enorme investimento no Sesquicentenário da Independência, celebrado em 1972, no auge do governo Médici).

Pelo local do desfile, além dos milhares de soldados fortemente armados, de uma centena de veículos motorizados, dos carros blindados e do sobrevoo dos aviões da Força Aérea Brasileira, também passariam pessoas fantasiadas de Emília, Visconde de Sabugosa e Saci, do *Sítio do Picapau*

---

[707] MEIA-VOLTA, volver: o país se prepara para o 7 de setembro organizando uma festa. *Jornal do Brasil*, Rio de Janeiro, 1º set. 1985. p. 23 (Especial Independência: a festa volta ao povo).

Amarelo, e bonecos estilizando as figuras de José Sarney e Tancredo Neves.[708] Das cidades-satélites de Brasília, centenas de moradores teriam se deslocado em direção à parada militar, algumas delas argumentando em favor do novo sentido do festejo: "Não disseram que a Independência é a gente quem faz? Estou comemorando a primeira festa da Independência na Nova República", teria dito uma mulher que se encontrava no local.[709] Sem dúvida, certas transformações históricas dos anos anteriores ao acontecimento podem ser consideradas relevantes quando buscamos uma interpretação mais profunda de características determinadas daquela comemoração. Elas sugerem, por exemplo, o quanto um evento-ritual, que parece fundamentar-se sempre numa mesma ordenação de elementos repetidos, pode assumir significados muito diferenciados. Isso porque as ações humanas são comportamentos simbólicos, carregados de significados, reinventando e reconfigurando as tradições políticas e as formas de representação do poder que conferem sentido ao corpo imaginário da coletividade. O problema, entretanto, pode ser interpretado de forma mais complexa.

Apesar das mudanças, as comemorações do primeiro Sete de Setembro da Nova República parecem ter sido menos calorosas do que o esperado. Em São Paulo, por exemplo, importantes jornais destacaram que "houve menos público do que nos anos anteriores" e que, apesar das 5.500 pessoas que desfilaram na avenida Tiradentes, "o acontecimento despertou pouco entusiasmo entre os presentes".[710] Já no Rio de Janeiro, pouco mais de 20 mil pessoas teriam assistido ao evento na avenida Presidente Vargas. A comemoração, no entanto, "não se caracterizou como uma 'festa do povo', como se esperava".[711] Embora o desfile continuasse eminentemente militar (como era de se prever numa parada de Sete de Setembro), e nesse sentido pudesse desestimular a participação por fazer relembrar o

---

[708] DESFILE militar anima a Nova República. *Folha de S.Paulo*, São Paulo, 8 set. 1985. p. 8.
[709] Ibid.
[710] Ver, respectivamente, DESFILE de 90 minutos atraiu multidão em Brasília. *Jornal do Brasil*, Rio de Janeiro, 8 set. 1985. p. 16, DESFILE militar anima a Nova República. *Folha de S.Paulo*, São Paulo, 8 set. 1985. p. 8.
[711] DESFILE de 90 minutos atraiu multidão em Brasília. *Jornal do Brasil*, Rio de Janeiro, 8 set. 1985. p. 16.

período da ditadura castrense, ainda assim o pequeno entusiasmo gerado parece intrigante: diante da tão anunciada retomada dos símbolos nacionais das mãos dos generais, não seria de se esperar uma ressignificação mais profunda da comemoração da Independência? Talvez um olhar mais complexo no estudo de rituais como esses possa estar relacionado com uma perspectiva centrada não apenas nos aspectos imediatamente visíveis da conjuntura de sua encenação, mas que também não se reduza a elementos supostamente inalteráveis, como os que Roberto DaMatta selecionou para caracterizar as cerimônias do "Dia da Pátria", por exemplo.[712]

Por certo, o festejo do Sete de Setembro de 1985 serve apenas à retomada das discussões feitas ao longo da pesquisa, pois sugere que o estudo interpretativo de ocorrências conjunturais pode tornar mais densa a compreensão daqueles rituais, enfatizando a historicidade de suas conotações simbólicas, mas que outras transformações mais duradouras, quando também analisadas considerando os significados dos comportamentos dos sujeitos históricos envolvidos, são igualmente importantes na busca de um maior aprofundamento interpretativo (principalmente, se estudados em situações também de natureza ritual, como no caso dos funerais presidenciais, tendo em vista sua potencialidade como forma de expressão de certos fundamentos subjetivos da comunidade política). Assim, se houve certa ressignificação da comemoração do Sete de Setembro, materializada no entusiasmo popular com as cores da bandeira e outros símbolos da nação, ela muito longe esteve da complexidade simbólica que caracterizou os funerais de Tancredo Neves — que, conforme analisamos, reuniu, por três dias consecutivos, manifestações calorosas de milhões de pessoas, percorrendo diferentes cortejos que passaram por quatro cidades brasileiras. Embora o momento da morte de Tancredo fosse marcadamente mais crítico do ponto de vista político-institucional, ele estava também inserido nessa mesma atmosfera de mudanças conjunturais da Nova República, indicando que as singularidades de ambos os cerimoniais não deveriam ser explicadas apenas pelas ocorrências que envolveram o fim do regime militar.

---

[712] Conferir discussão da perspectiva de Roberto DaMatta no capítulo 1 da parte I.

Certas características assumidas por um ritual, nesse sentido, podem ser interpretadas de forma mais densa quando explicadas não apenas por mudanças conjunturais mais evidentes. O mesmo pode ser dito se não forem compreendidas considerando somente os interesses oficiais nos usos políticos do evento, perspectiva analítica que tem caracterizado muitos estudos centrados nos funerais e outros tipos de rituais ou comemorações cívicas. Essa é uma dimensão de grande relevância, mas que, quando tende a abarcar todo o conteúdo da análise, tende a enfocar apenas aspectos recorrentes nesses tipos de cerimônias (aproximando-se aqui da perspectiva antropológica que enfatiza seus elementos estruturantes, decompondo os rituais em características percebidas de forma pouco histórica). Além disso, quando confrontada com uma interpretação dos significados simbólicos de eventos marcantes como os funerais de determinados presidentes brasileiros do pós-1930, a análise fundamentada apenas na intenção de memória parece mais limitada em relação à busca por uma compreensão mais complexa dos significados simbólicos desse tipo de fenômeno.

A interpretação histórica, como se sabe, torna-se mais profunda quando considera o envolvimento de diversas variáveis. Elementos da conjuntura podem ser relacionados com mudanças mais duradouras e com ocorrências que tendem a ser frequentes nos cerimoniais oficiais. Justamente por isso, optamos por elaborar uma interpretação dos funerais de Tancredo Neves que considerasse diversas facetas: características do período, que se referem não apenas à saída da ditadura militar, mas às reelaborações por que passava a memória do político mineiro, se conjugaram com mudanças de mais longa duração nas formas de compreensão e representação do poder presidencial no pós-1930 da história brasileira. Considerar essas variáveis permitiu analisar os rituais não apenas como eventos destinados à celebração da nação, mas também como eventos que colocaram em questão as formas de expressão do imaginário político, os modos de ritualização do poder, enfatizando sua historicidade e repensando os sentidos conferidos a elementos cerimoniais que parecem ter estado sempre presentes (já que, nesse caso, eles são estudados a partir dos significados peculiares que assumem em determinado momento).

Partindo desses pressupostos, procuramos nos aproximar daquilo que foi chamado de "descrição densa" para formular uma análise das reelaborações da memória de Tancredo desde fins dos anos 1970 até o momento da sua morte, em 1985.[713] Com isso, pudemos refletir sobre o significado simbólico que alguns acontecimentos marcantes do período tiveram para a reformulação da sua biografia, que transitou de imagens que faziam ressaltar características como o pragmatismo e a conciliabilidade ligados ao seu passado pessedista para aquelas de um homem movido apenas em prol dos interesses nacionais (chegando, inclusive, a se imolar em seu favor). Pelo trajeto, que dividimos em atos, vários momentos foram destacados como particularmente significativos: com destaque, sua internação hospitalar na véspera da posse, que trouxe para primeiro plano uma atmosfera religiosa e familiar, contribuindo para que uma verdadeira privatização da sua figura política se somasse às imagens do grande homem, ou mesmo do herói nacional, que já vinham sendo construídas. Tais aspectos, de forte significação simbólica, seriam depois dramatizados nos funerais de São Paulo, Brasília, Belo Horizonte e São João del-Rei, que fizeram recordar, em vários momentos, as dimensões pública e privada das representações construídas sobre sua personagem.

O contínuo destaque que a imprensa nacional proporcionou ao sofrimento do presidente, expondo detalhes das várias cirurgias e das reações do seu corpo adoecido, assim como a intensa exposição das profundas convicções católicas da família Neves fomentaram a criação de fortes laços de solidariedade e de proximidade com Tancredo e alguns de seus parentes. É igualmente importante considerar, entretanto, que essa espécie de "privatização da política" se deu em meio a um processo que vinha apontando um aumento da participação popular na transição democrática, exemplificado principalmente pelas enormes manifestações das campanhas das diretas do ano anterior. Essa é uma outra dimensão conjuntural que não deve ser negligenciada. Ela indica como as manifestações realizadas durante os funerais de Tancredo possuíam também um sentido eminentemente político, de modernização das instituições democráticas

---

[713] Conferir discussão da perspectiva do Clifford Geertz no capítulo 1 da parte I.

e do aumento dos canais de participação popular, demonstrando ainda como são complexas as relações que se estabelecem entre as dimensões pública e privada do poder em determinados momentos da história brasileira. Aqui, a "consagração fúnebre" de Tancredo deve ser compreendida naquilo que ela representava da expectativa de reescrever a história republicana pelo aumento da participação política e pelo aperfeiçoamento das instituições representativas e democráticas.

Essas, portanto, são diferentes dimensões que podem tornar extremamente complexa a análise de rituais como os funerais de Tancredo Neves. As reelaborações da sua memória, que o consagravam como um personagem que, em pouquíssimo tempo, foi elevado ao patamar de grande artífice da transição democrática, se mesclavam com os anseios em favor da necessidade de ultrapassar um momento histórico marcado pela repressão e pela diminuição dos canais de participação política. Era essa a grande ambiguidade que caracterizava aquele acontecimento, a qual inclusive torna limitada qualquer tentativa de analisá-lo considerando-o apenas uma simples manipulação midiática dos setores populares, ou mesmo uma total recomposição da cidadania, na qual o "povo brasileiro" se reencontra consigo mesmo e "redescobre a nação" brasileira. O grande paradoxo do enorme evento que se tornaram os funerais de Tancredo é que, se muitos dos aspectos nele verificados fazem recordar as campanhas pelas eleições diretas, muitos outros o transformaram num acontecimento bastante distinto, fato que pode ser percebido por boa parte da sua consagração se amparar em tudo aquilo que mais o afastava do mundo político.

Mudanças nas formas de representação da figura presidencial que podem ser percebidas, pelo menos, desde o governo de Getúlio Vargas são também importantes na compreensão das peculiaridades dos funerais de Tancredo Neves. A relação supostamente mais direta com o chefe do Executivo, sua representação como um personagem que de fato encarna as aspirações do "povo brasileiro" e que pode ser homenageado sem a pompa e a circunstância que geralmente acompanham o poder são aspectos sugestivos de uma mudança mais profunda no sentido dado ao regime cerimonial da presidência, que acompanhou as alterações sofridas pela cultura política republicana no pós-1930. Assim, embora certos elementos oficiais que compõem as liturgias públicas da presidência possam ter sido pouco alterados no período posterior à Primeira República (já que, como afirmamos em vários momentos, os rituais tendem a mudar mais lentamente do que os valores coletivos), seu significado, dependente da conjuntura histórica em que tais eventos são encenados, talvez tenha sofrido mudanças expressivas.

A intensa participação popular nos funerais de Getúlio Vargas, Juscelino Kubitschek, ou mesmo João Goulart, parece indicativa nesse sentido. Subvertendo o significado de elementos que, à primeira vista, tenderiam a ser identificados apenas como representativos da hierarquia e da naturalização da ordem instituída, a participação popular demonstrou que o hino e a bandeira nacional podem ser utilizados com sentidos bastante distintos, dependendo do momento histórico e por quem são mobilizados. Esses eventos, portanto, podem ser interpretados como sugestivos de mudanças mais profundas nas formas de representação do poder presidencial conforme já destacamos, as quais se expressariam também nos funerais de Tancredo Neves. Se ações ou acontecimentos semelhantes não se manifestaram nas exéquias de outros presidentes do pós-1930, o que de fato não ocorreu (haja vista nossa análise da tentativa de sobrepesar a indiferença popular com um grandioso cerimonial que marcou as homenagens fúnebres de alguns presidentes militares), isto não quer dizer que mudanças profundas não pudessem ter se operado no sentido mencionado, tornando possível algo praticamente impensável durante os funerais cívicos da Primeira República, por exemplo.[714]

A conjugação de uma série de variáveis históricas, portanto, permite formular uma interpretação que procure reconstruir com mais densidade os significados dados aos eventos-rituais na conjuntura em que foram colocados em prática. No momento da morte de Tancredo Neves, um conjunto de especificidades propiciou a construção da sua representação como o iniciador de um novo tempo na história do país, fazendo o culto

---

[714] Conferir discussão dos trabalhos sobre os funerais cívicos da Primeira República, particularmente o de João Felipe Gonçalves, no capítulo 1 da parte I.

do seu corpo se confundir com a possibilidade de assegurar o próprio projeto da Nova República. Ou seja, em seus funerais, era também o corpo coletivo da nação como comunidade política de natureza imaginária que parecia estar em jogo: havia certa expectativa de reescrever a história republicana, de refazer o pacto mítico que fundamenta a nacionalidade, de redescobrir o sentido da história do país. Assim, se o cerimonial fúnebre dispensado a Tancredo foi, como um todo, perpassado pela evidente tentativa de glorificação, que se traduziu na condução do féretro por três importantes capitais brasileiras em meio a uma impressionante consagração ritualística, esta não deveria ser a única dimensão enfocada na análise. Ela indica as intenções de memória, os interesses de assegurar o projeto de uma transição pactuada para a democracia, a idealização de Tancredo por tudo aquilo que ele representava de homem conciliador, avesso aos radicalismos e comprometido com mudanças não muito radicais nas estruturas de poder político. Enfim, uma dimensão extremamente importante, mas que não deveria ser a única valorizada no estudo de fenômenos semelhantes.

De fato, o problema se torna mais complexo do ponto de vista interpretativo quando consideramos o modo como a morte de Tancredo Neves, ao tornar o lugar do poder um lugar vazio após uma intensa projeção dos símbolos nacionais e republicanos sobre sua figura pública, conferia um novo significado ao seu corpo como símbolo da comunidade política, fazendo com que o culto a ele dispensado durante vários dias não devesse ser compreendido apenas como manifestação das tendências então existentes à privatização da figura presidencial. Isto porque as possibilidades de incorporação do poder num governante que lhe fosse consubstancial se confrontavam com a existência de um corpo inerte, incapaz de encarná-lo, mas que podia simbolizar, paradoxalmente, uma abertura dos canais de participação na República que faria lembrar, num curtíssimo espaço de tempo, o modo como alguns analistas caracterizaram a *democracia moderna* como *forma de sociedade* marcada por um deslocamento sem cessar dos limites entre o público e o privado, quando todos os enunciados de fundamentação da comunidade política tornam-se essencialmente contestáveis e as disputas pelas formas de subjetivação política se revelam particularmente significativas.⁷¹⁵ Tratava-se, de fato, de um momento em que as estruturas formais da política foram colocadas em jogo de forma dramática, estimulando a formulação de discursos que, buscando mecanismos de reincorporação do poder e sacralizando as instituições, tentavam contrabalançar a perda de substância da sociedade, e que parece indicativo do modo como importantes elaborações teóricas de campos como o da filosofia política devem ser historicizadas, por parecerem mais propícias à interpretação de conjunturas muito singulares quando analisamos o caso brasileiro.

Algo semelhante pode ser dito em relação ao poder da representação num momento de forte expectativa sobre o novo arranjo institucional do regime republicano, tendo em vista que a disputa pelo corpo presidencial também parece indicativa de como os mecanismos de teatralização que conferem peculiaridades ao campo político não perdem relevância numa sociedade crescentemente laicizada, resguardando ao plano das representações também um poder de dispositivo instituinte da realidade. Materialização singular do poder da representação, o corpo de Tancredo Neves parecia simbolizar também uma disputa pelo rearranjo do próprio dispositivo representativo como lugar em que a força se transfigura em potência, o que aponta para o fundamento simbólico de todo poder, contrastando com leituras que tomam a noção de representação como particularmente propícia às sociedades de Antigo Regime e confirmando expectativas que ressaltam como o extraordinário longe esteve de abandonar a política moderna.⁷¹⁶

Considerar o tema nessa perspectiva permitiu também colocar em questão as próprias formas da representação histórica, já que a morte de Tancredo Neves impulsionou não apenas as disputas por seu corpo expressa nos funerais, mas também a figuração do "povo brasileiro" como personagem central de narrativas que, reconstituindo todo um

---

[715] Conferir discussão das perspectivas de Claude Lefort e Jacques Rancière no capítulo 2 da parte III.
[716] Conferir discussão da perspectiva de Louis Marin sobre o tema no capítulo 2 da parte III. Sobre a defesa da noção de representação como particularmente propícia à análise das sociedades de Antigo Regime, ver Chartier (2002b:61-79). Sobre o extraordinário na política moderna e o fundamento simbólico de todo poder, ver Geertz (2009).

sentido para a história nacional, também conferiam um lugar ao poder como fundamento da comunidade política, expressando as expectativas que caracterizavam as reconfigurações das formas de representação da figura presidencial e, num plano mais profundo, os próprios conflitos que estruturam o imaginário político e os modos específicos de sua expressão poética ou narrativa num momento determinado. Nesse caso, como sujeito principal de narrativas de natureza diversa, o povo brasileiro correspondia também, tal como o corpo de Tancredo Neves, ao corpo político da nação num sentido metafórico, tendo em vista que a imprevisibilidade do momento vivido estimulava a reificação de personagens que dão significado subjetivo à luta política, além da maior tendência à entificação da Nação e à sacralização das instituições, conforme implícito no próprio projeto de uma Nova República. A análise da representação histórica elaborada num livro publicado logo após a morte de Tancredo Neves, por outro lado, permitiu problematizar nossa própria narrativa dos funerais presidenciais, somando-se ao esforço de exploração de formas diferenciadas de experimentação da narrativa histórica que fundamentou o emprego específico que fizemos da noção de "descrição densa" em momentos considerados importantes deste livro.

Foram três as formas narrativas analisadas, cuja retomada da interpretação que fizemos aqui somente pode ser feita de modo muito reducionista. O programa *O martírio do Dr. Tancredo*, transmitido pela Rede Globo na noite de 21 de abril, data da morte do presidente, ao acessar interpretações sobre a nação com vasto lastro histórico, configurava uma leitura de conotação mítica sobre a cordialidade e a solidariedade dos brasileiros, que tendia a se tornar reconfortante num momento bastante frágil do ponto de vista político. As imagens do espírito cristão e fraterno do "nosso povo" pareciam tornar possível lidar de forma menos dolorosa com as contradições de uma coletividade que adotou uma "via pactuada" de transição para a democracia. Todo um material histórico de longa duração, portanto, era colocado em jogo na projeção de imagens preparadas com bastante antecedência, e que, além de enaltecer Tancredo e identificá-lo às características supostamente mais profundas do povo brasileiro, estimulavam uma leitura resignada dos acontecimentos que envolveram o presidente.

Os folhetos de cordel analisados, ao inserir a trajetória de Tancredo numa linhagem heroica, que envolvia figuras como Tiradentes e Getúlio Vargas, acabavam elaborando uma interpretação trágica da história do Brasil, na qual as constantes tentativas de libertação nacional esbarravam sempre nos entraves do destino. Nesse sentido, a luta do político mineiro parecia constituir apenas mais um capítulo de uma história cujo sentido a ultrapassava, fornecendo elementos para a construção de uma representação inconformada e de viés pessimista sobre o futuro do país. De certo modo, os cordéis não pareciam conferir qualquer legitimidade à ordem política existente, embora expressassem, de modo geral, menor convicção quanto às possibilidades de mudanças diante de uma história que parecia sempre reproduzir suas desilusões e injustiças. Diferentemente do programa *O martírio do Dr. Tancredo*, portanto, os folhetos não projetavam uma imagem reconfortante da nacionalidade, exaltadora dos brasileiros e da sua capacidade de superação num momento de crise. O que parece mais relevante, nos cordéis, é certa adequação de leituras preexistentes sobre a nação a um tipo de literatura na qual o sofrimento e as injustiças vividas pelo povo pobre (sobretudo do Nordeste) sempre foi tema recorrente. Portanto, não se tratou de considerar que os folhetos de cordel traduziam um imaginário popular sobre a morte presidencial, mas sim que a conjugação entre elementos próprios àquele tipo de produção literária e certas especificidades do momento vivido permitiram a figuração poética do povo brasileiro como personagem central de uma história cujo fundamento parecia eminentemente trágico, tendo em vista os ciclos de fins aterradores que caracterizariam o destino dos heróis nacionais.

Por fim, o livro *Redescobrindo o Brasil: a festa na política*, de Marlyse Meyer e Maria Lucia Montes, publicado pouco após a morte de Tancredo Neves, também tornou o "povo brasileiro" personagem central de uma representação histórica que, ao tratar dos funerais presidenciais, formulava igualmente toda uma narrativa sobre a história nacional, que possuía vários elementos semelhantes aos identificados no programa de televisão e nos folhetos de cordel analisados. Ao ressaltar aspectos de um repertório comum nessas diferentes formas de narrativa, sem desconsiderar as especificidades de suas linguagens, pudemos sugerir que o tratamento dado pelas autoras aos rituais fúnebres de Tancredo Neves, nos quais o luto teria sido transformado em festa e o povo brasileiro redescoberto a si mesmo por sua participação espontânea nos cortejos, reconfigurava o sentido trágico que outras narrativas haviam projetado sobre a história nacional, fazendo sobressair os vínculos que aproximam a escrita da história do elogio como gênero de discurso de louvor por meio do qual se expressam as disputas pelo imaginário político, fornecendo um sentido antropológico ao poder como fundamento perene da vida coletiva.

Em última instância, a figuração do povo brasileiro como personagem central dessas diferentes narrativas respondia às incertezas de um momento no qual o corpo político da nação como construção simbólica foi colocado em jogo de forma muito singular, fomentando narrativas ou composições poéticas que, além da personificação do povo, conferiam novos significados a coletivos abstratos, como a Nação ou a República, reificados e reformulados como fundamentos subjetivos da política. A exaltação de Tancredo Neves nessas narrativas, portanto, mediante as quais se manifestava toda uma economia da grandeza que glorificava um modelo de grande homem como personagem por meio do qual a política se expressaria, pode ser tomada, num sentido mais profundo, como análoga à disputa pelo seu corpo nos enormes cortejos fúnebres que passaram por diferentes capitais brasileiras. Da mesma forma que o corpo do presidente morto, também o povo brasileiro, com o qual era identificado em todas essas representações históricas, tomava o lugar simbólico do próprio corpo imaginário da comunidade política, tornando-se objeto de embates e da produção de enunciados que, num plano simbólico, manifestavam os conflitos pelas formas de subjetivação política num momento de imprevisibilidade extrema, já que tornava-se manifesto o desejo de incorporação do poder num homem público que, na verdade, não mais existia.

Agradecimentos

Este livro é uma versão reduzida e um pouco modificada de uma pesquisa de doutorado defendida no Programa de Pós-Graduação em História Social da Universidade Federal do Rio de Janeiro (UFRJ), em julho de 2011. Agradeço, inicialmente, aos membros da comissão julgadora daquele programa, que indicaram o trabalho para concorrer ao Prêmio de Pesquisa Anpuh-Rio Eulália Maria Lahmeyer Lobo 2011/2012. Agradeço também aos integrantes da comissão julgadora designados pela Anpuh-Rio, que me concederam a premiação, tornando possível esta publicação. Muitas outras pessoas, de forma direta ou indireta, contribuíram para o desenvolvimento da pesquisa. Peço desculpas àqueles que não caberão nestas páginas, mas é impossível citar todos em tão poucas linhas.

Carlos Fico, orientador da tese, foi importante interlocutor e exemplo de dedicação intelectual. Agradeço, sobretudo, pela confiança que depositou em mim e pelo diálogo aberto que mantivemos. Angela de Castro Gomes e Marieta de Moraes Ferreira fizeram parte das bancas de qualificação e defesa da tese, formulando críticas e sugestões extremamente pertinentes. Pude contar, em vários momentos, com a presteza e a generosidade de ambas. Angela foi particularmente gentil num momento muito difícil e minha gratidão por isso não cabe em palavras. Importante dívida fica com Manoel Salgado Guimarães (cujo repentino desaparecimento, em 2010, entristeceu a todos), professor que sempre forneceu grande inspiração intelectual para mim e para a maioria daqueles que passaram por algum de seus cursos. Hendrik Kraay, que tem várias publicações importantes sobre rituais e comemorações cívicas, foi meu professor no curso de mestrado e participou também na banca de defesa da tese. Muitos outros docentes ligados ao IFCS/UFRJ deveriam ser citados, mas a lista se tornaria muito extensa.

Eliana de Freitas Dutra teve a enorme gentileza de conseguir um espaço em sua concorrida agenda para participar da banca de defesa da tese. Hoje, tenho a sorte de partilhar mais de perto sua generosidade e profissionalismo, integrando o grupo de pesquisa "Brasiliana: escritos e leituras da nação", sob sua coordenação, na UFMG. Além dos integrantes desse grupo, agradeço também aos membros do grupo de estudos "Ritualizações do poder e do tempo: historiografia, ritos de recordação e práticas cívicas", que coordeno na mesma instituição. Na UFMG, fui recebido de forma muito hospitaleira, o que facilitou muito minha adaptação à terra mineira. Kátia Baggio, Regina Horta, Rodrigo Patto Sá Motta, Adriane Vidal, Tarcísio Botelho, João Furtado, Eduardo Paiva, Júnia Furtado, Luiz Villalta, André e Sarah Miatello, José Carlos Reis, Adriana Romeiro, Dabdab Trabulsi, Luiz Arnaut, Vanicléia Santos e Miriam Hermeto são alguns de outros nomes que não caberão aqui. Agradeço particularmente ao José Newton, pela gentileza de se preocupar não apenas com minha adaptação, mas também de Ana Paula. Certamente um ótimo exemplo da hospitalidade mineira.

Outras instituições merecem menção pelo que representaram ao desenvolvimento da pesquisa: no Centro de Pesquisa e Documentação de História Contemporânea do Brasil da Fundação Getulio Vargas (CPDOC/FGV) obtive boa parte das fontes que fundamentaram o trabalho, composta de textos, cartas, fotografias e um vídeo de programa televisivo; na Fundação Casa de Rui Barbosa (FCRB), no Centro Nacional de Folclore e Cultura Popular (CNFCP) e na Academia Brasileira de Literatura de Cordel (ABLC) pude ter contato com a grande maioria dos folhetos de cordel que utilizei; na Associação Brasileira de Imprensa (ABI) encontrei importantes fotografias; a Fundação Biblioteca Nacional (FBN), naturalmente, foi fundamental para a pesquisa bibliográfica e do material jornalístico, além da consulta de um número significativo de cordéis não encontrados nas outras instituições; finalmente, o Conselho Nacional de Desenvolvimento Científico e Tecnológico (CNPq) e a Fundação de Amparo à Pesquisa do Estado do Rio de Janeiro (Faperj) financiaram integramente esta pesquisa: o primeiro, por meio de uma bolsa de doutorado que obtive nos dois primeiros anos, e a segunda por meio de uma Bolsa Nota 10 concedida nos dois anos seguintes. Agradeço também ao Programa de Pós-Graduação em História da Universidade Federal de Minas Gerais (PPGH/UFMG) e à Coordenação de Aperfeiçoamento de Pessoal de Nível Superior (Capes) que, juntamente com a Anpuh-Rio e a Editora FGV, viabilizaram a publicação deste livro.

Na minha ainda incipiente carreira acadêmica, pude lecionar para alunos de universidades muito diferentes, como a UFRJ, a Uni-Rio (como professor-tutor), a UFRRJ e a UFMG, sempre fornecendo disciplinas da área de teoria da história. Agradeço, particularmente, aos alunos dos cursos que ministrei como professor substituto na UFRJ, em 2008-09, pois as aulas e discussões do grupo de estudos que criei foram realmente importantes para o desenvolvimento da tese. Da minha rápida passagem de um ano pela UFRRJ, como bolsista de pós-doutorado, gostaria de agradecer aos professores ligados ao "Histor — Núcleo de Pesquisadores sobre Teoria da História e História da Historiografia/UFRRJ", Fábio Henrique Lopes, Maria da Glória de Oliveira, Rebeca Gontijo e Adriana Barreto, pela acolhida generosa.

Uma pesquisa de doutorado não se produz sem a presença de amigos valorosos: Eleomar Cândido (o Léo), Marcos Cesar, Ricardo Sousa, José Roberto (o Beto), Sérgio Henrique, Aline Fernanda, Adriano Macedo, Rafael Mattoso, Valéria Silva, Amália Dias, Ilton Telles e Abner Sótenos não poderiam estar fora desta lista. Muitos outros não caberão aqui. Minha família, como não poderia deixar de ser, foi fundamental, e agradeço, especialmente, aos meus pais, Osvaldo e Nadia. Ana Paula, com sua inteligência e profissionalismo ímpares, leu vários textos meus, ajudou na escolha das imagens anexadas à tese e fez sugestões relevantes. Seu maior valor, entretanto, está na leveza e coragem com que encara a vida. Para o que ela representa, palavras dizem muito pouco e, por isso, o melhor que posso fazer aqui é dedicar novamente a ela este que é meu segundo livro.

Por fim, gostaria de assumir a total responsabilidade por esta pesquisa. Apesar das relevantes contribuições das pessoas citadas, elas estão completamente isentas dos possíveis equívocos ou problemas presentes nele.

Referências

Principais jornais e revistas consultados (1978-85)

Jornal do Brasil
O Globo
O Estado de S. Paulo
Folha de S.Paulo
Manchete
Veja
IstoÉ

Arquivos do CPDOC/FGV — documentos consultados

Classificação: CTN pm c 1985.04.23
Resumo: Documentos endereçados a Tancredo Neves, deixados em seu túmulo pela população em geral.
Série: pm — Post Mortem
Sub-Série: c — Correspondência
Data de produção: 23/04/1985 a 00/04/1987
Quantidade de documentos: 519
Microfilmagem: rolo 41 fot. 0487 a 1167

Classificação: CTN pm c 1985.05.05

Resumo: Documentos, em sua expressiva maioria cartas e cartões, enviados pela população em geral à D. Risoleta Neves e família transmitindo pêsames pelo falecimento de Tancredo Neves. Incluem poemas, orações e diversas homenagens.
Série: pm — Post Mortem
Sub-Série: c — Correspondência
Data de produção: 05/05/1985 a 00/06/1985
Quantidade de documentos: 110 (2 pastas)
Microfilmagem: rolo 41 fot. 1193 a 1588

Classificação: "TN vídeo 005", fita 2 (0:00:02 - 4:05:47)
Vídeo *Tancredo Neves — o presidente da democracia*

Folhetos de cordel sobre Tancredo Neves

ALMEIDA FILHO, Manoel d'. *O presidente Tancredo, a esperança que não morre*. São Paulo: Luzeiro, 1985. (Coleção Luzeiro).

____. *Encontro do presidente Tancredo com Getúlio Vargas no Céu*. São Paulo: Luzeiro, 1987. (Coleção Luzeiro).

ARAÚJO, João Pereira de. *Para onde vai o Brasil, na hora da transição*. [s.l.]: [s.n], 1985.

BARROS, Homero do Rego (Homero). *Tancredo de Almeida Neves, o mártir que não morreu*. Recife: [s.n.], 1985a.

____. *A vitória de Tancredo e a vibração nacional*. Recife: [s.n.], 1985b.

BASÍLIO, Manuel. *O Brasil chora por Tancredo*. [s.l.]: [s.n.], [s.d.a].

____. *O Brasil, a crise e a sucessão*. Caruaru: [s.n.], [s.d.b]

____. *Vitória de Tancredo e o fim da ditadura*. [s.l.]: [s.n.], [s.d.c].

BATISTA, Abraão. *A agonia de um povo e a morte do presidente Tancredo Neves*. Juazeiro do Norte: A. Batista, 1985.

BEZERRA, Gonçalo Gonçalves. *Campanha, vitória e morte do presidente Tancredo*. Brasília: Gráfica Rondominas, 1985.

CARVALHO, Elias A. de. *Tancredo — mensageiro da esperança*. Rio de Janeiro: [s.n.], 1985.

GUSMÃO, Almir Oliveira de. *A vida de Tancredo Neves*. Rio de Janeiro: A. Oliveira de Gusmão, 1985.

MELO, João Batista. *Brasil, 500 anos de pauladas e grilhões*. Niterói: Gráfica Super Rápida, 2001.

MONTEIRO, Adalto Alcântara. Tancredo e Tiradentes. In: MONTEIRO, Adalto Alcântara. *ABC do descongelamento nacional*. [s.l.]: [s.n.], [s.d.a].

_____. *Tancredo Neves, o mártir da democracia*. [s.l.]: [s.n.], [s.d.b].

_____. *Tiradentes*: o mártir da Inconfidência Mineira. [s.l.]: [s.n], [s.d.c].

MORAIS, Jose. *O Brasil de Tancredo Neves a José Sarney*. [s.l.]: J. Morais, 1985.

MOSSORÓ, Antônio Lucena de. *Tancredo... nem Maluf, nem Figueiredo*. Salvador: [s.n.], [s.d.].

NORDESTINO, Franklin Maxado. *A ressurreição de Tancredo, o nosso presidente eleito*. São Paulo: [s.n.], 1985a.

_____. *Maxado apoia Tancredo, mas luta pelas diretas*. Rio de Janeiro: [s.n.], [s.d.].

_____. *O Brasil de luto com a morte do presidente Dr. Tancredo A. Neves*. Rio de Janeiro: [s.n.], 1985b.

_____. *O encontro de Juscelino com Tancredo no Paraíso*. São Paulo: [s.n.], 1985c.

_____. *O encontro de Tancredo com Tiradentes no céu*. Rio de Janeiro: [s.n.], 1985d.

OLIVEIRA, Maria José de. *A dona inflação e o sofrimento de Tancredo*. Maceió: [s.n.], 1988.

PEREIRA, Geraldo Amâncio. *Vida e morte de Tancredo Neves*: o pai da Nova República. Juazeiro do Norte: [s.n.], [s.d.].

PERISSINOT, Francisco; SANTOS, José João dos (Chiquinho do Pandeiro e Mestre Azulão). *O encontro de Tancredo com São Pedro no céu*. Rio de Janeiro: R. Gomes Artes Gráficas, [s.d.].

PESSOA, Sá de João. *Tancredo*: 39 dias de agonia. [s.l.]: [s.n.], 1985.

_____; NORDESTINO, Franklin Maxado. *Os milagres de São Tancredo*. 2. ed. Rio de Janeiro: [s.n], 1987.

SANTA HELENA, Raimundo. *Desagravo ao Tancredo*. Rio de Janeiro: R. Santa Helena, 1985a.

_____. *Direta jaz na cova do satanás*. Rio de Janeiro: [s.n.], 1984a.
_____. *Tancredo e Sarney na Casa de Rui*. Rio de Janeiro: R. Santa Helena, 1985b.
_____. *Tiradentes*. 2. ed. Rio de Janeiro: [s.n.], 1984b.
_____. *Torturados e a moral dos calados*. Rio de Janeiro: [s.n.], 1987.
SANTA MARIA, Manoel. *A chegada de Tancredo no céu*. [s.l.]: [s.n.], [s.d.].
SANTOS, Apolônio Alves dos. *A despedida do João e a vitória de Tancredo*. Rio de Janeiro: Ed. Dantas, 1985a.
_____. *A morte do presidente Tancredo de Almeida Neves*. Duque de Caxias: Ed. Dantas, 1985b.
_____. *Uma carta de Tancredo endereçada ao presidente FHC*. [s.l.]: [s.n.], [s.d.].
SANTOS, José João dos (Azulão). *Tancredo é a solução*. [s.l.]: [s.n], [s.d.a].
_____. *Tancredo*: o segundo Tiradentes. [s.l.]: [s.n], [s.d.b].
SANTOS, Juvenal Evangelsita. *Tancredo* — o mártir da Nova República. [s.l.]: [s.n.], [s.d.].
SANTOS, Valeriano Felix dos. *Tancredo Neves, um novo presidente*. [s.l.]: [s.n.], [s.d.].
SENA, Joaquim Batista de. *História da vitória de Tancredo e o fim da ditadura de Maluf e Figueiredo*. [s.l.]: [s.n.], [s.d.].
SILVA, Expedito Ferreira da. *A morte do presidente Tancredo Neves*: a dor que abalou o mundo. Rio de Janeiro: [s.n.], 1985.
SILVA, Expedito Sebastião da. *O encontro de Tancredo com Tiradentes no céu*. [s.l]: [s.n.], [s.d.].
SILVA, Gonçalo Ferreira da. *A violenta disputa de Maluf com Tancredo*. [s.l.]: [s.n.], 1985.
_____. *Carta de Tancredo Neves aos constituintes*. [s.l.]: [s.n.], 1987.
_____. *Morreu São Tancredo Neves deixando o Brasil de luto*. [s.l.]: [s.n.], [s.d.a].
_____. *O Brasil da Nova República*: farol do terceiro mundo. Rio de Janeiro: [s.n], [s.d.b].
SILVA, Olegário Fernandes da. *A morte do presidente Tancredo Neves*. Caruaru: [s.n.], [s.d.a].
_____. *A vitória de Tancredo*. Caruaru: [s.n.], [s.d.c].

SOUZA SOBRINHO, João de. *Presidente Tancredo, servo de Deus segundo Moisés*. Piripiri: [s.n.], [s.d.].

VIANA, Arievaldo. *Encontro de FHC com Pedro Álvares Cabral*. Caucaia: Gráfica Simões, 1999.

ZÊNIO, Francisco. *O encontro do presidente Tancredo com Getúlio Vargas*. [s.l.]: [s.n.], [s.d.].

Folhetos de cordel sobre Getúlio Vargas

ALMEIDA FILHO, Manoel d'. *A morte do maior presidente do Brasil*: Dr. Getúlio Dorneles Vargas. [s.l.]: [s.n.], [s.d.].

AREDA, Francisco Sales. *A carta deixada pelo presidente Getúlio Vargas*. [s.l.]: [s.n.], [s.d.a].

_____. *A lamentável morte do presidente Getúlio Vargas*. [s.l.]: [s.n.], [s.d.b].

CARVALHO, Mario Rodrigues de. *Quem matou Getúlio?* Rio de Janeiro: [s.n.], 1960.

CAVALCANTE, Rodolfo Coelho. *A chegada de Getúlio Vargas no Céu e o seu julgamento*. Salvador: Editora do autor, [s.d.a].

_____. *A morte do grande presidente Getúlio Vargas*. Salvador: Editora do autor, 1954.

_____. *A voz do dever*. [s.l.]: [s.n.], [s.d.b].

_____. *Nascimento, vida, paixão e morte de Getúlio Vargas*. [s.l.]: [s.n.], [s.d.c].

_____. *O filho do general*. Salvador: [s.n.], [s.d.d].

_____. *O que Getúlio Vargas fez pelo Brasil*. [s.l.]: [s.n.], [s.d.e].

_____. *O último adeus de Getúlio Vargas*. Salvador: Editora do autor, [s.d.f].

CHAGAS, Francisco. *A vida e a morte do presidente Getúlio Vargas*. [s.l.]: [s.n.], 1954.

COSTA, João Florêncio da. *História de Getúlio Vargas*. [s.l.]: [s.n.], [s.d.].

FERREIRA, Caetano. *A morte do Dr. Getúlio Vargas*. [s.l.]: [s.n.], [s.d.].

GAMELA, Zé. *Assim falou Getúlio*. [s.l.]: [s.n.], [s.d.].

GONÇALVES, Fernando. *Carta e biografia do ex-presidente Getúlio Vargas*: mensagem ao povo. Rio de Janeiro: Ed. A Modinha Popular, [s. d.].

GUILHERME, Jaime. *Abandonaram o velhinho na hora da decisão*. [s.l.]: [s.n.], [s.d.].

HELENA, Raimundo Santa. *Getúlio Vargas e o Estado Novo*. Carta-testamento. Rio de Janeiro: R. Santa Helena, 1987.

____. *A carta-testamento de Getúlio Vargas*. Rio de Janeiro: R. Santa Helena, 1983.

JOSÉ, Sebastião. *A morte do Dr. Getúlio Vargas*. Recife: [s.n.], 1954.

JUNIOR, José Luiz. *A lamentável morte do Presidente Getúlio Vargas*. [s.l.]: Editora do autor, [s.d.].

LIBERALINO, João. *O suicídio do presidente Getúlio Vargas*. [s.l.]: Livraria Pedrosa, [s.d.].

LIMA, João Severo de. *A pranteada morte do Dr. Getúlio Vargas*. Patos: Livraria Nabuco, [s.d.].

LIMA, João Oliveira. *O suicídio do Dr. Getúlio e lamentação do povo*. Alagoas: [s.n.], 1954.

M.A.P. e M.C.S. *A lamentável morte do presidente Getúlio Vargas e sua última carta*. Alagoas: [s.n.], [s.d.].

MONTEIRO, José Estácio. *A nação em luto ou a morte de Getúlio Vargas*. Maceió: Tipografia São José, [s.d.].

MONTEIRO, Manuel. *A morte do presidente Getúlio Vargas*. Natal: [s.n.], 1954.

LÍRIO, Permínio Valter. *A chegada festiva de Getúlio no Céu*. Salvador: Tip. Moderna, [s.d.].

MOURA, Moisés Matias de. *A morte do presidente Vargas, o braço forte do Brasil*. [s.l.]: [s.n.], [s.d.].

NOGUEIRA, José de Santa Rita Pinheiro. *A carta do saudoso imortal Getúlio Vargas*. [s.l.]: [s.n.], [s.d.a].

____. *Lembrança e saudade do imortal Getúlio Vargas*. [s.l.]: [s.n.], [s.d.b].

OLIVEIRA, Francisco Antônio de. *Despedida e morte do presidente Getúlio Vargas*. [s.l.]: [s.n.], [s.d.].

PEREIRA SOBRINHO, Manoel. *O suicídio do presidente*. [s.l.]: Livraria Pedrosa, [s.d.].

SANTELMO, Amador. *Carta e biografia do ex-presidente Getúlio Vargas*. Rio de Janeiro: Ed. A Modinha Popular, [s. d.].

SANTO AMARO, Cuica de. *A chegada de Getúlio no Céu*. Salvador: Editora do autor, [s. d.a].

_____. *Deus no Céu e Getúlio na terra*. Salvador: Editora do autor, [s. d.b].

_____. *O testamento de Getúlio*. Salvador: Editora do autor, [s. d.c].

SANTOS, Antonio Teodoro dos. *Vida e tragédia do presidente Getúlio Vargas*. São Paulo: Prelúdio, [s.d.].

SANTOS, Apolônio Alves dos. *Palestra de JK com Getúlio Vargas no céu*. Guarabira: Tipografia Pontes/Folhetaria Santos, [s.d.a].

_____. *Os últimos dias de Getúlio Vargas*. Guarabira: Tipografia Pontes, [s.d.b].

SANTOS, Gonçalino da Silva. *Homenagem póstuma a sua excelência presidente Dr. Getúlio Vargas, mártir da liberdade*. [s.l.]: [s.n.], 1954.

SENA, João Antônio de. *O Brasil de luto com a morte do Dr. Getúlio Vargas e o pranto dos operários*. [s.l.]: [s.n.], [s.d.].

SILVA, Antônio Eugênio. *História completa do suicídio de nosso inesquecível presidente Vargas*. Paraíba: Editora do autor, 1955.

SILVA, Delarme Monteiro. *A morte do presidente Getúlio Vargas*. Recife: [s.n.], 1954.

_____. *A morte do presidente Getúlio Vargas e sua carta ao povo brasileiro*. [s.l.]: [s.n.], [s.d.a].

_____. *A morte e os funerais do presidente Getúlio Vargas*. Recife: [s.n.], [s.d.b].

SILVA, Gonçalo Ferreira da. *Getúlio Vargas*. [s.l.]: [s.n.], 1985.

SILVA, José Rodrigues da. *Getúlio se matou*. [s.l.]: [s.n.], 1954.

_____. *A vida e morte do presidente Vargas*. [s.l.]: [s.n.], 1954.

SILVA, Minelvino Francisco. *A carta de Getúlio*. [s.l.]: [s.n.], [s.d.a].

_____. *A chegada de Getúlio Vargas no Céu*. Itabuna: Editor M. F. S, [s.d.b].

_____. *A falsidade de Gregório — o pistoleiro do Catete*. [s.l.]: [s.n.], [s.d.c].

_____. *A morte do presidente Getúlio Vargas*. Itabuna: [s.n.], [s.d.d].

SILVA, Pedro Alves da. *A despedida de Getúlio depois da carta com a chegada no Céu e as passagens do fim do mundo*. Aracaju: Editora do autor, 1954.

SOUSA, Diomedes Dantas de. *Meu sangue será vossa Bandeira*. [s.l.]: [s.n.], 1955.

SOUZA, Paulo Teixeira de. *Recordação e lembrança do ex-presidente Vargas*. Rio de Janeiro: Instituto Estadual do Livro, 1978.

Folhetos de cordel sobre Juscelino Kubitschek

CRISTÓVÃO, José Severino. *Biografia de Juscelino Kubitschek de Oliveira*. Caruaru: [s.n.], [s.d.].

NETO, Cunha. *A tragédia do ex-presidente Juscelino Kubitschek*. Campo Maior: Of. da Gráfica Mendes, 1978.

LEÓBAS, Carolino. *O meu encontro com Juscelino e o nosso abraço derradeiro*. [s.l.]: [s.n.], [s.d.].

LUCENA, Gerson Araújo Onofre de. *Brasília no tempo de JK*. [s.l.]: [s.n.], [s.d.].

MACEDO, Teo. *O grande brasileiro Juscelino Kubitschek*. São Paulo: [s.n.], 1976.

MAMBIQUARA, Pagé Pacheleputo. *Os versos sentimentais da morte de Juscelino*. Brasília: [s.n.], 1976.

OLIVEIRA, José Rodrigues de. *A morte de Juscelino, o ex-chefe de nação*. [s.l.]: [s.n.], [s.d.].

SANTOS, Apolônio Alves dos. *A morte do ex-presidente Juscelino Kubitschek de Oliveira*. Guarabira: Tipografia Pontes, [s.d.b].

_____. *Biografia e morte de Juscelino Kubitschek*. Guarabira: Tipografia Pontes, [s.d.c].

SILVA, Expedito F. da. *A tragédia e a morte de Juscelino*. [s.l.]: [s.n.], [s.d.].

SILVA, Minelvino Francisco. *A morte do doutor Juscelino e sua chegada ao céu*. Itabuna: [s.n.], 1976.

SILVA, Olegário Fernandes da. *A morte de Juscelino, o ex-presidente*. [s.l.]: [s.n.], [s.d.b].

SOARES, José. *A morte de Juscelino Kubitschek*. Recife: [s.n.], 1976.

SOUZA, Paulo Teixeira de. *A triste partida do idealista JK em cordel*. [s.l.]: [s.n.], [s.d.].

VIANA, Raimundo. *A morte de Juscelino e as lágrimas de Brasília*. [s.l.]: [s.n.], [s.d.].

Obras gerais

ABÉLÈS, Marc. *Anthropologie de l'État*. Paris: Armand Colin, 1990.

ABREU, Plínio de; CAMPOS, Patrícia. NEVES, Tancredo. In: Abreu, Alzira Alves de; BELOCH, Israel; LATTMAN-WELTMAN, Fernando; LAMARÃO, Sérgio Tadeu (Coord.). *Dicionário histórico-biográfico brasileiro pós-1930*. 2. ed. Rio de Janeiro: FGV, 2001. v. 4.

____; LATTMAN-WELTMAN, Fernando. Fechando o cerco: a imprensa e a crise de agosto de 1954. In: GOMES, Angela de Castro (Org.). *Vargas e a crise dos anos 50*. Rio de Janeiro: Relume-Dumará, 1994. p. 23-59.

ABREU, Márcia. *Histórias de cordéis e folhetos*. Campinas: Mercado das Letras, 1999.

ABREU, Regina. Entre a nação e a alma: quando os mortos são comemorados. *Estudos Históricos*, Rio de Janeiro, v. 7, n. 14, p. 205-230, 1994.

AGULHON, Maurice. Mariana, objeto de "cultura"? In: SIRINELLI, Jean-François; RIOUX, Jean-Pierre (Dir.). *Para uma história cultural*. Lisboa: Estampa, 1998. p. 111-22.

____. *Marianne au combat*: l'imagerie et la symbolique républicaines de 1789 à 1880. Paris: Flammarion, 1979.

____. *Marianne au pouvoir*: l'imagerie et la symbolique republicaines de 1880 à 1914. Paris: Flammarion, 1989.

ALBUQUERQUE JÚNIOR, Durval Muniz de. *A invenção do Nordeste e outras artes*. São Paulo: Cortez, 2011.

ALBUQUERQUE, Wlamyra R. de. *Algazarra nas ruas*: comemorações da independência na Bahia (1889-1923). Campinas: Ed. Unicamp, 1999.

ALMEIDA, Adjovanes Thadeu Silva de. *O regime militar em festa*: a comemoração do Sesquicentenário da Independência brasileira (1972). Tese (doutorado em história social) — Universidade Federal do Rio de Janeiro, Rio de Janeiro, 2009.

ANDERSON, Benedict. *Comunidades imaginadas*: reflexões sobre a origem e a difusão do nacionalismo. São Paulo: Companhia das Letras, 2008.

ARENDT, Hannah. *O que é política?* Rio de Janeiro: Bertrand Brasil, 1999.

____. O conceito de história — antigo e moderno. In: ____. *Entre o passado e o futuro*. São Paulo: Perspectiva, 2005. p. 69-126.

____. Que é autoridade? In: ____. *Entre o passado e o futuro*. São Paulo: Perspectiva, 2005. p. 127-187.

____. *A condição humana*. Rio de Janeiro: Forense Universitária, 2014.

____. *Sobre a revolução*. São Paulo: Companhia das Letras, 2011.

ARIÈS, Philippe. *História da morte no Ocidente*. Rio de Janeiro: Ediouro, 2003.

____. *História social da criança e da família*. Rio de Janeiro: Zahar, 1978.

ARISTÓTELES. *Poética*. São Paulo: Ars Poética, 1993.

____. *A política*. São Paulo: Hemus, 2005.

ASSMANN, Aleida. *Espaços da recordação*: formas e transformações da memória cultural. Campinas: Unicamp, 2011.

BACZKO, Bronislaw. Imaginação social. In: ROMANO, Ruggiero (Dir.). *Enciclopédia Einaudi*, v. 5: antrophos — homem. Lisboa: Imprensa Nacional/Casa da Moeda, 1985. p. 296-332.

____. *Les imaginaires sociaux*. Paris: Payot, 1987.

BAKHTIN, Mikhail. *A cultura popular na Idade Média e no Renascimento*: o contexto de François Rabelais. São Paulo: Annablume; Hucitec, 2002.

BARROSO, Gustavo. *Ao som da viola*. Rio de Janeiro: Departamento de Imprensa Nacional, 1949.

BEM-AMOS, Avner. Les funérailles de Victor Hugo: apothéose de l'événement spectacle. In: NORA, Pierre (Ed.). *Les lieux de mémoire*. La République. Paris: Gallimard, 1984. v. 1, p. 473-522.

BENEVIDES, Maria Victoria de Mesquita. *O governo Kubitschek*: desenvolvimento econômico e estabilidade política, 1956-1961. Rio de Janeiro, Paz e Terra, 1976.

____. *O PTB e o trabalhismo*: partido e sindicato em São Paulo, 1945-1964. São Paulo: Brasiliense; Cedec, 1989.

BENJAMIN, Walter. O narrador. Considerações sobre a obra de Nikolai Leskov. In: ____. *Magia e técnica, arte e política*: ensaios sobre literatura e história da cultura. São Paulo: Brasiliense, 1994.

BENVENISTE, Emile. *Problèmes de linguistique générale*. Paris: Gallimard, 1966.

BIERSACK, Alleta. Saber local, história local: Geertz e além. In: HUNT, Lynn (Org.). *A história cultural*. São Paulo: Martins Fontes, 1992. p. 97-130.

BITTENCOURT, Circe Maria Fernandes. As "tradições nacionais" e o ritual das festas cívicas. In: PINSKY, Jaime. *O ensino da história e a criação do fato*. São Paulo: Contexto, 1988. p. 43-72.

BLOCH, Marc. *Os reis taumaturgos*: o caráter sobrenatural do poder régio, França e Inglaterra. São Paulo: Companhia das Letras, 1993.

BOJUNGA, Cláudio. *JK*: o artista do impossível. Rio de Janeiro: Objetiva, 2001.

BONAFÉ, Luigi. *Como se faz um herói republicano*: Joaquim Nabuco e a República. Tese (doutorado em história) — Universidade Federal Fluminense, Niterói, 2008.

BONAFÉ, Luigi. Os funerais de Joaquim Nabuco na capital da República (1910). In: ENCONTRO REGIONAL DE HISTÓRIA ANPUH-RJ, XII, 2006, Rio de Janeiro. *Usos do passado*: anais... p. 1. Disponível em: <www.rj.anpuh.org/resources/rj/Anais/2006/conferencias/Luigi%20Bonafe.pdf>. Acesso em: abr. 2009.

BONNET, Jean-Claude. Les morts illustres: oraison fúnebre, éloge académique, nécrologie. In: NORA, Pierre (Dir.). *Les lieux de mémoire*. La nation. Paris: Gallimard, 1986. v. 3, p. 217-241.

____. *Naissance du panthéon*. Essai sur le culte des grands hommes. Paris: Fayard, 1998.

BOURDIEU, Pierre. *Langage et pouvoir symbolique*. Paris: Seuil, 2001.

____. *O poder simbólico*. Rio de Janeiro: Bertrand Brasil, 2002.

____. *A distinção*: crítica social do julgamento. São Paulo: Edusp, 2008.

____. *Les règles de l'art*: genèse et structure du champ littéraire. Paris: Seuil, 1998.

____. *Razões práticas*: sobre a teoria da ação. Campinhas: Papirus, 1996.

BOUREAU, Alain; REVEL, Jacques. Les corps séparé des rois français. In: JULLIARD, Jacques (Dir.). *La mort du roi*. Essai d'ethnographie politique comparée. Paris: Gallimard, 1999. p. 113-133.

BRITTO, Antônio. *Assim morreu Tancredo*. Porto Alegre: L&PM Editores, 1985.

BURKE, Peter. *A fabricação do rei*: a construção da imagem pública de Luís XIV. Rio de Janeiro: Zahar, 1994.

_____. A história dos acontecimentos e o renascimento da narrativa. In: _____. *A escrita da história*: novas perspectivas. São Paulo: Ed. Unesp, 1992. p. 237-248.

_____. A invenção da invenção. In: _____. *O historiador como colunista*: ensaios para a Folha. Rio de Janeiro: Civilização Brasileira, 2009. p. 154-158.

_____. *Cultura popular na Idade Moderna*. São Paulo: Companhia das Letras, 1989.

CANCLINI, Néstor García. *Culturas híbridas*: estratégias para entrar e sair da modernidade. São Paulo: Edusp, 2008.

CANDAU, Joël. *Memória e identidade*. São Paulo: Contexto, 2011.

CANNADINE, David. Contexto, execução e significado do ritual: a monarquia britânica e a "invenção da tradição". In: HOBSBAWM, Eric; RANGER, Terence (Org.). *A invenção das tradições*. Rio de Janeiro: Paz e Terra, 1997. p. 111-171.

CAPELATO, Maria Helena Rolim. *Multidões em cena*: propaganda política no varguismo e no peronismo. São Paulo: Papirus, 1998.

CARDOSO, Ângela Miranda. Ritual: princípio, meio e fim. Do sentido do estudo das cerimônias de entronização brasileiras. In: JANCSÓ, István. *Brasil*: formação do Estado e da nação. São Paulo: Hucitec, 2003. p. 549-602.

CARDOSO, Ciro F; MALERBA, Jurandir (Org.). *Representações*: contribuições a um debate transdisciplinar. São Paulo: Papirus, 2000. (Coleção Textos do Tempo).

CARVALHO, José Murilo de. *A construção da ordem:* a elite política imperial. *Teatro das sombras:* a política imperial. Rio de Janeiro: Civilização Brasileira, 2006.

_____. *A formação das almas*: o imaginário da República no Brasil. São Paulo: Companhia das Letras, 1990.

_____. Brasil: nações imaginadas. In: _____. *Pontos e bordados*: escritos de história política. Belo Horizonte: Ed. UFMG, 1998a.

_____. *Forças Armadas e política no Brasil*. Rio de Janeiro: Zahar, 2005a.

_____. O motivo edênico no imaginário social brasileiro. *Revista Brasileira de Ciências Sociais*, São Paulo, v. 13, n. 38, out. 1998b. Disponível em: <www.scielo.br/pdf/rbcsoc/v13n38/38murilo.pdf>.

_____. *Os bestializados*: o Rio de Janeiro e a República que não foi. São Paulo: Companhia das Letras, 2005.

_____. Ouro, terra e ferro. Vozes de Minas. In: GOMES, Angela de Castro (Org.). *Minas e os fundamentos do Brasil moderno*. Belo Horizonte: Editora UFMG, 2005b.

CASCUDO, Luís da Câmara. *Vaqueiros e cantadores*. Porto Alegre: Livraria do Povo, 1939.

CASSIRER, Ernst. *La filosofía de la ilustración*. México: Fondo de Cultura Económica, 1943.

CASTORIADIS, Cornelius. *A instituição imaginária da sociedade*. Rio de Janeiro: Paz e Terra, 1982.

CASTRO, Celso. *A invenção do Exército brasileiro*. Rio de Janeiro: Zahar, 2002.

CATROGA, Fernando. Ainda será a História Mestra da Vida? *Estudos Ibero-Americanos*, Edição Especial, n. 2, 2006a.

_____. *Entre deuses e césares*. Secularização, laicidade e religião civil. Uma perspectiva histórica. Coimbra: Almedina, 2006b.

_____. Memória e história. In: PESAVENTO, Sandra Jatahy. *Fronteiras do milênio*. Porto Alegre: Ed. Universidade/UFRGS, 2001.

_____. *Memória, história e historiografia*. Coimbra: Quarteto, 2003.

_____. *O céu da memória*. Cemitério romântico e culto cívico dos mortos em Portugal (1756-1911). Coimbra: Minerva, 1999.

_____. *Os passos do homem como restolho do tempo*. Memória e fim do fim da história. Coimbra: Almedina, 2009.

_____. Pátria, nação e nacionalismo. In: SOBRAL, José Manuel; VALA, Jorge. *Identidade nacional*: inclusão e exclusão social. Lisboa: Imprensa de Ciências Sociais, 2010, p. 33-65

_____. Ritualizações da história: as comemorações como liturgias cívicas. In: _____; TORGAL, Luis Reis; MENDES, José Amado. *História da história em Portugal*: séculos XIX-XX. Da historiografia à memória histórica. Lisboa: Temas & Debates, 1998. p. 221-361.

_____. Secularização e o retorno do religioso. Entrevista concedida ao *Diário do Nordeste*, 9/10/2006c.

_____; TORGAL, Luis Reis; MENDES, José Amado. *História da história em Portugal*: séculos XIX-XX. Da historiografia à memória histórica. Lisboa: Temas & Debates, 1998.

CAVIGNAC, Julie. *La littérature de colportage au Nord-Est du Brésil*. De l'histoire écrite ao récit oral. Paris: Éditions CNRS, 1997.

CEFAÏ, Daniel. Expérience, culture et politique. In: _____ (Dir.). *Cultures politiques*. Paris: PUF, 2001. p. 93-116.

CERRI, Luis Fernando. 1972: Sete bandeiras do setecentenário por mil cruzeiros velhos. *Estudos Ibero-Americanos*, Porto Alegre, v. XXV, n. 1, p. 193-208, jun. 1999.

CERTEAU, Michel de. *A invenção do cotidiano*. Artes de fazer. Petrópolis: Vozes, 1994.

_____. *A escrita da história*. Rio de Janeiro: Forense Universitária, 2002.

_____. *História e psicanálise*: entre ciência e ficção. Belo Horizonte: Autêntica, 2011.

CEZAR, Temístocles. Livros de Plutarco: biografia e escrita da história no Brasil do século XIX. *MÉTIS*: história & cultura, v. 2, n. 3, p. 90, jan./jun. 2003.

CHACON, Vamireh. *Deus é brasileiro*. O imaginário do messianismo político no Brasil. Rio de Janeiro: Civilização Brasileira, 1990.

CHAMON, Carla Simone. *Festejos imperiais*: festas cívicas em Minas Gerais (1815-1845). Bragança Paulista: Edusf, 2002.

CHARTIER, Roger. *A história cultural*: entre práticas e representações. Lisboa: Difel, 1988.

_____. A visão do historiador modernista. In: FERREIRA, Marieta de Moraes; AMADO, Janaína (Org.). *Usos & abusos da história oral*. Rio de Janeiro: FGV, 2002a. p. 215-218.

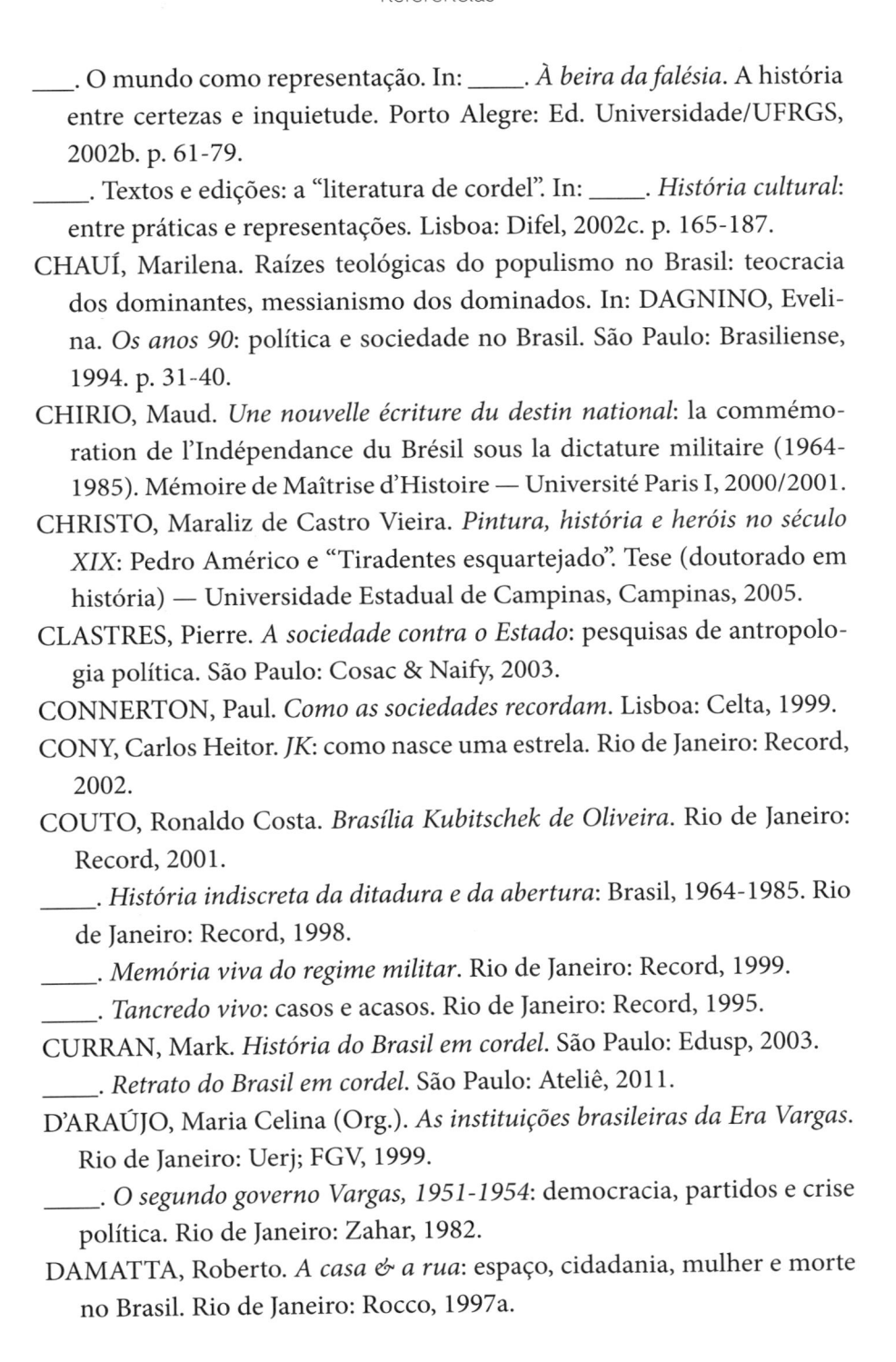

____. O mundo como representação. In: ____. *À beira da falésia*. A história entre certezas e inquietude. Porto Alegre: Ed. Universidade/UFRGS, 2002b. p. 61-79.

____. Textos e edições: a "literatura de cordel". In: ____. *História cultural*: entre práticas e representações. Lisboa: Difel, 2002c. p. 165-187.

CHAUÍ, Marilena. Raízes teológicas do populismo no Brasil: teocracia dos dominantes, messianismo dos dominados. In: DAGNINO, Evelina. *Os anos 90*: política e sociedade no Brasil. São Paulo: Brasiliense, 1994. p. 31-40.

CHIRIO, Maud. *Une nouvelle écriture du destin national*: la commémoration de l'Indépendance du Brésil sous la dictature militaire (1964-1985). Mémoire de Maîtrise d'Histoire — Université Paris I, 2000/2001.

CHRISTO, Maraliz de Castro Vieira. *Pintura, história e heróis no século XIX*: Pedro Américo e "Tiradentes esquartejado". Tese (doutorado em história) — Universidade Estadual de Campinas, Campinas, 2005.

CLASTRES, Pierre. *A sociedade contra o Estado*: pesquisas de antropologia política. São Paulo: Cosac & Naify, 2003.

CONNERTON, Paul. *Como as sociedades recordam*. Lisboa: Celta, 1999.

CONY, Carlos Heitor. *JK*: como nasce uma estrela. Rio de Janeiro: Record, 2002.

COUTO, Ronaldo Costa. *Brasília Kubitschek de Oliveira*. Rio de Janeiro: Record, 2001.

____. *História indiscreta da ditadura e da abertura*: Brasil, 1964-1985. Rio de Janeiro: Record, 1998.

____. *Memória viva do regime militar*. Rio de Janeiro: Record, 1999.

____. *Tancredo vivo*: casos e acasos. Rio de Janeiro: Record, 1995.

CURRAN, Mark. *História do Brasil em cordel*. São Paulo: Edusp, 2003.

____. *Retrato do Brasil em cordel*. São Paulo: Ateliê, 2011.

D'ARAÚJO, Maria Celina (Org.). *As instituições brasileiras da Era Vargas*. Rio de Janeiro: Uerj; FGV, 1999.

____. *O segundo governo Vargas, 1951-1954*: democracia, partidos e crise política. Rio de Janeiro: Zahar, 1982.

DAMATTA, Roberto. *A casa & a rua*: espaço, cidadania, mulher e morte no Brasil. Rio de Janeiro: Rocco, 1997a.

____. *Carnavais, malandros e heróis*. Para uma sociologia do dilema brasileiro. Rio de Janeiro: Zahar, 1995.

____. *Relativizando*: uma introdução à antropologia social. Petrópolis: Vozes, 1981.

____. A morte nas sociedades relacionais: reflexões a partir do caso brasileiro. In: ____. *A casa & a rua*: espaço, cidadania, mulher e morte no Brasil. Rio de Janeiro: Rocco, 1997b. p. 133-158.

DAYAN, Daniel. Os mistérios da recepção. In: NÓVOA, Jorge; FRESSATO, Soleni Biscouto; FEIGELSON, Kristian (Org.). *Cinematógrafo*: um olhar sobre a história. Salvador: Edufba; São Paulo: Ed. Unesp, 2009. p. 61-83.

____; KATZ, Elihu. *A história em directo*: os acontecimentos mediáticos na televisão. Coimbra: Minerva, 1999.

____; KATZ, Elihu. Rituels publics à usage privé: métamorphose télévisée d'um mariage royal. *Annales*, v. 38, n. 1, p. 3-20, 1983.

DEBRAY, Régis. *Critique de la raison politique*. Paris: Galimard, 1981.

DEL PRIORE, Mary. *Festas e utopias no Brasil colonial*. São Paulo: Brasiliense, 2000.

DELGADO, Lucília de Almeida Neves (Org.). *Tancredo Neves*: sua palavra na história. Belo Horizonte: Fundação Presidente Tancredo Neves, 1988.

DOSSE, François. *O desafio biográfico*: escrever uma vida. São Paulo: Edusp, 2009.

DUBY, Georges. *O Domingo de Bouvines*. Rio de Janeiro: Paz & Terra, 1993.

DUMONT, Louis. *O individualismo*: uma perspectiva antropológica da ideologia moderna. Rio de Janeiro: Rocco, 1993.

DURKHEIM, Émile. *As formas elementares da vida religiosa*: o sistema totêmico na Austrália. São Paulo: Martins Fontes, 1996.

DUTRA, Eliana de Freitas. *O ardil totalitário*: imaginário político no Brasil dos anos 30. Rio de Janeiro: Ed. UFRJ, 1997.

____. História e culturas políticas: definições, usos, genealogias. *Varia história*, Belo Horizonte, n. 29, p. 13-28, 2002.

ECO, Umberto. *Apocalípticos e integrados*. São Paulo: Perspectiva, 1987.

ELIADE, Mircea. *Mito e realidade*. São Paulo: Perspectiva, 2004.

ELIAS, Norbert. *A sociedade de corte*: investigação sobre a sociologia da realeza e da aristocracia de corte. Rio de Janeiro: Zahar, 2001a.

____. *A sociedade dos indivíduos*. Rio de Janeiro: Zahar, 1994a.

____. *A solidão dos moribundos, seguido de Envelhecer e morrer*. Rio de Janeiro: Zahar, 2001b.

____. *O processo civilizador*: uma história dos costumes. Rio de Janeiro: Zahar, 1994b.

____. *O processo civilizador*: formação do Estado e civilização. Rio de Janeiro: Zahar, 1993.

ENDERS, Armelle. Saint Tancredo de l'espérance. La mort du président Tancredo Neves et la démocratie brésilienne. In: JULLIARD, Jacques (Dir.). *La mort du roi*. Essai d'ethnographie politique comparée. Paris: Gallimard, 1999. p. 327-358.

____. "O Plutarco brasileiro": a produção de vultos nacionais no Segundo Reinado. *Estudos Históricos*, Rio de Janeiro, v. 14, n. 25, p. 41-62, 2000.

____. Como se poderia escrever a história do Brasil. Variações acerca do romance nacional do Império à República. In: FERREIRA, Marieta de Moraes (Org.). *Memória e identidade nacional*. Rio de Janeiro: FGV, 2010. p. 59-80.

FASSIN, Éric. Camelot en deuil: John Fitzgerald Kennedy, la mort du roi in démocratie. In: JULLIARD, Jacques (Dir.). *La mort du roi*. Essai d'ethnographie politique comparée. Paris: Gallimard, 1999. p. 293-306.

FASSY, Amaury. *JK*: o maior estadista do século XX. Brasília: Thesaurus, 2000.

FAUSTO, Boris. *Getúlio Vargas*. São Paulo: Companhia das Letras, 2006.

FAUSTO NETO, Antonio. *O corpo falado*: a doença e morte de Tancredo Neves nas revistas semanais brasileiras. Belo Horizonte: PUC/Fumarc, 1989.

FERNANDES, Rubem César. Aparecida: nossa rainha, senhora e mãe, sarava! In: SACHS, Viola (Org.). *Brasil e EUA*. Religião e identidade nacional. Rio de Janeiro: Graal, 1988. p. 85-111.

FERREIRA, Jorge (Org.). *O populismo e sua história*: debate e crítica. Rio de Janeiro: Civilização Brasileira, 2001.

_____. A cultura política dos trabalhadores no primeiro governo Vargas. *Estudos Históricos*, Rio de Janeiro, v. 3, n. 6, p. 180-195, 1990.

_____. Carnaval da tristeza: os motins urbanos do 24 de agosto. In: GOMES, Angela de Castro (Org.). *Vargas e a crise dos anos 50*. Rio de Janeiro: Relume-Dumará, 1994. p. 61-96.

_____. *Trabalhadores do Brasil*. O imaginário popular. Rio de Janeiro: FGV, 1997.

_____; DELGADO, Lucilia de Almeida Neves (Org.). *O tempo da ditadura*: regime militar e movimentos sociais em fins do século XX. Rio de Janeiro: Civilização Brasileira, 2003a. (O Brasil Republicano, v. 4).

_____; _____ (Org.). *O tempo do nacional-estatismo*. Rio de Janeiro: Civilização Brasileira, 2003b. (O Brasil Republicano, v. 3).

FERREIRA, Marieta de Moraes; AMADO, Janaína (Org.). *Usos e abusos da história oral*. Rio de Janeiro: FGV, 2002.

_____. CPDOC — 30 anos. In: *CPDOC 30 Anos*. Rio de Janeiro: FGV, 2003.

_____. *Getúlio Vargas*: uma memória em disputa. Rio de Janeiro: CPDOC, 2006, 16 f. Disponível em: <http://cpdoc.fgv.br/producao_intelectual/arq/1592.pdf>.

_____. *Histórias de família*: casamentos, alianças e fortunas. Rio de Janeiro: Léo Christiano Editorial, 2008.

FICO, Carlos. *Além do golpe*: visões e controvérsias sobre 1964 e a ditadura militar. Rio de Janeiro: Record, 2004.

_____. *Como eles agiam*. Rio de Janeiro: Record, 2001.

_____. *O grande irmão*: da Operação *Brother Sam* aos anos de chumbo. O governo dos Estados Unidos e a ditadura militar brasileira. Rio de Janeiro: Civilização Brasileira, 2008.

_____. *Reinventado o otimismo*. Ditadura, propaganda e imaginário social no Brasil. Rio de Janeiro: FGV, 1997.

_____. A negociação parlamentar da anistia de 1979 e o chamado 'perdão' aos torturadores. Disponível em: <www.ppghis.ifcs.ufrj.br/media/Torturadores.pdf>. Acesso em: 15 abr. 2010.

FINLEY, Moses. Mito, memória e história. In: _____. *Uso e abuso da história*. São Paulo: Martins Fontes, 1989. p. 3-27.

FONSECA, Thais Nívia de Lima e. A Inconfidência Mineira e Tiradentes vistos pela imprensa: a vitalização dos mitos (1930-1960). *Revista Brasileira de História*, São Paulo, v. 22, n. 22, p. 439-462, 2002.

FREITAS, Marcus Vinicius de. Rumo aos quinhentos anos. *História, Ciências, Saúde — Manguinhos*, Rio de Janeiro, v. 6, p. 195-9, mar./jun. 1999.

FREUD, Sigmund. *O mal-estar na civilização*. São Paulo: Peguin Classics Companhia das Letras, 2011.

FREYRE, Gilberto. *Casa-grande & senzala*. Formação da família brasileira sob o regime da economia patriarcal. Rio de Janeiro: José Olympio; Brasília: INL-MEC, 1980.

FUREIX, Emmanuel. *La France des larmes*: deuils politiques à l'âge romantique (1814-1840). Seyssel: Éditions Champ Vallon, 2009.

FURET, François. *Pensando a Revolução Francesa*. Rio de Janeiro: Paz e Terra, 1989.

GALVÃO, Ana Maria de Oliveira. *Cordel*: leitores e ouvintes. Belo Horizonte: Autêntica, 2006.

GASPARI, Elio. *A ditadura derrotada*. São Paulo: Companhia das Letras, 2003.

____. *A ditadura encurralada*. São Paulo: Companhia das Letras, 2004.

____. *A ditadura envergonhada*. São Paulo: Companhia das Letras, 2002.

____. *A ditadura escancarada*. São Paulo: Companhia das Letras, 2002.

GAUCHET, Marcel. *Le désenchatement du monde*. Paris: Gallimard, 1985.

____. *La démocratie d'une crise à l'autre*. Paris: Cécile Défaut, 2007.

GAY, Peter. *A experiência burguesa da rainha Vitória a Freud*: a educação dos sentidos. São Paulo: Companhia das Letras, 1988.

GEERTZ, Clifford. Centros, reis e carisma: reflexões sobre o simbolismo do poder. In: ____. *O saber local*: novos ensaios em antropologia interpretativa. Petrópolis: Vozes, 2009. p. 182-219.

____. Ideology as a cultural system. In: ____. *The interpretation of cultures*. Nova York: Basic Books, 1973a.

____. *Negara*: o Estado teatro no século XIX. Rio de Janeiro: Difel, 1991.

____. Religion as a cultural system. In: ____. *The interpretation of cultures*. Nova York: Basic Books, 1973b.

____. *The interpretation of cultures*. Nova York: Basic Books, 1973c.

GIESEY, Ralph E. Models of rulership in French royal ceremonial. In: WILENTZ, Sean (Org.). *Rites of power*: symbolism, ritual, and politics since the Middle Ages. Filadélfia: University of Pennsylvania Press, 1985. p. 41-64.

GINZBURG, Carlo. Provas e possibilidades à margem de "Il ritorno de Martin Guerre" de Natalie Zemon Davis. In: _____. *Micro-história e outros ensaios*. Lisboa: Difel, 1989. p. 179-202.

GIRARDET, Raoul. *Mitos e mitologias políticas*. São Paulo: Companhia das Letras, 1987.

GOMES, Angela de Castro. A construção de mitos e os usos do passado nacional: Vargas e Perón. *Revista de História*, São Paulo, v. 16, p. 109-130, 1997.

_____. *A República, a história e o IHGB*. Belo Horizonte: Argumentvm, 2009.

_____. *A invenção do trabalhismo*. 3. ed. Rio de Janeiro: FGV, 2005a.

_____. A política brasileira em busca de modernidade: na fronteira entre o público e o privado. In: SCHWARCZ, Lilia Moritz (Org.). *História da vida privada no Brasil*. Contrastes da intimidade contemporânea. São Paulo: Companhia das Letras, 1998. p. 489-558.

_____. História, historiografia e cultura política no Brasil: algumas reflexões. In: SOIHET, Rachel; BICALHO, Maria Fernanda Baptista; GOUVÊA, Maria de Fátima Silva. *Culturas políticas*: ensaios de história cultural, história política e ensino de história. Rio de Janeiro: Mauad, 2005b. p. 21-44.

_____. Memória, política e tradição familiar: os Pinheiro das Minas Gerais. In: _____ (Org.). *Minas e os fundamentos do Brasil moderno*. Belo Horizonte: Editora UFMG, 2005c. p. 79-108.

_____ (Org.). *O Brasil de JK*. Rio de Janeiro: FGV, 2002.

_____. (Org.). *Vargas e a crise dos anos 50*. Rio de Janeiro: Relume-Dumará, 1994.

GONÇALVES, João Felipe. Enterrando Rui Barbosa: um estudo de caso da construção fúnebre de heróis nacionais na Primeira República. *Estudos Históricos*, Rio de Janeiro, v. 14, n. 25, p. 135-61, 2000.

GRAÇA FILHO, Afonso de Alencastro. *A Princesa do Oeste*: elite mercantil e economia de subsistência em São João del-Rei (1831-1888).

Tese (doutorado em história social) — Universidade Federal do Rio de Janeiro, Rio de Janeiro, 1998.

GUIMARÃES, Dulce Maria Pamplona. Festa de fundação: memória da colonização nas comemorações do IV centenário da cidade de São Paulo. *História*, v. 13, p. 131-139, 1994.

____. Festa de produção: identidade, memória e reprodução social. *História*, v. 11, p. 181-193, 1992.

GUIMARÃES, Lucia Maria Pachoal. *Da Escola Palatina ao Silogeu*: Instituto Histórico e Geográfico Brasileiro (1889-1938). Rio de Janeiro: Museu da República, 2006.

____. Debaixo da Imediata Proteção de Sua Majestade Imperial: o Instituto Histórico e Geográfico Brasileiro (1838-1889). *RIHGB*, Rio de Janeiro, v. 156, n. 388, p. 459-613, jul./set. 1995.

____. Os funerais de d. Pedro II e o imaginário republicano. In: SOIHET, Rachel; ALMEIDA, Maria Regina Celestino de; AZEVEDO, Cecília; GONTIJO, Rebeca (Org.). *Mitos, projetos e práticas políticas*: memória e historiografia. Rio de Janeiro: Civilização Brasileira, 2009. p. 69-82.

GUIMARÃES, Manoel Luís Salgado. Nação e civilização nos trópicos: o IHGB e o projeto de uma história nacional. *Estudos Históricos*, Rio de Janeiro, n. 1, p. 3-27, 1988.

HALBWACHS, Maurice. *A memória coletiva*. São Paulo: Vértice, 1990.

HARTOG, François. *Evidência da história:* o que os historiadores veem. Belo Horizonte: Autêntica, 2011.

____. *O espelho de Heródoto:* ensaio sobre a representação do outro. Belo Horizonte: UFMG, 2014.

____. *Régimes d'historicité*. Présentisme et expériences du temps. Paris: Seuil, 2003.

____. Tempo e história: "como escrever a história da França hoje?" *História Social*, Campinas, n. 3, p. 127-154, 1996.

HEIDEKING, Jürgen et al. (Org.). *Celebrating ethnicity and nation*: american festive culture from the revolution to the early 20th century. Nova York: Berghan Books, 2001.

HELIODORO, Affonso. *JK, exemplo e desafio*. Brasília: Thesaurus, 1991.

____. *O Memorial JK*: um monumento e centro de cultura. Brasília: Verano, 1996.

HERMANN, Jacqueline. História das religiões e das religiosidades. In: CARDOSO, Ciro Flamarion; VAINFAS, Ronaldo (Org.). *Domínios da história*: ensaios de teoria e metodologia. Rio de Janeiro: Editora Campus, 1997.

____. *No reino do desejado*: a construção do sebastianismo em Portugal, séculos XVI e XVII. São Paulo: Companhia das Letras, 1998.

____. Religião e política no alvorecer da República: os movimentos de Juazeiro, Canudos e Contestado. In: FERREIRA, Jorge; DELGADO, Lucilia de Almeida Neves (Org.). *O tempo do liberalismo excludente*: da Proclamação da República à Revolução de 1930. Rio de Janeiro: Civilização Brasileira, 2008. p. 121-160. (O Brasil Republicano, v. 1).

____. Sebastianismo e sedição: os rebeldes do Rodeador na "Cidade do Paraíso Terrestre", Pernambuco — 1817-1820. *Tempo*, Niterói, v. 6, n. 11, p. 131-142, jul. 2001.

HERSCHMANN, Micael; PEREIRA, Carlos Alberto Messeder. E la nave va... As celebrações dos 500 anos no Brasil: afirmações e disputas no espaço simbólico. *Estudos Históricos*, Rio de Janeiro, v. 14, n. 26, p. 203-215, 2000.

HERVIEU-LÉGER, Danièle. "Une messe est possible." Les doubles funérailles du Président. In: JULLIARD, Jacques (Dir.). *La mort du roi*. Essai d'ethnographie politique comparée. Paris: Gallimard, 1999. p. 89-106.

HOBSBAWM, Eric. *Nações e nacionalismo desde 1780*. Programa, mito e realidade. Rio de Janeiro: Paz e Terra, 2002.

____; RANGER, Terence (Org.). *A invenção das tradições*. Rio de Janeiro: Paz e Terra, 1997.

HOLZERMAYIR, Rosenfield (Org.). *Filosofia & literatura*: o trágico. Rio de Janeiro: Jorge Zahar, 2001.

HOLANDA, Sérgio Buarque de. *Visão do paraíso*. São Paulo: Brasiliense, 1998.

HUNT, Lynn (Org.). *A nova história cultural*. São Paulo: Martins Fontes, 1995.

HUTTON, Patrick. Collective memory and collective mentalities: the Halbwachs-Ariès connection. *Historical reflections/réflexions historiques*, v. 15, n. 2, p. 311-22, 1988.

JAMESON, Fredric. *O inconsciente político*. A narrativa como ato socialmente simbólico. São Paulo: Ática, 1992.

JANCSÓ, István; KANTOR, Iris (Orf.) *Festa*: cultura e sociedade na América portuguesa. São Paulo: Edusp, 2001.

JORNAL Nacional: a notícia faz história. Rio de Janeiro: Zahar, 2004. (Projeto Memória Globo).

JULLIARD, Jacques (Dir.). *La mort du roi*. Essai d'ethnographie politique comparée. Paris: Gallimard, 1999. p. 27-58.

KANTOROWICZ, Ernst H. *Os dois corpos do rei*. São Paulo: Companhia das Letras, 1998.

KERTZER, David I. *Ritual, politics and power*. New Haven: Yale University Press, 1988.

KLEIN, Kerwin Lee. On the emergence of memory in historical discourse. *Representations*, v. 69, p. 127-150, 2000.

KOSELLECK, Reinhart. A semântica histórico-política dos conceitos antitéticos assimétricos. In: _____. *Futuro passado*. Contribuição à semântica dos tempos históricos. Rio de Janeiro: Contraponto; PUC-Rio, 2006a. p. 231.

_____. *Crítica e crise*: uma contribuição à patogênese do mundo burguês. Rio de Janeiro: Eduerj; Contraponto, 1999.

_____. *Futuro passado*. Contribuição à semântica dos tempos históricos. Rio de Janeiro: Contraponto, 2006b.

_____. *Los estratos del tempo*: estudios sobre la historia. Barcelona; Buenos Aires; México: Paidós, 2013. p. 9-32.

_____. *Modernidad, culto a la muerte y memoria nacional*. Madri: Centro de Estudios Políticos y Constitucionales, 2011.

KRAAY, Hendrik. "Frio como a pedra de que se há de compor": caboclos e monumentos na comemoração da independência na Bahia, 1870-1900. *Tempo*, Niterói, v. 14, p. 51-81, 2003.

_____. Definindo nação e Estado: rituais cívicos na Bahia pós-Independência. *Topoi* — Revista de História, Rio de Janeiro, n. 3, p. 63-90, set. 2001.

_____; IZECKSOHN, Vitor; CASTRO, Celso (Org.). *Nova história militar brasileira*. Rio de Janeiro: FGV, 2004.

KUBITSCHEK, Juscelino. *Meu caminho para Brasília*. 50 Anos em 5. Rio de Janeiro, Bloch Editores, 1978.

_____. *Por que construí Brasília*. Brasília: Senado Federal, 2000.

LACAPRA, Dominick. *Rethinking intellectual history*: texts, contexts, language. Ithaca: Cornell University Press, 1983.

_____. Trauma, ausencia, perdida. In: _____. *Escribir la historia, escribir el trauma*. Buenos Aires: Nueva Visión, 2005. p. 65-103.

LACERDA, Aline Lopes de. Obra getulina ou como as imagens comemoram o regime. *Estudos Históricos*, Rio de Janeiro, v. 7, n. 14, p. 241-63, 1994.

LAMOUNIER, Bolívar. *Getúlio*. São Paulo: Nova Cultural, 1988.

LAVABRE, Marie-Claire. De la notion de mémoire à la production des mémoires collectives. In: CEFAÏ, Daniel (Dir.). *Cultures politiques*. Paris: PUF, 2001. p. 233-252.

LE GOFF, Jacques. Memória. In: _____. *História e memória*. Campinas: Ed. Unicamp, 1994. p. 419-476.

LEFEBVRE, Georges. *O grande medo de 1789*. Rio de Janeiro: Campos, 1979.

LEFORT, Claude. *Pensando o político*: ensaios sobre democracia, revolução e liberdade. Rio de Janeiro: Paz e Terra, 1991a.

_____. Permanência do teológico-político? In: _____. *Pensando o político*: ensaios sobre democracia, revolução e liberdade. Rio de Janeiro: Paz e Terra, 1991b. p. 249-295.

_____. *A invenção democrática*: os limites da dominação totalitária. Belo Horizonte: Autêntica, 2011.

LESKY, Albin. *A tragédia grega*. São Paulo: Perspectiva, 2000.

LEONELLI, Domingos; OLIVEIRA, Dante de. *Diretas já*: 15 meses que abalaram a ditadura. Rio de Janeiro: Record, 2004.

LESSA, Orígenes. *Getúlio Vargas na literatura de cordel*. São Paulo: Moderna, 1982.

LEVI, Giovanni. Sobre a micro-história. In: BURKE, Peter. *A escrita da história*: novas perspectivas. São Paulo: Ed. da Unesp, 1992. p. 133-161.

____. Usos da biografia. In: FERREIRA, Marieta de Moraes; AMADO, Janaína. *Usos & abusos da história oral*. Rio de Janeiro: Editora FGV, 2002. p. 167-182.

LÉVI-STRAUSS, Claude. *Antropologia estrutural*. Rio de Janeiro: Tempo Brasileiro, 1970.

____. *O pensamento selvagem*. Campinas: Papirus, 1989.

LIMA, Alceu Amoroso. *Voz de Minas*. Rio de Janeiro: Agir, 1945.

LIMA, Luiz Costa. *História. Ficção. Literatura*. São Paulo: Companhia das Letras, 2006.

LIMA, Nísia Trindade. *Um sertão chamado Brasil*: intelectuais e representação geográfica da identidade nacional. Rio de Janeiro: Revan; Iuperj; Ucam, 1999.

LOPES, José Sérgio Leite; MARESCA, Sylvain. A morte da "alegria do povo". *Revista Brasileira de Ciências Sociais*, São Paulo, n. 20, ano 7, p. 114-134, out. 1992.

LORAUX. Nicole. *A invenção de Atenas*: a oração fúnebre na cidade clássica. Rio de Janeiro: Editora 34, 1994.

LYNCH, Christian Edward Cyril. A democracia como problema: Pierre Rosanvallon e a escola francesa do político. In: ROSANVALLON, Pierre. *Por uma história do político*. São Paulo: Alameda, 2010. p. 9-35.

MAGGIE, Yvonne. *Medo do feitiço*: relações entre magia e poder no Brasil. Rio de Janeiro: Arquivo Nacional, 1992.

MALERBA, Jurandir. *A corte no exílio*: civilização e poder no Brasil às vésperas da independência (1808-1821). São Paulo: Companhia das Letras, 2000.

MALHADAS, Daisi. *Tragédia grega*. O mito em cena. São Paulo: Ateliê, 2003.

MARCELINO, Douglas Attila. A narrativa histórica entre a vida e o texto: apontamentos sobre um amplo debate. *Topoi*: revista de história, v. 13, p. 130-146, 2012.

____. Cartas à viúva Neves: a dimensão privada da morte presidencial. In: QUADRAT, Samantha Viz (Org.). *Não foi tempo perdido*: os anos 80 em debate. Rio de Janeiro: 7Letras, 2014. p. 57-81.

_____. Funerais de presidentes e cultura política republicana. In: DELGADO, Lucilia de Almeida Neves; FERREIRA, Marieta de Moraes (Org.). *História do tempo presente*. Rio de Janeiro: FGV, 2014. p. 194-210.

_____. Os funerais como liturgias cívicas: notas sobre um campo de pesquisas. *Revista Brasileira de História*, v. 31, p.125-144, 2011.

MARCÍLIO, Maria Luiza. A morte de nossos ancestrais. In: MARTINS, José de Souza (Org.). *A morte e os mortos no Brasil*. São Paulo: Hucitec, 1983. p. 61-75.

MARIN, Louis. *Le portrait du roi*. Paris: Editions de Minuit, 1981.

MARTIUS, Karl Frederich von. Como se deve escrever a história do Brasil. In: GUIMARÃES, Manoel Salgado (Org.). *Livro de fontes de historiografia brasileira*. Rio de Janeiro: Eduerj, 2010.

MATOS, Edilene. *O imaginário na literatura de cordel*. Salvador: UnB; Cebem, 1986.

MATTOS, Sérgio. *A televisão no Brasil*: 50 anos de história (1950-2000). Salvador: Ianamá, 2000.

MAUAD, Ana Maria. Imagem e autoimagem do Segundo Reinado. In: NOVAIS, Fernando. *História da vida privada no Brasil*. São Paulo: Companhia das Letras, 1997. v. 2, p. 181-231.

MELLO E SOUZA, Laura de. *O diabo e a Terra de Santa Cruz*: feitiçaria e religiosidade popular no Brasil colonial. São Paulo: Companhia das Letras, 1986.

MELO, Veríssimo de. *Tancredo Neves na literatura de cordel*. Belo Horizonte: Limitada, 1986.

MENDONÇA, Kátia. *A salvação pelo espetáculo*: mito do herói e política no Brasil. Rio de Janeiro: Topbooks, 2002.

MESQUITA, Mário. O performativo cerimonial. Da praça pública à televisão. *Revista de História das Ideias* (dossiê Rituais e Cerimônias), Coimbra, v. 15, p. 599-633, 1993.

MEYER, Marlyse; MONTES, Maria Lucia. *Caminhos do imaginário no Brasil*. São Paulo: Edusp, 1993.

_____. *Redescobrindo o Brasil*: a festa na política. São Paulo: T. A. Queiroz Editor, 1985.

MILLIET, Maria Alice. *Tiradentes*: o corpo do herói. São Paulo: Martins Fontes, 2001.

MOMIGLIANO, Arnaldo. *Génesis y desarrollo de la biografia en Grecia*. México: Fondo de Cultura Económica, 1986.

MONTEIRO, Fernanda Fonseca; SANTOS, Gisele Cunha. Celebrando a fundação do Brasil: a inauguração da estátua equestre de d. Pedro I. *Revista Eletrônica de História do Brasil*, v. 4, n. 1, p. 47-61, 2000.

MORIN, Edgar. *Cultura de massas no século XX*. O espírito do tempo. Rio de Janeiro: Forense Universitária, 1975.

MOTTA, Marly Silva da. *A nação faz 100 anos*: a questão nacional no centenário da Independência. Rio de Janeiro: FGV, 1992.

NAXARA, Márcia Regina Capelari. *Cientificismo e sensibilidade romântica*: em busca de um sentido explicativo para o Brasil no século XIX. Brasília: UnB, 2004.

NEVES, Lúcia Maria Bastos Pereira das. *Napoleão Bonaparte*: imaginário e política em Portugal (c. 1808-1810). São Paulo: Alameda, 2008.

NIETZSCHE, Friedrich W. *O nascimento da tragédia*. São Paulo: Companhia das Letras, 1992,

NORA, Pierre. Entre a memória e a história: a problemática dos lugares. *Projeto História 10*, São Paulo, n. 10, p. 7-28, dez. 1993.

____. O retorno do fato. In: ____; LE GOFF, Jacques (Dir.). *História*: novos problemas. Rio de Janeiro: Francisco Alves, 1976. p. 179-193.

____ (Dir.). *Les lieux de mémoire*. La République. Paris: Gallimard, 1984.

OLICK, Jeffrey K.; ROBBINS, Joyce. Social memory studies: from "collective memory" to the historical sociology of mnemonic pratices. *Annual Review of Sociology*, v. 24, p. 105-140, 1998.

OLIVEIRA, Eduardo Romero de. O império da lei: ensaio sobre o cerimonial de sagração de D. Pedro I (1822). *Tempo*. Revista do Departamento de História da UFF, v. 13, p. 133-159, 2009.

OLIVEIRA, Lúcia Lippi. As festas que a República manda guardar. *Estudos Históricos*, Rio de Janeiro, v. 2, n. 4, p. 172-189, 1989.

____. Comemorações. In: ____. *Americanos*: representações da identidade nacional no Brasil e nos EUA. Belo Horizonte: Ed. UFMG, 2000. p. 149-162.

_____. Imaginário histórico e poder cultural: as comemorações do Descobrimento. *Estudos Históricos*, Rio de Janeiro, v. 14, n. 26, p. 183-202, 2000.

_____. Sinais da modernidade na era Vargas: vida literária, cinema e rádio. In: FERREIRA, Jorge; DELGADO, Lucília de Almeida Neves. *O tempo do nacional-estatismo*: do início da década de 1930 ao apogeu do Estado Novo. Rio de Janeiro: Civilização Brasileira, 2003. p. 325-249. (O Brasil republicano, v. 2).

OLIVEIRA, Maria da Glória de. Brasileiros ilustres no tribunal da posteridade: biografia, memória e experiência da história no Brasil oitocentista. *Varia História*, Belo Horizonte, v. 26, n. 43, p. 283-298, jan./jun. 2010.

_____. *Escrever vidas, narrar a história*. A biografia como problema historiográfico no Brasil oitocentista. Tese (doutorado em história social) – Universidade Federal do Rio de Janeiro, 2009.

ORTIZ, Renato. *A moderna tradição brasileira*: cultura brasileira e indústria cultural. São Paulo: Brasiliense, 1988.

OZOUF, Mona. A festa sob a Revolução Francesa. In: LE GOFF, Jacques; NORA, Pierre (Org.). *História*: novos objetos. Rio de Janeiro: Francisco Alves, 1976a, p. 217-231.

_____. *La fête révolutionnaire, 1789-1799*. Paris: Gallimard, 1976b.

_____. Le Panthéon, l´École Normale des morts. In: NORA, Pierre (Dir.). *Les lieux de memóire*. La Republique. Paris, Gallimard, 1984. v. 1 p. 139-166.

PANDOLFI, Dulce (Org.). *Repensando o Estado Novo*. Rio de Janeiro: FGV, 1999.

PARADA, Maurício. *Educando corpos e criando a nação*: cerimônias cívicas e práticas disciplinares no Estado Novo. Tese (doutorado em história social) — Universidade Federal do Rio de Janeiro, Rio de Janeiro, 2003.

PASTOR, Jean Philippe. *Castoriadis*: la création des possibles. Paris: Moonstone, 1993.

PÉCORA, Alcir. *Máquina de gêneros*. São Paulo: Edusp, 2000.

PEIRANO, Mariza. A análise antropológica de rituais. In: _____ (Org.). *O dito e o feito*. Ensaios de antropologia dos rituais. Rio de Janeiro: Relume-Dumará, 2002a. p. 17-40.

_____. Rituais como estratégia analítica e abordagem etnográfica. In: _____ (Org.). *O dito e o feito*. Ensaios de antropologia dos rituais. Rio de Janeiro: Relume-Dumará, 2002b. p. 7-14.

PESAVENTO, Sandra Jatahy (Org.). *Fronteiras do milênio*. Porto Alegre: Ed. Universidade/UFRGS, 2001.

PHILLIPS, Mark Salber. History, memory, and historical distance. In: SEIXAS, Peter (Org.). *Theorizing historical consciousness*. Toronto: University of Toronto Press, 2004. p. 86-102.

PLOT, Martín. *The aesthetico-political*. The question of democracy in Merleau-Ponty, Arendt, and Rancière. Nova York; Londres: Bloomsbury, 2014.

PORTELLI, Alessandro. O massacre de Civitella Val di Chiana (Toscana, 29 de junho de 1944): mito e política, luto e senso comum. In: FERREIRA, Marieta Moraes; AMADO, Janaina (Org.). *Usos e abusos da história oral*. Rio de Janeiro: FGV, 2002. p. 103-130.

PROENÇA, Ivan Cavalcanti. *A ideologia do cordel*. Rio de Janeiro: Plurarte, 1982.

PROENÇA, Manoel Cavalcante. *Literatura popular em verso*. Belo Horizonte: Itatiaia, 1986.

QUEIROZ, Maria Isaura Pereira de. Identidade cultural, identidade nacional no Brasil. *Tempo Social* — Revista de Sociologia da USP, São Paulo, v. 1, n. 1, p. 21-22, 1989.

RANCIÈRE, Jacques. *A partilha do sensível*: estética e política. São Paulo: Ed. 3, 2009.

_____. *La haine de la démocratie*. Paris: La Fabrique Éditions, 2005.

_____. Os enunciados do fim e do nada. In: _____. *Políticas da escrita*. Rio de Janeiro: Ed. 34, 1995. p. 227-252.

_____. *Os nomes da história*. Um ensaio de poética do saber. São Paulo: Educ; Pontes, 1993.

RASMUSSEN, Anne. La mort annoncée de François Mitterrand. In: JULLIARD, Jacques (Dir.). *La mort du roi*. Essai d'ethnographie politique comparée. Paris: Gallimard, 1999. p. 61-79.

REIS, Daniel Aarão. *Ditadura militar, esquerdas e sociedade*. Rio de Janeiro: Zahar, 2000.

_____ (Org.). *Intelectuais, história e política (séculos XIX e XX)*. Rio de Janeiro: Sette Letras, 2000.

REIS, João José. *A morte é uma festa*: ritos fúnebres e revolta popular no Brasil do século XIX. São Paulo: Companhia das Letras, 1991.

RÉMOND, René (Org.). *Por uma história política*. Rio de Janeiro: UFRJ, 1996.

REVEL, Jacques. Cultura, culturas: uma perspectiva historiográfica. In: _____. *Proposições*: ensaios de história e historiografia. Rio de Janeiro: Eduerj, 2009. p. 97-137.

RIBEIRO, Lêda Tâmega. *Mito e poesia popular*. Rio de Janeiro: Funarte; Instituto Nacional do Folclore, 1987.

RIBEIRO, Renato Janine. A política como espetáculo. In: DAGNINO, Evelina. *Os anos 90*: política e sociedade no Brasil. São Paulo: Brasiliense, 1994. p. 31-40.

RICOEUR, Paul. *A memória, a história, o esquecimento*. Campinas: Unicamp, 2007.

_____. Até a morte. Do luto e do júbilo. In: _____. *Vivo até a morte, seguido de Fragmentos*. São Paulo: Martins Fontes, 2012. p. 1-51.

_____. *L'idéologie et l'utopie*. Paris: Seuil, 1997.

RICUPERO, Bernardo. *O romantismo e a ideia de nação no Brasil (1830-1879)*. São Paulo: Martins Fontes, 2004.

RIEDINGER, Edward Anthony. *Como se faz um presidente*: a campanha de JK. Rio de Janeiro: Nova Fronteira, 1988.

RIVIÈRE, Claude. *As liturgias políticas*. Rio de Janeiro: Imago, 1989.

RODRIGUES, Claudia. *Lugares dos mortos na cidade dos vivos*: tradições e transformações fúnebres no Rio de Janeiro. Rio de Janeiro: Prefeitura da Cidade do Rio de Janeiro, 1997.

_____. *Nas fronteiras do Além*: a secularização da morte no Rio de Janeiro dos séculos XVIII e XIX. Rio de Janeiro: Arquivo Nacional, 2005.

ROMERO, Sílvio. *Contos populares do Brasil*. Rio de Janeiro: José Olympio, 1954.

ROMILLY, Jacqueline de. *A tragédia grega*. Brasília: Editora Universidade de Brasília, 1998.

ROSANVALLON, Pierre. Por uma história do político (nota de trabalho). *Revista Brasileira de História*, São Paulo, v. 15, n. 30, p. 9-22, 1995.

RÜSEN, Jorn. Como dar sentido ao passado: questões relevantes de meta--história. *História da Historiografia*, n. 2, p. 163-209, maio 2009.

SAHLINS, Marshall. *Cultura e razão prática*. Rio de Janeiro: Zahar, 2003a.

_____. *Ilhas de história*. Rio de Janeiro: Zahar, 2003b.

_____. *Metáforas históricas e realidades míticas*. Rio de Janeiro: Zahar, 2008.

SANTIAGO, Camila Fernanda Guimarães. *A Vila Rica em ricas festas*: celebrações promovidas pela Câmara de Vila Rica, 1711-1744. Belo Horizonte: C/Arte; FAE-Fumec, 2003.

SANTOS, Myrian Sepúlveda dos. Sobre a autonomia das novas identidades coletivas: alguns problemas teóricos. *Revista Brasileira de Ciências Sociais*, São Paulo, v. 13, n. 38, 1998. Disponível em: <www.scielo.br/pdf/rbcsoc/v13n38/38myrian.pdf>.

SANTOS, Pedro Augusto Gomes. *A classe média vai ao paraíso*: JK em Manchete. Porto Alegre: Edipucrs, 2002.

SARMENTO, Carlos Eduardo. *O espelho partido da metrópole*: Chagas Freitas e o campo político carioca. Rio de Janeiro: Folha Seca; Faperj, 2008.

SCHAMA, Simon. *Paisagem e memória*. São Paulo: Companhia das Letras, 1996.

SCHWARCZ, Lilia Moritz (Org.). *História da vida privada no Brasil*: contrastes da intimidade contemporânea. São Paulo: Companhia das Letras, 1998a.

_____. SCHWARCZ, Lilia Moritz. O império das festas e as festas do Império. In: _____. *As barbas do imperador*: d. Pedro II, um monarca nos trópicos. 2. ed. São Paulo: Companhia das Letras, 2002. p. 247-294.

_____. *O império em procissão*. Rio de Janeiro: Zahar, 2001.

_____. O olho do rei. As construções iconográficas e simbólicas em torno de um monarca tropical: o imperador d. Pedro II. In: FELDMAN--BIANCO, Bela; LEITE, Miriam L. Moreira (Org.). *Desafios de imagens*: fotografias, iconografia e vídeo nas ciências sociais. São Paulo: Papirus, 1998b. p. 113-140.

SEGALEN, Martine. *Ritos e rituais contemporâneos*. Rio de Janeiro: Editora da FGV, 1999.

SENNETT, Richard. *O declínio do homem público*: as tiranias da intimidade. São Paulo: Companhia das Letras, 1988.

SILVA, Helenice Rodrigues da. "Rememoração"/comemoração: as utilizações sociais da memória. *Revista Brasileira de História*, São Paulo, v. 22, n. 44, p. 425-438, 2002.

SILVA, Hélio. *1954*: um tiro no coração. Porto Alegre: L&PM, 2004.

SILVA, Kelly Cristiane da. A nação cordial. Uma análise dos rituais e das ideologias oficiais de "comemoração dos 500 anos do Brasil". *Revista Brasileira de Ciências Sociais*, São Paulo, v. 18, n. 51, fev. 2003. Disponível em: <www.scielo.br/pdf/rbcsoc/v18n51/15990.pdf>.

SILVA, Vera Alice Cardoso; DELGADO, Lucília de Almeida Neves. *Tancredo Neves*: a trajetória de um liberal. Petrópolis: Vozes, 1985.

SIMAS, Luiz Antônio. *Floriano Peixoto e o mito de Salvador da República brasileira*. Dissertação (mestrado em história social) — Universidade Federal do Rio de Janeiro, Rio de Janeiro, 1994.

SIMÕES, Josanne Guerra. *Sirênico canto*: Juscelino Kubitschek e a construção de uma imagem. Belo Horizonte: Autêntica, 2000.

SIQUEIRA, Carla. A imprensa comemora a república: memórias em luta no 15 de novembro de 1890. *Estudos Históricos*, Rio de Janeiro, v. 7, n. 14, p. 161-81, 1994.

SKIDMORE, Thomas E. *Brasil*: de Castelo a Tancredo. 1964-1985. Rio de Janeiro: Paz e Terra, 1991.

____. *Brasil*: de Getúlio a Castelo. Rio de Janeiro: Paz e Terra, 1992.

SLATER, Candace. *A vida no barbante*. Rio de Janeiro: Civilização Brasileira, 1984.

SOARES, Luiz Eduardo. *Os dois corpos do presidente e outros ensaios*. Rio de Janeiro: Relume-Dumará, 1993.

SOIHET, Rachel; BICALHO, Maria Fernanda Baptista; GOUVÊA, Maria de Fátima Silva (Org.). *Culturas políticas*: ensaios de história cultural, história política e ensino de história. Rio de Janeiro: Mauad, 2005.

SOUZA, Adriana Barreto de. *Duque de Caxias*: o homem por trás do monumento. Rio de Janeiro: Civilização Brasileira, 2008.

SOUZA, Iara Lis. Entre trajetórias e impérios: apontamentos de cultura política e historiografia. *Tempo*, v. 14, n. 27, p. 34-35, 2009.

____. *Pátria coroada*: o Brasil como corpo político autônomo — 1780-1831. São Paulo: Edunesp, 1999.

SOUZA, Juliana Beatriz Almeida de. A mãe negra de um povo mestiço: devoção a Nossa Senhora Aparecida e identidade nacional. *Estudos Afro-Asiáticos*, Rio de Janeiro, n. 29, p. 85-102, mar. 1996.

SZONDI, Peter. *Ensaio sobre o trágico*. Rio de Janeiro: Jorge Zahar, 2004.

SPEERS, Nelson. *Cerimonial para relações públicas*. São Paulo: Cesex, 1984.

TENORIO, Mauricio. Um Cuauhtémoc carioca: comemorando o centenário da Independência do Brasil e a raça cósmica. *Estudos Históricos*, Rio de Janeiro, v. 7, n. 14, p. 123-148, 1994.

TINHORÃO, José Ramos. *As festas no Brasil colonial*. São Paulo: Ed. 34, 2000.

TRILLING, Lionel. *Sincerity and authenticity*. Cambridge: Harvard University Press, 1972.

TURNER, Victor. *The ritual process*: structure and anti-structure. Nova York: Aldine de Gruyter, 1995.

VALENSI, Lucette. *Fábulas da memória*: a batalha de Alcácer Quibir e o mito do sebastianismo. Rio de Janeiro: Nova Fronteira, 1994.

VAN GENNEP, Arnold. *The rites of passage*. Chicago: Chicago University Press, 1992.

VARNHAGEN, Francisco Adolfo de. História geral do Brasil. In: ODÀLIA, Nilo (Org.). *Varnhagen*: história. São Paulo: Ática, 1979. p. 35-148.

VELHO, Gilberto. *Individualismo e cultura*: notas para uma antropologia da sociedade contemporânea. Rio de Janeiro: Zahar, 2008.

____. *Projeto e metamorfose*: antropologia das sociedades complexas. Rio de Janeiro: Zahar, 2003.

VENTURA, Roberto. *Estilo tropical*: história cultural e polêmicas literárias no Brasil. São Paulo: Companhia das Letras, 1991.

VERNANT, Jean-Pierre. La belle mort et le cadavre outragé. In: ____. *L'individu, la mort, l'amour*. Paris: Gallimard, 1989. p. 41-79.

_____. *Mito e pensamento entre os gregos*. Estudos de psicologia histórica. Rio de Janeiro: Paz e Terra, 1990.

_____; VIDAL-NAQUET, Pierre. *Mito e tragédia na Grécia Antiga*. São Paulo: Perspectiva, 2011.

VOVELLE, Michel. *As almas do purgatório ou o trabalho de luto*. São Paulo: Unesp, 2010.

_____. *Mourir autrefois*: attitudes collectives devant la mort au 17ème et 18ème siècle. Paris: Gallimard; Julliard, 1974.

_____ *Piété baroque et déchristianisation*. Le Seuil: Paris, 1978.

WANDERLEY, Marcelo da Rocha. *Jubileu nacional*: a comemoração do quadricentenário do Descobrimento do Brasil e a refundação da identidade nacional (1900). Dissertação (mestrado em história social) — Universidade Federal do Rio de Janeiro, Rio de Janeiro, 1998.

WEBER, Max. *A ética protestante e o espírito do capitalismo*. São Paulo: Companhia das Letras, 2004.

WERNECK, Humberto. *Juscelino Kubitschek*: o tocador de sonhos. Brasília: Fundação Banco do Brasil, 2002.

WILLIAMS. Raymond. *Tragédia moderna*. São Paulo: Cosac & Naify, 2002.

ZUMTHOR, Paul. *Introdução à poesia oral*. Belo Horizonte: Ed. UFMG, 2010.

Este livro foi impresso nas oficinas gráficas da Editora Vozes Ltda.,
Rua Frei Luís, 100 – Petrópolis, RJ.